LANGENSCHEIDTS
PRAKTISCHE LEHRBÜCHER

LANGENSCHEIDTS
PRAKTISCHES LEHRBUCH
SCHWEDISCH

Von

KARIN LIDE-CORNELIUSSON

LANGENSCHEIDT

BERLIN · MÜNCHEN · WIEN · ZÜRICH

Ein Schlüssel zu den Übungen dieses Lehrbuches ist gesondert lieferbar.

| *Auflage: 5. 4. 3. 2.* | *Letzte Zahlen* |
| *Jahr: 1981 80 79* | *maßgeblich* |

© *1977 by Langenscheidt KG, Berlin und München*
Druck: Druckhaus Langenscheidt, Berlin-Schöneberg
Printed in Germany | ISBN 3-468-26300-7

Vorwort

Das Praktische Lehrbuch Schwedisch ist in 28 Lektionen gegliedert und gibt eine vollständige Einführung in die moderne schwedische Sprache. Die ersten vier Texte schildern das Leben einer schwedischen Familie in verschiedenen Situationen. Von der fünften Lektion an liegen den Lesestücken schwedische Originaltexte zugrunde. In den Lektionen 5, 6, 17 bis 28 kommen Texte bekannter schwedischer Schriftsteller vor. Alle Texte spiegeln den Wortschatz und die typischen Redewendungen der guten schwedischen Umgangssprache wider.

Jede Lektion gliedert sich in vier Teile:

1. **Das Lesestück** mit den dazugehörigen Vokabeln und Erläuterungen der dem Benutzer unbekannten Namen, Tatsachen oder schwer übersetzbaren Redewendungen. Die Texte sind sowohl in grammatischer als auch in inhaltlicher Hinsicht nach einem den Schwierigkeitsgrad steigernden Plan aufgebaut.

2. **Ergänzungen zu den Lesetexten und zur Grammatik** schließen sich an, wie z. B. die Namen der Wochentage und Monate, leicht zu verwechselnde Wörter, einige Redewendungen und Redensarten, Gespräche und Wortfamilien.

3. **Die Grammatik:** Aus Gründen der Übersichtlichkeit sind wesentliche Abschnitte der Grammatik in jeder Lektion geschlossen behandelt worden. Dank dieser Methode kann das Lehrbuch zusammen mit dem alphabetischen Sachweiser als übersichtliche und systematische Grammatik zum Nachschlagen dienen.

4. **Die Übungen** stützen sich auf die Lesetexte und besonders auf den dort verwendeten Wortschatz. Sie ermöglichen zugleich die praktische Anwendung der im Grammatikteil gegebenen Regeln und festigen so das erworbene Wissen.

Ein **Schlüssel zu den Übungen,** mit dessen Hilfe besonders beim Selbstunterricht die Richtigkeit der Lösungen überprüft werden kann, ist gesondert lieferbar.

Um das Buch auch für das Selbststudium geeignet zu machen, wurde die Aussprache des Schwedischen ausführlich behandelt und den Gesprächen eine durchgehende Umschrift in der internationalen Lautschrift beigegeben. Einer der sichersten Wege zur Aneignung einer korrekten Aussprache ist natürlich die Nachahmung der Aussprache eines lebenden Vorbildes – eines gebildeten Schweden. Hat man keine Gelegenheit, mit einem Schweden die Aussprache zu üben, so empfiehlt es sich vor allem, so oft wie möglich den schwedischen Rundfunk oder andere schwedischsprachige Sendungen zu hören. Auch Sprechübungen mit einem Tonbandgerät können sich als sehr nützlich erweisen. Als eine weitere Erleichterung für den Selbstunterricht möchte ich das ausführliche Wörterverzeichnis im Anhang des Lehrbuches erwähnen.

Das Buch ist das Ergebnis meiner sechsjährigen Tätigkeit als Lektorin für Schwedisch an der Freien Universität Berlin und an der Technischen Universität Berlin.

Karin Lide–Corneliusson

Inhaltsverzeichnis

ANHANG

Erklärung der grammatischen Fachausdrücke

Adjektiv	Eigenschaftswort: das *braune* Kleid
adjektivisch	als Eigenschaftswort gebraucht
Adverb	Umstandswort: er spricht *richtig*
adverbial	als Umstandswort gebraucht
Akkusativ	4. Fall, Wenfall: er pflückt *den Apfel*
Aktiv	Tätigkeitsform: der Mann *öffnet* die Tür
Akzent	Druck; Betonung; Betonungszeichen ('), (ˇ)
Apposition	Beisatz: der Mann, *ein Freund meines Vaters*, hat sich geirrt
Artikel	Geschlechtswort: *der, die, das; die; ein, eine, ein*
Attribut	Beifügung, Eigenschaft: der *alte* Mann
attributiv	als Beifügung gebraucht
Dativ	3. Fall, Wemfall: sie kommt aus *dem Garten*
Deklination	Beugung des Hauptwortes: Nominativ – *der Vater*, Genitiv – *des Vaters*, Dativ – *dem Vater*, Akkusativ – *den Vater*
deklinieren	beugen
Demonstrativpronomen	hinweisendes Fürwort: *dieser, jener*
Deponens	Verb mit passiver Form, aber aktiver Bedeutung
Diphthong	Zwielaut: *au, ei, eu, äu*
dynamischer Akzent	Druck(silbe)
Femininum	weiblich(en Geschlechts)
flektieren	beugen
Flexion	Beugung, bes. Deklination
Futur	Zukunft(sform): ich *werde fragen*
Genitiv	2. Fall, Wesfall: der Freund *des Vaters*
Genus	Geschlecht: Maskulinum, Femininum, Neutrum
Homonyme	gleichlautende Wörter mit verschiedener Bedeutung: *Bauer* (Landmann; Käfig)
Imperativ	Befehlsform: *gib!*
Imperfekt	Vergangenheitsform: er *gab* mir das Buch
Inchoativ	Verb des Übergangs, der Verwandlung: *erbleichen*
Indefinitpronomen	unbestimmtes Fürwort oder Umstandswort: *jemand, irgendwo*
Indikativ	Wirklichkeitsform: er *geht* sofort
Infinitiv	Nennform, Grundform: *backen, biegen*
Interpunktion	Zeichensetzung

Interrogativpronomen	Fragefürwort: *wer, was, wo, wann*
Inversion	Umstellung: Oft *muß man* sich selbst helfen
Kasus	Fall: 2. Fall – Genitiv
Komparation	Steigerung des Eigenschaftswortes: Positiv – Komparativ – Superlativ: *schön, schöner, am schönsten*
Komparativ	1. Steigerungsstufe: *höher, besser, schöner*
Konditional	Bedingungsform: Ich *würde gehen,* wenn ...
Konjugation	Beugung des Zeitwortes: Infinitiv – gehen, Präsens – *ich gehe, du gehst* usw.
konjugieren	abwandeln (beugen)
Konjunktion	Bindewort: er ist unglücklich, *weil* er nicht arbeiten kann
Konjunktiv	Möglichkeitsform: Frau Schmidt dachte, ihr Mann *sei* im Büro
Konsonant	Mitlaut: *b, d, g* usw.
Maskulinum	männlich(en Geschlechts)
Modalverb	Zeitwort der Art und Weise: *mögen, können, müssen, dürfen, sollen, wollen*
musikalischer Akzent	Ton(silbe), Betonung
Neutrum	sächlich(en Geschlechts)
Nominativ	Werfall, 1. Fall: *der Mann* kauft ein Buch
Objekt	Satzergänzung: der Mann öffnet *die Tür*
Orthographie	Rechtschreibung
Partizip	Mittelwort: *gebacken, backend*
Passiv	Leideform: die Tür *wird geöffnet*
Perfekt	Vergangenheitsform: ich *bin gegangen*
Plural	Mehrzahl: *Kirschen*
Plusquamperfekt	Vorvergangenheit: wir *hatten* es schon *vergessen,* als er noch wartete
Positiv	Grundstufe des Eigenschaftswortes: *schön, groß*
Possessivpronomen	besitzanzeigendes Fürwort: *mein, dein, unser* usw.
Prädikat	Satzaussage: die Frau *bäckt* einen Kuchen
prädikativ	als Prädikatsnomen gebraucht: der Alte ist *einsam*
Prädikatsnomen	Haupt- oder Eigenschaftswort als Teil der Satzaussage: er ist *groß,* er ist *Schüler*
Präfix	Vorsilbe: *ab*fahren, *über*zeugen
Präposition	Verhältniswort: *auf, gegen, mit* usw.
präpositional	mit Verhältniswort gebildet
Präsens	Gegenwart: ich *gehe*
Pronomen	Fürwort: *ich, er, dein, alle, wer* usw.
pronominal	zum Fürwort gehörig
reflexiv	rückbezüglich: er wäscht *sich*
Relativpronomen	bezügliches Fürwort: wo ist das Buch, *das* ich gekauft habe?
reziprok	gegenseitig: wir haben *einander* geholfen

Singular	Einzahl: *Kirsche*
Subjekt	Satzgegenstand: *das Kind* spielt mit der Katze
Substantiv	Hauptwort: der *Tisch*
substantivisch	als Hauptwort gebraucht
Suffix	Nachsilbe: *-lich, -heit, -ung* usw.
Superlativ	Höchststufe (2. Steigerungsstufe): der *schönste,* der *beste, am schönsten, am besten*
Supinum	Mittelwort der Vergangenheit: *gebacken*
Synonyme	sinnverwandte Wörter: *Bauer – Käfig, bekommen – erhalten – kriegen*
Verb	Zeitwort: *gehen, kommen*
Vokal	Selbstlaut: *a, e, i, o, u, ä, ö, ü*

Abkürzungsverzeichnis

abh.	abhängig	*f/m*	Femininum und Maskulinum
Abk.	Abkürzung		
Adj.	Adjektiv	*f(m)*	Femininum oder Maskulinum
Adv.	Adverb		
Akk.	Akkusativ	*fig.*	figürlich
Akt.	Aktiv	*Fut.*	Futur
Akz.	Akzent	*Gen.*	Genitiv
allg.	allgemein	*Imper.*	Imperativ
Anm.	Anmerkung	*Impf.*	Imperfekt
Art.	Artikel	*Inf.*	Infinitiv
bes.	besonders	*intr.*	intransitiv
best.	bestimmt	*jmd.*	jemand
bzw.	beziehungsweise	*j-m*	jemandem
Dat.	Dativ	*j-n*	jemanden
demonstr.	demonstrativ	*K*	Komparativ
d. h.	das heißt	*Koll.*	Kollektiv
dial.	dialektisch, mundartlich	*Konj.*	Konjunktion
dt(sch).	deutsch	*m (Mask.)*	Maskulinum
eigtl.	eigentlich	*Mar.*	Marine
e-m	einem	*m(n)*	Maskulinum oder Neutrum
e-n	einen		
e-r	einer	*mod.*	modal
etw.	etwas	*m/pl.*	maskulin Plural
f (Fem.)	Femininum	*n (Neutr.)*	Neutrum
		ngn	någon, jemand(en)

ngt	något, etwas	*sl.*	Slang
n(m)	Neutrum oder Maskulinum	*st.*	stark
		Subj.	Subjekt
n/pl.	Neutrum Plural	*subst.*	substantivisch
Nom.	Nominativ	*typ.*	typographisch
od.	oder	*u.*	und
Part.	Partizip	*u. a.*	und andere
Perf.	Perfekt		unter anderem
pers.	persönlich	*u. ä.*	und ähnliches
Pl. (Plur.)	Plural	*u. a. m.*	und anderes mehr
Plusq.	Plusquamperfekt	*u. dgl.*	und dergleichen
Präd.	Prädikat	*u. dgl. m.*	und dergleichen mehr
Präp.	Präposition	*unbest.*	unbestimmt
Präs.	Präsens	*ur.*	unregelmäßig
Pron.	Pronomen	*usw.*	und so weiter
refl.	reflexiv	*Vb.*	Verb
rez.	reziprok	*vgl.*	vergleiche
S	Superlativ	*wörtl.*	wörtlich
S.	Seite	*z. B.*	zum Beispiel
s. (d.)	siehe (dort)	*z. T.*	zum Teil
schw.	schwach	*zw.*	zwischen
Sg. (Sing.)	Singular		

Lautlehre

Die Aussprache des Schwedischen

Bei der Aussprache im Schwedischen muß man die Länge und Kürze der Silben und vor allem den Akzent genau beachten. Die Länge eines Vokals ist in der Umschrift durch [:] gekennzeichnet, z. B. *bil* [bi:l] Auto. In einer Silbe ist entweder der Vokal oder der Konsonant lang. Man beachte die langen Vokale im Schwedischen, die der Deutsche gern halblang und nicht genügend energisch ausspricht, z. B. *kunskap* [-ska:p] Kenntnis, *hit* [hi:t] hierher, *dit* [di:t] dorthin. Man kennt im Schwedischen nicht die Verbindung von kurzem Vokal und kurzem Konsonanten (wie in *sich, mit* usw.). Ein langer Konsonant wird in der Regel doppelt geschrieben. Ausnahme ist **m**, das am Ende nur in den drei Wörtern *damm* Teich, *lamm* Lamm und *ramm* Rammsporn doppelt geschrieben wird, und **n**, das aber in vielen Wörtern im Auslaut nicht verdoppelt wird, z. B. *man* Mann, *hon* sie, *kan* kann usw.

Man muß im Schwedischen zwischen dem Druck- (oder expiratorischen) Akzent und dem musikalischen Akzent unterscheiden. Der Hauptdruck liegt im allgemeinen auf der ersten Silbe, und nur eine Silbe trägt den Hauptdruck. – Von dem musikalischen Akzent gibt es zwei Arten: den Akzent 1 oder akuten (Einsilben-)Akzent: der Ton sinkt zum Ende des Wortes (= dem deutschen Akzent), z. B. *huset* das Haus (von *hus* Haus), *steget* der Schritt (von *steg* Schritt); den Akzent 2 oder graven (Zweisilben-)Akzent: der Ton sinkt auf der ersten Silbe, steigt aber wieder auf der zweiten oder einer der folgenden. Dieser Akzent ist charakteristisch für das Schwedische; er variiert aber stark in den einzelnen Gegenden Schwedens. Die zweite Silbe hat bei Wörtern mit diesem Akzent einen Nebendruck mit deutlich steigender Tonhöhe: ´ko`nung König.

Der Satzakzent muß von Anfang an genau beachtet werden. Die den Hauptsinn des Satzes tragenden Wörter werden betont, die anderen, meist Fürwörter, Hilfsverben, Präpositionen und Konjunktionen, sind weniger betont, als es im Deutschen der Fall ist. Die Wörter, die dem Sinn nach zusammengehören, werden im allgemeinen auch zusammen gelesen. Diese Tendenz zum Zusammenziehen und zum Endungswegfall wird auch durch das gänzliche Fehlen des sogenannten Knacklautes, mit dem vokalisch anlautende Wörter im Deutschen einsetzen (vgl. ʔein ʔEi – einerlei), begünstigt.

Erklärung der Aussprachebezeichnung

1. Die Konsonanten **b, d, f, g, h, j, k, l, m, n, p, t** werden wie im Deutschen gesprochen; **b, d** und **g** sind auch am Ende des Wortes stimmhaft.

2. Wie bereits erwähnt, haben lang auszusprechende Vokale in der Umschrift zwei Pünktchen [ː] hinter dem Buchstaben. Die langen Vokale [uː], [iː], [yː] und [ʉː] sind dadurch charakterisiert, daß sie dem Ende zu stark geschlossen werden. Sie sind fast diphthongischer Natur (Diphthong = Zwielaut). Genauer müßte man also schreiben [uː] – [uˑw], [iː] – [iˑj], [yː] – [yˑɥ], [ʉː] – [ʉˑw].

3. Alle nicht bezeichneten Vokale sind kurz auszusprechen.

4. Die dem Schwedischen eigentümliche Wortmelodie wird in der Lautschrift durch die Akzente [ˈ] und [ˇ] vor der haupttonigen Silbe und durch [ˋ] vor der nebentonigen dargestellt. Der erste Akzent [ˈ] ist fallend wie im Deutschen, hat also nur einen Tongipfel. Die Wortmelodie läßt sich graphisch etwa durch folgende Kurve darstellen: ⌒﹨, z. B. *vatten* [ˈvatən] Wasser.

Der zweite Akzent [ˇ] ist zusammengesetzt (fallend-steigend) und verteilt sich über mehrere Silben, hat also zwei oder mehr Tongipfel. Über zwei Silben verteilt, ließe er sich graphisch etwa so darstellen: ﹨⌒﹨, z. B. *flicka* [ˇflika] Mädchen.

Der Akzent [ˋ] bezeichnet den leichten Nebenton, den in mehrsilbigen Wörtern meist die letzte oder vorletzte Silbe nach dem vorausgegangenen zusammengesetzten Ton erhält: *tidtabel* [ˈtiːtaˋbɛl] Kursbuch.

Erklärung der einzelnen Lautzeichen mit Beispielen
Vokale

ɑː	langes geschlossenes *a*, noch dunkler als in Vater	jag [jɑː] ich
a	kurzes dunkles *a*, bei dem die Lippen nicht gerundet sind; hinten und offen gebildet.	all [al] alle
uː	langes *u* wie in Ruhe, wobei die Lippen fast geschlossen werden.	bo [buː] wohnen
u	genau derselbe Laut; jedoch kurz	bonde [ˇbundə] Bauer
oː	langes geschlossenes *o* wie in Sohn (meist *å* geschrieben)	gå [goː] gehen son [soːn] Sohn
ɔ	offener kurzer Laut wie das *o* in Motte	komma [ˇkɔma] kommen
eː	langes geschlossenes *e* wie in Leben	se [seː] sehen
e	derselbe Laut, jedoch kurz	vecka [ˇveka] Woche
ɛː	langes reines *ä* wie in gähnen	äta [ˇɛːta] essen

ɛ	derselbe Laut, jedoch kurz wie in fest	tvätta [ˇtvɛta] waschen
æ:	langes, sehr offenes *ä*, mit derselben Mundstellung gesprochen wie *a*, also noch offener als in Ähre (immer vor *r*)	här [hæːr] hier
æ	derselbe Laut kurz (immer vor *r*)	färg [færj] Farbe
ə	ähnlich dem deutschen flüchtig gesprochenen *e* in bitte	inte [ˇintə] nicht
iː	langes geschlossenes *i* wie in wir	vi [viː] wir
i	derselbe Laut kurz, etwas spitzer als das *i* in bin	vill [vil] will
yː	langes *ü* wie in Güte, jedoch offener und mehr nach *i* gesprochen	ny [nyː] neu
y	derselbe Laut kurz	syster [ˇsystər] Schwester
øː	langes geschlossenes *ö* wie in Söhne	köpa [ˇcøːpa] kaufen
œː	offener, langer, zwischen *ö* und *e* schwebender Laut, etwa wie *ö* in Mörder, aber lang (immer vor *r*)	höra [ˇhœːra] hören
œ	derselbe Laut kurz (vor *r*)	dörr [dœr] Tür
ʉː	Mittelzungenvokal zwischen *ü* und *u*	hus [hʉːs] Haus
ɵ	Mittelzungenvokal zwischen *ö* und *o*	dum [dɵm] dumm

Konsonanten

Zu achten ist besonders auf folgende Laute:

j	ist der deutsche Jot-Laut wie in ja. Auch *dj, gj, hj* und *lj* werden wie *j* ausgesprochen; *d, g, h, l* sind in Verbindung mit *j* stumm. *g* lautet vor *e, i, y, ä* und *ö* sowie nach *l* und *r* ebenfalls wie *j*.	jag [jɑː] ich djur [jʉːr] Tier gjort [juːt] getan hjul [jʉːl] Rad ljus [jʉːs] Licht genom [ˇjeːnɔm] durch giva [ˇjiːva] geben gynna [ˇjyna] gönnen gäst [jɛst] Gast göra [ˇjœːra] tun älg [ɛlj] Elch arg [arj] böse
ŋ	wie *ng* in singen	gång [gɔŋ] Mal
r	Zungenspitzen-*r*, in Südschweden Zäpfchen-*r*	rum [rɵm] Zimmer
ɖ ⎫	*r* verschmilzt in den Verbindungen *rd, rl, rn, rs* und *rt* mit dem folgenden Konsonanten zu einem Laut. Die Zunge wird dabei zurückgebogen und die Zungenspitze an den harten Gaumen gelegt. Man nennt diese Laute retroflex.	hård [hoːɖ] hart
ɭ ⎬		pärla [ˇpæːɭa] Perle
ɳ ⎪		barn [bɑːɳ] Kind
ʂ ⎭		kors [kɔʂ] Kreuz
ʈ		kort [kɔʈ] kurz

s | wie deutsches stimmloses *ss* in Wasser. *s* wird im Schwedischen nie stimmhaft oder als *sch*-Laut vor *p* und *t* gesprochen.

läsa ['lɛːsa] lesen
stor [stuːr] groß

ʃ | stimmloses *sch*, wie im deutschen **Sch**nee. Geschrieben wird dieser Laut im Schwedischen *sch*, *ch*, *sj*, *skj*, *stj*, *-sion*, *-tion* und *sk* vor *e*, *i*, *y*, *ä* und *ö*.

schlager ['ʃlɑːgər] Schlager
chef [ʃeːf] Chef
själv [ʃɛlv] selbst
skjuta ['ʃʉːta] schießen
stjärna ['ʃæːɳa] Stern
mission [mi'ʃuːn] Mission
komposition [kɔmpusi'ʃuːn] Komposition
sked [ʃeːd] Löffel
skida ['ʃiːda] Ski
skynda ['ʃynda] eilen
skära ['ʃæːra] schneiden
skön [ʃøːn] schön

v | wie *w* in Wasser

vi [viː] wir

c | Verschmelzung von *t* und *ch* (wie in ich), etwa wie in deutsch tja! Dieser Laut wird im Schwedischen *kj*, *tj* und *k* vor *e*, *i*, *y*, *ä* und *ö* geschrieben.

kjol [cuːl] Rock
tjock [cɔk] dick
kedja ['ceːdja] Kette
kind [cind] Backe
kyss [cys] Kuß
kär [cæːr] verliebt
kött [cœt] Fleisch

Schwedisch-deutsche Lautentsprechungen

Schwedisch ist – wie Deutsch – eine germanische Sprache, sie haben sich aus derselben Grundsprache entwickelt. Im Spätmittelalter und in den folgenden Jahrhunderten war der sprachliche Einfluß des Deutschen in Schweden groß, und aus diesen Gründen erklärt sich der große gemeinsame Wortschatz der beiden Sprachen. Außerdem lassen sich viele schwedische Wörter nach bestimmten Regeln entschlüsseln:

Laut	Deutsche Entsprechung	Beispiele
p	pf, f, ff	pipa Pfeife, ropa rufen, öppen offen
t	z, s, ss	tvinga zwingen, ut aus, låta lassen
k	ch	rik reich, ack ach
d	t	dag Tag, driva treiben
iː	ei	is Eis, mina mein
ʉː	au	hus Haus, sur sauer
yː	eu, äu	dyr teuer, yttre äußere
j+Vokal	e	hjälpa helfen, sjö See

Rechtschreibung

1. Das Alphabet

Das schwedische Alphabet setzt sich aus folgenden 29 Buchstaben zusammen, deren Aussprache in Lautschrift angegeben ist:

A a	B b	C c	D d	E e	F f	G g	H h	I i	J j
[ɑː]	[beː]	[seː]	[deː]	[eː]	[ɛf]	[geː]	[hoː]	[iː]	[jiː]

K k	L l	M m	N n	O o	P p	Q q	R r	S s	T t
[koː]	[ɛl]	[ɛm]	[ɛn]	[uː]	[peː]	[kʉː]	[ær]	[ɛs]	[teː]

U u	V v	W w		X x	Y y	Z z	Å å	Ä ä	Ö ö
[ʉː]	[veː]	[ˈdøbəl veː]		[ɛks]	[yː]	[ˈsɛːta]	[oː]	[ɛː]	[øː]

Die Buchstaben q, w, x und z kommen meist in fremden Namen und Fremdwörtern vor, sonst sind sie durch k, v und c ersetzt: kaj [kaj] Kai, väsen [ˈvɛːsən] Wesen, citron [siˈtruːn] Zitrone.

Beim Nachschlagen im schwedisch-deutschen Wörterbuch ist darauf zu achten, daß å, ä und ö ihren Platz am Ende des Alphabetes haben.

2. Große Anfangsbuchstaben

Mit großen Anfangsbuchstaben werden geschrieben:
1. das erste Wort des Satzes;
2. alle Eigennamen: Sverige, Stockholm, Larsson, Karin. In Namen von Vereinen, Gesellschaften, in Buchtiteln usw., die aus mehreren Wörtern bestehen, wird heute gewöhnlich nur das erste Wort groß geschrieben: Förenta staterna *die Vereinigten Staaten*, Sveriges socialdemokratiska arbetarparti *Sozialdemokratische Arbeiterpartei Schwedens*.
3. das Pronomen der Anrede Du und Ni *Sie* und Er *Ihnen, Sie* in Briefen.

Die Monats- und Tagesnamen werden klein geschrieben (fredag, december), ebenfalls die Ableitungen geographischer Namen (svenskar *[die] Schweden*, tysk *deutsch*).

3. Stumme Konsonanten

d ist stumm (d. h. ein geschriebenes d wird nicht ausgesprochen) vor **j**:
djur [jʉːr] Tier

g ist stumm vor **j**: gjort [juːʈ] getan
und meistens in den Endungen **-ig** und **-lig**: evig [ˈeːvi] ewig, tydlig [ˈtyːdli] deutlich

h ist stumm vor **j**: hjärta [ˈjæʈa] Herz

l ist stumm vor **j**: ljus [jʉːs] Licht

t ist meistens stumm in: det [deː] es, das; mycket [ˈmykə] sehr

4. Doppelkonsonanten

Die Verdoppelung der Konsonanten folgt im allgemeinen denselben Regeln wie im Deutschen. Im folgenden weicht sie ab:

a) Im Auslaut wird **m** nur in den drei Wörtern damm, lamm und ramm verdoppelt. Wenn aber eine Endung hinzukommt, wird das auslautende **m** nach kurzem Vokal verdoppelt: dum – dummare (dümmer), hem – hemmet.

b) **n** wird vor einem **d** und **t** vereinfacht: känna (fühlen, kennen) – kände – känt; tunn (dünn) – tunt.

5. Silbentrennung

a) Zur letzten Silbe gehört nur ein Konsonant: var-je (jeder), sys-ter (Schwester), flic-ka (Mädchen);

b) **sj**, **sk** und **sch** bezeichnen **einen** Laut [ʃ] und gehören ungetrennt zur folgenden Silbe: männi-ska (Mensch), du-scha;

c) **x** und **ng** gehören zur vorausgehenden Silbe: yx-a (Axt), sjung-a (singen).

Zusammengesetzte Wörter: Diese werden in ihre einzelnen Teile zerlegt: hög-hus (Hochhaus), skol-år (Schuljahr).

6. Zeichensetzung

Diese entspricht den deutschen Regeln mit folgenden Abweichungen:

a) Das Komma fehlt vor einem Nebensatz oder einem Infinitiv, der von einer Präposition regiert wird:
Jag var förvånad över att han inte visste det.
(Ich war erstaunt darüber, daß er es nicht wußte.)
Vi längtar efter att få komma hem.
(Wir sehnen uns danach, nach Haus zu kommen.)

b) Das Komma fällt fort vor einem Infinitiv, der eingeleitet wird durch **för att, utan att** und **efter att**:
Han kom för att säga adjö. (Er kam, um auf Wiedersehen zu sagen.)
Han gick utan att säga adjö. (Er ging, ohne auf Wiedersehen zu sagen.)

1. Lektion

Familjen Larsson

Familjen Larsson bor i en fyrarummare i Skärholmen, en av Stockholms södra förorter. Sven Larsson är trettiofyra år och arbetar som ingenjör på ett ritkontor i city. Han åker buss och tunnelbana till sitt arbete. Margareta, hans jämnåriga fru tjänstgör i en grundskola. Den ligger inte långt från deras bostad. Hon går till skolan. Det tar tio minuter. Larssons har två barn. Anna är tretton år och går i sjuan. Gunnar är bara sex och har inte börjat skolan än. Han är hos en dagmamma på dagarna. Där är också familjens hund, Kajsa.

Vokabeln

familj, -en	[fa'milj]	Familie
Larsson	['lɑːʂɔn]	Larsson
bor	[buːr]	wohnt
bo	[buː]	wohnen
i	[iː]	in
en	[ɛn]	ein
fyrarum-	[ˇfyːra-	Vierzimmer-
mare, -n	rəmarə]	wohnung
Skärholmen	['ʃæːrhɔlmən]	Skärholmen
av	[ɑːv]	von
Stockholms	[ˇstɔkhɔlms]	Stockholms
(-s Genitiv)		
södra	[ˇsøːdra]	südlich
förorter	[ˇfœːruːʈər]	Vororte
förort, -en	[ˇfœːruːt]	Vorort
Sven	[svɛn]	Sven
är	[eː]	ist
vara	[ˇvɑːra]	sein
trettiofyra	[trɛtiˇfyːra]	vierund-
		dreißig
år	[oːr]	Jahre
år, -et	[oːr]	Jahr
och	[ɔ]	und
arbetar	[ˇarbeːtar]	arbeitet
arbeta	[ˇarbeːta]	arbeiten
som	[sɔm]	als
ingenjör, -en	[inʃɛn'jœːr]	Ingenieur
på	[poː]	auf; hier: in
ett	[et]	ein
ritkontor, -et	[ˇriːtkɔntuːr]	Zeichenbüro
city, -t	['siti]	Zentrum
han	[han]	er

åker	['oːkər]	fährt
åka	[ˇoːka]	fahren
buss, -en	[bøs]	Autobus
tunnelbana,-n	[ˇtønəlbɑːna]	U-Bahn
till	[til]	zu
sitt	[sit]	sein
arbete, -t	[ˇarbeːtə]	Arbeit
Margareta	[marga'reːta]	Margareta
hahs	[hans]	sein
jämnårig	[ˇjɛmnoːri]	gleichaltrig
fru, -n	[frʉː]	Frau
tjänstgör	[ˇcɛnstjœːr]	ist tätig
tjänstgöra	[ˇcɛnstjœːra]	tätig sein
grundskola,	[ˇgrønskuːla]	Grundschule
-n		
den	[dɛn]	hier: sie
ligger	['ligər]	liegt
ligga	[ˇliga]	liegen
inte	[ˇintə]	nicht
långt	[lɔnt]	weit
från	[froːn]	von
deras	[ˇdeːras]	ihr
bostad, -en	[ˇbuːstɑːd]	Wohnung
hon	[hun]	sie
går	[goːr]	geht
gå	[goː]	gehen
skola, -n	[ˇskuːla]	Schule
det	[deː]	es
tar	[tɑːr]	nimmt; hier:
		dauert
ta(ga)	[ˇtɑː(ga)]	nehmen
tio	[ˇtiːə]	zehn

minuter	[mi'nɯːtər]	Minuten		börjat	['bœrjat]	angefangen
minut, -en	[mi'nɯːt]	Minute		börja	['bœrja]	anfangen
Larssons	['laːʂɔns]	Familie		än	[ɛn]	noch
		Larsson		hos	[hus]	bei
har	[haːr]	hat		dagmamma	['daːgmama]	Kinderbe-
ha	[haː]	haben				treuerin
två	[tvoː]	zwei		på dagarna	[pɔ'daːgaɳa]	am Tage
barn	[baːɳ]	Kinder		dag, -en	[daːg]	Tag
barn, -et	[baːɳ]	Kind		idag	[i'daː]	heute
Anna	['ana]	Anna		där	[dæːr]	dort
tretton	['trɛtɔn]	dreizehn		också	['ɔksɔ]	auch
sjuan	['ʃɯːan]	die siebente		hund, -en	[hən]	Hund
		Klasse		familjens	[fa'miljəns]	der Hund
Gunnar	['gənar]	Gunnar		hund	hən]	der Familie
bara	['baːra]	nur		Kajsa	['kajsa]	Kajsa
sex	[sɛks]	sechs				

Samtal—Gespräch

När kommer Horst Weber till Stockholm nu då?

næːr 'kɔmər hɔrst 'weːbər til 'stɔkhɔlm nɯ: dɔ

Wann kommt Horst Weber nach Stockholm jetzt denn?

Om en vecka.

ɔm en 'vɛka

In einer Woche.

Hur länge stannar han?

hɯ: 'lɛŋə 'stanar han

Wie lange bleibt er?

Fem dagar, tror jag.

fɛm daːr truːr jaː

Fünf Tage, glaube ich.

Skall jag beställa teaterbiljetter?

skɑ: ja: bə'stɛla te'aːtərbil'jɛtər

Soll ich Theaterkarten bestellen?

Ja, om du kan få biljetter till Gösta Berlings saga.

jaː ɔm dɯ: kan 'foː bil'jɛtə ṯil 'jœsta 'bæːɭiɳs 'saːga

Ja, wenn du kannst bekommen Karten zur Gösta Berlings Geschichte.

Han beundrar nämligen Selma Lagerlöf mycket.

han bə'əndrar 'nɛmliən 'sɛlma 'laːgəɭøːv 'mykə

Er bewundert nämlich Selma Lagerlöf sehr.

Vilken kväll passar bäst?

'vikən kvɛl 'pasar bɛst

Welcher Abend ist (paßt) am besten?

Onsdag eller torsdag.

'unsda 'elər 'tuʂda

Mittwoch oder Donnerstag.

Grammatik

Genus   A

Die schwedischen Substantive lassen sich in zwei Gruppen einteilen, in
Utra und **Neutra**. Der unbestimmte Artikel heißt im Utrum **en**: **en** hund,
en fru, **en** skola; im Neutrum **ett**: **ett** barn, **ett** arbete.
Die Utra umfassen drei Genera: Maskulinum, Femininum für Personen und
Reale für Sachen. Zusammengesetzte Substantive richten sich nach dem
Geschlecht des letzten Wortes der Zusammensetzung: grund**skola, -n**; dag-
mamma, -n.

Kasus   B

Das Substantiv hat keine besonderen Akkusativ- und Dativformen, der
Hauptfall dient also gleichzeitig als Nominativ, Akkusativ und Dativ.
(Genitiv s. 4 A).

Artiklar – Artikel   C

Es gibt drei verschiedene Artikel:
1. den **unbestimmten** Artikel (ein, eine):
   en für Utrum,
   ett für Neutrum.
2. den **bestimmten** Artikel (der, die, das), der im Schwedischen an das Sub-
   stantiv angehängt wird. Dieser sogenannte Schlußartikel heißt
   -en oder **-n** für das Utrum Singular,
   -et oder **-t** für das Neutrum Singular.
   (Plural s. Lektion 2)
3. den **Adjektivartikel,** der in Lektion 3 behandelt wird.

		unbestimmte Form		bestimmte Form	
Utrum	Mask.	en hund	ein Hund	hunden	der Hund
	Fem.	en fru	eine Frau	frun	die Frau
	Reale	en skola	eine Schule	skolan	die Schule
Neutrum		ett barn	ein Kind	barnet	das Kind
		ett arbete	eine Arbeit	arbetet	die Arbeit

Verb   D

Das schwedische Verb hat keine Personalendungen; für alle Personen wird
im Singular und Plural die gleiche Form gebraucht: **jag** arbe**tar, du** arbe**tar,
alla** arbe**tar.** Außer dem Präsens und dem Imperfekt sind alle Zeiten zu-
sammengesetzt; sie werden mit Hilfsverben gebildet.

Hjälpverb – Hilfsverben   **E**

	sein	haben	werden *(Passiv)*
Infinitiv	att vara	att ha	att bli
Präsens	är	har	blir
Imperfekt	var	hade	blev
Perfekt	har varit	har haft	har blivit

Infinitiv, imperativ, presens   **F**

Die meisten Verben bilden den Infinitiv aus dem Stamm mit der Endung **-a**
und das Präsens Indikativ durch Anfügung von **-ar, -er** oder **-r** an den
Stamm. **Zu** vor dem Infinitiv heißt **att**. Der Imperativ hat nur eine Form, die
gleich dem Stamm oder dem Infinitiv ist.

Stamm	*Infinitiv*	*Präsens*	*Imperativ*
arbet	arbeta	arbetar	arbeta
åk	åka	åker	åk
ligg	ligga	ligger	ligg
bo	bo	bor	bo

Aus dem Infinitiv kann man also nicht ohne weiteres auf die Präsensform
schließen.

Ordföljd – Wortstellung   **G**

Die Wortstellung in Hauptsätzen entspricht im großen und ganzen der
deutschen Wortstellung. Es gibt entweder die gerade Wortfolge **Subjekt –
Prädikat – Objekt:** *Gunnar börjar skolan,* oder die umgekehrte Wortfolge,
Inversion, **Adverb** oder **Objekt – Prädikat – Subjekt – Objekt:** *Idag åker
han tunnelbana.* Auch in Fragesätzen steht die umgekehrte Wortfolge:
Går du till arbetet?

Övningar—Übungen

a) Sätt i obestämd form – Bilden Sie die unbestimmte Form:
fyrarummaren, arbetet, tunnelbanan, skolan, sjuan, barnet.

b) Sätt i bestämd form – Bilden Sie die bestimmte Form:
en dag, en hund, ett år, en familj, en mamma, ett kontor, en biljett,
en kväll.

c) Fyll i rätt verb – Ergänzen Sie das richtige Verb (går, är, stannar, bor,
åker, har, kommer):
Sven Larsson — i Stockholm. Han — 34 år. Han — tunnelbana. Hans

fru — till sitt arbete. De — två barn. Herr Weber — till Sverige. Han —
i fem dagar.

d) **Fyll i rätt preposition** – **Ergänzen Sie die richtige Präposition** (hos, till,
på, om, i, från):
Sven arbetar — ett kontor — Stockholm. Han åker buss — arbetet.
Kontoret ligger långt — hans bostad. Gunnar går inte — skolan. Han är
— en dagmamma.
Jag beställer biljetter — Gösta Berlings saga. Herr Weber kommer —
Sverige — en vecka.

e) **Översätt** – **Übersetzen Sie:**
Der Mann wohnt in Schweden. Die Frau fährt mit der U-Bahn. Er ar-
beitet als Lehrer. Ich bin zweiunddreißig Jahre alt. Wie alt bist du?
Wie alt sind Sie? Wir gehen zur Schule. Meine Wohnung liegt nicht weit
von der Schule. Wann kommen Sie nach Deutschland? Ich bleibe sechs
Tage. Sie bewundert Selma Lagerlöf. Er bestellt Theaterkarten.

Mann	man, -nen	[man]		bist	är	[eː]
Frau	kvinna, -n	[ˇkvina]		sind	är	[eː]
Lehrer	lärare, -n	[ˇlæːrarə]		Sie	ni	[niː]
alt	gammal	[ˇgamal]		wir	vi	[viː]
wie	hur	[hʉːr]		mein	min	[min]
				Deutschland	Tyskland	[ˇtysklan]

2. Lektion

Morgon

Hemma hos familjen Larsson ringer väckarklockan vid sextiden på mor-
gonen. Margareta stiger upp först. Hon borstar tänderna och duschar
i badrummet. Sedan klär hon på sig och går ut i köket. Där dricker
hon kaffe, äter en ostsmörgås och läser tidningen. Sven tvättar sig,
rakar sig och därefter äter han också frukost. Det finns ett extra
tvättrum i lägenheten och där kan barnen göra sig i ordning. Gunnar
och Anna äter alltid filmjölk och flingor till frukost.

Vokabeln

morgon, -en,	[ˇmɔrɔn,	Morgen	vid sextiden	[viː	gegen sechs
morgnar	ˇmoːɳar]			ˇsɛkstiːdən]	Uhr
hemma	[ˇhɛma]	zu Hause	tid, -en, -er	[tiːd]	Zeit
ringa	[ˇriŋa]	klingeln	stiga upp	[ˇstiːga ɵp]	aufstehen
väckarklocka,	[ˇvɛkar-	Wecker	först	[fœʂt]	zuerst
-n, -or	ˈklɔka]		borsta	[ˇbɔʂta]	putzen

tand, -en,	[tan, 'tɛndər] Zahn		tvätta sig	['tvɛta sɛj]	sich waschen
tänder			raka sig	['rɑːka sɛj]	sich rasieren
duscha	['deʃa]	duschen	därefter	[dæːˈrɛftər]	danach
badrum,	['bɑːdrəm]	Bad	frukost, -en,	['frɵkɔst]	Frühstück
-met, -			-ar		
sedan	[sɛn]	dann	det finns	[deː fins]	es gibt
klä på sig	[klɛː 'poː sɛj]	sich anziehen	extra	['ɛkstra]	extra
ut	[ʉːt]	hinaus	tvättrum,	['tvɛtrəm]	Waschraum
kök, -et, -	[cøːk]	Küche	-met, -		
dricka	['drika]	trinken	lägenhet,	['lɛːgənheːt]	Wohnung
kaffe, -t	['kafə]	Kaffee	-en, -er		
äta	['ɛːta]	essen	göra sig i	['jœːra sɛj iː	sich zurecht-
ostsmörgås,	['ʉstsmœrgɔs]	Käsebrot	ordning	'oːɖniŋ]	machen
-en, -ar			alltid	['alti]	immer
läsa	['lɛːsa]	lesen	filmjölk, -en	['fiːlmjœlk]	saure Milch
tidning, -en,	['tiːniŋ]	Zeitung	flingor	['fliŋər]	Corn-flakes
-ar					

Samtal

1.

Vill du ha en kopp kaffe till?

vil dʉː 'hɑː en kɔp 'kafə til
Möchtest du eine Tasse Kaffee noch?

Ja, tack gärna. Det smakade verkligen gott.

jɑː tak 'jæːɳa deː 'smɑːkadə 'værkliːən gɔt
Ja, bitte gern. Er schmeckt wirklich gut.

Kan du räcka mig brödet också!

kan dʉː 'rɛka mɛj 'brøːdət 'ɔksɔ
Gib mir bitte das Brot auch.

Varsågod.	När kommer du hem ikväll?
vaʂəˈguː	næːr 'kɔmə dʉː 'hɛm iˈkvɛl
Bitte.	*Wann kommst du nach Hause heute abend?*

Omkring klockan fem.	Jag måste gå till posten och hämta pengar.
ɔmˈkriŋ 'klɔkan fɛm	jɑː 'mɔstə goː til 'pɔstən ɔ 'hɛmta 'pɛŋar
Ungefähr um fünf Uhr.	*Ich muß gehen zur Post und holen Geld.*

Vad får vi till middag?

vɑː fɔːr vi til 'mida
Was bekommen wir zum Mittag?

Köttbullar.

'cœtbɵlar
Fleischklößchen.

Härligt.

'hæːl̩it
Herrlich.

2.

Margareta ringer till Stadsteatern för att beställa teaterbiljetter.

marga ⃰reːta ˈriŋə ţil ⃰stasteɑːtəɳ fœr at bəˈstɛla teˈɑːtərbilˈjɛtər
Margareta ruft das Stadttheater an, um zu bestellen Theaterkarten.

Goddag.   Jag skulle vilja beställa tre bra biljetter till Gösta Berlings saga,

guˈda   jɑː ⃰skelə ⃰vila bəˈstɛla treː brɑː bilˈjɛtər til ⃰jœsta ⃰bæːḻiŋ ⃰sɑːga
Guten Tag.   Ich möchte bestellen drei gute Karten zum Gösta Berling,

torsdagen den 6 juni.

⃰tuːşdan dɛn ⃰ʃɛtə ⃰jʉːni
für Donnerstag, den sechsten Juni.

Vi har ytterplatser på bänk 3, i mitten bänk 8, 11 och 12.

viː hɑːr ⃰ytərplatsər pɔ bɛŋk treː i ˈmitən bɛŋk ⃰ɔta ⃰ɛlva ɔ tɔlv
Wir haben Seitenplätze Reihe 3, in der Mitte Reihe 8, 11 und 12.

Vad kostar de?

vɑː ⃰kɔsta ɖɔm
Was kosten sie?

18:- respektive 16:-

⃰ɑːţɔn ˈrespektiːvə ⃰sɛkstɔn ⃰kruːnər
18 Kronen beziehungsweise 16 Kronen.

Då tar jag tre på bänk 8.

doː tɑːr jɑː treː poː bɛŋk ⃰ɔta
Dann nehme ich drei in der achten Reihe.

Hur var namnet?

hʉːr vɑː ˈnamnət
Wie ist der Name?

Larsson.

⃰lɑːşɔn
Larsson.

Kontrollnummer 29.

⃰kɔntrɔlnəmər ceˈniːə
Kontrollnummer 29.

Biljetterna skall hämtas senast torsdag kl 19⁰⁰.

bilˈjɛtəɳa ska ⃰hɛmtas ⃰seːnast ⃰tuːşda ⃰klɔkan ⃰nitɔn
*Die Karten sollen (= müssen) abgeholt werden spätestens Donnerstag um
19 Uhr.*

Tack.

tak
Danke.

Grammatik

Pluralis av substantiv – Mehrzahlbildung der Substantive   **A**

Das Schwedische hat sechs Deklinationsklassen, d. h. die Substantive bilden
den Plural mit sechs verschiedenen Endungen, nämlich **-or, -ar, -er, -r, -n**
und **0**, d. h. keine Endung. Die häufigste **unbestimmte** Pluralendung ist **-er**:
en familj *eine Familie* – familjer *Familien*. Die entsprechende **bestimmte**
Pluralendung ist **-na**: familjerna die Familien. Nur bei den Wörtern, die kei-
ne unbestimmte Pluralendung haben (also Plur. = 0), ist die bestimmte
Pluralendung **-en**: åren **die** Jahre.

Pluralendung -or   **B**

en flicka	–	flickan	flickor *Mädchen*	flickorna	*die Mädchen*
en klocka	–	klockan	klockor *Uhren*	klockorna	*die Uhren*
en kvinna	–	kvinnan	kvinnor *Frauen*	kvinnorna	*die Frauen*
en sjua	–	sjuan	sjuor *Sieben*	sjuorna	*die Sieben*
en skola	–	skolan	skolor *Schulen*	skolorna	*die Schulen*
en vecka	–	veckan	veckor *Wochen*	veckorna	*die Wochen*

Pluralendung -ar   **C**

en buss	–	bussen	bussar *Busse*	bussarna	*die Busse*
en dag	–	dagen	dagar *Tage*	dagarna	*die Tage*
en hund	–	hunden	hundar *Hunde*	hundarna	*die Hunde*
en morgon	–	morgonen	mor(g)nar *Morgen*	mor(g)narna	*die Morgen*
en smörgås	–	smörgåsen	smörgåsar *Butter-*	smörgå-	*die Butter-*
			brote	sarna	*brote*
en tidning	–	tidningen	tidningar *Zeitungen*	tidningarna	*die Zeitungen*

Pluralendung -er   **D**

en biljett	–	biljetten	biljetter *Eintritts-*	biljetterna	*die Eintritts-*
			karten		*karten*
en familj	–	familjen	familjer *Familien*	familjerna	*die Familien*
en ingenjör	–	ingenjören	ingenjörer *Ingenieure*	ingen-	*die Inge-*
				jörerna	*nieure*
en minut	–	minuten	minuter *Minuten*	minuterna	*die Minuten*
en tand	–	tanden	tänder *Zähne*	tänderna	*die Zähne*
en tid	–	tiden	tider *Zeiten*	tiderna	*die Zeiten*

Pluralendung -r   **E**

en fiende	–	fienden	fiender *Feinde*	fienderna	*die Feinde*
en hustru	–	hustrun	hustrur *Gattinnen*	hustrurna	*die Gattinnen*
en sko	–	skon	skor *Schuhe*	skorna	*die Schuhe*
en vikarie	–	vikarien	vikarier *Stell-*	vikarierna	*die Stell-*
			vertreter		*vertreter*

Pluralendung -n   F

ett arbete	–	arbetet	arbeten *Arbeiten*	arbetena	*die Arbeiten*
ett piano	–	pianot	pianon *Klaviere*	pianona	*die Klaviere*
ett rike	–	riket	riken *Reiche*	rikena	*die Reiche*
ett århund-	–	århund-	århundraden *Jahr-*	århundra-	*die Jahr-*
rade		radet	*hunderte*	dena	*hunderte*
ett öga	–	ögat	ögon *Augen*	ögona,	*die Augen*
				ögonen	

Pluralendung 0   G

ett barn	–	barnet	barn 0 *Kinder*	barnen	*die Kinder*
en fyra-	–	fyrarum-	fyrarummare 0	fyrarum-	*die Vierzim-*
rummare		maren	*Vierzimmer-*	marna	*merwoh-*
			wohnungen		*nungen*
en lärare	–	läraren	lärare 0 *Lehrer* 0	lärarna	*die Lehrer*
en man	–	mannen	män 0 *Männer*	männen	*die Männer*
ett rum	–	rummet	rum 0 *Zimmer* 0	rummen	*die Zimmer*
ett år	–	året	år 0 *Jahre*	åfen	*die Jahre*

Anm.: Diese Tabellen brauchen nicht auswendig gelernt zu werden. Sie sollen einen Überblick über die Möglichkeiten der Pluralbildung geben und zugleich als Nachschlagetabelle für die Hinweise bei den Vokabeln dienen.

Personliga, reflexiva och reciproka pronomen   H

		1. Pers.	2. Pers.		3. Pers.			
			„du"	„Sie"	*Mask.*	*Fem.*	*m/f*	*Neutr.*
	Nominativ	jag [jɑ:]	du [dʉ:]	ni [ni:]	han [han]	hon [hun]	den [dɛn]	det [de:]
Sg.	*Abhängigkeitsform*	mig [mɛj]	dig [dɛj]	er [e:r]	honom ['hɔnɔm]	henne ['hɛnə]	den	det
	Reflexiv	mig	dig	er	sig [sɛj]			
	Nominativ	vi [vi:]	ni [ni:]		de [di:, dɔm]			
	Abhängigkeitsform	oss [ɔs]	er [e:r]		dem [dɛm, dɔm]			
Pl.	*Reflexiv*	oss	er		sig			
	Reziprok	varandra [va'randra]	varandra		varandra			

Das **Personalpronomen** hat zwei Fälle, den **Nominativ** und die **Abhängigkeitsform**, die im Deutschen dem Akkusativ, dem Dativ und dem Genitiv entspricht. Nur die 3. Person (Singular und Plural) hat eine besondere **reflexive** Form; sonst wird für das reflexive Verhältnis die Abhängigkeitsform gebraucht. Das **reziproke** Pronomen heißt für alle drei Personen Plural **varandra** [va'randra].

han/hon eller (= oder) den?   **I**

han/honom, hon/henne und **hans, hennes** (s. 4 C) werden nur für Menschen (und – volkstümlich – auch für personifizierte Begriffe, Gegenstände und Tiere) gebraucht. Sonst heißt die 3. Person Sg. Utrum **den: Vart går bussen? Den** går till Odenplan. Wohin fährt der Bus? **Er** fährt zum Odenplan.

Användning av det reflexiva pronominet sig – Der Gebrauch des   **J**
Reflexivpronomens

Das Reflexivpronomen **sig** wird im allgemeinen wie das deutsche **sich** verwendet, aber nicht in der höflichen Anrede: de sätter **sig** – sie setzen **sich,** aber: sätt **er** setzen **Sie sich.** Vgl. 21 C.
Sig darf nie reziprok gebraucht werden.
Für das gegenseitige Verhältnis wird **varandra** (einander) gebraucht, nie sig, oss, er.
Vi slår **oss,** ni slår **er,** de slår **sig** bedeutet: jeder von uns, euch, ihnen schlägt **sich selbst;** aber vi/ni/de slår **varandra** bedeutet: jeder von uns, euch, ihnen schlägt **den anderen.** So auch: de älskar **varandra** – sie lieben **sich.**

Övningar

a) **Byt ut substantiven mot personliga pronomen – Ersetzen Sie die Substantive durch Personalpronomen:**
Mannen går ut i köket. Kvinnan läser tidningen. Barnet äter en smörgås. Hunden skäller. Känner du läraren? Ser ni flickan? Han hör väckarklockan. Vi spelar på pianot.
skälla ['ʃɛla] bellen / se [se:] sehen / höra ['hœ:ra] hören / spela ['spe:la] spielen

b) **Sätt ovanstående satser i plural – Setzen Sie die obigen Sätze in die Mehrzahl!**

c) **Sätt följande ord i obestämd och bestämd form singularis och pluralis – Setzen Sie die folgenden Wörter in die unbestimmte und die bestimmte Form des Singulars und Plurals:**
ingenjör, dag, år, vecka, arbete, vikarie, sjua, minut, biljett, sko, smörgås, buss, man, flicka, århundrade.

d) **Fyll i rätt verb – Ergänzen Sie das richtige Verb** (dricker, stiger upp, borstar, ringer, äter, tvättar): Väckarklockan — klockan sju. Jag — genast. I badrummet — jag tänderna och — mig. Jag — kaffe och — en smörgås i köket.

e) Byt orden inom parentes mot personligt, reflexivt eller reciprokt pronomen –
Ersetzen Sie die eingeklammerten Wörter durch persönliche, reflexive oder
reziproke Pronomen:
(Fru Larsson) tvättar (Gunnar). (Fru Larsson) tvättar (fru Larsson).
(Margareta och Sven) talar med (Margareta och Sven) i telefon. (Anna
och Gunnar) sätter (Anna och Gunnar) bredvid (Anna och Gunnar).
(Margareta och Sven) älskar (Margareta och Sven).

tala ['tɑːla] sprechen / med [meː] mit / telefon, -en, -er [tele'foːn] Tele-
fon / sätta sig ['sɛta sɛj] sich setzen / älska ['ɛlska] lieben

f) Översätt:
Wo wohnen Sie? Der Wecker klingelt um sieben Uhr. Das Kind steht auf.
Ich trinke eine Tasse Tee und esse ein paar Butterbrote. Trinkst du Milch
oder Kaffee? Er ist in der Küche. Ich putze die Zähne und wasche mich.
Er duscht und rasiert sich. Wann kommst du nach Hause? Möchtest du
ein Glas Wasser? Gib mir den Käse, bitte!

wo	var [vɑːr]		Glas	glas, -et, - [glɑːs]
Tee	te, -(e)t [teː]		Wasser	vatten, -net ['vatən]
ein paar	ett par [et pɑːr],		Käse	ost, -en, -ar [ust]
	några ['noːra]			

3. Lektion

Larssons våning

Familjen har en modern lägenhet med vacker utsikt. Anna och Gunnar
har var sitt rum. De är inte stora men trevliga. Anna har en låg säng,
en vit sekretär, ett svart piano och några röda stolar i sitt rum och
Gunnar har en säng, ett skrivbord, två fåtöljer och en skivspelare i sitt.
I det stora, ljusa vardagsrummet finns det en soffa, några bekväma
fåtöljer, ett snyggt glasbord och en stor bokhylla full med böcker.
Där finns också en TV-apparat, en stereoanläggning och många små
lampor. Sängkammaren är ovanligt rymlig och där finns många skåp
och garderober. Hunden Kajsa har sin korg i köket. Köket är nästan
det trevligaste rummet i våningen. Det är stort och ljust och målat i
grönt och brunt. Det är lätt att städa lägenheten, eftersom allt är så
nytt. På golven i sovrummen ligger heltäckande mattor och i det stora
rummet är det parkett. Margareta kan dammsuga allt.

Vokabeln

våning, -en, -ar	[ˇvoːniŋ]	Wohnung
modern	[moˈdæːn̩]	modern
vacker	[ˈvakər]	schön
utsikt, -en, -er	[ˈʉːtsikt]	Aussicht
var sitt	[vɑː ʂit]	jeder sein
de	[deː]	sie
stor	[stuːr]	groß
men	[mɛn]	aber
trevlig	[ˈtreːvli]	nett, gemüt-lich
låg	[loːg]	niedrig
säng, -en, -ar	[sɛŋ]	Bett
vit	[viːt]	weiß
sekretär, -en, -er	[sekrəˈtæːr]	Sekretär
svart	[svat]	schwarz
några	[ˈnoːra]	einige
röd	[røːd]	rot
stol, -en, -ar	[stuːl]	Stuhl
skrivbord, -et, -	[ˇskriːvbuːɖ]	Schreibtisch
fåtölj, -en, -er	[foˈtœlj]	Sessel
skivspelare, -n, -	[ˈʃiːvspeːlarə]	Plattenspieler
ljus	[jʉːs]	hell
vardagsrum, -met, -	[ˈvɑːɖasrəm]	Wohnzimmer
soffa, -n, -or	[ˈsɔfa]	Sofa
bekväm	[bəˈkvɛːm]	bequem
snygg	[snyg]	fein
glasbord, -et, -	[ˈglɑːsbuːɖ]	Tisch mit Glas-scheibe
bokhylla, -n, -or	[ˈbuːkhyla]	Bücherregal
full	[fəl]	voll
bok, -en, böcker	[buːk, ˈbœkər]	Buch
TV-apparat, -en, -er	[ˈteːveː apaˈrɑːt]	Fernseher

stereoanlägg-ning, -en, -ar	[ˇsteːreɔanˈlɛgniŋ]	Stereoanlage
många	[ˈmɔŋa]	viele
liten	[ˈliːtən],	
pl. små	[smoː]	klein
lampa, -n, -or	[ˈlampa]	Lampe
sängkam-mare, -n, -	[ˈsɛŋkamarə]	Schlafzimmer
ovanligt	[ˈuːvɑːnlit]	ungewöhn-lich; beson-ders
rymlig	[ˈrymli]	geräumig
skåp, -et, -	[skoːp]	Schrank
garderob, -en, -er	[gaɖəˈroːb]	Garderobe
sin	[sin]	sein
korg, -en, -ar	[kɔrj]	Korb
nästan	[ˈnɛstan]	fast
trevligast	[ˈtreːvliast]	der netteste
måla	[ˈmoːla]	malen
målat	[ˈmoːlat]	gemalt
grön	[grøːn]	grün
brun	[brʉːn]	braun
lätt	[lɛt]	leicht
att	[at]	zu
städa	[ˈstɛːda]	aufräumen
eftersom	[ˈɛftəʂɔm]	weil
allt	[alt]	alles
så	[soː]	so
ny, nytt	[nyː, nyt]	neu
på	[poː]	auf
golv, -et, -	[gɔlv]	Boden
sovrum, -met, -	[ˈsoːvrəm]	Schlafzimmer
heltäckande matta, -n, -or	[ˈheːltɛkandə ˈmata]	Teppichbo-den
parkett, -en, -	[parˈkɛt]	Parkett
dammsuga	[ˈdamsʉːga]	staubsaugen

Samtal

Vid busshållplatsen träffar Sven en arbetskamrat, Arne.

vi: ˇbəshɔlˈplatsən ˇtrɛfar svɛn en ˇarbeːtskamˈrɑːt, ˇɑːɳə

An der Bushaltestelle trifft Sven einen Kollegen, Arne.

Hej!   – Har du köpt ett nytt sjuttiokort?

hɛj   – hɑː ɖʉː cœpt et nyt ˇʃətikuʈ

Guten Tag!   – *Hast du gekauft eine neue Monatskarte?*

Jag glömde det igår, men som tur var hade Karin rabattbiljetter.

jɑː ˇglœmdə deː iˈgoːr mɛn sɔm tʉːr vɑːr ˇhadə ˇkɑːrin raˇbatbilˈjɛtər

Ich vergaß es gestern, aber zum Glück hatte Karin eine Sammelkarte.

Det blir ju dyrt annars.
de: bli:r jə dy:t ˇanaʂ
Das wird ja teuer sonst.

Den här månaden lönar det sig väl knappast med månadskort,
dɛn hæ:r ˇmo:nɑ:dən ˇlø:na d̪e: sɛj vɛl ˇknapast me: ˇmo:natskut̪
Diesen Monat lohnt es sich wohl kaum mit Monatskarte,

så jag köpte ett förköpshäfte.	Bussen kommer och de kliver på.
so: jɑ: ˇcœptə et ˇfœ:rcø:psˋhɛftə	ˈbøsən ˈkɔmər ɔ de: ˈkli:vər po:
so ich kaufte eine Sammelkarte.	*Der Bus kommt, und sie steigen ein.*

Så skönt att vi fick sitta.
so: ʃø:nt at vi: fik ˇsita
Wie schön, daß wir dürfen sitzen.

Det är mycket folk som skall in till staden så här dags.
de: e: ˇmykə folk sɔm ska ˈin til stɑ:n sɔ hæ: d̪aks
Es sind viele Leute, die wollen zur Stadt um diese Zeit.

Vid kiosken i tunnelbanan köper Arne ett sjuttiokort,
vi: kiˈɔskən i ˇtønəlˋbɑ:nan ˈcø:pər ˇɑ:ɳə et ˇʃøtikut̪
Am Kiosk in der U-Bahn kauft Arne eine Monatskarte,

en tidning óch cigarretter.
en ˇti:niŋ ɔ sigaˈrɛtər
eine Zeitung und Zigaretten.

– Kan jag få ett månadsmärke för juni, en Dagens Nyheter óch ett paket ...
– kan jɑ: ˈfo: et ˇmo:natsˋmærkəfœr ˇjɥ:ni en ˈdɑ:gəns ˇny:he:tər ɔ et paˈke:t ...
– Kann ich bekommen eine Monatskarte für Juni, eine „Dagens Nyheter"
                                                              und ein Päckchen ...

Expediten: –Det blir 78:40.
ekspeˈdi:tən: de: bli:r ˇʃəti'ɔta ɔ ˇfœt̪i
Die Verkäuferin: Das macht 78 Kronen und 40 Öre.

Här är hundra kronor.	Var så god.
hæ:r e: ˇhøndra ˇkru:nər	vɑ: ʂəˈgu:
Hier sind hundert Kronen.	*Bitte.*

Tack. Det blir 21:60 tillbaka.	Var så god.
tak de: bli:r cɥ:ˈen ɔ ˈsɛksti tiˈbɑ:ka	vɑ: ʂəˈgu:
Danke. Es bleiben 21 Kronen und 60 Öre zurück.	*Bitte.*

Tack.
tak
Danke.

Grammatik

Adjektivartikel och adjektivets böjning
Der Artikel und die Deklination des Adjektivs   A
Grundform: stor [stu:r] *groß*

Sg.		*stark – unbestimmt*		*schwach – bestimmt*	
Sg.	Utrum	en stor stad	–	den stora staden	-a
	Neutrum	ett stort rum	-t	det stora rummet	-a
Plural		stora städer	-a	de stora städerna	-a
		stora rum	-a	de stora rummen	-a

Adjektivartikel   B
Wenn zu einem Substantiv mit dem bestimmten Artikel ein Adjektiv tritt,
setzt man vor dieses Adjektiv den sogenannten Adjektivartikel: Utrum **den**
[dɛn], Neutrum **det** [de:], Plural **de** [dɔm]. Das Adjektiv erhält die Endung -a
(schwache Form).

Adjektivets normala komparation
Die Formen der normalen Steigerung des Adjektivs   C
Grundform: **ljus** [jʉ:s] *hell*

			Positiv	*Komparativ*	*Superlativ*
Stark	Sing.	Utrum	ljus *hell*	ljusare *heller*	ljusast *hellst-*
		Neutrum	ljust	ljusare	ljusast
	Plur.		ljusa	ljusare	ljusast
Schwach	Sing. und Plur.		ljusa	ljusare	ljusast

Vgl. auch Lektion 12.

Stark eller svag böjning av adjektivet
Die starke oder schwache Form des Adjektivs   D
Die starke Form des Adjektivs wird gebraucht:
1. wenn kein Bestimmungswort vor dem Adjektiv steht: **Trevlig** resa!
   Gute Fahrt! Hon dricker *varmt* kaffe (**heißen** Kaffee). Han äter **färskt** bröd
   (**frisches** Brot).
2. nach dem unbestimmten Artikel:
   en låg säng, **ett brunt** bord.

3. wenn das Adjektiv prädikativ gebraucht wird:
   stolen är **röd,** golvet är **rött,** golven är **röda.**

4. vom Adjektiv **egen** [ˈeːgən] *eigen* nach einem Possessivpronomen oder
   einem Genitiv:
   min egen hund, **mitt eget** rum, **mina egna** rum, **familjens egen** hund.

Die schwache Form wird in allen anderen Fällen gebraucht:

1. a) nach dem bestimmten Adjektivartikel:
   den gröna mattan, **det** gröna skåpet, **de** gröna mattorna.
   b) auch wenn bisweilen der Adjektivartikel weggelassen ist:
   stora pojken *großer Junge,* Svarta havet *Schwarzes Meer,* förra året *voriges Jahr,* i södra Tyskland *im südlichen Deutschland.*

2. nach demonstrativen, persönlichen, possessiven und relativen Pronomen
   sowie nach einem Genitiv:
   denna *(dieses)* sköna soffa, **du** lilla barn, **min** trevliga våning; **detta** lilla
   barn, **vars** *(dessen)* stora hund, **lägenhetens** vackra utsikt.

3. vor Eigennamen, in Anreden und Ausrufen:
   kära *(liebe)* Margareta, snälla pappa *(lieber Vater),* dumma unge
   dummes Kind.

Adjektiv med oregelbunden böjning
Adjektive mit unregelmäßiger Deklination   **E**

1. Das Neutrum hat die Endung **-tt** (statt **-t**), wobei der Vokal verkürzt
   wird:
   a) bei Adjektiven, die auf einen druckstarken Vokal ausgehen:
   ny [nyː] – ny**tt** [nyt].
   b) bei Adjektiven, die auf einen druckstarken Vokal + **d** ausgehen:
   rö**d** [røːd] – rö**tt** [rœt].

2. Das Neutrum hat keine Endung nach Konsonant + **t**: ett svart piano.

3. Adjektive und Partizipien, die auf einen Konsonanten + **d** ausgehen, verlieren das **d** vor dem **t**: hår**d** [hoːɖ] – hår**t** [hoːʈ] *hart.*

4. Adjektive und Partizipien auf **-dd** haben im Neutrum **-tt:**
   välklä**dd** – välklä**tt** *gut gekleidet.*

5. Adjektive auf unbetontes **-en** verlieren das **n** vor dem **t:** mogen – moget
   reif.

6. Unveränderlich bleiben in der Einzahl z. B. brant *steil,* diskret *diskret,*
   lat *faul,* lätt *leicht,* rädd *ängstlich.*

7. Vor der Endung **-a, -are, -ast** verlieren Adjektive auf unbetontes **-al, -el,
   -en, -er** den Vokal: gammal – gam**la** *alt;* vacker, vack**ra,** vack**rare,** vack**rast** *(schön, schöner, am schönsten).*

8. Die Form auf -a kann bei männlichen Personen manchmal auf -e enden: käre Gunnar.

9. Liten *klein* ist unregelmäßig: liten, lilla, *pl.* små.

en **liten** flicka, den **lilla** flickan, **små** flickor, de **små** flickorna
ett **litet** barn, det **lilla** barnet, **små** barn, de **små** barnen

Att bilda adverb av adjektiv
Die Bildung des Adverbs aus Adjektiven F

Die meisten Adverbien werden durch Hinzufügung eines -t an die Grundform des Adjektivs gebildet. Sie lauten also mit der starken neutralen Form gleich: Hon stiger upp tidigt. Sie steht **zeitig** auf. Våningen är ovanligt rymlig. Die Wohnung ist **ungewöhnlich** geräumig.

Övningar

a) Bilda motsattspar av följande adjektiv. Exempel: ny – gammal.
Bilden Sie Gegensatzpaare von den folgenden Adjektiven.
Beispiel: **ny** *neu* – **gammal** *alt*:

vit	sen *(spät)*
stor	dyr
tom *(leer)*	modern
kall *(kalt)*	liten
ung *(jung)*	vacker
lång *(lang)*	ledsen *(traurig)*
omodern *(unmodern)*	sjuk *(krank)*
flitig *(fleißig)*	lätt
hög *(hoch)*	full
smutsig *(schmutzig)*	varm
ful *(häßlich)*	kort *(kurz)*
god, snäll *(gut)*	bra *(gut)*
billig *(billig)*	ljus
tung *(schwer)*	bred *(breit)*
dålig *(schlecht)*	elak *(böse)*
frisk *(gesund)*	ren *(sauber)*
mörk *(dunkel)*	gammal
tidig *(früh)*	låg
smal *(schmal)*	svart
glad *(froh)*	lat

b) Fyll i rätt form av adjektivet. – Ergänzen Sie die richtige Form des Adjektivs:

Vi bor i ett (gammal) hus. Fönstrena är (hög) och (smal). Det (gammal) huset är (gul). Vi har en (liten) trädgård. I den (liten) trädgården finns många (stor) träd. De (gammal) träden är (vacker). Vi har också många (liten) blommor.

c) **Komparera följande adjektiv.** – **Steigern Sie die folgenden Adjektive:**
vacker   Mina blommor är—, men hennes *(ihre)* är—och fru Svenssons
        är allra (aller-) — .
ny   Mitt bord är — , men hans är — och hennes är allra — .
lat   Du är — , jag är — och han är allra — .

d) **Vilket ord passar inte?** **Ett ord i varje grupp passar inte ihop med de andra orden.**–
Welches Wort paßt nicht? **Ein Wort von jeder Gruppe paßt nicht zu den anderen Wörtern.** Beispiel: brun, grön, **ny**, svart, vit, röd.
1. bord, buss, lampa, matta, piano, stol.
2. av, från, med, ni, på, till.
3. ligger, tar, åker, går, böcker, träffar.
4. sex, tre, tio, åtta, elva, te.

e) **Översätt:**
In meinem neuen Zimmer sind einige weiße Stühle, ein brauner Schreibtisch, ein bequemer Sessel, ein kleiner Schrank und ein großes Bett. Ich habe auch einen roten Teppichboden. Sie kauft ein Päckchen Zigaretten und eine Zeitung. Das macht acht Kronen. Das ist teuer.

4. Lektion

På posten och i affären

Sven går till posten på eftermiddagen för att ta ut pengar. Han vill också hämta ett postförskott och skicka ett rekommenderat brev. Det är ganska mycket folk på posten och han ställer sig i en kö. Så småningom kommer han fram till luckan och lämnar postförskotts- och uttagsavierna och ett legitimationskort och säger: "Var så god". Postexpediören tar blanketterna, hämtar postförskottet och ger sedan Sven det, pengar och legitimationskortet. "Jag skulle vilja rekommendera det här brevet också och dessutom ha fem sextiofemöres, fem sjuttiofemöres och tre enkronasfrimärken." "Det blir 16:–." "Här är jämna pengar." "Tack!"

Under tiden har Margareta varit i snabbköpet för att handla mat. Hon vill bjuda Horst Weber på något riktigt typiskt svenskt. Hon har bestämt sig för rökt renkött och tunnbröd, rimmad lax och dillstuvad potatis och till efterrätt hjortron och vispgrädde. Hon har alltså plockat ned en förpackning rökt renkött, ett paket tunnbröd, 2 kg djupfryst lax, rikligt med dill, ett paket djupfrysta hjortron, 3dl vispgrädde, 1/2 kg smör och några ölburkar i en kundvagn och går för att betala i kassan. Utanför affären möter Sven henne och så bär de gemensamt hem varorna.

Vokabeln

affär, -en, -er	[a'fæːr]	Geschäft
eftermiddag, -en, -ar	['ɛftərmidan]	Nachmittag
ta ut pengar	[tɑː 'ʉːt ˇpɛŋar]	Geld abheben
postförskott, -et, -	['pɔstfœşkɔt]	Postnachnahme
skicka	['ʃika]	schicken
ett rekommenderat brev	[et rekɔmən'deːrat breːv]	ein eingeschriebener Brief
brev, -et, -	[breːv]	Brief
ganska	['ganska]	ziemlich
ställa sig	['stɛla sɛj]	sich stellen
kö,-n,-er	[køː]	Schlange
så småningom	[soː ˇsmoːniŋɔm]	allmählich
fram	[fram]	hervor, heran
lucka, -n, -or	['lɵka]	Schalter
lämna	['lɛmna]	abgeben
uttag, -et, -	['ʉːtɑːg]	Auszahlung
avi, -n, -er	[a'viː]	Formular
legitimationskort, -et, -	[legitimaˇʃʉːnskut]	Ausweis
säga	['sɛja]	sagen
postexpeditör, -en, -er	['pɔstɛkspediˋtœːr]	Postbeamte(r)
blankett, -en, -er	[blaŋ'kɛt]	Formular
ge	[jeː]	geben
skulle vilja	['skɵlə ˇvila]	möchte
det här	[deː hæːr]	dieser
dessutom	[desˇʉːtɔm]	außerdem
sextiofemöres	[sɛkstiˇfɛmœːrəs]	zu fünfundsechzig
sjuttiofemöres	[ʃɵtiˇfɛmœːrəs]	zu fünfundsiebzig
enkronas	['eːnkruːnas]	zu einer Krone
frimärke,-t,-n	['friːmærkə]	Briefmarke
sexton	['sɛkstɔn]	sechzehn
jämna	['jɛmna]	abgezähltes
pengar	ˇpɛŋar]	od. passendes Geld
jämn	[jɛmn]	eben
under tiden	['ˇɔndə- 'tiːdən]	währenddessen
under	['ɔndə]	unter; während
har varit	[hɑːr ˇvɑːrit]	ist gewesen
snabbköp, -et, -	['snapcøːp]	Selbstbedienungsladen
handla	['handla]	kaufen
mat, -en	[mɑːt]	Essen
bjuda på	['bjʉːda pɔ]	anbieten
något	[nɔt]	etwas
riktig	['rikti]	recht, ganz
typisk	['tyːpisk]	typisch
svensk	[svɛnsk]	schwedisch
bestämma sig	[bəˈstɛma sɛj]	beschließen
har bestämt sig för	[hɑːr bəˈstɛmt sɛj fœːr]	hat sich entschlossen für
rökt	[røːkt]	geräuchert
renkött, -et, -	['reːncœt]	Rentierfleisch
tunnbröd, -et, -	['tɵnbrøː]	Fladenbrot, Flachbrot
rimmad	['rimad]	schwach gepökelt
lax, -en, -ar	[laks]	Lachs
dillstuvad	['dilstʉːvad]	mit Dill geschmort
potatis, -en, -ar	[pu'tɑːtis]	Kartoffel
efterrätt, -en, -er	['ɛftərɛt]	Nachtisch
hjortron,-en,-	['jutrɔn]	Multbeere
vispgrädde, -n	['vispgrɛdə]	Schlagsahne
alltså	['altsɔ]	also
plocka ned	['plɔka 'neːd]	hineinlegen
har plockat ned	[hɑːr ˇplɔkat 'neːd]	hat hineingelegt
förpackning, -en, -ar	[fœr'pakniŋ]	Packung
kilo, -t, -n	['ciːlɔ]	Kilo
djupfryst	['jʉːpfryːst]	tiefgefroren

riklig	['riːkli]	reichlich	betala	[bə'tɑːla]	bezahlen
dill, -en	[dil]	Dill	kassa, -n, -or	['kasa]	Kasse
deciliter, -n, -	[desi'liːtər]	Deziliter	utanför	['ʉːtanfœr]	(draußen)vor
halv	[halv]	halb	möta	['mœːta]	abholen
smör, -et	[smœːr]	Butter	henne	['hɛnə]	sie
ölburk,	['øːlbɵrk]	Bierbüchse	bära	['bæːra]	
-en, -ar			*Präs.* bär	[bæːr]	tragen
kundvagn,	['kɵndvaŋn]	Einkaufs-	gemensam	[je'meːnsam]	gemeinsam
-en, -ar		wagen	vara, -n, -or	['vɑːra]	Ware

Samtal

Sven kör bil till Centralen för att möta Horst Weber, som kommer med
svɛn cœːr biːl til sɛn'trɑːlən fœːr at ˇmøːta hɔrst 'veːbər sɔm 'kɔmər meː
Sven fährt mit dem Auto zum Bahnhof, um abzuholen Horst Weber, der

nattåget från Malmö.
ˇnatoːgət froːn ˇmalmøː
kommt mit dem Nachtzug von Malmö.

Goddag, goddag och välkommen till Stockholm!
gu'dɑː gu'dɑː ɔ ˇveːlkɔmən ti ˇstɔkhɔlm
Guten Tag, guten Tag, und willkommen in Stockholm!

Hur har resan varit?   Är du trött?
hʉːr hɑːr ˇreːsan ˇvɑːrit   eː dʉː 'trœt
Wie ist die Reise gewesen?   *Bist du müde?*

Tack skall du ha!
tak ska dʉː 'hɑː
Herzlichen Dank!

Resan har gått utmärkt och jag har sovit gott!
ˇreːsan hɑːr gɔt ˇʉːtmærkt ɔ jɑː hɑː ˇsoːvit gɔt
Die Reise ist gegangen ausgezeichnet, und ich habe geschlafen gut.

Det var bra det för Margareta vill bjuda på middag ikväll och i morgon skall
deː vɑː 'brɑː deː fœr margaˇreːta vil ˇbjʉːda pɔ ˇmida i'kvɛl ɔ iˇmɔrɔn ska
Das war gut das, denn Margareta möchte einladen zum Mittag heute abend,

vi gå på teater.
viː goː pɔ te'ɑːtər
und morgen werden wir gehen ins Theater.

Jag vill gärna åka på en sightseeingtur också och gå på Skansen.
jɑː vil ˇjæːɳa ˇoːka pɔ en ˇsajtsiːiŋ'tʉːr ˇɔksɔ ɔ goː pɔ 'skansən
*Ich möchte gern fahren mit einer Stadtrundfahrt auch und gehen zum Tier-
park Skansen.*

Och en dag måste vi vandra i Gamla stan.
ɔ en dɑː ˈmɔstə viː ˈvandra i ˈgamla stɑːn
Und einen Tag müssen wir wandern in der Altstadt.

Men nu åker vi till hotellet med ditt bagage.
mɛn nʉː ˈoːkər viː til huˈtɛlət meː dit baˈgɑːʃ
Aber jetzt fahren wir zum Hotel mit deinem Gepäck.

Danke – Bitte

tack – Dank; att tacka – (zu) danken		svar – Antwort	
Tack så mycket!	vielen Dank!	Var så god!	bitte schön!
Tusen tack!	tausend Dank!	Ingen orsak!	
			keine Ursache!
Hjärtligt tack!	herzlichen Dank!	För all del!	gern
			geschehen!
Tack skall du/ni ha!	Ich danke dir/Ihnen!	Ingenting att	
Tack för hjälpen!	Ich danke für die Hilfe.	tacka för!	nichts zu danken!
Tack för lånet!	Das Geliehene (Darlehen) mit bestem Dank zurück.		

Tack för maten!	Ich danke für das Essen.	Var så god!	bitte schön!
Tack för sällskapet!	Ich danke für die Begleitung.	Tack skall du ha själv!	danke, gleichfalls!
Tack för idag, ikväll!	*etwa:* Ich danke für den schönen Tag. – för den schönen Abend.	Det var så lite!	*etwa:* nicht der Rede wert!
Tack för igår, sist!	*etwa:* Ich danke für den gestrigen Tag, – für das letzte Mal.	Vi hade ju trevligt!	Das war wirklich nett.

„bitte" kann außerdem heißen: **Var snäll och ...** sei so gut;
var vänlig och ... sei so freundlich;
ursäkta! entschuldigen Sie;
hur sa? wie bitte?
Wer etwas haben will, bittet: **Var snäll/vänlig och ...; ursäkta; kan ni ...**
Wer etwas gibt, erlaubt, anbietet, sagt: **Var så god!**

Grammatik

Genitiv   A

Der Genitiv wird durch die Anfügung eines -s gebildet:

Grundform (Nominativ)	+ Endung	= Genitiv
Larsson en man den store mannen två kvinnor de två kvinnorna Carl XVI Gustaf [kaːl dɛn ˈsɛkstɔndə ˈɡəstav]	-s	Larssons en mans den store mannens två kvinnors de två kvinnornas Carl XVI Gustafs

B

1. **Namen**, die auf **-s** ausgehen, erhalten einen Apostroph und kein weiteres -s im Genitiv: Lars' hund.

2. Bei allen übrigen Substantiven auf **-s** vermeidet man die -s-Genitivform: taket (*Dach*) **på** ett hus.

3. Der Genitiv steht immer **vor** dem regierenden Wort, das in die unbestimmte Form gesetzt wird: Larssons våning, den lilla flickans rum (*das Zimmer des kleinen Mädchens*).

4. Logisch zusammengehörige Wörter, die als ein Begriff aufgefaßt werden, fügen das Genitiv -s an das letzte Wort an: kung (*König*) Carl XVI Gustafs valspråk (*Wahlspruch*).

5. Der Genitiv kommt im Schwedischen viel seltener vor als im Deutschen; er wird besonders bei Namen (oder Substantiven, die als Namen fungieren: **mamma** *Mutter*, **pappa** *Vater* usw.) gebraucht und ist in erster Linie ein **Ausdruck des Besitzes**. Umschreibungen durch Präpositionen kommen häufig vor. Die gebräuchlichsten Präpositionen sind **av, på, till, med**.

   a) **Av** (*von*) ist Ausdruck des **partitiven** Genitivs, es drückt den Teil eines Ganzen aus: en av mannens bilar (eins der Autos **des Mannes**); den vackraste **av** flickorna (das schönste **der Mädchen**).

   b) **Av** ist auch Ausdruck des **objektiven** Genitivs: upptäckten av Amerika (die Entdeckung **Amerikas**); öppnandet av utställningen (die Eröffnung **der** Ausstellung).

   c) **På** und auch **i** bezeichnen ein **örtliches** Verhältnis: taket **på** huset; molnen **på** himlen (die Wolken am Himmel); taket, golvet, väggarna **i** rummet (die Decke, der Fußboden, die Wände **des** Zimmers); polismästaren **i** staden (der Polizeichef **der** Stadt).

d) **Till** drückt als Genitiversatz die **Zugehörigkeit** aus: en släkting **till** min man (ein Verwandter **meines** Mannes).
e) syftet **med** ... Zweck **dieses** ...

Possessivpronomen   C

Singular:	Utrum	Neutrum	Plural
mein	min	mitt	mina
dein	din	ditt	dina
unser	vår	vårt	våra
euer, Ihr	er	ert	era
sein, ihr	sin	sitt	sina *nur reflexiv!*

Das Possessivpronomen **sin, sitt, sina** ist reflexiv, es kann sich also nur auf das Subjekt des gleichen Satzes beziehen. Das Subjekt kann ein Maskulinum, ein Femininum oder ein Neutrum im Singular oder Plural sein: Mannen går till **sitt** arbete, kvinnan parkerar (*parkt*) **sin** bil, barnet leker (*spielt*) med **sina** bilar, mammorna tycker om (*lieben*) **sina** barn.
Wenn das Possessivpronomen der 3. Person sich nicht auf das Subjekt des Satzes bezieht, gebraucht man **hans, hennes, dess, deras**: Jag parkerar **hans/hennes/deras** bil; ebenso, wenn das Possessivpronomen selbst attributiv zum Subjekt steht: **hans** bil är stor, **hennes** mamma är snäll.

Reflexives Possessivpronomen	Nichtreflexives Possessivpronomen	vgl. Personalpronomen (3. Person)
sin, sitt, sina *sein, seine; seine* *ihr, ihre; ihre*	hans *sein* hennes *ihr* dess *sein* deras *ihr* (*Plur.*)	han *er* hon *sie* den *er/sie* det *es* de *sie* (*Plur.*)

Die nichtreflexiven Possessivpronomen der 3. Person sind die ursprünglichen Genitivformen des Personalpronomens.

Övningar

a) **Skriv nya meningar – Bilden Sie neue Sätze.**
Exempel: Herr Berg har en stor bil.
    Det är herr Bergs stora bil.
1. Ingenjören har en billig våning.
2. Läraren har gamla böcker.
3. Flickan har en vacker korg.
4. Anna har en vit telefon.

5. Männen har ett litet hus.
6. Kvinnorna har små barn.
7. Paris har breda gator (*Straßen*).
8. Rummet har ett vitt tak.

b) **Fyll i rätt ord** (sin, sitt, sina, hans, hennes, deras):
Jan ställer bilen i (Jans) — garage. Jan ställer bilen i (Arnes) — garage.
Lena vill träffa (Annas) — bror. Lena vill träffa (Lenas) — bror. Tom
och Annica skall åka till (Tom och Annicas) — hus. Tom och Annica
skall åka till (Stig och Karins) — hus. Eva och Göran hämtar (Eva och
Görans) — barn. Eva och Göran hämtar (Fredrik och Marias) — barn.

c) **Fyll i rätt form** (min, mitt, mina, din, vår, er ...):
Vi har också köpt varor. Det är — varor.
Du har ett legitimationskort. Det är — legitimationskort.
Jag har frimärken. Det är — frimärken.
Ni har en affär. Det är — affär.
Du har en bil. Det är — bil.
Vi har ett garage. Det är — garage.
Ni har biljetter. Det är — biljetter.

d) **Fyll i rätt form** (åk!, åka, åker):
1. Vi skall — tåg till Malmö.
2. Han — buss till arbetet.
3. Vi vill — till Uppsala på onsdag.
4. Kan ni — nu?
5. — till Sverige!
6. Jag — till Tyskland varje år.
7. De — bil till Stockholm.
8. — till affären och hämta varorna!

e) **Översätt:**
Willkommen in Schweden! Sind Sie müde? Ich lade Sie heute abend
zum Essen ein. Morgen gehen wir ins Theater. Es sind viele Leute im Ge-
schäft. Wir bezahlen an der Kasse. Er kauft viele Briefmarken. Sie sendet
einen Brief nach Deutschland. Wir stellen uns an (= in die Schlange).
Holst du Geld?

5. Lektion

Emil i Lönneberga (Auszug)

Söndagen den 10 juni var det kalas i Katthult. Mycket folk skulle komma både från Lönneberga och andra håll. Emils mamma hade lagat mat i flera dagar.

– Det blir dyrt det här, sa Emils pappa. Men ska det vara kalas, så ska det! Inget knussel! Fast man kunde kanske göra köttbullarna något mindre.

– Jag gör köttbullarna precis lagom, sa Emils mamma. Lagom stora, lagom runda och lagom bruna. Det gjorde hon också. Och dessutom lagade hon revbensspjäll och kalvrullader och sillsallad och inlagd sill och äppelkaka och inkokt ål och stuvningar och puddingar och två jättelika ostkakor och så en särskild sorts korv som var så god att folk gärna åkte långa vägar både från Vimmerby och Hultsfred för att få smaka på den. Emil tyckte också mycket om den korven.

Nu var detta verkligen en dag att hålla kalas på. Solen sken, syrener och äppelträd blommade, luften var full av fågelsång, hela Katthult var vackert som en dröm, där det låg på sin kulle. Och gården var nykrattad, huset var skurat i alla vrår, maten var färdig, nu fattades ingenting. Jo, en sak!

– Oj, vi har ju glömt att hissa flaggan, sa Emils mamma.

Det satte fart på Emils pappa. Han rände i väg ut till flaggstången, och tätt efter honom rände Emil och lilla Ida. De ville se, när flaggan gick i topp.   *Aus Astrid Lindgren Emil i Lönneberga*

Vokabeln

Lönneberga	[ˇlœnəbærja]	*Ort in Småland*	inget *(von ingen)*	[ˇiŋət]	kein
söndag, -en, -ar	[ˇsœndɑː]	Sonntag	knussel, -et	[ˈknəsəl]	Knauserei
tionde	[ˇtiːəndə]	der zehnte	fast	[fast]	obwohl
kalas, -et, -	[kaˈlɑːs]	Fest	man	[man]	man
Katthult	[ˇkathəlt]	*Ort in Småland*	kunde *(von kunna)*	[ˇkəndə]	konnte
skulle	[ˇskələ]	würde	kanske	[ˇkanʃə]	vielleicht
både ... och	[ˇboːdə ... ɔ(k)]	sowohl ... als auch	mindre *(von liten)*	[ˇmindrə]	kleiner
andra *(von annan)*	[ˇandra]	ander	precis	[preˈsiːs]	genau
håll, -et, -	[hɔl]	Richtung	lagom	[ˇlɑːgɔm]	gerade recht, richtig
laga mat	[ˇlɑːga mɑːt]	kochen	rund	[rənd]	rund
fler	[fleːr]	mehrere	gjorde *(von göra)*	[ˇjuːdə]	machte, tat

lagade	['lɑ:gadə]	kochte
(von laga)		
revbensspjäll,	['re:vbe:n-	Rippenspeer
-et, -	'spjɛl]	
kalvrullad,	['kalvrə'lɑ:d]	Kalbsroulade
-en, -er		
sillsallad,	['silsalad]	Heringssalat
-en, -er		
inlagd	['inlagd]	eingelegt
sill, -en, -ar	[sil]	Hering
äppelkaka,	['ɛpəlkɑ:ka]	Apfelkuchen
-n, -or		
inkokt	['inkukt]	in Aspik
ål, -en, -ar	[o:l]	Aal
stuvning,	['stɵ:vniŋ]	Gedünstetes
-en, -ar		
pudding,	['pɵdiŋ]	Pudding
-en, -ar		
jättelik	['jɛtəli:k]	riesenhaft
ostkaka, -n,	['ustkɑ:ka]	Käsekuchen
-or		
särskild	['sæ:ʃild]	besonders
sort, -en, -er	[sɔt]	Sorte
korv, -en, -ar	[kɔrv]	Wurst
som	[sɔm]	der, die, das
Relativpron.		
god	[gu:d]	gut
att	[at]	daß
åkte	['o:ktə]	fuhr
(von åka)		
väg, -en, -ar	[vɛ:g]	Weg
Vimmerby	['vimərby]	*Stadt in*
		Småland
Hultsfred	['hɵltsfre:d]	*Ort in*
		Småland
få	[fo:]	dürfen
smaka på	['smɑ:ka pɔ]	schmecken
tyckte om	['tyktə 'ɔm]	hatte gern
(von tycka om)		
nu	[nɵ:]	jetzt
var	[vɑ:r]	war
(von vara)		
hålla	['hɔla]	halten
på en dag	[pɔ en dɑ:]	an einem Tag
sol, -en, -ar	[su:l]	Sonne
sken	[ʃe:n]	schien
(von skina)		
syren, -en, -er	[sy're:n]	Flieder
äppelträd,	['ɛpəltrɛ:]	Apfelbaum
-et, -		

blommade	['blumadə]	blühte
(von blomma)		
luft, -en	[lɵft]	Luft
fågelsång,	['fo:gəlsɔŋ]	Vogelgezwit-
-en, -er		scher
hel	[he:l]	ganz
vacker	['vakər]	schön
som	[sɔm]	wie
dröm, -men,	[drœm]	Traum
-mar		
där	[dæ:r]	wo
låg	[lo:g]	lag
(von ligga)		
kulle, -n, -ar	['kələ]	Hügel
gård, -en, -ar	[go:ɖ]	Hof
nykrattad	['ny:kratad]	eben geharkt
skurat	['skɵ:rat]	gescheuert
alla	['ala]	alle
vrå, -n, -r	[vro:]	Ecke
färdig	['fæ:ɖi]	fertig
fattades	['fatadəs]	fehlte
(von fattas)		
jo	[jɵ]	doch
sak, -en, -er	[sɑ:k]	Sache
oj	[ɔj]	ach
glömt	[glœmt]	vergessen
(von glömma)		
hissa	['hisa]	hissen,
		aufziehen
flagga, -n, -or	['flaga]	Flagge
satte	['satə]	setzte
(von sätta)		
fart, -en, -er	[fɑ:ʈ]	Tempo
sätta fart på	['sɛta fɑ:ʈ pɔ]	Dampf dahin-
		ter machen
rände	['rɛndə]	lief
(von ränna)		
i väg	[i'vɛ:g]	los
flaggstång,	['flagstɔŋ]	Fahnen-
-en, -stänger		stange
ut	[ɵ:t]	hinaus
tät	[tɛ:t]	dicht
efter	['ɛftər]	nach
honom	['hɔnɔm]	ihn, ihm
(von han)		
ville	['vilə]	wollte
(von vilja)		
gick	[jik]	ging
(von gå)		
topp, -en, -ar	[tɔp]	*hier:* Höhe

Samtal

Sven och Horst går in på en restaurang för att äta lunch.

svɛn ɔ hɔrst go:r 'in pɔ en restɔ'raŋ fœr at ˇɛ:ta 'lønʃ

Sven und Horst gehen in ein Restaurant, um zu essen Mittag.

En servitris kommer fram till deras bord med matsedeln.

en særvi'tri:s 'kɔmər fram ti 'de:ras bu:ɖ me: 'mɑ:tse:dəln

Eine Kellnerin kommt heran an ihren Tisch mit der Speisekarte.

Servitrisen:
Goddag! Var så god, här är matsedeln.
guˈdɑː vaːʃəˈguː hæːr eː ˈmɑːtseːdəln
Guten Tag. Bitte schön, hier ist die Speisekarte.

Sven:
De har lake, äggröra med falukorv eller fläskkotlett som dagens rätt idag.
deː hɑː ˈ|ɑːkə ˈɛɡrœːra meː ˈfɑːləkɔrv ˈɛlər ˈflɛskɔtˈlɛt sɔm ˈdɑːɡəns rɛt iˈdɑː
Sie haben Quappe (= ein Fisch), Rührei mit Lyoner Wurst oder Schweine-
kotelett als Tagesgericht heute.

Horst:
Lake har jag aldrig ätit, så jag försöker med det.
ˈlɑːkə hɑːr jɑː ˈaldri ˈɛːtit sɔ jɑː fœˈ|ʂøːkər meː ˈdeː
Quappe habe ich nie gegessen, so ich versuche (es) damit.

Sven:
Ja, fisk är gott.
jɑː ˈfisk eː ɡɔt
Ja, Fisch ist (schmeckt) gut.

Det tar jag med.
ˈdeː tɑːr jɑː ˈmeː
Das nehme ich auch.

Servitrisen:
Ja, tack och något att dricka?
jɑː tak ɔ nɔt at ˈdrika
Ja bitte, und etwas zu trinken?

Mjölk eller lättöl ingår i priset.
mjœlk ˈɛlər ˈlɛtøːl ˈingoːr i ˈpriːsət
Milch oder Dünnbier ist einbegriffen
im Preis.

Sven:
Vi tar två mellanöl, tack.
viː tɑː t̪voː ˈmɛlanøːl tak
Wir nehmen zwei Bier, bitte.

Horst:
Egentligen skulle jag vilja pröva smörgåsbord, som jag hört så mycket om.
eˈjɛntliːən ˈskələ jɑː ˈvila ˈprøːva ˈsmœrɡɔsˈbuːd̪ sɔm jɑː ˈhœːt sɔ ˈmykə ɔm
Eigentlich möchte ich probieren "Smörgåsbord", von dem ich gehört so
viel (von).

Sven:
Det serverar de bara på söndagar här.
deː særˈveːra d̪ɔm ˈbɑːra pɔ ˈsœndɑːgar hæːr
Das servieren sie nur sonntags hier.

(Efter kaffet)   Sven: Fröken!   Kan vi få betala.
ˈɛftər ˈkafət   ˈfrøːkən   kan viː foː bəˈtɑːla
(Nach dem Kaffee)   *Fräulein!*   *Können wir zahlen.*

Servitrisen:
Tillsammans eller var för sig?
ˈtilsamans ˇɛlər vɑːr fœ ʂɛj
Zusammen oder jeder für sich?

Sven:
Jag betalar för båda.
jɑː bəˈtɑːlar fœr ˇboːda
Ich bezahle für beide.

Servitrisen:
Det blir 36:80 med dricks.
deː bliː ʈrɛtiˈseks ɔ ˇɔti meː driks
Das macht 36 Kronen, 80 Öre mit Trinkgeld.

Sven:
Var så god. Det är jämnt.
ˇvɑːʃəˈguː deː eː jɛmt
Bitte. Das ist gut (= stimmt) so.

Servitrisen:
Tack så mycket och välkomna tillbaka!
tak sɔ ˇmykə ɔ ˇvɛːlkɔmna tiˈbɑːka
Danke schön und willkommen zurück.

Grammatik

Imperfekt   A

Nach der Bildung des Imperfekts (und des Partizips Perfekt) teilt man die
Verben in zwei Hauptgruppen: die **starke** und die **schwache Konjugation.**
Das Imperfekt der **schwachen** Verben wird durch Anfügung einer Endung
an den Stamm (arbeta – arbetade, köpa – köpte) gebildet; bei den **starken**
Verben tritt **keine** Endung hinzu, sondern der Stammvokal wird meistens ge-
ändert (dricka – drack). Das Imperfekt der schwachen Verben wird mit
Akzent II ausgesprochen: [ˇarbeːtadə], [ˇcœptə]. Nach den verschiedenen
Imperfektendungen werden die schwachen Verben in drei Klassen einge-
teilt:

Svaga verb
1. Klasse   B

Infinitiv	Präsens	Imperfekt	Perfekt	Part. Perfekt		
-a	**-ar**	**-ade**	**-at**	**-ad**	**-at**	**-ade**
arbeta	arbetar	arbetade	har arbetat	arbetad	arbetat	arbetade

Das Präsens auf -ar wird immer mit Akzent II ausgesprochen: [ˈarbeːtar].
Der Imperativ heißt gleich dem Infinitiv: **arbeta!**
Zur 1. Klasse gehören die meisten schwedischen Verben, z. B. betala,
beundra, börja, hämta, kosta, laga, passa, skicka, spela, stanna, tala, träffa,
älska usw.

2. Klasse   C

Infinitiv	*Präsens*	*Imperfekt*	*Perfekt*	*Part. Perfekt*		
-a	-er	-de -te	-t	-d -t	-t	-da -ta
ställa	ställer	ställde	har ställt	ställd	ställt	ställda
köpa	köper	köpte	har köpt	köpt	köpt	köpta

Das Präsens auf -er wird immer mit Akzent I ausgesprochen: [ˈstɛlər],
[ˈcøːpər].
Der Imperativ heißt gleich dem Stamm: **ställ!, köp!**
Die Endungen -de und -d werden angefügt, wenn der Stamm des Verbs auf
einen stimmhaften Konsonanten (b, d, g, j, l, m, n, r, v) endet, z. B. lyda
(gehorchen), ringa, böja *(biegen)*, glömma, ränna, höra, leva *(leben)*.
Die Endungen -te und -t werden angefügt, wenn der Stamm des Verbs auf
einen stimmlosen Konsonanten (f, k, p, s, t) endet, z. B. tycka, åka, resa,
möta.
Verben, deren Stamm auf -r oder -l endet, verlieren meist -er im Präsens:
hör, kör, tål *(dulde)*.
Vgl. auch 10D, E.

3. Klasse   D

Infinitiv	*Präsens*	*Imperfekt*	*Perfekt*	*Part. Perfekt*		
–	-r	-dde	-tt	-dd	-tt	-dda
tro	tror	trodde	har trott	trodd	trott	trodda

Der Imperativ ist gleich dem Infinitiv: **tro!**
Zur 3. Klasse gehören nur wenige Verben, z. B. bo, klä, nå *(erreichen)*, ske
(geschehen), sy *(nähen)*.

Starka verb   E

Infinitiv	*Präsens*	*Imperfekt*	*Perfekt*	*Part. Perfekt*		
-a	-er	–	-it	-en	-et	-na
dricka	dricker	drack	har druckit	drucken	drucket	druckna
komma	kommer	kom	har kommit	kommen	kommet	komna

Das Präsens auf -er wird immer mit Akzent I ausgesprochen.

Der Imperativ heißt gleich dem Stamm: **drick!, kom!**
Der Stammvokal der meisten starken Verben wird im Imperfekt geändert (Ablaut).
Das Imperfekt hat keine Endung.
Verzeichnis der gebräuchlichsten starken Verben s. 8A; das Passiv s. 10A, B, C; Konjunktiv s. 6J.

Övningar

a) **Sätt i imperfekt** – **Setzen Sie die folgenden Sätze ins Imperfekt:** Han arbetar på ett kontor. Han åker buss. Hon bor i en våning. Det smakar bra. Hon räcker mig brödet. Vi beställer biljetter. Det kostar 10:–. De hämtar biljetterna. Jag träffar en arbetskamrat. Vi köper ett månadskort. Han skickar ett brev. Vi ställer oss *(uns)* i kön. Hon bestämmer sig för en ny bil. Jag möter honom utanför teatern. Vi lagar mat. Jag tycker om hjortron. Jag glömmer det aldrig. Äppelträden blommar.

b) **Bilda meningar med hjälp av följande verb. Sätt dem i både presens och imperfekt** – **Bilden Sie Sätze mit Hilfe folgender Verben. Setzen Sie diese ins Präsens und Imperfekt:**
betala – borsta – höra – köra – läsa – resa – ringa – spela – städa – tro – vandra – älska.

c) **Fyll i rätt preposition:**
Han duschar — badrummet. Vi stiger upp — sjutiden — morgonen. Hon går — posten. Vad får vi — middag? Jag ringer — teatern. Får jag två biljetter — bänk fyra *(vier)*. De har mattor — golvet. Jag har en våning — vacker utsikt. — posten är det mycket folk. — affären köper han smör och kaffe. — efterrätt har jag glass *(Eis)*. Hon städar — flera dagar.

d) **Skriv frågor till följande svar** – **Bilden Sie Fragen zu den folgenden Antworten:**
1. Ja, tack.
2. I femtiden.
3. Fläskkotlett och glass.
4. 10:– respektive 12:–.
5. Svensson.
6. Resan har gått utmärkt.
7. Nej, jag är pigg *(Nein, ich bin frisch und munter)*.
8. Ett glas mjölk, tack.

e) **Översätt:**
Meine Mutter kochte gut. Die Fleischklöße sind genau richtig, rund und braun. Ich esse gern Wurst. Er mag (= hat) auch Hering gern. Die Sonne scheint. Die Luft ist herrlich. Die Fliedersträucher blühen. Eine Kellnerin kam mit der Speisekarte. Es gibt Rippenspeer, Kalbskotelett oder Fisch als Tagesgericht. Kaffee ist im Preis inbegriffen. Sie servieren "Smörgåsbord" nur sonntags. Fräulein, ich möchte zahlen.

6. Lektion

Karin

Han var på väg till sin flicka, och klockan kvart i sju skulle hon stå
utanför biografen Saga.
Hon hette Karin, det mindes han tydligt.
Han skulle hinna precis. Klockan var bara halv vid Slussen.
Karin hette hon och rödhårig var hon.
Han var ung.
Det var onsdag och onsdagen innan denna onsdag hade han träffat
Karin.
Han hade blivit kär.
Endast en kort stund hade han träffat Karin men blivit kär.
Han hade talat med henne och hon ville träffa honom. Också hon ha-
de blivit kär.
På onsdag utanför biografen Saga hade han sagt och hon hade sagt ja.
Ja hade hon sagt.
Han skulle hinna precis. Han hade förberett detta möte noggrant.
Han hade träffat sin Karin och från och med nu skulle han inte släppa
henne.
Detta var det första egentliga mötet. Han skulle hålla hennes hand.
Han skulle inte släppa den handen.
Tunnelbanetåget stannar vid Gamla stan och klockan är tjuguåtta
minuter i sju.
Om några minuter Centralen och sen Hötorget. Han skulle hinna
precis.
Han kände sig varm. Han kände kärlek.
Han log.
En mycket gammal dam som med sin sköterska stigit på vid Slussen log
tillbaka. Hon nickade.
Han nickade mot henne och fortsatte att le.
Den gamla damen hade missuppfattat leendet vilket han inte tyckte
gjorde något.   *Stig Claesson (Slas), Supportern*

Vokabeln

vara på väg	[ˈvɑːra pɔ	auf dem Weg	biograf, -en,	[biuˈgrɑːf]	Kino
	ˈvɛːg]	sein	-er		
kvart, -en, -ar	[kvat]	Viertelstunde	Saga	[ˈsɑːga]	*Name des*
i	[iː]	*hier:* vor			*Kinos*
skulle	[ˈskʊlə]	würde	hette	[ˈhɛtə]	hieß
stå	[stoː]	stehen	*(von heta)*		

Karin	['kɑːrin]	Vorname
mindes	['mindəs]	erinnerte sich
(von minnas)		
tydlig	['tyːdli]	deutlich
hinna	['hina]	schaffen
halv	[halv]	halb
vid	[viː]	an
Slussen	['sløsən]	Schleuße
rödhårig	['røːhoːri]	rothaarig
innan	['inan]	hier: zuvor
träffat	['trɛfat]	getroffen
(von träffa)		
blivit	['bliːvit]	geworden
(von bliva)		
kär	[cæːr]	verliebt
endast	['ɛndast]	nur
stund, -en, -er	[stønd]	Weile
talat	['tɑːlat]	gesprochen
(von tala)		
sagt	[sakt]	gesagt
(von säga)		
förberctt	['fœːrbəret]	vorbereitet
(von förbereda)		
möte, -t, -n	['møːtə]	Stelldichein
noggrann	['nuːgran]	sorgfältig
från och med	[froːn ɔ meː]	ab
nu	[nʉː]	jetzt
släppa	['slɛpa]	loslassen
först	[fœʂt]	erst
egentlig	[e'jɛntli]	eigentlich; hier: richtig
hålla	['hɔla]	halten
hand, -en, ...er	[han]	Hand
tunnelbane-tåg, -et, -	['tənəlbɑː-nə'toːg]	U-Bahn (-wagen)

stanna	['stana]	halten
Gamla stan	['gamla 'stɑːn]	Altstadt
tjugoåtta	[cə'ɔta]	achtund-zwanzig
Centralen	[sɛn'trɑːlən]	Hauptbahn-hof
sen = sedan	[sɛn]	dann
Hötorget	['høːtɔrjət]	Heumarkt
kände	['cɛndə]	fühlte
(von känna)		
kärlek, -en	['cæː[eːk]	Liebe
log	[luːg]	lächelte
(von le)		
dam, -en, -er	[dɑːm]	Dame
som	[sɔm]	die
sköterska, -n, -or	['ʃøːtəʂka]	Pflegerin
stigit på	['stiːgit 'poː]	eingestiegen
(von stiga på)		
tillbaka	[ti'bɑːka]	zurück
nickade	['nikadə]	nickte
(von nicka)		
mot	[muːt]	gegen, hier: zu
fortsatte	['fuːtsatə]	fuhr fort
(von fortsätta)		
fortsatte att le	['fuːtsatə at leː]	lächelte weiter
missuppfattat	['misəpfatat]	mißverstanden
(von missuppfatta)		
leende, -t, -n	['leːəndə]	das Lächeln
vilket	['vikət]	was
tyckte	['tyktə]	meinte
(von tycka)		

Samtal

Finns det några biljetter kvar till sjuföreställningen?

fins de: ˇnoːra bil'jɛtər kvɑ: ʈi ˇʃʉːfœːrəˎstɛlniŋən

Gibt es einige Karten noch für die 7-Uhr-Vorstellung?

Ja, vi har några på tionde bänk.

jɑ: vi: hɑ: ˇɳoːra poː ˇtiːɔndə bɛŋk

Ja, wir haben einige in der zehnten Reihe.

Hur mycket kostar de?

hʉːr ˇmykə ˇkɔsta ɖeː

Wieviel kosten sie?

9:– styck.

ˇniːə ˇkruːnə ʂtyk

9 Kronen das Stück.

Kan jag få två stycken?
kan jɑ: fo: tvo: ˈstykən
Kann ich bekommen zwei Stück?

Varsågod.   Det blir 18:–.
ˇvɑ:ʂəˈgu: de: bli:r ˇɑ:ʈɔn ˇkru:nər
Bitte.   *Es macht 18 Kronen.*

Klockan – Die Uhr

timme, -n, -ar [ˈtimə] Stunde   minut, -en, -er [miˈnʉ:t] Minute
(stund, -en, -er [stən] Weile)   sekund, -en, -er [seˈkənd] Sekunde
kvart, -en, -er [kvaʈ] Viertelstunde

Vad är klockan?	**Wieviel Uhr ist es?**		**Amtliche Zeitangabe**
Klockan (hon, den) är	ett, precis ett.	13.00	tretton noll noll
	fem (minuter) över ett.	13.05	tretton och fem
	kvart över två.	14.15	fjorton och femton
	tjugo (minuter) i tre.	14.40	fjorton och fyrtio
	tio (minuter) i fyra.	15.50	femton och femtio
	halv åtta.	19.30	nitton och trettio
	fem i halv nio.	8.25	åtta och tjugofem
	fem över halv sju.	6.35	sex och trettiofem

Klockan går före / efter.   Die Uhr geht vor / nach.
Klockan är mycket.   Es ist spät.
Går din klocka rätt?   Geht deine Uhr richtig?

Grammatik

Relativpronomen   **A**

Die Relativpronomen sind:

som	der, die, das; die; was
vilken, vilket, vilka	welcher, welches, welche
vars	dessen, deren
vilkas *pl.*	deren *pl.*
vad	was

som   **B**

Som ist das gebräuchlichste Relativpronomen und kommt in der Umgangssprache sowie in der Schriftsprache vor. Es ist unveränderlich. Im Deutschen entspricht es also den verschiedenen Genera (der, die, das) und den verschiedenen Fällen (z. B. der, dem, den). Beispiele:

Damen, **som** stiger på bussen, ...	Die Dame, **die** in den Bus steigt,...
Damerna, **som** stiger på bussen, ...	Die Damen, **die** in den Bus steigen,...
Pojken, **som** jag ser, ...	Der Junge, **den** ich sehe,...
Flickorna, **som** jag ger blommor, ...	Die Mädchen, **denen** ich die Blumen gebe, ...

som hat keine Genitivform. Diese wird durch **vars, vilkens** oder **vilkas** ersetzt:
Emils mamma, **vars** korv smakade så bra, hade kalas. Emils Mutter, **deren**...
Barnen, **vilkas** mamma lagar så god mat, äter mycket. Die Kinder, **deren**...

Relativa bisatser – Relativsätze   C

Da **som** undeklinierbar ist, kann nur die Wortfolge die syntaktische Stellung dieses Wortes anzeigen. Im erzählenden Hauptsatz steht die gerade Wortfolge: 1. Subjekt – 2. Prädikat – 3. Dativ – 4. Objekt – 5. Komplement und/oder adverbiale Satzglieder. Aus dem Hauptsatz bildet man einen Relativsatz, indem man zunächst das Wort **som** an den Anfang stellt. Das Wort, welches das Relativpronomen **som** ersetzt, fällt dabei aus; der übrige Satz bleibt unverändert.
Beispiel:

	Subjekt	*Prädikat*	*Dativ*	*Objekt*	*Komplement*
Hauptsatz:	Jag	gav	honom	50 kronor	för cykeln.
	Ich	gab	ihm	50 Kronen	für das Fahrrad.

Relativsätze:

1. (Jag),	**som**	–	gav	honom	50 kronor	för cykeln, ...
2. (Honom),	**som** jag	gav		–	50 kronor	för cykeln, ...
3. (50 kr),	**som**	jag	gav	honom	–	för cykeln, ...
4. (cykeln),	**som**	jag	gav	honom	50 kronor	för – , ...

Utelämnat relativpronomen – Ausfallendes Relativpronomen   D

Das Relativpronomen **som** kann wegfallen, wenn es nicht Subjekt ist:

Det var honom ... jag gav 50 kronor för cykeln.	Er war es, **dem** ...
Det var 50 kronor ... jag gav honom för den.	Es waren 50 Kronen, **die** ...
Det var cykeln ... jag gav honom 50 kronor för.	Es war das Fahrrad, **wofür** ...

Aber als Subjekt muß es stehen:
Det var jag, **som** gav honom 50 kronor.   **Ich** war es, **der** ...

Relativpronomen styrt av preposition – Präposition + Relativpronomen **E**

Eine Präposition kann nicht vor **som**, sondern nur am Ende des Nebensatzes stehen. Meist wird **som** weggelassen:

Det hus, **(som)** de bor **i**, är gammalt. Das Haus, **in dem** sie wohnen, ist alt.

Jag har träffat flickan, **(som)** du talar **om**. Ich habe das Mädchen getroffen, **von dem** du erzählst.

vilken **F**

Vilken kann allein oder in Verbindung mit einem Substantiv stehen. Es ist veränderlich und gehört nur der Schriftsprache an. **Vilken** hat einen Genitiv auf **-s**: vilkens, vilkets, vilkas.

Det hus, i **vilket** hon bor, är gammalt. Das Haus, in **welchem** sie wohnt, ist alt.

Vilket kann sich auf den Inhalt eines ganzen Satzes beziehen und entspricht dann dem deutschen „was": Damen missuppfattade leendet, **vilket** inte gjorde något. Die Dame hat das Lächeln mißverstanden, **was** nichts gemacht hat.

Obestämt relativpronomen – Unbestimmtes Relativpronomen **G**

Für das unbestimmte Relativpronomen (wer, was) benutzt man das demonstrative **den** (Utrum), **det** (Neutrum), **de** (Pl.) + **som**:
Den som lever får se. Die Zukunft wird es lehren.
  (wörtlich: **Derjenige, der** lebt, wird sehen.)
Auch in dieser Verbindung kann **som** wegfallen, wenn es nicht Subjekt ist:
Menade du **det (som)** du sa? Meintest du, **was** du sagtest?

Beachte auch:

allt som	alles, was
ingenting som	nichts, was
mycket som	vieles, was
någonting, något som	etwas, was

Allt som glimmar är inte guld. Es ist nicht **alles** Gold, **was** glänzt.

Relativt adverb – Relativadverb **H**

Die Relativadverbien **där** (wo) und **dit** (wohin) stehen meist unmittelbar nach ihrem substantivischen Bestimmungswort:
Det var vackert i **Lönneberga, där** Emil bodde. Es war schön in **Lönneberg, wo** Emil wohnte.

Hon är i **Stockholm, dit** jag också vill åka. Sie ist in **Stockholm, wohin** ich auch fahren will.

Perfekt und Plusquamperfekt   I

Die Bildung des Perfekts und Plusquamperfekts wird ausführlich in Lektion 7 behandelt. Hier sei nur erwähnt, daß das Hilfsverb immer **haben** ist und daß **har** (Perfekt) und **hade** (Plusquamperfekt) oft weggelassen werden kann:

Endast en kort stund **hade** han träffat Karin men **(hade) blivit kär.**
Er **hatte** Karin nur einen kurzen Augenblick **getroffen, hatte sich** aber **verliebt.**

En gammal dam som med sin sköterska **(hade) stigit** på vid slussen ...
Eine alte Dame, die mit ihrer Pflegerin am Slussen **eingestiegen war,** ...

Konjunktiv   J

Der Konjunktiv kommt im heutigen Schwedisch fast nur in gehobener Sprache vor. In Bedingungssätzen ist aber die Form **vore** *wäre* (von **vara**) noch gebräuchlich:

Det **vore** roligt, om du kom. Es **wäre** nett, wenn du kämst.
Om jag **vore** som du ... Wenn ich wie du **wäre** ...

Der Konjunktiv in der **indirekten Rede** wird oft durch die Umschreibung mit **skulle** *(würde)* + **Infinitiv** ausgedrückt:

Han sa, att han **skulle hinna** precis. Er sagte, daß er es pünktlich **schaffen werde.**
Han hoppades, att han **skulle få hålla** hennes hand. Er hoffte, daß er ihre Hand **werde halten können.**

Dies gilt auch für die direkte Rede:
Han **skulle hinna** precis. Er **würde** es pünktlich **schaffen.**
Från och med nu **skulle** han inte **släppa** henne. Von jetzt an **würde** er sie nicht mehr **loslassen.**
Han **skulle hålla** hennes hand. Er **würde** ihre Hand **halten.**

Der Konjunktiv des Präsens wird nur in einigen stehenden Wendungen gebraucht, z. B.:

Leve födelsedagsbarnet !   Es lebe das Geburtstagskind!
Gud **vare** med eder!   Gott sei mit euch!

Övningar

a) Jag träffar en man; han känner mig = Jag träffar en man, **som** känner mig.
Bilden Sie entsprechende Relativsätze:
Jag träffar en man; jag känner honom. Han hade en bok; den var intressant. Hon har en bok; hon köpte den i en bokhandel. Den boken var ny;

han hade den. Huset ligger vid vägen; vi bor i det. Vägen är bred; vi står på den. Du ser mannen; jag talar om honom.

b) Streichen Sie dann das Relativpronomen, wo es möglich ist!

känna [ˇcɛna] kennen
intressant [intreˈsant] interessant
bokhandel, -n [ˇbuːkhandəl] Buchhandlung

c) Ergänzen Sie som, vilket, vars, där oder dit:
Sven möter Horst, — kommer med nattåget. Huset, — du ser där, är mitt. Pappan gav henne pengar, — var dumt. Vi har en flicka, — heter Anna. Eva arbetar på ett kontor, — hon trivs mycket bra. Pojken, — hon gav hunden, är trevlig. Hon tycker om Tyskland, — hon åker varje år. Vi köpte varor, — var ovanligt dyra. Karin har en mamma, — stora intresse är att laga mat. De känner till en restaurang, — hon kan gå och dansa.

hon trivs [triːfs] (*von trivas*)	känna till [ˇcɛna ˈtil] wissen
es gefällt ihr	restaurang, -en, -er [restɔˈraŋ]
gav [gɑːv] (*von ge*) gab	Restaurant
varje [ˇvarjə] jeder	

d) Hur mycket är klockan? – Wie spät ist es?
12.00, 13.10, 14.30, 15.15, 19.25, 16.35, 8.40, 6.50.

e) Vilket ord passar inte? Ett ord i varje grupp passar inte ihop med de andra orden. Exempel: brun, grön, ny, svart, vit, röd.
1. fläskkotlett, sill, korv, glas, ost, köttbullar
2. vi, jag, han, hon, du, henne
3. dyr, gammal, cykel, liten, stor, billig
4. få, gå, se, bo, två, stå

f) Översätt:
Das Mädchen, das Anna heißt, steht draußen vor dem Kino. Sie war jung und schön. Er war verliebt. Sie hatte "ja" gesagt. Die U-Bahn hält am Bahnhof. Eine alte Dame war eingestiegen. Der Film, den wir sehen wollen, ist gut. Der Junge, von dem wir sprachen, war nicht da. Meine Uhr geht vor. Es ist spät.

7. Lektion

Stockholm

Den som första gången kommer till Stockholm kan tro att han dröm-
mer. Man möter en miljonstad byggd i ett skärgårdslandskap. Det är
vattnet och holmarna, bergen och åsarna som gör Stockholm till en så
vacker stad.

Till Stockholms kännetecken och sevärdheter måste räknas de kläng-
ande husen på Söders branta berg, Riddarholmen med sin kyrka,
Stadshuset, Sergels torg med de fem höghusen, Slussens klöverblad,
Norrbro, Essingeleden, Skeppet Wasa, Skansen, Kaknästornet,
Millesgården och Drottningholm med två slott, teater och park.
Alla måste göra ett besök i Gamla stan för att se hur väl den fungerar.
Prästgatan är kanske den mest genuina av alla de gamla trånga grän-
derna. Parallellt med den löper Västerlånggatan, Gamla stans stora
affärsstråk och gågata.
Typisk för Stockholm är också Kungsträdgården eller "Kungsan", den
stora centrala park, som ligger mellan Norrström och Hamngatan.
Sommartid är Kungsträdgården en oas för stressade stockholmare och
trötta turister och samtidigt en folkpark med gratisunderhållning från
friluftsscenen.
Stadshuset är jämte slottet Stockholms mest avbildade byggnad och den
självklara omslagsbilden på alla turistbroschyrer. Med sitt torn, sin
trädgård och sitt läge vid Riddarfjärden har Stadshuset blivit en sym-
bol för huvudstaden.

Nach Gunnar Reinius, Stockholm

Vokabeln

gång, -en, -er [gɔŋ] — Mal
drömma, [ˈdrœma] — träumen
-de, -t
miljonstad, [milˈjuːnstɑː] — Millionen-
-en, ‥er — stadt
byggd [bygd] — gebaut
(von bygga)
skärgårds- [ˈʃæːrgoːɖs- — Schärenland-
landskap, ˈlanskɑːp] — schaft
-et, -
holme, -n, -ar [ˈhɔlmə] — Insel
berg, -et, - [bærj] — Berg
ås, -en, -ar [oːs] — Bergrücken
kännetecken, [ˈcɛnətekən] — Wahrzeichen
-et, -

sevärdhet, [ˈseːvæːɖheːt] — Sehenswür-
-en, -er — digkeit
räknas [ˈrɛːknas] — gerechnet
— werden
klängande [ˈklɛŋandə] — kletternd
(von klänga)
Söder [ˈsøːdər], — Stadtteile von
Riddarholmen [ˈridarhɔlmən] Stockholm
kyrka, -n, -or [ˈcyrka] — Kirche
stadshus, [ˈstashʉːs] — Rathaus
-et, -
Sergels torg [ˈsærgəls — Platz im Zen-
ˈtɔrj] — trum Stock-
— holms
torg, -et, - [tɔrj] — Marktplatz

höghus, -et, - [ˇhøːghʉːs] Hochhaus
klöverblad, [ˇkløːvər- Kleeblatt
-et, - blɑːd]
Norrbro [nɔrˈbruː] *Brücke in*
Stockholm
Essingeleden [ˇesiŋəleːdən] *Stadtautobahn*
skepp, -et, - [ʃɛp] Schiff
Wasa [ˇvɑːsa] *Segelschiff,*
1628 unter-
gegangen,
1961 gebor-
gen
Kaknästornet [ˇkɑːknæːs- *Fernsehturm*
tuːŋət] *in Stockholm*
torn, -et, - [tuːŋ] Turm
Millesgården [ˇmiləs- *Museum; Carl*
goːdən] *Milles:*
schwedischer
Bildhauer
Drottning- [drɔtniŋ- *Schloß, Thea-*
holm ˈhɔlm] *ter und Park*
slott, -et, - [slɔt] Schloß
park, -en, -er [park] Park
alla [ˇala] alle
besök, -et, - [bəˈsøːk] Besuch
väl [vɛːl] gut
fungera, [føŋˈgeːra] funktionieren
-ade, -at
Prästgatan [ˇprɛstgɑːtan] Priesterstraße
in der Alt-
stadt
gata, -n, -or [ˇgɑːta] Straße
mest [mɛst] am meisten
genuin [jenuˈiːn] echt, unver-
fälscht
trång [trɔŋ] eng
gränd, -en, -er [grɛnd] Gasse
följde [ˇfœljdə] folgte
(von följa)
stadsmur, [ˇstasmʉːr] Stadtmauer
-en, -ar
insida, -n, -or [ˇinsiːda] Innenseite
parallell [paraˈlɛl] parallel
löpa [ˇløːpa] laufen
Västerlång- [ˇvɛstəlɔŋ- *Geschäfts-*
gatan ˈgɑːtan] *straße in der*
Altstadt
affärsstråk, [aˈfæːʂtroːk] *Geschäfts-*
-et, - *straße*

gågata,-n,-or [ˇgoːgɑːta] Fußgänger-
straße
Kungsträd- [ˇkøŋstrɛˈgoː-
gården dən], *Park in*
Kungsan [ˇkøŋsan] *Stockholm*
central [sɛnˈtrɑːl] zentral
mellan [ˇmɛlan] zwischen
Norrström [nɔˈʂtrœm] *das Wasser*
am Stock-
holmer
Schloß
Hamngatan [ˇhamgɑːtan] *Straße in*
Stockholm
sommartid [ˇsɔmatiːd] im Sommer
oas, -en, -er [uˈɑːs] Oase
stressade [ˇstrɛsadə] überanstrengt,
(von stressa) überlastet
stockholma- [ˇstɔkhɔlma- *Einwohner von*
re, -n, - rə] *Stockholm*
turist, -en, -er [teˈrist] Tourist
samtidig [ˇsamtiːdi] gleichzeitig
folkpark, [ˇfɔlkpark] Volkspark
-en, -er
gratisunder- [ˇgrɑːtisən- kostenlose
hållning, dərˈhɔlniŋ] Unterhal-
-en, -ar tung
friluftsscen, [ˇfriːløftˈseːn] Freilicht-
-en, -er bühne
jämte [ˇjɛmtə] nebst, mit
avbildad [ˇɑːvbildad] abgebildet
byggnad, [ˇbygnad] Gebäude
-en, -er
självklar [ˇʃɛlvklɑːr] selbstver-
ständlich
omslagsbild, [ˇɔmslɑːks- Umschlag-
-en, -er bild] bild
turistbro- [teˇrist- Touristen-
schyr,-en,-er brɔˈʃyːr] prospekt
läge, -t, -n [ˇlɛːgə] Lage
Riddar- [ˇridar- *Wasser zwi-*
fjärden fjæːdən] *schen dem*
Stockholmer
Rathaus und
der
Riddarholme
symbol, -en, [symˈboːl] Sinnbild
-er
huvudstad, [ˇhʉːvəstɑː] Hauptstadt
-en, ⸗er

Samtal

H. W.: Var kan jag växla tyska pengar?

vɑːr kan jɑː ˇvɛksla ˇtyska ˇpɛŋar

Wo kann ich deutsches Geld wechseln?

Banktjänsteman: I luckan därborta.

ˇbaŋkɕɛnstəman i ˇløkan dæːrˈbɔʈa

Bankbeamter: *Am Schalter da drüben.*

H. W.:
Jag skulle vilja lösa in ett par resecheckar och växla 200 DM till
jɑː ˇskelə ˇvila ˇløːsa ˈin et pɑː ˇreːsəcekar ɔ ˇvɛksla ˇtvoːhəndra ˇdeːmark ti
Ich möchte einlösen einige Reiseschecks und wechseln DM 200 in
svensk valuta.
svɛnsk vaˇlɐːta
schwedische Währung.

B.: Ja, det går bra.	Har ni ett pass?
jɑː deː goːr ˈbrɑː	hɑː ɳiː et pas
Ja, das geht gut.	*Haben Sie einen Paß?*

H. W.: Ja, varsågod.
jɑː ˇvaʃəˈguː
Ja, bitte.

B.: Kan ni skriva under här.	Här är ert kvitto.
ˈkaniː ˇskriːva ˈendər hæːr	hæːr eː eːt ˇkvitu
Können Sie unterschreiben hier.	*Hier ist Ihre Quittung.*

Pengarna kan ni hämta i kassa nummer två.
ˇpɛŋaɳa ˈkaniː ˇhɛmta i ˇkasa ˈnemə ţvoː
Das Geld können Sie holen an der Kasse Nummer zwei.

H. W.: Tack.
tak
Danke.

Årstider, månader, dagar och andra tidsuttryck
Jahreszeiten, Monate, Tage und andere Zeitangaben

Årstider:

vår, -en, -ar [voːr] Frühling	sommar, -en, -ar [ˇsɔmar] Sommer
höst, -en, -ar [hœst] Herbst	vinter, -n, -ar [ˈvintər] Winter

på våren, sommaren, hösten, vintern	im Frühling usw.
i vår, **i** sommar, **i** höst, **i** vinter	diesen Frühling usw.
i våras, **i** somras, **i** höstas, **i** vintras	vorigen Frühling usw.

Man sagt im Herbst: **I** somras var jag i Tyskland. **Diesen** Sommer war ich...
Man sagt im Frühling: **I** sommar skall jag till Tyskland. **Diesen** Sommer
[werde ich ...

Månader:

januari [janə'ɑːri]	maj [maj]	september	november
februari	juni ['jʉːni]	[sɛp'tɛmbər]	[nu'vɛmbər]
[febrə'ɑːri]	juli ['jʉːli]	oktober	december
mars [maʂ]	augusti	[ɔk'tuːbər]	[de'sɛmbər]
april [a'pril]	[a(ə)'gøsti]		

Die Monatsnamen stehen immer **ohne** Artikel.

Dagar:

måndag ['mɔnda]	torsdag ['tuʂda]	lördag ['lœːɖa]
Montag	Donnerstag	Sonnabend
tisdag ['tisda] Dienstag	fredag ['freːda]	söndag ['sœnda]
onsdag ['unsda]	Freitag	Sonntag
Mittwoch		

Det är sex **vardagar** (*Werktage*) och en **helgdag** (*Feiertag*) i varje vecka. I en femdagars vecka är det fem **arbetsdagar** och två **lediga** (*frei*) **dagar,** lördag och söndag.

Datum: 74 – 07 – 25 = den 25 juli 1974
75 – 04 – 01 = den 1 april 1975

Ett **dygn** är en dag och en natt, 24 timmar.

Dagen består av morgon, -en, -ar [ˇmɔrɔn] *Morgen,* förmiddag, -en, -ar [ˇfœːrmida] *Vormittag;* middag, -en, -ar [ˇmida] *Mittag,* eftermiddag [ˇɛftərmida] *Nachmittag,* kväll, -en, -ar [kvɛl] *Abend,* natt, -en, ⁻⁻er [nat] *Nacht,* midnatt [ˇmiːdnat] (ohne Artikel!) *Mitternacht.*

på morgonen, **på** dagen, **på** kvällen, **på** natten am Morgen usw.

i morse [iˇmɔʂə] heute morgen

i förrgår [i'fœrgoːr]	igår [i'goːr]	idag [i'dɑː]	i morgon [iˇmɔrɔn]
vorgestern	gestern	heute	morgen

i övermorgon [iˇøːvərmɔrɔn]
übermorgen

i fjol [i'fjuːl]	i år [i'oːr]	nästa år [ˇnɛsta oːr]
voriges Jahr	dieses Jahr	nächstes Jahr

Grammatik

Einige Substantive kommen nur im Plural vor, z. B. **A**

glasögon [ˇglɑːsøːgɔn] Brille; **grönsaker** [ˇɡrøːnsɑːkər] Gemüse; **inälvor** [ˇinɛlvər] Eingeweide; **matvaror** [ˇmɑːtvɑːrər] Eßwaren; **pengar** [ˇpɛŋar] Geld.

Wie im Deutschen:

föräldrar [fœr'ɛldrar] Eltern; **förfäder** ['fœːrfɛːdər] Vorväter; **syskon** [ˇsyskɔn] Geschwister; **smittkoppor** [ˇsmitkɔpər] Pocken.

Singular form men plural betydelse / Einzahlform, aber Mehrzahlbedeutung B

Wie im Deutschen benutzt man häufig die Singularform nach Zahlwörtern und Mengenangaben: tio man [ˇtiːə man] zehn Mann; ett par fot lång [et pɑːr fuːt lɔŋ] ein paar Fuß lang; tjugofem öre [cə'fɛm ˇœːrə] fünfundzwanzig Öre; **aber:** två kronor [tvoː ˇkruːnər] zwei Kronen.

Perfekt und Plusquamperfekt   C

1. Das **Perfekt** wird gebildet, indem man das Präsens von **ha** vor die Supinumform setzt. Das Supinum ist die neutrale Form des Perfektpartizips. Im Gegensatz zum Deutschen steht im Schwedischen das Hilfsverb **ha** auch bei Verben, die eine Veränderung oder eine Bewegung ausdrücken. Das Supinum steht gewöhnlich unmittelbar hinter dem konjugierten Verb:

jag **har betalat** den	ich **habe** ihn **bezahlt**
jag **har glömt** det	ich **habe** es **vergessen**
jag **har bott** där	ich **habe** da **gewohnt**
jag **har givit**	ich **habe gegeben**
jag **har farit**	ich **bin gefahren**

2. Das **Plusquamperfekt** wird durch das Imperfekt von **haben** und das Supinum gebildet:

jag **hade hämtat** det	ich **hatte** es **geholt**
vi **hade hört**	wir **hatten gehört**
de **hade klätt** sig	sie **hatten** sich **angezogen**
jag **hade kommit** dit	ich **war** dorthin **gekommen**
ni **hade ätit**	ihr **hattet gegessen**

Das Hilfsverb **haben** kann weggelassen werden: Jag skulle vilja pröva smörgåsbord, som jag **(har) hört** så mycket talas om. Ich würde gern die Schwedenplatte probieren, über die ich soviel **habe sprechen hören** (= von der ich soviel **gehört habe**).

Futur   D

Das **Futur** hat keine eigene Form. Es wird ausgedrückt durch:

1. **das Präsens** (etwa wie im Deutschen):

Jag **går** min väg.	Ich **gehe** meinen Weg.
Nu **slutar** vi.	Jetzt **machen** wir Schluß.
Reser du ensam?	**Reist** du allein?

Besonders ist dies der Fall, wenn eine **Zeitangabe** im Satz steht: **Vi äter klockan fyra.** Jag ringer till dig **i morgon.** Tåget går **om fem minuter.**

2. das Präsens von **skola** *(sollen,* **werden)** (Schriftsprache: **skall,** Umgangssprache: **ska)** mit dem Infinitiv des Hauptverbs. Dieses Futur drückt im allgemeinen eine Absicht, Drohung oder ein Versprechen aus:

Jag **ska(ll) resa** till Sverige.	Ich **werde** nach Schweden **reisen.**
Det **ska(ll) bli** ett slut på detta.	Damit **soll** nun Schluß **sein.**
Du **ska(ll) få** ett kort från mig.	Du **wirst** eine Karte von mir **bekommen.**

3. das Präsens von **komma att** mit dem Infinitiv vom Hauptverb. Das ist die gebräuchlichste Art, das Futur zu bilden:

Han **kommer att resa** dit.	Er **wird** schon **hinfahren.**
Det **kommer att bli** en katastrof.	Es **wird** eine Katastrophe **werden.**

Zu 2. und 3.: Beachte die Wortfolge. Der Infinitiv steht gewöhnlich unmittelbar hinter dem konjugierten Verb.

Övningar

a) Fyll i rätt veckodag – Ergänzen Sie den richtigen Wochentag:
Idag är det torsdag.
Igår var det — .   I morgon är det — .
I förrgår var det — .   I övermorgon är det — .
b) Fyll i rätt ord. – Ergänzen Sie das richtige Wort:
I april är det vår.
I september är det — .   I januari är det — .
I juli är det — .   En dag och en natt är ett — .
Kl. 10.00 är det förmiddag.
Kl. 20.00 är det — .   Kl. 7.00 är det — .
Kl. 16.00 är det — .   Kl. 2.00 är det — .
Kl. 24.00 är det — .
c) Sätt följande meningar i 1) perfekt och 2) pluskvamperfekt:
Vi kommer till Göteborg. Jag glömmer dig inte. Bor du i Sverige?
Han äter revbensspjäll. Hämtar ni henne? Hon ger mig en bok.
d) Sätt följande meningar i futurum (både med ska(ll) och kommer att):
Jag hinner precis. Vi reser i morgon. Det blir en katastrof.
Han stannar en vecka. Du börjar skolan i höst.
e) Översätt:
Wer nach Schweden fährt, macht oft einen Besuch in Stockholm. In der Altstadt sind die Gassen eng. Der große, zentrale Park, der mitten in

Stockholm liegt, heißt Kungsträdgården. Im Sommer sitzen die Stock-
holmer und auch die Touristen gern dort. Da gibt es eine Freilicht-
bühne, wo die Unterhaltung umsonst ist. Die meist abgebildeten Gebäude
Stockholms sind das Rathaus und das Schloß. Kann ich hier Geld wech-
seln? Nein, aber am Schalter da drüben. Unterschreiben Sie hier, bitte!
Meine Eltern essen viel Gemüse. Mein Bruder trägt (= hat) eine Brille.
100 Mann kamen.

8. Lektion

Stockholm (II)

Djurgården är ett "måste" för stockholmsturisten. Få världsstäder
har en så stor park så centralt. Stockholmarna utnyttjar också detta
både sommar och vinter. På Djurgården ligger Skansen, som är unikt i
sin blandning av friluftsmuseum, djurpark och festplats. Där finns gam-
la hus och verkstäder från olika delar av Sverige och kunniga hantver-
kare demonstrerar hur arbetetet gick till förr i tiden. I den zoologiska
parken finns både vilda djur bl. a. älgar, rådjur, björnar, rävar och var-
gar och tama, killingar, kycklingar, kattungar, vita möss och sköldpad-
dor.
Drottningholm, kallat "Sveriges Versailles", ligger på Lovön i Mäla-
ren och hör till de stora sevärdheterna. Anläggningen omfattar två
slott, park och teater. Den behagliga miljön kommer bäst till sin rätt
en solig dag när fontänerna spelar.
Drottningholmsteatern ser ganska oansenlig ut men har världsrykte.
Hit vallfärdar teaterintresserade från jordens alla hörn. Ännu fungerar
samma scenmaskineri som vid invigningen 1766.
Det moderna Stockholm får representeras av Skärholmen, invigt
hösten 1968. Det är Skandinaviens största förortscentrum, stort som
Vällingby och Farsta tillsammans. Det är byggt för bilåldern och skry-
ter med Europas största P-hus. Knappt hade invigningen ägt rum för-
rän en kritikerstorm brakade lös, vars make tidigare aldrig upplevts,
och som fick hela Stockholm att lyssna. Framför allt angreps den
kyliga atmosfären och den stora satsningen på köpenskap för bil-
burna: "Skärholmen kan säkert bli en effektiv köpmaskin för friska
välavlönade bilägare"... "Uttryck för något djupt odemokratiskt"
..."Frigid stenmiljö" ... "Riv Skärholmen!"

Nach Gunnar Reinius, Stockholm

Vokabeln

Djurgården	['jɯːrgoːɖən]	Park in Stockholm
ett måste	[et ˇmɔstə]	ein „Muß"
stockholms-turist,-en,-er	['stɔkhɔlms-teˋrist]	Tourist in Stockholm
få	[foː]	wenig
världsstad, -en, ‥er	['væːɭdstɑːd]	Weltstadt
utnyttja, -ade, -at	['ɯːtnytja]	ausnutzen
unik	[eˈniːk]	einzigartig
blandning, -en, -ar	['ˇblaniŋ]	Mischung
friluftsmuse-um, -et, -er	['friːløfts-məˋseːəm]	Freilichtmu-seum
djurpark, -en, -er	['jɯːrpark]	Tierpark
festplats, -en, -er	['fɛstplats]	Festplatz
verkstad, -en, ‥er	['ˇværksta]	Werkstatt
olik	['uːliːk]	verschieden
kunnig	['ˇkøni]	fähig, geschickt
hantverkare, -n, -	['ˇhantvær-karə]	Handwerker
demonstrera, -ade, -at	[demɔnˈstreː-ra]	demonstrie-ren
gå till, gick, gått	[goː til]	zugehen, vor sich gehen
förr (i tiden)	[fœr (i ˈtiːdən)]	früher
zoologisk	[suːˈloːgisk]	zoologisch
vild	[vild]	wild
djur, -et, -	[jɯːr]	Tier
älg, -en, -ar	[ɛlj]	Elch
rådjur, -et, -	['ˇroːjɯːr]	Reh
björn,-en,-ar	[bjœːɳ]	Bär
räv, -en, -ar	[rɛːv]	Fuchs
varg, -en, -ar	[varj]	Wolf
tam	[tɑːm]	zahm
killing, -en, -ar	['ˇciliŋ]	Zicklein
kyckling, -en, -ar	['ˇcykliŋ]	Küken
kattunge, -n, -ar	['ˇkatøŋə]	Kätzchen
mus, -en, möss	[mɯːs]	Maus
sköldpadda, -n, -or	['ˇʃœldpada]	Schildkröte
kalla,-ade,-at	['ˇkala]	nennen
Sveriges	['sværjəs]	Schwedens
Versailles	[væˈʂaj]	„Versailles"
Lovön	['luːvøːn]	Insel
Mälaren	['ˇmɛːlarən]	See
tillhöra, höra till, -de, -t	['ˇtilhœːra, ˇhœːra ˈtil]	gehören
anläggning, -en, -ar	['ˇanlɛgniŋ]	Anlage
omfatta, -ade, -at	['ˇɔmfata]	umfassen
behaglig	[bəˈhɑːgli]	angenehm
miljö, -n, -er	[milˈjøː]	Milieu
rätt, -en, -er	[rɛt]	Recht
komma till sin rätt,	['ˇkɔma til sin ˈrɛt]	zu seinem Recht
kom, kommit		kommen
solig	['ˇsuːli]	sonnig
när	[næːr]	wenn
fontän, -en, -er	[fɔnˈtɛːn]	Springbrun-nen
Drottning-holms-teatern	[drɔtniŋ-ˇhɔlms-teaːtən]	Theater
se ut, såg, sett	[seː ɯːt]	aussehen
oansenlig	['ˇuːanseːnli]	unansehn-lich
världsrykte, -t, -n	['ˇvæːɭdsryktə]	Weltruf
hit	[hiːt]	hierher
vallfärda, -ade, -at	['ˇvalfæːɖa]	pilgern
teaterintres-serad	[teˇaːtərin-trəˋseːrad]	theaterinteres-siert
jord, -en	[juːɖ]	Erde
hörn, -et, -	[hœːɳ]	Ecke
ännu	['ɛnø]	noch
samma	['ˇsama]	der-, die-, dasselbe
scenmaskine-ri, -et, -er	['ˇseːnmaʃinə-ˈriː]	Bühnen-technik
invigning, -en, -ar	['ˇinviːgniŋ]	Eröffnung
1766	['ˇʃøtɔnhøn-drasɛksti`sɛks]	1766
representeras	[represɛnˈteː-ras]	wird reprä-sentiert
representera, -ade, -at	[represɛnˈteː-ra]	repräsentie-ren
invigt (von inviga)	['ˇinviːkt]	eröffnet
1968	['ˇnitɔnhøn-drasɛksti`ɔta]	1968
Skandinavien	[skandiˈnɑː-viən]	Skandinavien
störst	[stœɛʂt]	der größte
förortscen-trum, -et, -a	[fœːruːˈtsɛn-trəm]	Vorortzen-trum
Vällingby	['ˇvɛliŋby]	Vällingby
Farsta	['ˇfɑːʂta]	Farsta
bygga, -de, -t	['ˇbyga]	bauen
bilålder, -n, -ar	['ˇbiːlɔldər]	Autozeitalter
skryta, skröt, skrutit	['ˇskryːta, skrøːt, ˇskrɯːtit]	prahlen
Europa	[eeˈrɯːpa]	Europa
P-hus, -et, -, parkerings-hus	['ˇpeːhɯs, par-ˇkɛriŋshɯːs]	Parkhaus
knappt ... förrän	[knapt ˇfœræn]	kaum ... als

äga rum,	[ˇɛːga rəm]	stattfinden
ägde, ägt		
kritiker-	[ˈkriːtikə-	Kritiker-
storm, -en,	ʂtɔrm]	sturm
-ar		
braka lös,	[ˇbrɑːka	losbrechen
-ade, -at	ˈløːs]	
make, -n, -ar	[ˇmɑːkə]	Gegenstück
tidigare	[ˇtiːdigarə]	früher
hade	[ˈhadə	war erlebt
upplevts	ˇøpleːfts]	worden
uppleva, -de,	[ˇøpleːva]	erleben
-t		
lyssna, -ade,	[ˇlysna]	zuhören
-at		
framför allt	[ˇframfœr alt]	vor allem
angreps	[ˇangreːps]	wurde
		angegriffen
angripa,	[ˇangriːpa,	angreifen
angrep,	ˇangreːp,	
angripit	ˇangriːpit]	
kylig	[ˇcyːli]	kühl
atmosfär,	[atmɔsˈfæːr]	Atmosphäre
-en, -er		

satsning,	[ˇsatsniŋ]	Aufwand
-en, -ar		an..., Einsatz
köpenskap,	[ˇcøːpənskɑːp]	Geschäft
-en, -er		
bilburna	[ˇbiːlbʉːŋa]	,,Mensch mit
		fahrbarem
		Untersatz",
		Autofahrer
säkert	[ˇsɛːkət]	sicher
effektiv	[efɛkˈtiːv]	effektiv
köpmaskin,	[ˇcøːpmaʃiːn]	Kaufma-
-en, -er		schine
välavlönad	[ˇvɛːlɑːv-	gutbezahlt
	ˈløːnad]	
bilägare, -n, -	[ˇbiːlɛːgarə]	Autobesitzer
uttryck, -et, -	[ˇʉːtryk]	Ausdruck
djup	[jʉːp]	tief
odemokra-	[ˇuːdemu-	undemokra-
tisk	ˈkrɑːtisk]	tisch
frigid	[friˈgiːd]	frigid
stenmiljö,	[ˇsteːnmiljøː]	Steinmilieu
-n, -er		
riva, rev,	[ˇriːva, reːv,	abreißen
rivit	ˇriːvit]	

Samtal

– Ursäkta, hur kommer jag till Djurgården härifrån?

ˇʉːʂɛkta hʉːr ˈkɔmər jɑː ti ˈjʉːrgoːn ˇhæːrifroːn

Entschuldigung, wie komme ich zum Djurgården von hier?

– Det är bäst att ta tunnelbanan till Slussen och djurgårdsfärjan därifrån.

deː eː bɛst aˈltɑː ˇtənəlbɑːnan ti ˈslɵsən ɔ ˇjʉːrgoːɖs`færjan ˇdæːriˈfroːn

Es ist am besten, zu nehmen die U-Bahn zur Schleuse und die Djurgården-
fähre von dort.

Men ni kan ta buss också och byta vid Norrmalmstorg.

mɛniː kan tɑː bəs ˇɔksɔ ɔˇbyːta vi ˇnɔrmalmstɔrj

Aber Sie können Bus nehmen und umsteigen am Norrmalmstorg.

– Färja låter roligare, men hur ofta går dom?

ˇfærja ˈloːtə ˇruːliarə mɛn hʉːr ˇɔfta goː ɖɔm

Fähre klingt lustiger, aber wie oft fahren sie?

– Varje halvtimme, tror jag.

ˇvarjə ˇhalvtimə truːr jɑː

Jede halbe Stunde, glaube ich.

– Vet ni möjligen också, om det finns någon fruktaffär här i närheten?

veːt niː ˇmœjliən ˇɔksɔ ɔm deː fins nɔn ˇfrøktafæːr hæːr i ˇnæːrheːtən

Wissen Sie möglicherweise auch, ob es gibt ein Obstgeschäft hier in der Nähe?

- Ja, det ligger en stor och fin, om ni går rakt fram här, och tar andra
jɑ: de: ˈligər en stu:r ɔ fi:n ɔm ni: go: rɑ:kt fram hæ:r ɔ tɑ:r ˇandra
Ja, es liegt ein großes und feines, wenn Sie gehen geradeaus hier und nehmen

tvärgatan till höger och så går en hundra meter på vänster sida.
ˇtvæ:rgɑ:tan til ˈhø:gər ɔ so: go:r en ˇhəndra ˈme:tər pɔ ˈvɛnstə ˇʂi:da
die zweite Querstraße rechts und dann etwa hundert Meter auf der linken
Seite.

– Tack så mycket.	Ingen orsak.
tak sɔ ˇmykə	ˇiŋən ˇu:ʂɑ:k
Danke schön.	*Keine Ursache.*

Olika affärer – Verschiedene Geschäfte

affär, -en, -er [aˈfæ:r] Geschäft   **butik, -en, -er** [bəˈti:k] Laden;
snabbköp, -et, - [ˇsnapcø:p] Selbstbedienung
stormarknad, -en, -er [ˇstu:rmarknad] Supermarkt
varuhus, -et, - [ˇvɑ:rəhʉ:s] Warenhaus

-affär, -en, -er

fiskaffär	[ˇfiskafæ:r]	Fischhandlung
fruktaffär	[ˇfrɵktafæ:r]	Obstgeschäft
glas- och porslinsaffär	[ˇglɑ:s ɔ pɔʂˇli:nsafæ:r]	Glas und Porzellan-
		(geschäft)
järnaffär	[ˇjæ:ɳafæ:r]	Eisenwarenhandlung
köttaffär	[ˇcœtafæ:r]	Fleischerei
möbelaffär	[ˇmø:bəlafæ:r]	Möbelgeschäft
skoaffär	[ˇsku:afæ:r]	Schuhgeschäft
speceriaffär	[speseˇri:afæ:r]	Lebensmittelgeschäft
sportaffär	[ˇspɔtafæ:r]	Sportgeschäft
sybehörsaffär	[ˇsy:bəhœ:ʂafæ:r]	Kurzwarenhandlung
tobaksaffär	[ˇtubaksafæ:r]	Tabakgeschäft

-handel, -n, -ar

bokhandel	[ˇbu:khandəl]	Buchhandlung
blomsterhandel	[ˇblɔmstərhandəl]	Blumengeschäft
färghandel	[ˇfærjhandəl]	Drogerie
bageri, -et, -er	[bɑ:gəˈri:]	Bäckerei
konditori, -et, -er	[kɔnditɔˈri:]	Konditorei
parfymeri, -et, -er	[parfyməˈri:]	Parfümerie
apotek, -et, -	[apuˈte:k]	Apotheke

Grammatik

Alphabetisches Verzeichnis der starken Verben **A**

Infinitiv		Präsens	Imperfekt	Perfekt	Part. Perfekt	
binda	binden	binder	band	har bundit	bunden	-et -na
bita	beißen	biter	bet	har bitit	biten	-et -na
bjuda	bieten, einladen	bjuder	bjöd	har bjudit	bjuden	-et -na
bli(va)	werden	blir	blev	har blivit	bliven	-et -na
brinna	brennen	brinner	brann	har brunnit	brunnen	-et -na
brista	bersten	brister	brast	har brustit	brusten	-et -na
bryta	brechen	bryter	bröt	har brutit	bruten	-et -na
bära	tragen	bär	bar	har burit	buren	-et -na
draga	ziehen	drar	drog	har dragit	dragen	-et -na
dricka	trinken	dricker	drack	har druckit	drucken	-et -na
driva	treiben	driver	drev	har drivit	driven	-et -na
falla	fallen	faller	föll	har fallit	fallen	-et -na
fara	fahren	far	for	har farit	faren	-et -na
finna	finden	finner	fann	har funnit	funnen	-et -na
flyga	fliegen	flyger	flög	har flugit	flugen	-et -na
flyta	fließen	flyter	flöt	har flutit	fluten	-et -na
frysa	frieren	fryser	frös	har frusit	frusen	-et -na
försvinna	verschwinden	försvinner	försvann	har försvunnit	försvunnen	-et -na
gala	krähen	gal	gol	har galit	—	
ge, giva	geben	ger, giver	gav	har givit, gett	given	-et -na
gjuta	gießen	gjuter	göt	har gjutit	gjuten	-et -na
glida	gleiten	glider	gled	har glidit	—	
gnida	reiben	gnider	gned	har gnidit	gniden	-et -na
gripa	greifen	griper	grep	har gripit	gripen	-et -na
gråta	weinen	gråter	grät	har gråtit	—	
hinna	Zeit haben, schaffen	hinner	hann	har hunnit	hunnen	-et -na
hugga	hauen	hugger	högg	har huggit	huggen	-et -na
hålla	halten	håller	höll	har hållit	hållen	-et -na
kliva	steigen	kliver	klev	har klivit	(kliven)	-et -na
klyva	spalten	klyver	klöv	har kluvit	kluven	-et -na
knipa	kneifen	kniper	knep	har knipit	knipen	-et -na
knyta	binden	knyter	knöt	har knutit	knuten	-et -na
komma	kommen	kommer	kom	har kommit	kommen	-et -na
krypa	kriechen	kryper	kröp	har krupit	krupen	-et -na
lida	leiden	lider	led	har lidit	liden	-et -na
ljuda	lauten	ljuder	ljöd	har ljudit	—	

Infinitiv		Präsens	Imperfekt	Perfekt	Part. Perfekt	
ljuga	lügen	ljuger	ljög	har ljugit	—	
låta	lassen	låter	lät	har låtit	—	
niga	knicksen	niger	neg	har nigit	—	
njuta	genießen	njuter	njöt	har njutit	njuten	-et -na
nypa	kneifen	nyper	nöp	har nupit	nupen	-et -na
nysa	niesen	nyser	nös	har (nyst)	—	
pipa	piepen	piper	pep	har pipit	—	
rida	reiten	rider	red	har ridit	riden	-et -na
rinna	rinnen	rinner	rann	har runnit	runnen	-et -na
riva	reiben	river	rev	har rivit	riven	-et -na
ryta	brüllen	ryter	röt	har rutit	—	
sitta	sitzen	sitter	satt	har suttit	—	
sjunga	singen	sjunger	sjöng	har sjungit	sjungen	-et -na
sjunka	sinken	sjunker	sjönk	har sjunkit	sjunken	-et -na
skina	scheinen	skiner	sken	har skinit	—	
skjuta	schießen	skjuter	sköt	har skjutit	skjuten	-et -na
skrida	schreiten	skrider	skred	har skridit	—	
skrika	schreien	skriker	skrek	har skrikit	—	
skriva	schreiben	skriver	skrev	har skrivit	skriven	-et -na
skryta	prahlen	skryter	skröt	har skrutit	skruten	-et -na
skära	schneiden	skär	skar	har skurit	skuren	-et -na
slippa	nicht brauchen	slipper	slapp	har sluppit	—	
slita	abtragen, reißen	sliter	slet	har slitit	sliten	-et -na
slå	schlagen	slår	slog	har slagit	slagen	-et -na
smita	sich davonmachen	smiter	smet	har smitit	—	
smyga	schleichen	smyger	smög	har smugit	—	
snyta	schneuzen	snyter	snöt	har snutit	—	
sova	schlafen	sover	sov	har sovit	—	
spinna	spinnen	spinner	spann	har spunnit	spunnen	-et -na
spricka	zerspringen	spricker	sprack	har spruckit	sprucken	-et -na
springa	laufen	springer	sprang	har sprungit	sprungen	-et -na
sticka	stechen, stecken	sticker	stack	har stuckit	stucken	-et -na
stiga	steigen	stiger	steg	har stigit	stigen	-et -na
stjäla	stehlen	stjäl	stal	har stulit	stulen	-et -na
strida	streiten	strider	stred	har stridit	—	
stryka	streichen	stryker	strök	har strukit	struken	-et -na
suga	saugen	suger	sög	har sugit	sugen	-et -na
supa	saufen	super	söp	har supit	supen	-et -na
svida	schmerzen	svider	sved	har svidit	—	

Infinitiv		Präsens	Imperfekt	Perfekt	Part.	Perfekt
svika	täuschen	sviker	svek	har svikit	sviken	-et -na
svälta	hungern	svälter	svalt	har svultit	svulten	-et -na
svära	schwören, fluchen	svär	svor	har svurit	svuren	-et -na
taga, ta	nehmen	tar	tog	har tagit	tagen	-et -na
tiga	schweigen	tiger	teg	har tigit	—	
tjuta	heulen	tjuter	tjöt	har tjutit	—	
vika	falten	viker	vek	har vikit, vikt	viken, vikt	vikt, vikta
vina	pfeifen	viner	ven	har vinit	—	
vinna	gewinnen	vinner	vann	har vunnit	vunnen	-et -a
vrida	drehen	vrider	vred	har vridit	vriden	-et -na
äta	essen, fressen	äter	åt	har ätit	äten	-et -na

Övningar

**a) Följande meningar står i fel ordning. Sätt dem i rätt ordning! –
Folgende Sätze stehen in falscher Reihenfolge. Bringen Sie sie in die
richtige Reihenfolge!**
- Ja, tack, jag tar dem.
- Till nioföreställningen i kväll.
- Jag ska be att få två biljetter.
- Varsågod. Det blir 28:–.
- Till vilken föreställning?
- Här har jag två bra på åttonde bänk.
- De kostar fjorton kronor styck.
- Hur mycket kostar de?

b) Sätt följande meningar i 1) imperfekt och 2) perfekt:
Han hinner precis. Hon blir kär. Han håller hennes hand. Du stiger upp
först. Vi ligger länge. De går till posten. Vi bjuder honom på mat. Jag bär
hem varorna. Han angriper mig. De skryter mycket.

c) Bilda motsattspar av följande adjektiv. Exempel: ny – gammal.

vild	djup
vid (weit)	behaglig
molnig (wolkig)	tam
obehaglig	modern
omodern	odemokratisk
grund (flach)	trång
demokratisk	rolig
tråkig (langweilig)	solig

d) Var kan man säga så här? – Wo kann man dies sagen?
1. Finns det ett dubbelrum med bad?
2. Ett paket cigaretter, tack.
3. Kan jag få två 75-öres frimärken!
4. En kopp kaffe och ett wienerbröd, tack!
5. Finns det några biljetter till sjuföreställningen?
6. Jag skulle be att få huvudvärkstabletter.

a/ I ett konditori   d/ På ett hotell
b/ På ett apotek   e/ På posten
c/ På en biograf   f/ I en tobaksaffär

dubbelrum, -et, -	[ˊdøbɔlrəm]	Doppelzimmer
bad, -et, -	[bɑːd]	Badezimmer
kopp, -en, -ar	[kɔp]	Tasse
wienerbröd, -et, -	[ˊviːnərbrøːd]	Kopenhagener Gebäck
huvudvärkstablett,	[ˊhʉːvəvæːrkstaˋblɛt]	Kopfschmerztabletten
-en, -er		

e) Översätt:
Das Theater hat Weltruf. In Skärholmen gibt es das größte Parkhaus
Europas. Im Skansen kann man alte Häuser und Tiere, wie Elche und Bä-
ren, sehen. Man hat viele alte Häuser abgerissen. Entschuldigung, können
Sie mir sagen, ob es hier in der Nähe eine Apotheke gibt? Ja, gehen Sie
geradeaus. Wie komme ich zum Hauptbahnhof? Nehmen Sie die U-Bahn.

9. Lektion

Vasaloppet

Vasaloppet går varje år den första marssöndagen. På senare år har
det blivit något av ett folklopp, ty uppåt 8 000 löpare ställer upp den
långa sträckan på nio svenska mil. De professionella gör sträckan på
ca fem timmar beroende på vädret, medan andra entusiaster: friskspor-
tare, innesittare, akademiker, folk i alla åldrar kan ta upp till tolv
timmar på sig innan de stapplar i mål ledbrutna och med skavsår.
Men stolta!
Loppet går i Dalarna genom Sveriges vackraste trakter, start i Sälen
och mål i Mora, och många följer löparnas ansträngningar i den bekvä-
ma bilen.
1968 gick loppet för 45:e gången. Förste löpare i spåret var annars –
enligt sägnen som varje svenskt skolbarn får lära – Gustav Eriksson
Vasa som här skidande flydde undan sina fiender, de danska fogdarna,

och med dalkarlarnas hjälp så småningom blev Sveriges kung 1523–
1560. Än står flera hus kvar där och man kan peka ut för turisten var
kungen hemligt gömdes i bakugnar och på höskullar. Namnet Vasa
finns kvar i många sammanhang med klang – alla känner t.ex. skeppet
Vasa. Traditionens rödmålade trähus finns också i Dalarna.

Aus Lena Larsson, Sverige ett år

Vokabeln

Vasaloppet	[ˇvɑːsalɔpət]	Wasalauf
lopp, -et, -	[lɔp]	Lauf
marssöndag, -en, -ar	[ˇmaʂœnda]	Märzsonntag
senare	[ˇseːnarə]	später
folklopp, -et, -	[ˇfɔlklɔp]	Volkslauf
ty	[tyː]	denn
uppåt	[ˈøpɔt]	gegen
åttatusen	[ˇɔtatɯːsən]	achttausend
löpare, -n, -	[ˇløːparə]	Läufer
ställa upp, -de, -t	[ˇstɛla ˈøp]	teilnehmen
sträcka, -n, -or	[ˇstrɛka]	Strecke
mil, -en, -	[miːl]	Meile
professionell	[prɔfəʃuˈnɛl]	professionell
cirka	[ˇsirka]	zirka
beroende på	[bəˈruːəndə poː]	abhängig von
väder, -et, -	[ˈvɛːdər]	Wetter
medan	[ˇmeːdan]	während
entusiast, -en, -er	[aŋtøsiˈast]	Enthusiast
frisksportare, -n, -	[ˇfriskspɔtarə]	Anhänger der Freikörperkultur
innesittare, -n, -	[ˇinəsitarə]	Stubenhocker
akademiker, -n, -	[akaˈdeːmikər]	Akademiker
ålder, -n, -ar	[ˈɔldər]	Alter
upp till	[øp til]	bis zu
ta på sig	[tɑː ˈpoː sɛj]	*hier:* brauchen
innan	[ˇinan]	ehe
stappla, -ade, -at	[ˇstapla]	stolpern, wanken
mål, -et, -	[moːl]	Ziel
ledbruten	[ˇleːbrɯːtən]	kreuzlahm
skavsår, -et, -	[ˇskɑːvsoːr]	Hautabschürfung
stolt	[stɔlt]	stolz
Dalarna	[ˇdɑːlaɳa]	Dalekarlien
genom	[ˈjeːnɔm]	durch
vackrast	[ˇvakrast]	der schönste
trakt, -en, -er	[trakt]	Gegend
start, -en, -er	[stɑːʈ]	Start
Sälen	[ˈsɛːlən]	*Orte in Dalekarlien*
Mora	[ˇmuːra]	

ansträngning, -en, -ar	[ˇanstrɛŋniŋ]	Anstrengung, Bemühung
fyrtiofemte	[ˇfœʈifɛmtə]	45.
spår, -et, -	[spoːr]	Spur
enligt	[ˈeːnlit]	laut
sägen, -en, -er	[ˈsɛːɡən]	Sage
skolbarn, -et, -	[ˇskuːlbɑːɳ]	Schulkind
lära sig, -de, -t	[ˈlæːra sɛj]	lernen
Gustav Eriksson Vasa	[ˇɡøstaf ˈeːriksɔn ˇvɑːsa]	*schwed. König*
skidande	[ˈʃiːdandə]	Ski laufend
flydde *(von fly, flytt)*	[ˈflydə]	floh
undan	[ˈøndan]	fort, weg
fiende, -n, -r	[ˈfiːendə]	Feind
dansk	[dansk]	dänisch
fogde, -n, -ar	[ˈfuːɡdə]	Vogt
dalkarl, -en, -ar	[ˈdɑːlkɑːl]	Dalekarlier
hjälp, -en	[jɛlp]	Hilfe
så	[sɔ]	allmählich
småningom	[ˇsmoːniŋɔm]	
kung, -en, -ar	[køŋ]	König
1523—1560	[ˇfɛmtɔnhɔndraceˈtreː til ˇfɛmtɔnhɔndraˈsɛksti]	1523—1560
peka ut, -ade, -at	[ˇpeːka ˈɯːt]	zeigen
hemlig	[ˈhɛmli]	geheim
gömdes, -de, -t *(von gömma)*	[ˈjœmdəs]	wurde versteckt
bakugn, -en, -ar	[ˈbɑːkøŋn]	Backofen
höskulle, -n, -ar	[ˈhøːskølə]	Heuboden
sammanhang, -et, -	[ˇsamanhaŋ]	Zusammenhang
klang, -en, -er	[klaŋ]	Klang
t.ex. = till	[til]	zum
exempel	[ɛkˈsɛmpəl]	Beispiel
tradition, -en, -er	[tradiˈʃuːn]	Brauch
rödmålad	[ˈrøːmoːlad]	rot gemalt
trähus, -et, -	[ˇtrɛːhɯːs]	Holzhaus

Sport och idrott

idrott, -en, -er	[ˇiːdrɔt]	Sport *allg.*, Körperertüchtigung
sport, -en, -er	[spɔt]	Sport, bes. Kampfsport, Wettkampf
badminton	[ˈbædmintən]	Federball
bandy	[ˈbandy]	Hockey
basketboll	[ˈbɑːskitbɔl]	Basketball
bordtennis	[ˇbuːdtɛnis]	Tischtennis
bowling	[ˈbauliŋ]	Kegeln
boxning	[ˇbuksniŋ]	Boxen
brottning	[ˇbrɔtniŋ]	Ringkampf
bågskytte	[ˇboːgʃytə]	Bogenschießen
cykel	[ˇsykəl]	Radfahren
fotboll	[ˇfuːtbɔl]	Fußball
friidrott	[friˇiːdrɔt]	Leichtathletik
–löpning	[ˇløːpniŋ]	Lauf
–häcklöpning	[ˇhɛkløːpniŋ]	Hürdenlauf
–höjdhopp	[ˇhøjdhɔp]	Hochsprung
–längdhopp	[ˇlɛŋdhɔp]	Weitsprung
–stavhopp	[ˇstɑːvhɔp]	Stabhochsprung
–trestegshopp	[ˇtreːsteːkshɔp]	Dreisprung
–diskus	[ˇdiskəs]	Diskus
–kula	[ˇkʉːla]	Kugel
–slägga	[ˇslɛga]	Hammer
–spjut	[spjʉːt]	Speer
–tiokamp	[ˇtiːukamp]	Zehnkampf
fäktning	[ˇfɛktniŋ]	Fechten
golf	[gɔlf]	Golf
gymnastik	[jymnaˈstiːk]	Turnen
gång	[gɔŋ]	Gehen
handboll	[ˇhandbɔl]	Handball
ishockey	[ˇiːshɔki]	Eishockey
judo	[ˈjʉːdɔ]	Judo
konståkning	[ˇkɔnstoːkniŋ]	Eiskunstlauf
orientering	[ɔriənˈteːriŋ]	Geländelauf
rodd	[rud]	Rudern
rodel	[ˈroːdəl]	Rodeln
segling	[ˇseːgliŋ]	Segeln
simning	[ˇsimniŋ]	Schwimmen
–höga hopp	[ˇhøːga hɔp]	Turmspringen
–svikthopp	[ˇsvikthɔp]	Kunstspringen
skidor	[ˈskiːdur]	Skilaufen
–backhoppning	[ˇbakhɔpniŋ]	Sprunglauf
–längdlöpning	[ˇlɛŋdløːpniŋ]	Langlauf

–slalom	['slɑːlɔm]	Torlauf
–störtlopp	[ˇstœʈlɔp]	Abfahrtslauf
skridskor	['skriskur]	Schlittschuhlaufen
skytte	[ˇʃytə]	Schießen
tennis	['tɛnis]	Tennis
tyngdlyftning	[ˇtyŋdlyftniŋ]	Gewichtheben
vattenpolo	[ˇvatənpuːlu]	Polo

Grammatik

Unregelmäßige Verben   A

Infinitiv		Präsens	Imperfekt	Perfekt	Part. Perfekt
bedja, be	bitten, beten	ber	bad	har bett	bedd, bett, bedda
dö	sterben	dör	dog	har dött	—
få	bekommen	får	fick	har fått	—
gå	gehen	går	gick	har gått	gången, gånget, gångna
heta	heißen	heter	hette	har hetat	—
le	lächeln	ler	log	har lett	—
leva	leben	lever	levde	har levat	—
ligga	liegen	ligger	låg	har legat	—
se	sehen	ser	såg	har sett	sedd, sett, sedda
stå	stehen	står	stod	har stått	—
veta	wissen	vet	visste	har vetat	—

Übersicht über die Verbalendungen   B

Konjugation	Infinitiv	Präsens	Imperfekt	Supinum	Part. Perfekt	Part. Präsens	Imperativ
1.	-a	-ar	-ade	-at	-ad, -at, -ade	-ande	-a
2.	-a	-er	{-de, -te	-t	{-d, -t, -da, -t, -t, -ta	-ande	—
3.	—	-r	-dde	-tt	-dd, -tt, -dda	-ende	—
4.	-a	-er	—	-it	-en, -et, -na	-ande	—

Parverb – Wortpaare (Verben)   C

Ähnlich wie im Deutschen gibt es Wortpaare wie z. B. liegen – legen, sitzen – setzen. Von zwei paarigen Verben ist stets das eine stark und intransitiv, das andere schwach (Klasse 2 oder 3) und transitiv. Die gebräuchlichsten sind:

stark – intransitiv				schwach – transitiv			
brinna	brann	brunnit	*brennen*	bränna	brände	bränt	*brennen*
falla	föll	fallit	*fallen*	fälla	fällde	fällt	*fällen*
fara	for	farit	*fahren*	föra	förde	fört	*führen*
frysa	frös	frusit	*frieren*	frysa	fryste	fryst	*kühlen*
ligga	låg	legat	*liegen*	lägga	lade	lagt	*legen*
sitta	satt	suttit	*sitzen*	sätta	satte	satt	*setzen*
sjunka	sjönk	sjunkit	*sinken*	sänka	sänkte	sänkt	*senken*
sova	sov	sovit	*schlafen*	söva	sövde	sövt	*ein-schläfern*
spricka	sprack	spruckit	*bersten*	spräcka	spräckte	spräckt	*zerreißen*

Es heißt also: Jag **sitter.** Aber: Jag **sätter** mig.
Jag **satt.** Jag **satte** mig.
Jag har **suttit.** Jag har **satt** mig.
Huset **brann.** – Jag **brände** brevet.
Han **for** till Uppsala. – De **förde** bort honom.

Övningar

a) Sätt följande meningar i 1) presens 2) imperfekt och 3) perfekt:
Kungen (fly) och (gömma) sig för sina fiender. Man (peka) ut hus, där
Gustaf Vasa varit. Hon (sova) länge och gott. Skeppet (sjunka) fort.

b) Fyll i rätt form:

gå Jag — nu. Vart skall ni — ? De har redan — hem. — inte dit!
Hon — ut för en timme sedan.

se — på mig! Jag — en bra film igår. Har du också — den? Han kan
inte — utan glasögon. Vi — inte på TV mer.

stå Han måste — i kö på posten. Vi — länge igår. — still! De har —
där i en timme. — de verkligen där ännu?

säga Jag hörde inte vad du — . — det en gång till! Har du — något
till henne? Jag ska inget — . Hon — alltid sanningar.

veta Hur länge har ni — det? Jag — inte var hon är. Man kan ju
inte — allt. Förra veckan — han det inte.

vart [vaṭ] wohin	TV [ˈteːveː] Fernsehen
redan [ˈreːdan] schon	mer [meːr] mehr
dit [diːt] dorthin	still(a) [stil] still
för - sedan [fœːr … ˈseːdan] vor	en gång till [en gɔŋ til] noch einmal
utan [ˈʉːtan] ohne	sanning, -en, -ar [ˈsaniŋ] Wahrheit

c) Fyll i rätt preposition:
Han talar — oss. Tunnelbanan stannar — Slussen. Jag nickar — dig.
Stadshuset — sitt vackra läge har blivit en symbol — Stockholm. Vill du
växla svenska pengar — tyska mark? Hämta pengarna — kassan! — höst

ska hon börja skolan. —vintras åkte jag skidor. —juli skiner solen ofta. —
morgon duschar jag. — Skansen finns gamla hus — olika delar — Sverige. —

d) Översätt:

Der „Vasalopp" geht durch eine schöne Gegend. Man startet in Sälen und
das Ziel liegt in Mora. Das ist eine Strecke von etwa neun schwedischen
Meilen. Mehrere Tausend Läufer laufen Ski. Ich legte das Buch auf den
Tisch. Die Zeitung lag doch heute früh auf dem Tisch. Der Junge ist ins
Wasser gefallen. Man hat den Baum gefällt. Wir setzen uns. Sie hat lange
auf dem Stuhl gesessen.

starta, -ade, -at [ˈstaʈa] starten
åka skidor, -te, -t [ˈoːka ˈʃiːdər] Ski laufen

10. Lektion

Segling

På onsdagsmiddagen gav sig hundratalet havskryssare i väg från
Marstrandsfjorden ut mot okända öden i havskappseglingen Skaw
Race. Och det var en fascinerande tavla, när alla de vita seglen sträckte
i väg ut mot en mörknande horisont till havs. De större båtarna skall
gå till Yttre Hausene utanför Kristiansand, vidare till Persgrunden och
så åter till målet i Marstrand, totalt bortåt 300 sjömil.
Cirka 100 båtar startade och de minsta klasserna går först till N. Läsö,
sedan till Skagen och så åter till Marstrand. De mindre båtarna kom-
mer kanske till målet redan på torsdagskvällen, medan de större knap-
past lär komma igen förrän tidigast fredag middag.
Först hade båtarna en sydvästlig vind på cirka sex m/sek att segla i
men rapporterna tyder på ökande västlig vind utigenom och i så fall
blir det en hård kryss upp mot Norge för de båtar som skall dit.
Skådespelet i samband med starten på fjorden följdes av massor av
åskådare på parkett vid Skallens fyr och från många småbåtar runt
startområdet.

Nach Göteborgsposten

Vokabeln

segling,	[ˈseːɡliŋ]	Segeln	ge sig i väg	[je: sɛj iˈvɛːɡ]	sich auf den
-en, -ar			(gav, givit)		Weg machen
hundratal,	[ˈhɵndrɑtɑːl]	gegen hundert	Marstrand	[ˈmaʂtran]	*Stadt in*
-et, -					*Schweden*
havskryssare,	[ˈhafskrysarə]	Meereskreu-	fjord, -en, -ar	[fjoːd]	Fjord
-n, -		zer	okänd	[ˈuːcɛnd]	unbekannt

öde, -t, -n [ˇøːdə] Schicksal
havskappseg- [ˈhafskap- Segelregatta
ling, -en, -ar ˈseːgliŋ]
Skaw Race [skoː rejs] Skagerrak
Regatta
fascinerande [faʃiˈneːrandə] faszinierend
tavla, -n, -or [ˈtɑːvla] Bild
segel, -et, - [ˈseːgəl] Segel
sträcka i väg, [ˇstrɛka ausspannen
-te, -t iˈvɛːg]
mörknande, [ˇmœrknandə] dunkel
-ade, -at (von mörkna) werdend
horisont, [hɔriˈsɔnt] Horizont
-en, -er
till havs (till regierte zur See
früher den Genitiv)
större [ˈstœrə] größer
(von stor)
båt, -en, -ar [boːt] Boot
Yttre [ˈytrə] Ort in
Hausene ˇhausənə] Norwegen
Kristiansand [kristianˈsand] Stadt in
Norwegen
vidare [ˇviːdarə] weiter
Persgrunden [ˇpæːsgrøn- Perspricke
dən]
åter [ˈoːtər] zurück
total [tuˈtɑːl] total
bortåt [ˇbɔtoːt] gegen
trehundra [ˇtreːhøndra] dreihundert
sjömil, -en, - [ˇʃøːmiːl] Seemeile
starta, -ade, [ˇstɑːʈa] starten
-at
minst (von [minst] am kleinsten
liten, mindre)
klass, -en, -er [klas] Klasse
Norra Läsö [ˇnɔra ˇlɛːsøː] Ort in
Dänemark
Skagen [ˈskɑːgən] Stadt in
Dänemark
redan [ˇreːdan] schon
lär [læːr] hier: werden
(von lära) wohl

igen [iˈjɛn] zurück
knappast ... [ˇknapast ... kaum ...
förrän ˈfœrɛn] als
tidigast [ˇtidiast] frühesten
(von tidig)
sydvästlig [syːdˈvɛstli] südwestlich
vind, -en, -ar [vin] Wind
m/sek = me- [ˈmeːtər pæ Meter pro
ter per ʂeˈkend] Sekunde
sekund
meter, -n, - [ˈmeːtər] Meter
segla, -ade, -at [ˇseːgla] segeln
rapport, -en, [raˈpɔt] Bericht
-er
tyda, -de, [ˇtyːda] deuten auf
-tt, på
ökande [ˇøːkandə] zunehmend
(von öka)
utigenom [ˇɵːtijeːnɔm] draußen zur
See
i så fall [i sɔ fal] dann
kryss, -en [krys] Kreuzen
upp mot [øp muːt] hinauf nach
Norge [ˈnɔrjə] Norwegen
skådespel, [ˇskoːdəspeːl] Schauspiel
-et, -
samband, [ˇsamban] Zusammen-
-et, - hang
följdes, [ˇfœljdəs] wurde ver-
-de, -t (von följa) folgt, wurde
beobachtet
massa, -n, -or [ˇmasa] Menge
åskådare, [ˇoːskoːdarə] Zuschauer
-n, -
parkett, -en [parˈkɛt] Parkett
Skallens fyr [ˇskaləns fyːr]Leuchtturm
fyr, -en, -ar [fyːr] Leuchtturm
småbåtar [ˇsmoːboːtar] Kleinboote
runt [rønt] um ... herum
startområde, [ˇstatɔmˈroː- Startgebiet
-t, -n də]

Några nationalitetsord – Einige Nationalitätsbezeichnungen

Land	Invånare	Adjektiv	Land	Invånare	Adjektiv
Amerika			Frankrike	fransman	fransk
Förenta			Grekland	grek	grekisk
staterna, USA	amerikan	ameri-kansk	Holland	hollända-re	hol-ländsk
Belgien	belgier	belgisk	Indien	indier	indisk
Brasilien	brasilian-are	brasi-liansk	Island	islänning	isländsk
			Italien	italienare	italiensk
Danmark	dansk	dansk	Japan	japan	japansk
England	engelsman	engelsk	Kina	kines	kinesisk
Finland	finne	finsk	Norge	norrman	norsk

Land	Invånare	Adjektiv	Land	Invånare	Adjektiv
Polen	polack	polsk	**Sverige**	svensk	svensk
Rumänien	rumän	rumänsk	**Tjeckoslo-**	tjeck	tjeckisk
Ryssland, Sov-			**vakiet**		
jetunionen	ryss	rysk	**Tyskland**	tysk	tysk
Schweiz	schweiz-	schwei-	**Ungern**	ungrare	ungersk
	are	zisk	**Österrike**	öster-	öster-
Skandinavien	skandinav	skandi-		rikare	rikisk
		navisk	**utlandet**	utlänning	utländsk
Spanien	spanjor	spansk			

Anm.: Amerikanska, danska, engelska, finska, franska, holländska usw.,
also **Adjektiv** + **-a** bedeutet 1. die Sprache: Amerikanisch usw., 2. die
Amerikanerin usw.

Grammatik

Passiv   A

1. Passivbildung mit -s
Im Schwedischen bildet man das Passiv durch Hinzufügung eines **-s** an die
entsprechenden aktiven Formen des Verbs. In dem **-s** steckt das ursprüng-
liche Reflexivpronomen **sig**.

	Infinitiv	*Präsens*	*Imperfekt*	*Perfekt*
Aktiv	tala	talar	talade	har talat
Passiv	talas	talas	talades	har talats

Im Präsens Singular fällt vor der Passivendung **-s** das **-r** weg, in der Um-
gangssprache entfällt außerdem das **-e**.

talar	talas	når	nås
böjer	böj(e)s	skriver	skriv(e)s
köper	köp(e)s		

2. Passivbildung durch Umschreibung   B
Das Passiv kann auch durch Umschreibung mit **bliva** und dem Partizip
Perfekt gebildet werden. Das Part. Perf. wird wie ein Adjektiv flektiert.

Infinitiv	*Präsens*	*Imperfekt*	*Perfekt*	*Part. Perfekt*
kalla	kallar	kallade	kallat	kallad kallat kallade

Beispiele: jag **blir** kallad   ich **werde** gerufen
                 vi **blir** kallade   wir **werden** gerufen
                 du **blev** kallad   du **wurdest** gerufen

ni **blev** kallade	ihr **wurdet** gerufen
han **har blivit** kallad	er **ist** gerufen **worden**
ni **har blivit** kallad(e)	Sie **sind** gerufen **worden**
det **hade blivit** kallat	es **war** gerufen **worden**
hon **skall bli** kallad	sie **wird** gerufen **werden**
de **skall bli** kallade	sie **werden** gerufen **werden**

Das Passiv kann auch durch Umschreibung mit **vara** und dem Partizip Perfekt gebildet werden. Beispiele von der 5. Lektion:

Gården **var nykrattad** och huset **var skurat**.   *Wörtl.*: Der Hof war eben geharkt und das Haus war gescheuert.

In der Bedeutung:
Der Hof **war** eben geharkt **worden** und das Haus **war** gescheuert **worden**.

-s form eller omskrivning? – s-Passiv oder Umschreibung?   **C**

Die s-Form bezeichnet eine Gewohnheit oder eine Handlung, die andauert oder die sich wiederholt. Diese wird deshalb oft in Anweisungen, Vorschriften, Rezepten u. dgl. gebraucht. Die Umschreibung dagegen gibt den einzelnen, bestimmten Vorgang an.
Der Infinitiv auf **-s** wird außerdem nach den modalen Hilfsverben und in den Zukunftsformen verwendet, um die Konstruktion zu vereinfachen. Diese Regel wird aber oft gebrochen.

Beispiele:

Smörgåsbord **serveras** på söndagar. Die Schwedenplatte **wird** sonntags **serviert**.
Pengarna kan **hämtas** i kassa två. Das Geld **kann** an Kasse Zwei **abgeholt werden**.
Det moderna Stockholm får **representeras** av Skärholmen. Das moderne Stockholm **kann** durch Skärholm **dargestellt werden**.
Skådespelet **följdes** av massor av åskådare. Das Schauspiel **wurde** von Massen von Zuschauern **verfolgt**.
Den kyliga atmosfären hade **angripits** (*oder* hade **blivit angripen**). Die kühle Atmosphäre **war angegriffen worden**.
Han **valdes** (*oder* **blev vald**) till ordförande. Er **wurde** zum Vorsitzenden **gewählt**.
Om torkan fortsätter, **blir** gräsmattan alldeles **förstörd**. Wenn die Dürre anhält, **wird** der Rasen ganz **zerstört**.

Im letzten Beispiel wird die Umschreibung mit **bliva** bevorzugt, weil die Handlung erst in der Zukunft vollendet wird.

Das Passiv wird im Schwedischen häufiger benutzt als im Deutschen, z. B.
bei den Ausdrücken **han anses, påstås, säges**:

Hon anses vara duktig.	Man hält sie für tüchtig.
Han påstås ha fuskat.	Man behauptet, er habe gemogelt.

Ergänzungen zur 2. Klasse der schwachen Verben   D

Einige Verben haben Vokalwechsel im Imperfekt, Supinum und Partizip
Perfekt. Die Verben auf **-ja** verlieren das **j**.

Infinitiv		Präsens	Imperf.	Perfekt	Part.	Perfekt	
böra	sollen	bör	borde	har bort	—		
dölja	verbergen	döljer	dolde	har dolt	dold	dolt	dolda
			[ˇdoːldə]	[doːlt]			
glädja	erfreuen	gläder	gladde	har glatt	—		
göra	machen	gör	gjorde	har gjort	gjord	gjort	gjorda
lägga	legen	lägger	la(de)	har lagt	lagd	lagt	lagda
svälja	schlucken	sväljer	svalde	har svalt	svald	svalt	svalda
säga	sagen	säger	sade	har sagt	sagd	sagt	sagda
sälja	verkaufen	säljer	sålde	har sålt	såld	sålt	sålda
sätta	setzen	sätter	satte	har satt	satt	satt	satta
välja	wählen	väljer	valde	har valt	vald	valt	valda
vänja	gewöhnen	vänjer	vande	har vant	vand	vant	vanda

Bei einigen Verben wird der Stammvokal im Imperfekt, Supinum und
Partizip Perfekt verkürzt:

Infinitiv		Präsens	Imperf.	Perfekt	Part.	Perfekt	
breda	breiten	brer	bredde	har brett	bredd	brett	bredda
leda	führen	leder	ledde	har lett	ledd	lett	ledda
lyda	gehorchen	lyder	lydde	har lytt	lydd	lytt	lydda
möta	begegnen	möter	mötte	har mött	mött	mött	mötta
sköta	pflegen	sköter	skötte	har skött	skött	skött	skötta

Bei Verben, deren Stamm auf **-nd** oder auf **-t** mit vorhergehendem Konso-
nanten endet, verschmilzt dieses **d** oder **t** mit der Konjugationsendung:

Infinitiv		Präsens	Imperf.	Perfekt	Part.	Perfekt	
sända	senden	sänder	sände	har sänt	sänd	sänt	sända
gifta	heiraten	gifter	gifte	har gift	gift	gift	gifta

Övningar

a) En svensk talar svenska. Vad talar ...?
En tysk talar — . En italienska talar — . En polska talar — . En grek talar — . En holländska talar — . En kines talar — . En skandinav talar — .
En engelska talar — .

b) Ändra följande meningar från aktiv till passiv form – Setzen Sie ins Passiv:
Beispiel: I kiosken **säljer** de tidningar. I kiosken **säljes** tidningar av dem.
En dalkulla gömde kungen i en bakugn. Skärholmen representerar det moderna Stockholm. Kritiker har angripit den kyliga atmosfären. Ni skall hämta biljetterna senast kl. 19.00.
dalkulla, -n, -or [ˈdɑːlkəla] Dalekarlierin

c) Använd omskrivning med bliva i stället för -s-form. – **Verwenden Sie die Umschreibung mit bliva statt der s-Form:**
Huset skall säljas på auktion. Platserna intogs av sällskapet. Rävarna har skjutits av honom. Denna tidning läses av alla.
auktion, -en, -er [a(ɵ)kˈʃuːn] Auktion
plats, -en, -er [plats] Platz
intaga, intog, intagit [ˈintɑːga] einnehmen
sällskap, -et, - [ˈsɛlskɑːp] Gesellschaft
skjuta, sköt, skjutit [ˈʃʉːta] schießen

d) Sätt följande meningar i 1) imperfekt och 2) perfekt:
Vi gläder oss åt seglingen. Han vänjer sig vid henne. Jag säger ingenting. Lyder du aldrig? Hon brer en smörgås.

e) Översätt:
Zirka fünfzig Boote waren gestartet. Viele Zuschauer haben das Schauspiel gesehen. Die weißen Segel gegen den blauen Himmel sind sehr schön. Die größeren Kreuzer werden nach Norwegen segeln. In Japan spricht man Japanisch. Drottningholm und Millesgården müssen zu den Sehenswürdigkeiten Stockholms gerechnet werden. Man hält ihn für reich. Er ist zum Reichstagsabgeordneten gewählt worden.

11. Lektion

Väderleksrapporten

Måste TV, tidningar och radio framställa regnigt väder som en nationell katastrof?
Och är det nödvändigt för våra meteorologer att falla in i den trallen och se en olycka i varje lågtryck?

När man läser om torkans härjningar i Afrika och Asien, hur kan man
då fortsätta att skildra regn som något negativt?
Tvärtom skall vi vara glada var dag de tunga gråa regnsäckarna
släpar över himlen.
Det betyder mer vatten i våra kraftvattensdammar, bättre flöde i
våra älvar, fyllda brunnar och en högre grundvattennivå.
För Östra Sverige måste den här sommaren ha betytt miljarder och
åter miljarder.
Vi blir våta, klagar folk.
Det är knappast någon riksolycka.
Dessutom finns det regnställ att köpa för ganska billiga pengar.
Nej, se positivt på regnandet.
Tänk så mycket blåbär och svamp det blir i skogarna.
Och så slipper man ligga och dåsa på stränderna och bränna sönder sig.
Sådant solsemesterliv lär vara allt annat än hälsosamt och folk kom-
mer ofta tillbaka från badorterna med förfärligt dålig kondition.
Ut och promenera och spring och cykla i stället! Det är så vackert
med regndropparna på buskar och träd.
Och tänk på att man får fin hy av regn.
Så här bör den moderna väderleksrapporten låta:
Det står flera trevliga lågtryck här ute över Atlanten och redan under
morgondagen kan vi hoppas på ett mulnande väster ifrån. Och nu
ser det äntligen ut som om också turisterna i västra Sverige skulle få
några rejäla skyfall.

Von Red Top

Vokabeln

väderleksrap- [ˇvɛːdəle̝ːks-	Wetterbericht	
port, -en, -er ra`pɔt]		
radio, -n [ˈrɑːdiu]	Radio,	
	Rundfunk	
framställa, [ˇframstɛla]	darstellen	
-de, -t		
regnig [ˇrɛɳi]	regnerisch	
nationell [natʃuˈnɛl]	national	
katastrof, [kataˈstroːf]	Katastrophe	
-en, -er		
nödvändig [ˇnøːdvɛndi]	notwendig	
meteorolog, [meteɔrɔˈloːg]	Meteorologe	
-en, -er		
falla in, föll, [ˇfala ˈin]	einfallen	
fallit		
trall, -en, -ar [tral]	Melodie; *hier*	
	(alte) Leier	
olycka,-n,-or [ˇuːlyka]	Unglück	
lågtryck, -et,- [ˇloːgtryk]	Tief	
härjning, [ˇhærjniŋ]	Verheerung	
-en, -ar		
Afrika [ˈɑːfrika]	Afrika	
Asien [ˈɑːsiən]	Asien	

skildra, [ˇʃildra]	schildern	
-ade, -at		
fortsätta att [ˇfutsɛta at	immer wieder	
skildra ˇʃildra]	schildern	
regn, -et [rɛŋn]	Regen	
negativ [ˈnegatiːv]	negativ	
tvärtom [ˇtvæʈɔm]	im Gegenteil	
grå [groː]	grau	
regnsäck, [ˇrɛɳsɛk]	,,Regensack``	
-en, -ar		
släpa,-ade,-at [ˇslɛːpa]	schleppen	
över [ˈøːvər]	über	
betyda, [bəˈtyːda]	bedeuten	
-de, -tt		
kraftvattens- [ˇkraftvatən-	Staudamm	
damm, -en, dam]		
-ar		
bättre [ˈbɛtrə]	besser	
flöde, -t, -n [ˈfløːdə]	Flut	
älv, -en, -ar [ɛlv]	Fluß, Strom	
fylld [fyld]	gefüllt	
brunn, -en, [brøn]	Brunnen	
-ar		

högre	['hø:grə]	höher
grundvatten-nivå, -n, -er	['grønvatə-ni'vo:]	Grundwas-serspiegel
öster	['œstər]	östlich
miljard, -en, -er	[mil'jɑ:d]	Milliarde
och åter	[ɔ 'o:tər]	und nochmals
våt	[vo:t]	naß
klaga, -ade, -at	['klɑ:ga]	klagen
riksolycka, -n, -or	['riks'u:lyka]	Staatsunglück
regnställ, -et, -	['rɛŋnstɛl]	Regenklei-dung (Jacke und Hose)
positiv	['pusiti:v]	positiv
regnande, -t	['rɛŋnandə]	Regnen
tänka, -te, -t	['tɛŋka]	denken
blåbär, -et, -	['blo:bæ:r]	Blaubeere
svamp, -en, -ar	[svamp]	Pilz
skog, -en, -ar	[sku:g]	Wald
slippa, slapp, sluppit	['slipa]	nicht brauchen
dåsa,-ade,-at	['do:sa]	dösen
strand,-en, ...er	[stran]	Strand
bränna sön-der sig, -de, -t	['brɛna 'sœndəʂɛj]	sich verbrennen
sådan	[sɔn]	solch

solsemester-liv, -et	['su:lsemestə-'li:v]	,,Sonnenfe-rienleben''
lär	[læ:r]	soll
allt annat än	[alt 'anat ɛn]	alles andere als
hälsosam	['hɛlsusam]	gesund
badort, -en, -er	['bɑ:du:ʈ]	Badeort
förfärlig	[fœr'fæ:[i]	entsetzlich
kondition,-en	[kɔndi'ʃu:n]	Verfassung
promenera, -ade, -at	[prumə'ne:ra]	spazieren-gehen
cykla, -ade, -at	['sykla]	radeln, radfahren
i stället	[i 'stɛlə]	statt dessen
regndroppe, -n, -ar	['rɛŋdrɔpə]	Regentropfen
buske, -n, -ar	['bøskə]	Busch
hy, -n	[hy:]	Haut
låta, lät, låtit	['lo:ta]	klingen
Atlanten	[at'lantən]	der Atlantik
morgondag, -en	['mɔrɔndɑ:]	det morgige Tag
hoppas, -ades, -ats	['hɔpas]	hoffen
mulnande, -t	['mɯ:lnandə]	Eintrübung
västerifrån	['vɛstərifro:n]	vom Westen
äntligen	['ɛntliən]	endlich
som om	[sɔm ɔm]	als ob
rejäl	[re'jɛ:l]	*hier:* kräftig
skyfall, -et, -	['ʃy:fal]	Wolkenbruch

Vädret

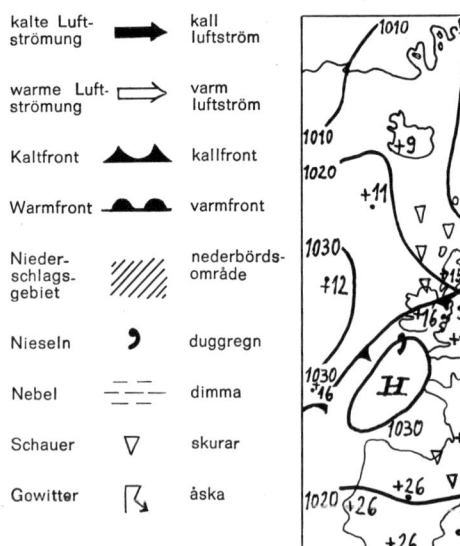

kalte Luft-strömung	➡	kall luftström
warme Luft-strömung	⟹	varm luftström
Kaltfront	▲▲▲	kallfront
Warmfront	◣◣◣	varmfront
Nieder-schlags-gebiet	/////	nederbörds-område
Nieseln	⟩	duggregn
Nebel	---	dimma
Schauer	▽	skurar
Gowitter	↘	åska

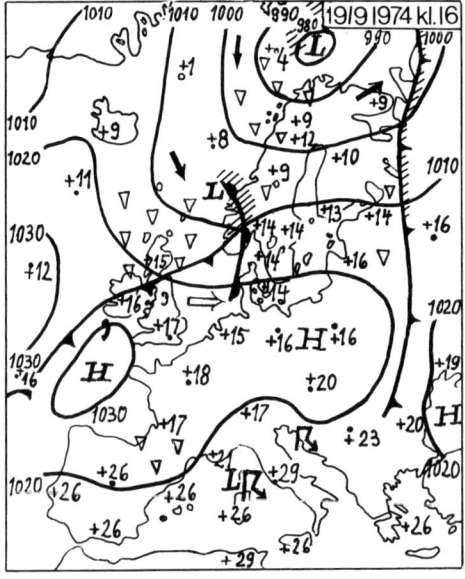

Femdygnsprognosen

Allmänna utsikter för de närmaste fem dygnen:
Vädret blir blåsigt och ostadigt. En kraftig sydvästlig luftström väntas
råda över främst södra och mellersta Sverige och lågtryck och regnväder
passerar landet under perioden. Mellan lågtrycken uppklarnande väder.

femdygnsprognos, -en, -er	[ˈfɛmdyŋnsprɔgˈnoːs]	Fünftagevorhersage
allmän	[ˈalmɛn]	allgemein
utsikt, -en, -er	[ˈʉːtsikt]	Aussicht
närmast	[ˈnærmast]	nächst
blåsig	[ˈbloːsi]	windig
ostadig	[ˈuːstɑːdi]	unbeständig
kraftig	[ˈkrafti]	kräftig
väntas, -ades, -ats	[ˈvɛntas]	erwartet werden
råda, -de, -tt	[ˈroːda]	herrschen
främst	[frɛmst]	vorwiegend
söder	[ˈsøːdər]	südlich
mellersta	[ˈmɛləʂta]	Mittel-
regnväder, -et, -	[ˈrɛŋvɛːdər]	Regenwetter
passera, -ade, -at	[paˈseːra]	passieren
land, -et, ⁚er	[lan]	Land
under	[ˈɵndər]	während
period, -en, -er	[pæriˈuːd]	Zeitraum
uppklarnande	[ˈɵpklɑːɳandə] (*von klarna upp*)	aufheiternd

Några väderuttryck

avta(ga), avtog, avtagit	[ˈɑːvtaː(ga)]	abnehmen
dagstemperatur, -en, -er	[ˈdakstɛmpəraˈtuːr]	Tagestemperatur
frost, -en	[frɔst]	Frost
förskjutas, förskjöts,	[ˈfœʂʉːtas]	sich verlagern
förskjutits		
högtryck, -et, -	[ˈhøːktryk]	Hoch
ligga kvar, låg, legat	[ˈliga kvɑːr]	liegenbleiben
lokal	[luˈkɑːl]	örtlich
molnig	[ˈmɔlni]	bewölkt
mulen	[ˈmʉːlən]	trüb
snö, -n	[snøː]	Schnee
sol, -en	[suːl]	Sonne
sval	[svɑːl]	kühl
tillta(ga), tilltog, tilltagit	[ˈtiltɑː(ga)]	zunehmen
täcka, -te, -t	[ˈtɛka]	bedecken

Det blåser.	Es ist windig.	Det är kallt.	Es ist kalt.
Det regnar.	Es regnet.	Det är varmt.	Es ist warm.
Solen skiner.	Die Sonne scheint.	Det är vackert	Das Wetter ist
Det snöar.	Es schneit.	väder.	schön.

Grammatik

Räkneord – Zahlwörter   A

Grundzahl	Ordnungszahl	Grundzahl	Ordnungszahl
0 noll		16 sexton	
[nɔl]		['sɛkstɔn]	
1 en [en],	första	17 sjutton	
ett [et]	['fœʂta]	['ʃøtɔn]	-de
2 två	andra	18 arton	[-də]
[tvoː]	['andra]	['ɑːʈɔn]	
3 tre	tredje	19 nitton	
[treː]	['treːdjə]	['nitɔn]	
4 fyra	fjärde	20 tjugo	tjugonde
['fyːra]	['fjæːɖə]	['ɕʉːgu, ˇcuːgə]	['ˇcuːgɔndə]
5 fem	femte	21 tjugoen	tjugo-
[fɛm]	['fɛmtə]	[ɕʉː(gə)'en]	första
6 sex	sjätte	22 tjugotvå	tjugo-
[sɛks]	['ʃɛtə]	[ɕʉː(gə)'tvoː]	andra
7 sju	sjunde	30 trettio	
[ʃʉː]	['ʃøndə]	['treti(u)]	
8 åtta	åttonde	40 fyrtio	
['ɔta]	['ɔtɔndə]	['fœʈi(u)]	
9 nio	nionde	50 femtio	
['niːu, ˇniːjə]	['niː(j)ɔndə]	['fɛmti(u)]	
10 tio	tionde	60 sextio	-nde
['tiːu, ˇtiːjə]	['tiː(j)ɔndə]	['sɛksti(u)]	[-tiɔndə]
11 elva	elfte	70 sjuttio	
['ɛlva]	['ɛlftə]	['ʃøti(u)]	
12 tolv	tolfte	80 åttio	
[tɔlv]	['tɔlftə]	['ɔti(u)]	
13 tretton		90 nittio	
['trɛtɔn]		['niti(u)]	
14 fjorton	-de	100 hundra	-de
['fjuːʈɔn]	[-də]	['həndra]	[-də]
15 femton		1000 tusen	
['fɛmtɔn]		['tʉːsən]	

Bemerkungen zu den Grundzahlen   B

Die Grundzahl **1** hat die Utrumform **en** und die Neutrumform **ett**. Die übrigen Grundzahlen sind unveränderlich.

en och ett   **C**

Ett ist die Hauptform des Zahlwortes und wird auch in Ausdrücken wie:
nummer **ett**, linje **ett**, klockan är **ett**, **ett** och **ett** är två usw. gebraucht.

En oder **ett** richtet sich nach dem Genus des folgenden Substantivs:
en och **en** halv **timme** – **ett** och **ett** halvt **år**.

In zusammengesetzten Zahlen heißt es **en** selbst vor einem Neutrum:
tjug**oen** barn.

Der eine – der andere heißt **den ena – den andra**.

Ein unbetontes **en** [en] vor anderen Zahlen hat die Bedeutung **ungefähr**:
en två – tre hundra människor **ungefähr** zwei- bis dreihundert Leute.

D

100	(ett) hundra [(et) ˈhəndra]
201	tvåhundraett
1000	(ett) tusen [(et) ˈtʉːsən]
1946	ettusenniohundrafyrtiosex,
	als Jahreszahl: nittonhundrafyrtiosex
1 000 000	en miljon [en milˈjuːn]
2 000 000	två miljoner
2 500 000	två miljoner femhundratusen; två och en halv miljon
1 000 000 000	en miljard [en milˈjɑːɖ]
2 000 000 000	två miljarder

Die Zahlen **hundra** und **tusen** sind Neutra ohne Pluralendung. **Miljon** und
miljard sind Utra mit der Pluralendung **-er**.

ett tio**tal**	**ungefähr** zehn
ett hundra**tal**	**ungefähr** hundert
hundra**tals**	Hunderte von
tusen**tals**	Tausende von
ett dussin	ein Dutzend
ettan	die Eins
en etta	eine Eins

Ta trean till Slussen *(Bus oder Straßenbahn)*
Har du en femma, en tia? *(fünf, zehn Kronen)*

Bemerkungen zu den Ordnungszahlen   **E**

Die Ordnungszahlen haben nur die bestimmte Form mit Ausnahme von
först: Han var **först** (*unbest. etwa* zuerst). Han var den förste (*best.* der erste).

Nach den Ordnungszahlen wird **kein** Punkt gesetzt:
Idag är det den **12** mars.   Heute haben wir den **12.** März.

Första und **andra** heißen **förste** und **andre** in Verbindung mit männlichen
Personen:

Gustav II Adolf (Gustav den **andre** Adolf) [ˇgəstav dɛn ˇandrə ˈɑːdɔlf]

Räknesätt – Rechnungsarten   F

$10+1=11$ tio och (plus [plǝs]) ett är (är lika ['liːka] med) elva
$10-9=1$ tio minus ['miːnǝs] nio är (är lika med) ett
$10 \times 2=20$ tio gånger ['gɔŋǝr] två är (är lika med) tjugo
$10:5=2$ tio delat ['deːlat] (dividerat) med fem är (är lika med) två

Tidsangivelser – Zeitangaben   G

ett årtionde	ein Jahrzehnt
ett århundrade	ein Jahrhundert
ett årtusende	ein Jahrtausend
på 1800-talet	im 19. Jahrhundert
på 1900-talet	im 20. Jahrhundert
på 30-talet	in den 30er Jahren

Övningar

a) Hur mycket är...? – Was macht...?

$46+13=$	$65-20=$	$7 \times 7=$	$55:11=$
$32+5=$	$78-17=$	$8 \times 6=$	$12:4=$

b) Besvara följande frågor! – Beantworten Sie folgende Fragen:
När är du född? Hur gammal är du? Vad heter Sveriges kung? Vilket
nummer har detta stycke? Vilket datum är det idag?
Från vilket datum är väderlekskarten? Vilken årstid är det då? Hur många
grader var det i a) Berlin b) London c) Paris d) Reykjavik e) Rom?
Var var det varmast? Var var det kallast? Var ligger högtrycken?

född	[fœd]	geboren
väderlekskarta, -n	['vɛːdǝleːksˈkɑːʈa]	Wetterkarte
grad, -en, -er	[grɑːd]	Grad

c) Fyll i rätt ordningstal med bokstäver (in Worten):
Jag börjar skolan den — (26) augusti. Jag skall åka till Göteborg den —
(11) mars. Hon har ledigt den — (14) juni. Vi får besök den — (30) april.
Kommer du den — (13) september? Nej, jag kommer den — (3) .

d) Fyll i rätt preposition:
Båtarna gav sig i väg — havs. Skådespelet följdes — många småbåtar.
De vita seglen — den mörka himlen var en vacker tavla. Jag läser —
torkan. Det finns vatten — våra brunnar. Allt finns att köpa — pengar.
Vi ligger — stranden och solar. Det är vackert — regndroppar. Tänk —
mig! Se — mig!

e) Översätt:
Das Tief bleibt über Schweden liegen. Das Hoch verlagert sich langsam
nach Osten. Das Wetter ist schön. Es ist windig. Wenn es regnet, wird man
naß. Es schneit im Winter. Im westlichen Schweden kommen örtlich
Schauer und Gewitter vor. Der Sommer war kühl.

12. Lektion

Midnattssolen

Det är tre timmar kvar till midnatt och himlen över Nordkap är alldeles grå. Solen, midnattssolen, finns där uppe någonstans bland molnen. Här nere på klippan vandrar en frusen, lite missmodig skara omkring. Vi har rest långt för att se midnattssolen lysa över Ishavet. Många kommer från Syd-Europa och ännu längre bortifrån. Vi träffar en japan som är här för femte sommaren i rad och som aldrig sett en skymt av solen. Nu ser det lika illa ut för honom igen. Natten kommer att bli grå och kall och i morgon vänder turistbussen söderut igen. Det är trångt inne i vänthallen. Där väntar tvåhundra människor på att solen skall komma. Man handlar souvenirer; granna färgbilder med solen hängande röd och grann över Ishavet. Reseledare går omkring bland borden och försöker trösta och skämta. Många är sura. På något sätt är det ju ändå resebyråns fel att man blivit lurad på solen. Vad skall man nu säga till vänner och bekanta när man kommer hem? Men affärerna i vänthallen ute på klippan går jättefint: renskinn, små miniatyrrenar, lappknivar. Ute är det bara ett par grader varmt. När vi reste upp genom Nord-Norge var det full sommar och solen lyste. När det är en timme kvar till midnatt kommer en tät, fuktig, isande, genomträngande dimma rullande in över klippan. Nu är det alldeles tröstlöst. Man ser bara fem sex meter framför sig. Alla rör sig som skuggfigurer, huttrande, tysta. Varför reste vi hit, säger en tysk soldyrkare till sin hustru. Varför reste vi inte till Gran Canaria. Hur skall man sedan förklara den förvandling som sker när solen klockan halv tolv bryter igenom dimman. Folk strömmar ut från vänthallen. Kamerorna rasslar igång. Det knäpper och rasslar och surrar framme vid branten. Några hurrar. Den norska blandade kören stämmer upp en psalm. Ett österrikiskt par joddlar. Alla fryser men är lyckliga. Det stora undret har skett. Midnattssolen som förvandlar natt till dag har visat sig över Ishavet. All melankoli är bortblåst med dimman. Affärerna i vänthallen på världens nordligaste udde går jättefint.   *Von Lars Westman*

Vokabeln

midnattssol, -en	[ˇmi:dnatsu:l]	Mitternachtssonne
kvar	[kvɑ:r]	noch
midnatt	[ˇmi:dnat]	Mitternacht
Nordkap	[ˇnu:ɖkɑ:p]	Nordkap
uppe	[ˇɵpə]	oben
någonstans	[ˇnɔnstans]	irgendwo
bland	[blan]	unter, zwischen
nere	[ˇne:rə]	unten
klippa, -n, -or	[ˇklipa]	Felsen
frusen	[ˇfru:sən]	verfroren
lite	[ˇli:tə]	ein wenig
missmodig	[ˇmismu:di]	mißmutig
skara, -n, -or	[ˇskɑ:ra]	Schar
resa, -te, -t	[ˇre:sa]	reisen
lysa, -te, -t	[ˇly:sa]	leuchten
Ishavet	[ˇi:shɑ:vət]	Eismeer
Sydeuropa	[ˇsy:deɵˋru:pa]	Südeuropa
längre	[ˇlɛŋrə]	weiter
bortifrån	[ˇbɔʈifro:n]	weg
i rad	[i rɑ:]	hintereinander
skymt, -en	[ʃymt]	Schimmer, Spur
lika	[ˇli:ka]	gleich
illa	[ˇila]	schlecht
vända, -de, -t	[ˇvɛnda]	wenden, drehen
turistbuss, -en, -ar	[tɵˇristbɵs]	Reisebus
söderut	[ˇsø:dəru:t]	nach Süden
inne	[ˇinə]	drinnen
vänthall, -en, -ar	[ˇvɛnthal]	Warteraum
souvenir, -en, -er	[suvəˈni:r]	Andenken
grann	[gran]	bunt
färgbild, -en, -er	[ˇfærjbild]	Farbbild
hänga, -de, -t	[ˇhɛŋa]	hängen
hängande	[ˇhɛŋandə]	hängend
reseledare, -n, -	[ˇre:seˋle:darə]	Reiseleiter
försöka, -te, -t	[fœˈʂø:ka]	versuchen
trösta, -ade, -at	[ˇtrœsta]	trösten
skämta, -ade, -at	[ˇʃɛmta]	scherzen
sur	[sʉ:r]	stur
sätt, -et, -	[sɛt]	Art, Weise
på något sätt	[pɔ nɔt sɛt]	in einer Art, gewissermaßen
ändå	[ˇɛndo:]	doch
resebyrå, -n, -er	[ˇre:səby:ro:]	Reisebüro
fel, -et, -	[fe:l]	Fehler
lura, -ade, -at	[ˇlʉ:ra]	beschwindeln
vän, -nen, -ner	[vɛn]	Freund

bekant, bekantingen, bekanta	[bəˈkant]	Bekannter
hem	[hɛm]	nach Hause
ute	[ˇʉ:tə]	draußen
jättefin	[ˇjɛtəfi:n]	großartig, blendend
renskinn, -et, -	[ˇre:nʃin]	Rentierfell
miniatyrren, -en, -ar	[miniaˇty:re:n]	Miniaturrentier
lappkniv, -en, -ar	[ˇlapkni:v]	Lappenmesser
Nord-Norge	[ˇnu:ɖ ˋnɔrjə]	nördliches Norwegen
full	[fɵl]	voll, völlig
tät	[tɛ:t]	dicht
fuktig	[ˇfɵkti]	feucht
isande	[ˇi:sandə]	eisig
genomträngande	[ˇje:nɔmtrɛŋandə]	durchdringend
dimma, -n, -or	[ˇdima]	Nebel
rullande (*von rulla*)	[ˇrɵlandə]	rollend
dimman kommer rullande	[ˇdiman ˈkɔmər ˇrɵlandə]	der Nebel wallt
tröstlös	[ˇtrœstlø:s]	trostlos
framför	[ˇframfœ:r]	vor
röra sig, -de, -t	[ˇrœ:ra sɛj]	sich bewegen
skuggfigur, -en, -er	[ˇskɵgfigʉ:r]	Schattenfigur
huttrande (*von huttra*)	[ˇhɵtrandə]	zitternd vor Kälte
tyst	[tyst]	leise
varför	[ˇvarfœ:r]	warum
hit	[hi:t]	hierher
soldyrkare, -n, -	[ˇsu:ldyrkarə]	Sonnenanbeter
hustru, -n, -r	[ˇhɵstrɵ]	Gattin
Gran Canaria	[gran kaˈnɑ:ria]	Gran Canaria
förklara, -ade, -at	[fœrˈklɑ:ra]	erklären
förvandling, -en, -ar	[fœrˈvandliŋ]	Verwandlung
ske, -dde, -tt	[ʃe:]	geschehen
bryta igenom, bröt, brutit	[ˇbry:ta iˈje:nɔm]	durchbrechen
strömma ut, -ade, -at	[ˇstrœma ˈʉ:t]	hinausströmen
kamera, -n, -or	[ˈkɑ:məra]	Fotoapparat, Kamera
rassla igång, -ade, -at	[ˇrasla iˈgɔŋ]	in Gang setzen, starten
knäppa, -te, -t	[ˇknɛpa]	knipsen
surra, -ade, -at	[ˇsɵra]	summen, surren
framme	[ˇframə]	da vorne
brant, -en, -er	[brant]	Steilhang
hurra, -ade, -at	[ˇhɵra]	„Hoch" rufen

norsk	[nɔʂk]	norwegisch		förvandla,	[fœr'vandla]	verwandeln
blandad	[ˇblandad]	gemischt		-ade, -at		
kör, -en, -er	[køːr]	Chor		visa sig,	[ˇviːsa sɛj]	sich zeigen
stämma upp,	[ˇstɛma 'ɵp]	anstimmen		-ade, -at		
-de, -t				melankoli, -n	[melankuˈliː]	Schwermut
psalm,-en,-er	[salm]	Kirchenlied		blåsa bort,	[ˇbloːsa bɔt]	wegwehen
joddla, -ade,	[ˇjɔdla]	jodeln		-te, -t		
-at				värld,-en,-ar	[væːld]	Welt
frysa, frös,	[ˇfryːsa]	frieren		nordligast	[nuːdliast]	am
frusit				*(von nordlig)*		nördlichsten
lycklig	[ˇlykli]	glücklich		udde, -n, -ar	[ˇɵdə]	Landzunge
under, -et, -	['əndər]	Wunder				

Svensk geografi – Schwedische Erdkunde

Die 25 Provinzen (landskap) Schwedens werden in drei Hauptregionen
geteilt: **Norrland** umfaßt die nördlichsten drei Fünftel des Landes, **Svealand**
die Provinzen um und nördlich von Stockholm und **Götaland** die südlichen
Provinzen einschließlich der Ostseeinseln Gotland und Öland.

Städer, kommuner – Städte

Einwohner

1	Stockholm	671 453
2	Göteborg	445 482
3	Malmö	246 622
4	Uppsala	137 447
5	Norrköping	119 488
6	Västerås	117 985
7	Örebro	117 527

Sjöar – Seen

8 Vänern
9 Vättern
10 Mälaren
11 Hjälmaren
12 Storsjön
13 Siljan

Floder – Flüsse

14 Klarälven - Götaälv
15 Muonio - Torneälv
16 Dalälven
17 Umeälv
18 Luleälv
19 Ångermanälven

Öar-Inseln

20 Gotland
21 Öland

Berg

22 Kebnekaise 2117 m

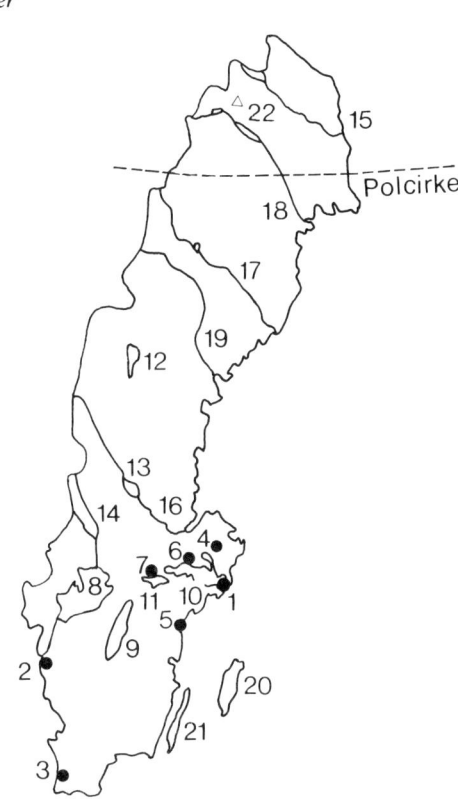

Grammatik

Adjektivets komparation
Die Steigerung des Adjektivs   **A**

	Positiv	Komparativ	Superlativ
1.	— glad *froh*	-are gladare *froher*	-ast gladast *froh(e)st-*, am *froh(e)sten*
2.	— stor *groß*	-re större *größer*	-st störst *größt-*, am *größten*
3.	— typisk *typisch*	mera — mera typisk *typischer*	mest — mest typisk *typischst-*, am *typischsten*

B

1. Wie **glad** werden die meisten Adjektive gesteigert: tidig, tidigare, tidigast; dyr, dyrare, dyrast usw.
   Adjektive auf unbetontes **-el, -en** und **-er** verlieren das **e** dieser Endungen im Komparativ und Superlativ, z. B.

ädel *(edel)*	– ädlare	– ädlast
trogen *(treu)*	– trognare	– trognast
mager *(mager)*	– magrare	– magrast

C

2. Wie **stor** werden folgende Adjektive gesteigert. Hat die Stammsilbe den Vokal **o, u, å**, erhalten die Steigerungsformen den entsprechenden Umlaut **ö, y, ä**.

Positiv		Komparativ		Superlativ	
få *(pl.)*	*wenige*	färre	*weniger*	—	
grov	*grob*	grövre	*gröber*	grövst	*gröbst-*
hög	*hoch*	högre	*höher*	högst	*höchst-*
låg	*niedrig*	lägre	*niedriger*	lägst	*niedrigst-*
lång	*lang, weit*	längre	*länger, weiter*	längst *längst-, weitest-*	
trång	*eng*	trängre	*enger*	trängst	*engst-*
tung	*schwer*	tyngre	*schwerer*	tyngst	*schwerst-*
ung	*jung*	yngre	*jünger*	yngst	*jüngst-*

3. Umschreibungen mit **mera** und **mest** haben: **D**
   a) **Partizipien, die als Adjektive gebraucht werden, z. B.**
      bildad *(gebildet)*   – **mera** bildad   – **mest** bildad
      tilltalande *(ansprechend)* – **mera** tilltalande – **mest** tilltalande
   b) **Adjektive auf -e und -isk, z. B.**
      öde *(wüst)*   – **mera** öde   – **mest** öde
      komisk *(komisch)*   – **mera** komisk   – **mest** komisk

                                                                       E
Eine **negative Steigerung** wird durch **mindre** *(weniger)* und **minst** *(wenigst-)*
ermöglicht, z. B.
lat (faul) – **mindre** lat (**weniger** faul) – **minst** lat (**am wenigsten** faul)

       Oregelbunden komparation – Unregelmäßige Steigerung   **F**

Positiv		Komparativ		Superlativ	
bra, god	*gut*	bättre	*besser*	bäst	*best-*
dålig	*schlecht*	sämre	*schlechter*	sämst	*schlechtest-*
gammal	*alt*	äldre	*älter*	äldst	*ältest-*
liten	*klein*	mindre	*kleiner*	minst	*kleinst-*
mycken	*viel*	mera	*mehr*	mest	*meist-*
många	*viele*	flera	*mehr*	flest	*meist-*
nära	*nahe*	närmare	*näher*	närmast	*nächst-*
ond	*böse*	värre	*böser*	värst	*bösest-*

              Adverb – Adverbien   **G**
1. Die Neutrumform des Adjektivs wird als Adverb verwendet:
   hög *laut*   Han talar **högt**. *Er spricht laut.*
   fruktansvärd *entsetzlich*   Han talar fruktansvärd **högt**. *Er spricht*
                                 entsetzlich laut.
   fri *frei*   Vi lever **fritt**. *Wir leben frei.*
2. Viele Adjektive auf **-lig** haben neben der **-t-Form** eine Adverbialform auf
   -en: personligt – personligen *(persönlich)*; verkligt – verkligen *(wirklich)*.
3. Einige Adjektive auf **-lig** bekommen die Adverbialendung **-vis**:
   naturlig   –   naturligtvis   *selbstverständlich*
   trolig   –   troligtvis   *wahrscheinlich*

      Adverbets komparation – Die Steigerung des Adverbs   **H**

Regelmäßig gesteigert werden im allgemeinen die Adverbien, die von Ad-
jektiven abgeleitet sind:
Han kommer **ofta**   –   **oftare**   –   **oftast**.
Han talar **högt**   –   **högre**   –   **högst**.
Han arbetar **praktiskt** –   **mera** praktiskt – **mest** praktiskt.

Oregelbunden komparation
Unregelmäßige Steigerung des Adverbs I

Positiv		Komparativ		Superlativ	
bra, gott,	*gut, wohl*	bättre	*besser*	bäst	*am besten*
väl					
dåligt	*schlecht*	sämre	*schlechter*	sämst	*am schlechtesten*
föga	*wenig*	mindre	*weniger*	minst	*am wenigsten*
gärna	*gern*	hellre	*lieber*	helst	*am liebsten*
illa	*schlimm*	värre	*schlimmer*	värst	*am schlimmsten*
långt	*weit*	längre	*weiter*	längst	*am weitesten*
länge	*lange*	längre	*länger*	längst	*am längsten*
mycket	*viel*	mera	*mehr*	mest	*am meisten*
nära	*nahe*	närmare	*näher*	närmast	*am nächsten*

Jämförelse – Vergleich J

1. Bei Vergleichen gebraucht man im Positiv die Konjunktion **som** *(wie)* und im Komparativ **än** *(als)* :
   Han är lika gammal **som** du.   Er ist genau so alt **wie** du.
   Hon är längre **än** jag.   Sie ist größer **als** ich.

2. Der Superlativ hat im Prädikat die **bestimmte** Form, wenn das Subjekt mit anderen verglichen wird :
   Han är den duktigaste i klassen. Er ist **der tüchtigste** in der Klasse.

   Die **unbestimmte** Form steht bei einem Vergleich mit sich selbst :
   Han är duktigast i matematik. Er ist **am tüchtigsten** in Mathematik.

Rumsadverb och rumsadjektiv
Ortsadverbien und Ortsadjektive K

Eine Reihe von Ortsadverbien hat Doppelformen, von denen die eine Form eine Bewegung ausdrückt, die andere eine Ruhelage. In den meisten Fällen entspricht die Verwendung dieser Adverbien dem Gebrauch von Präposition + Akkusativ bzw. Dativ im Deutschen :
Han kommer **in**. Er kommt **in das Haus**. – Han är **inne**. Er ist **in dem Haus**.

Viele dieser Adverbien haben auch gesteigerte Formen, die jedoch im wesentlichen als Adjektive gebraucht werden (z. B. i den **nedersta** byrålådan – in der **untersten** Schublade),
aber auch als Adverbien :
Den ligger **innerst** i lådan.   Er liegt **ganz innen** in der Schublade.

Adverb		Adverb und Adjektiv	
Bewegung	Ruhelage	Komparativ	Superlativ
in hin-, herein	inne drinnen	inre weiter drinnen; inner-	innerst ganz innen, innerst-
ut hin-, heraus	ute draußen	yttre weiter draußen; äußer-	ytterst ganz draußen, äußerst-
ned nieder, hin-, herab	nere unten	nedre weiter unten; unter-	nederst ganz unten, unterst-
upp empor, hin-, herauf	uppe oben	—	—
	över über, oben	övre weiter oben, ober-	överst ganz oben, oberst-
	under unter, unten	undre weiter unten, unter-	underst ganz unten, unterst-
bakåt nach hinten	bak hinten	bakre weiter hinten, hinter-	—
fram vor(wärts)	framme dort, am Ziel	främre weiter vorn, vorder-	främst ganz vorn, vorderst-
bort fort	borta fort, weg	bortre weiter weg, ferner	borterst ganz weg, fernst-
hem nach Hause	hemma zu Hause	—	—
dit dorthin	där da, dort	—	—
hit hierher	här hier	—	—

Övningar

a) **Fyll i rätt ord.** Exempel: Margareta stiger – (**upp** – **uppe**) klockan sex.
Vi går — (**in** – **inne**) i vänthallen. Vi står — (**ut** – **ute**) på klippan. Han
går — (**ned** – **nere**) till de andra. Sven är redan — (**upp** – **uppe**). Kom —
(**fram** – **framme**) till mig! Jag skall gå — (**bort** – **borta**) ikväll. Anna sitter
— (**hem** – **hemma**) och väntar på Anders. Jag reste — (**dit** – **där**) för att se
midnattssolen. Hon ligger — (**hit** – **här**) och läser.
vänta, -ade, -at [ˈvɛnta] warten

b) **Fyll i rätt form av adjektivet eller adverbet:**
Jag går — (gärna) på teater än på bio. Han är allra — (dålig) i tyska.
Hon blir — (bra) för varje dag. Är du mycket — (ond) på mig? Är hon —
(gammal) än du? Hon är — (liten) i hela klassen. Tänker du stanna —
(länge) än till klockan nio? Du tar väl den — (nära) vägen hem?

c) **Besvara följande frågor!**
Vad heter du? Var bor du? Vilket år är du född? Var är du född? När
började du läsa svenska? Vart tänker du resa i sommar? Hur många sys-
kon har du? Hur många invånare har Stockholm? Vad heter Sveriges
fjärde stad? Vad heter Sveriges största sjö? Hur högt är Kebnekaise?
Sverige kan indelas i tre delar. Vilka?

invånare, -n, -   [ˈinvoːnarə]   Einwohner
indelas, -ades, -ats   [ˈindeːlas]   eingeteilt werden

d) **Vad måste jag göra? Använd de föreslagna meningarna.**
Exempel: Jag vill ta ut pengar. Jag måste gå till banken.
Was muß ich tun? Verwenden Sie die vorgeschlagenen Sätze: tvätta mig,
äta en smörgås, gå och lägga mig, klä på mig mer, gå till posten, dricka
öl, köpa biljetter, stiga upp.
Jag fryser. Jag måste —. Klockan är mycket. Jag måste —. Jag vill
köpa frimärken. Jag är smutsig. Jag vill gå på bio. Jag är hungrig. Jag är
törstig. Jag är trött.

e) **Översätt:**
Wir sind weit gereist, um die Mitternachtssonne zu sehen. Es ist aber
bewölkt, und die Nacht ist grau und kalt. Man sieht nur etwa fünf Meter
im dichten Nebel. Aber ein Wunder geschieht. Um halb zwölf bricht die
Sonne durch den Nebel, und alle sind glücklich. Wir kaufen Andenken,
z. B. Lappenmesser und Rentierfelle. Selbstverständlich wird er es machen.
Wir sind genau so faul wie du. Sprechen Sie lauter, bitte!

13. Lektion

TV

– Är det något bra program på TV ikväll? – Jag vet inte, men titta i
tidningen. – Jag fastnar för ettan, för jag vill se Skansenprogrammet.
Det är kul att se vad folk har skänkt för saker. Programmet om stress
verkar ju intressant också. – Ja, men jag vill se nyheterna i tvåan. –
Måste du verkligen se Rapport, kan du inte se Aktuellt i ettan klockan
nio? – Jo, för en gångs skull kanske.

TV 1   I Dag

18.25 *Meddelanden*

18.30 *Serie: Auktion*
Samling på Skansen där fynd ur svenska folkets gömmor går under **Karl Erik Erikssons** klubba till förmån för Radiohjälpen.

19.25 *TV-nytt och väder*

19.30 *Serie: Stress – från vaggan till graven (repris)*
Detta är det första i en serie på fyra program om stress. Vad är stress? Ett komplicerat biologiskt fenomen. Programmakarna har valt att skildra stress utifrån individens synpunkt. Stressfaktorer kanske låter vetenskapligt och svårt, men de här fyra programmen visar att det oftast rör sej om ganska vanliga vardagsproblem för den enskilda människan.

20.00 *Serie: Mandrin*
Första avsnittet i en fransk äventyrsserie i sex delar om den franske rebellen **Louis Mandrin.**

21.00 *Aktuellt och väder*

21.30 *TV-nytt*

21.35–22.05 *Serie: Kirurgernas århundrade*
Del 5. Kokain.
En västtysk serie i tio delar som i dramatiserad form skildrar de stora landvinningarna inom kirurgin på 1800-talet.

TV 2   I MORGON

18.30 *Serie: Sagoburken*
Ur burken kommer sagorna "Felix vill inte bada", "Morfar är sjörövare" och "Det röda äpplet".

19.00–19.05 *TV-nytt och väder*

19.30 *Rapport*

20.00 *Augustikväll*
Programledare: **Brigitta Sandstedt.**

21.00 Himalaya byn

En film om det buddistiska sherpafolket som lever i balans med miljön i Himalayas svåråtkomliga högfjällsdalar.

21.30 Serie: Festplatsen

Mikael Ramel och **Bengt Dalén** på besök i Rynninge Hage, Stora Mellösa. Andra gäster på platsen är **Cornelis Vreeswijk, Peps** och hans **Blodsband** m fl.

22.30–22.35 TV-nytt och väder

Vokabeln

program, -met, -	[pruˈgram]	Programm
titta, -ade, -at	[ˇtita]	gucken
fastna, -ade, -at	[ˇfastna]	steckenbleiben; *hier:* wählen
kul	[kɵːl]	lustig
skänkt *(von skänka)*	[ʃɛŋkt]	geschenkt
stress, -en	[strɛs]	Streß
verka, -ade, -at	[ˇværka]	scheinen
Rapport	[raˈpɔt]	Bericht; *Nachrichten im Fernsehen*
Aktuellt	[aktɵˈelt]	Aktuelles; *Nachrichten im Fernsehen*
jo	[juː]	doch
för ... skull	[fœːr skɵl]	wegen
för en gångs skull	[fœr en gɔŋ skɵl]	ausnahmsweise einmal
meddelande, -t, -n	[ˇmeːdelandə]	Meldung
serie, -n, -r	[ˈseːriə]	Serie
samling, -en, -ar	[ˇsamliŋ]	Versammlung
fynd, -et, -	[fynd]	Fund
gömma, -n, -or	[ˇjœma]	Aufbewahrungsort
klubba, -n, -or	[ˇklɵba]	Hammer
gå under klubban	[goː ˈɵndər ˇklɵban]	unter den Hammer kommen
till förmån för	[til ˇfœːrmoːn fœːɪ]	zugunsten
Radiohjälpen	[ˇraːdiujɛlpən]	,,Rundfunkhilfe"
TV-nytt	[ˇteːveːnyt]	Fernsehnachrichten
vagga, -n, -or	[ˇvaga]	Wiege
grav, -en, -ar	[graːv]	Grab
komplicerad	[kɔmpliˈseːrad]	kompliziert
biologisk	[biuˈloːɡisk]	biologisch
fenomen, -et, -	[fenuˈmeːn]	Phänomen
programmakare, -n, -	[pruˇgraˈmaːkarə]	Programmgestalter, Reporter
valt, valde *(von välja)*	[vɑːlt]	gewählt
utifrån	[ˇɵːtifroːn]	von
individ, -en, -er	[indiˈviːd]	Individuum
synpunkt, -en, -er	[ˇsyːnpɵŋkt]	Gesichtspunkt
stressfaktor, -n, -er	[ˇstrɛsfaktɔr]	Streßfaktor
vetenskaplig	[ˇveːtɵnskɑːpli]	wissenschaftlich
svår	[svoːr]	schwierig
vanlig	[ˇvɑːnli]	gewöhnlich, normal
vardagsproblem, -et, -	[ˇvɑːdɑspruˈbleːm]	Alltagsproblem
enskild	[ˇeːnʃild]	einzeln
människa, -n, -or	[ˇmɛniʃa]	Mensch, Leute
avsnitt, -et, -	[ˇɑːvsnit]	Teil
äventyrsserie, -n, -r	[ˇɛːvɛnty:ˈseːriə]	Abenteuerserie
rebell, -en, -er	[reˈbɛl]	Aufrührer, Rebell
kirurg, -en, -er	[ciˈrɵrg]	Chirurg
kokain, -et	[kukaˈiːn]	Kokain
västtysk	[ˇvɛstysk]	westdeutsch
dramatiserad	[dramatiˈseːrad]	dramatisiert
form, -en, -er	[fɔrm]	Form
landvinning, -en, -ar	[ˇlanviniŋ]	Errungenschaft
inom	[ˇinɔm]	innerhalb
Sagoburken	[ˇsɑːgubɵrkən]	Märchendose
burk, -en, -ar	[bɵrk]	Dose
saga, -n, -or	[ˇsɑːga]	Märchen
Felix	[ˈfeːliks]	Felix

bada, -ade, -at	['bɑːda]	baden	
morfar,	['murfar]	Großvater	
-fadern,		(mütterli-	
-fäder		cherseits)	
sjörövare,	['ʃøːrøːvarə]	Seeräuber	
-n, -			
äpple, -t, -n	['ɛplə]	Apfel	
augustikväll,	['agesti`kvɛl]	Augustabend	
-en, -ar			
programle-	[pru'gram-	Programm-	
dare, -n, -	leːdarə]	leiter	
Himalaya	[hi'mɑːlaja]	Himalaya	
by, -n, -ar	[byː]	Dorf	
buddistisk	[be'distisk]	buddhistisch	
balans, -en,	[ba'lans]	Gleichge-	
-er		wicht	

svåråtkomlig	['svoːroːt- kɔmli]	schwer zugänglich
högfjällsdal, -en, -ar	['høːkfjɛls- `dɑːl]	Hochgebirgs- tal
festplats, -en, -er	['fɛstplats]	Festplatz
Rynninge hage	['ryniŋə `haːgə]	Ort
hage, -n, -ar	['hɑːgə]	Hain
Stora Mellösa	['stuːra `mɛløːsa]	Ort
gäst, -en, -er	[jɛst]	Gast
Cornelis	[kɔ'ŋeːlis]	Name
Vreeswijk	'vreːsvik]	
m. fl. = med flera	[meː 'fleːra]	und andere mehr

Släkten – Die Verwandtschaft

	Singular		Plural	
	Unbestimmt	Bestimmt	Unbestimmt	Bestimmt
Vater	en far	fadern	fäder	fäderna
Papa	en pappa	pappan	pappor	papporna
Mutter	en mor	modern	mödrar	mödrarna
Mama	en mamma	mamman	mammor	mammorna
Sohn	en son	sonen	söner	sönerna
Tochter	en dotter	dottern	döttrar	döttrarna
Bruder	en bror	broder	bröder	bröderna
Schwester	en syster	systern	systrar	systrarna
Großvater[1]	en farfar	farfadern	farfäder	farfäderna
Großmutter[1]	en farmor	farmodern	farmödrar	farmödrarna
Großvater[2]	en morfar	morfadern	morfäder	morfäderna
Großmutter[2]	en mormor	mormodern	mormödrar	mormödrarna
Onkel[1]	en farbror	farbrodern	farbröder	farbröderna
Tante[1]	en faster	fastern	fastrar	fastrarna
Onkel[2]	en morbror	morbrodern	morbröder	morbröderna
Tante[2]	en moster	mostern	mostrar	mostrarna
Vetter, Kusine	en kusin	kusinen	kusiner	kusinerna

[1] väterlicherseits; [2] mütterlicherseits

Färger – Farben

blå	[bloː]	blau	orange	[ɔ'ranʃ]	orange
brun	[brʉːn]	braun	röd	[røːd]	rot
grå	[groː]	grau	skär	[ʃæːr]	rosa
grön	[grøːn]	grün	svart	[svat]	schwarz
gul	[gʉːl]	gelb	vit	[viːt]	weiß
lila	['liːla]	lila			

1. Zusammensetzungen mit **mörk-** [ˈmœrk-] (dunkel) oder **ljus-** [ˈjʉːs-] (hell):
   mörkblå   dunkelblau   –   **ljusblå**   hellblau
   mörkröd   dunkelrot   –   **ljusröd**   hellrot   usw.

2. Zusammensetzungen mit **-aktig:**
   blåaktig   bläulich   –   **brunaktig** bräunlich   usw.

3. Oft gebraucht wird **bli brun** (braun werden), **bli grön** = **grönska** (grün werden, grünen) usw.

4. Von einigen Adjektiven können Verben auf **-na** (**-ade, -at**) gebildet werden:
   rodna   rot **werden**   **vitna**   weiß **werden**
   gråna   grau **werden**   **svartna** schwarz **werden**
   gulna   gelb **werden**

Grammatik

Böjning av participen – Flexion der Partizipien   **A**

Das Partizip Präsens ist **undeklinierbar:** en **strålande** morgen ein **strahlender** Morgen, ett **strålande** väder, **strålande** dagar. Morgonen, vädret, dagarna är **strålande.**

Das Partizip Perfekt ist eine adjektivische Verbalform und wird wie ein Adjektiv flektiert:

	Utrum	*Neutrum*	*Plural =* *schwache* *Adj.-Form*	
Schwache Verben *Klasse 1* *Klasse 2* *Klasse 3* **Starke Verben**	älskad glömd läst klädd skriven	älskat glömt läst klätt skrivet	älskade glömda lästa klädda skrivna	*geliebt* *vergessen* *gelesen* *angezogen* *geschrieben*

Diese Formen werden verwendet:

1. attributiv: en **älskad** mor, ett **älskat** barn, **älskade** kvinnor.
2. prädikativ: modern är **älskad,** barnet är **älskat,** kvinnorna är **älskade.**
3. als Apposition: Här är en bok **skriven** av honom. Här är böcker **skrivna** av honom.

Steigerung der Partizipien s. 12 D.

B

Beachte, daß man im Schwedischen das Partizip Präsens und nicht das Partizip Perfekt nach **komma** gebraucht, z. B. Dimman kommer **rullande.** Han kommer **flygande** (gående, åkande).

Demonstrativa pronomen – Demonstrativpronomen   **C**

Utrum	Singular	Neutrum	Plural	
den [dɛn]		det	de	der, die, das *(betont)*
den här [dɛn 'hæːr]		det här	de här	dieser
den där [dɛn 'dæːr]		det där	de där	(jener), der ... da
denne, denna [ˇdɛna]		detta	dessa	dieser
densamme, -a		detsamma	desamma	derselbe
[dɛn'sama]				
samme, -a [ˇsama]		samma	samma	derselbe
sådan ['soːdan]		sådant	sådana	solcher

Anmerkungen:

1. Alle Demonstrativpronomen mit Ausnahme von **densamma,** das nur selbständig vorkommt, stehen sowohl verbunden als auch unverbunden.
2. Aus **den** (der, dieser) hat sich der Adjektivartikel entwickelt. **Den** unterscheidet sich jetzt nur durch eine stärkere Betonung: **det** huset **(das** Haus **da), det** nya huset.
3. **den här** (dieser) und **den där** (jener) sind immer konkret hinweisend und gehören vor allem der Umgangssprache an: **den här** soffan är bekväm men **den där** var hård.
4. Nach **den, den här, den där** usw. steht das Substantiv in der **bestimmten** Form.
5. **Denna** usw. gehört der Schriftsprache an.
6. Nach **denne, samme, sådan** usw. steht das Substantiv in der **unbestimmten** Form: detta barn, dessa barn, samma tidning, samma tidningar, en sådan tid!, sådana tider!
7. **Densamme** usw. steht nur selbständig: Det gör mig **detsamma.** *Das ist mir egal.* – Hon är fortfarande **densamma.** *Sie ist immer dieselbe.*
8. Wenn die obengenannten Pronomen selbständig (ohne Hauptwort) stehen, erhalten sie wie alle Substantive im Genitiv ein **-s. Den** hat im Singular die Genitivform **dess,** im Plural **deras.** Die Objektform im Plural heißt **dem.**

Determinativa pronomen – Determinativpronomen   **D**

1. Wenn das Pronomen **den, det, de** auf einen folgenden Relativsatz hindeutet, entspricht es dem deutschen Determinativpronomen **der-, die-, dasjenige** oder **der, die, das.** Das Substantiv, das mit einem Determinativpronomen zusammensteht, hat in der Schriftsprache die **unbestimmte** Form: Den japan, som var där för femte gången, hade aldrig sett en skymt av solen. Der Japaner, der zum fünften Male dort war, hatte nie einen Sonnenstrahl gesehen.

2. Substantivisch gebraucht, heißt **den** im Genitiv **dens** (nicht "dess"), im Plural **deras**; Objektform Plural **dem**:

> Det är **dens** förtjänst, som varnade oss. Das ist das Verdienst **dessen,** der uns gewarnt hat.
> Tala om det för **dem,** som kommer! Erzähle es **denen,** die kommen.

Beachte: den som wer; **det som** was
Den som lever får se. **Det som** intresserar mig mest är ... *(s. Lekt. 6G).*

Övningar

a) Byt ut verbet som i följande exempel
Mannen var gammal och hans hår **blev grått.** ... och hans hår **grånade.**
Det **blev svart** för ögonen på mig. Han höll fast tills knogarna **blev vita.**
Anna **blir röd,** när Göran tittar på henne. På hösten **blir** bladen på träden **gula.**

hår, -et, -	[hoːr]	Haar	tills	[tils]	bis
öga, -t, ögon	[ˈøːga]	Auge	knoge, -n, -ar	[ˈknuːgə]	Knöchel
hålla fast	[ˈhɔla fast]	festhalten	blad, -et, -	[blɑːd]	Blatt

b) Besvara följande frågor: Vad heter din pappa i förnamn? Vad heter din mormor i efternamn? Hur många systrar / bröder har du? Hur gammal är din syster / bror? Var bor din farfar? Hur många kusiner har du?

förnamn, -et, -   [ˈfœːɳamn]   Vorname
efternamn, -et, -   [ˈɛftəɳamn]   Nachname

c) Fyll i rätt form av verben till höger om meningarna. – Ergänzen Sie die richtige Form:

Beispiel:
Pojken är **klädd.** Barnet är **klätt.** Barnen är **klädda.**   klä, -dde, -tt

Flickan är —.	Golvet är —.	Pojkarna är —.	tvätta, -ade, -at
Boken är —.	Paketet är —.	Varorna är —.	hämta, -ade, -at
Affären är —.	Apoteket är —.	Bankerna är —.	stänga, -de, -t
Stolen är —.	Pianot är —.	Mattorna är —.	köpa, -te, -t
Toppen är —.	Målet är —.	Resultaten är —.	nå, -dde, -tt
Artikeln är —.	Brevet är —.	Böckerna är —.	skriva, -e-, -i-
Mormor är —.	Barnet är —.	Mina vänner är —.	bjuda, -ö-, -u-
Platsen är —.	Bordet är —.	Platserna är —.	upptaga, -o-, -a-

topp, -en, -ar   [tɔp]   Gipfel
artikel, -n, -ar   [aˈʈikəl]   Artikel
resultat, -et, -   [resəlˈtɑːt]   Ergebnis

d) "Han **meddelar** dig något" kan uttryckas *(kann ausgedrückt werden)*
"Han lämnar dig ett meddelande". **Bilda alltså presens particip av de
understrukna verben.** – **Bilden Sie das Partizip Präsens von den hervorge-
hobenen Verben:**
Det **regnar häftigt.** Det var ett häftigt —.
En västlig vind, som **ökar.** Det var en — västlig vind.
Mot en horisont, som **mörknar.** Mot en — horisont.
Jag **studerar.** Jag är —.
Exemplet som **följer** … — exempel.
Många **reser** till Sverige. Det är många — till Sverige.
Vi **förstår** henne. Vi är —.
Peter **ser** trevlig **ut.** Han har ett trevligt —.
Det är svårt för dem som **går** … Det är svårt för de —.

meddela	['meːdeːla]	mitteilen	
studera	[steˈdeːra]	studieren	
bero på	[bəˈruː poː]	abhängen von	

förstå	[fœˈʂtoː]	verstehen
se ut	[seː ɵːt]	aussehen

e) Översätt:
Der Prospekt (= das Programm) von dem Himalaya Dorf ist (= erscheint)
interessant. Ich möchte die Nachrichten hören. Ausnahmsweise einmal
werde ich einen Film sehen. Es sind recht normale Alltagsprobleme.
Dieser Stuhl ist bequemer als der da. Es sind immer dieselben, die kom-
men. Wir fahren mit demselben Bus. So ein (= ein solches) Wetter!
Solche Kinder!

14. Lektion

Julen

Luciafirandet den 13 december bildar upptakten till julfirandet och har
blivit den julfest nutidsmänniskor ordnar tillsammans med kamrater i
arbetet eller i föreningar. Traditionen att lucia kommer i vit skrud
med ljus på huvudet och bjuder på kaffe, pepparkakor och glögg är
helt svensk.
Julen är årets största högtid både beträffande antalet helgdagar och
mängden av seder och bruk. I gamla dagars självhushåll började jul-
förberedelserna veckotals före helgen liksom vi nu upplever julskyltning-
en långt i förväg. Förr slaktade, bakade och bryggde man själv allt i
matväg. Och alltjämt har de flesta av oss en viss glädje av att vid jul
själva laga några gammaldags julrätter, baka familjens traditionella

julkakor eller tillverka några julklappar eller julprydnader med egna händer. Julmaten hör till de materiella inslag som ger helgens måltider en speciell prägel. Skinkan, syltan och julkorven är ingenting annat än återuppväckta minnen från det gamla bondehushållet. Lutfisken är en erinran om att vissa helgdagar var fastedagar med fisk på bordet. Den gamla kuriösa seden, "dopp i grytan", – man doppar bröd i det fläskspad man får när julskinkan kokas – hör hemma i en tid då det var ont om mat.

Julklappen, som delas ut på julaftons kväll, utrustas ofta med ett både skämtsamt och gåtfullt rim till mottagaren – ett minne från den tid då ungdomen roade sig med att klappa på stugdörren och slänga in en träklamp med en skämtvers. Tidigt på juldagsmorgonen besöker man julottan och kyrkan är full med folk. Till föreställningen om en äkta julotta hör inte enbart själva högtiden i kyrkan utan gärna också morgonfärden med släde och facklor, något som i våra dagar blivit alltmer sällsynt.

På alla julkort ser man jultomtar och julgranar. Julgran finns i alla hem, på torg och öppna platser och när julen är slut har man julgransplundring och dansar kring julgranen.

Nach Mats Rehnberg

Vokabeln

jul, -en, -ar	[juːl]	Weihnachten
luciafirande, -t	[leˑˈsiːafiːrandə]	Luciafeier
bilda,-ade,-at	[ˈbilda]	bilden
upptakt, -en	[ˈøptakt]	Auftakt
julfirande, -t	[ˈjuːlfiːrandə]	Weihnachtsfeier
julfest,-en,-er	[ˈjuːlfɛst]	Weihnachtsfest
nutidsmänniska,-n,-or	[ˈnuːtitsmɛniʃa]	Gegenwartsmensch
ordna, -ade, -at	[ˈoːdna]	veranstalten
kamrat, -en, -er	[kamˈrɑːt]	Kamerad
förening, -en, -ar	[fœˈreːniŋ]	Verein
lucia, -n, -or	[leˑˈsiːa]	Lucia
skrud,-en,-ar	[skruːd]	Gewand
ljus, -et, -	[juːs]	Kerze
huvud, -et, -	[ˈhuːve]	Kopf
bjuda, bjöd, bjudit	[ˈbjuːda]	anbieten
pepparkaka, -n, -or	[ˈpɛparkɑːka]	Pfefferkuchen
glögg, -en	[glœg]	Glühwein
högtid, -en, -er	[ˈhœktiːd]	Fest
beträffande	[bəˈtrɛfandə]	betreffs
antal, -et, -	[ˈantɑːl]	Anzahl
mängd, -en, -er	[mɛŋd]	Menge
sed, -en, -er	[seːd]	Sitte
bruk, -et, -	[bruːk]	Brauch
självhushåll, -et, -	[ˈʃɛlvhuːshɔl]	der sich selbst versorgende Haushalt
julförberedelse, -n, -r	[ˈjuːlfœːrbəˈreːdəlsə]	Weihnachtsvorbereitung
veckotals	[ˈvɛkutɑːls]	mehrere Wochen
helg, -en, -er	[hɛlj]	Feiertage
liksom	[ˈliːksɔm]	wie
julskyltning, -en, -ar	[ˈjuːlʃyltniŋ]	weihnachtliche Schaufensterdekoration
förr	[fœr]	früher
slakta, -ade, -at	[ˈslakta]	schlachten
baka,-ade,-at	[ˈbɑːka]	backen
brygga, de,-t	[ˈbryga]	brauen
i matväg	[i ˈmɑːtvɛːg]	was man essen will
alltjämt	[ˈaltjɛmt]	immer noch
viss	[vis]	gewiß

Swedish	Pronunciation	German
glädje, -n	[ˇglɛːdjə]	Freude
gammaldags	[ˇgamaldaks]	altmodisch
julrätt, -en, -er	[ˇjʉːlrɛt]	Weinachtsgericht
traditionell	[tradiʃuˈnɛl]	traditionell
julkaka, -n, -or	[ˇjʉːlkɑːka]	Weihnachtskuchen
tillverka, -ade, -at	[ˇtilvæːrka]	machen
julklapp, -en, -ar	[ˇjʉːlklap]	Weihnachtsgeschenk
julprydnad, -en, -er	[ˇjʉːlpryːdnad]	Weihnachtsschmuck
egen	[ˇeːgən]	eigen
julmat, -en	[ˇjʉːlmɑːt]	Weihnachtsessen
materiell	[matəriˈɛl]	materiell
inslag, -et, -	[ˇinslɑːg]	Einschlag
måltid, -en, -er	[ˇmoːltiːd]	Mahlzeit
speciell	[spesiˈɛl]	speziell
prägel, -n	[ˇprɛːgəl]	Gepräge
skinka, -n, -or	[ˇʃiŋka]	Schinken
sylta, -n, -or	[ˇsylta]	Sülze
julkorv, -en, -ar	[ˇjʉːlkɔrv]	Weihnachtswurst
annat än	[ˇanat ɛn]	anders als
återuppväckt	[ˇoːtərəpvɛkt]	wiedererweckt
(von återuppväcka)		
minne, -t	[ˇminə]	Andenken
bondehushåll, -et, -	[ˇbundəhʉːshɔl]	Bauernhaushalt
lutfisk, -en, -ar	[ˇlʉːtfisk]	Stockfisch
erinran, erinringen, -ar	[ˇæːrinran]	Erinnerung
fastedag, -en, -ar	[ˇfastədɑː]	Fasttag
kuriös	[kəriˈøːs]	kurios, absonderlich
dopp i gryta	[dɔp i ˇgryːta]	das in den Topf Tauchen
gryta, -n, -or	[ˇgryːta]	Topf
doppa, -ade, -at	[ˇdɔpa]	tauchen
bröd, -et, -	[brøːd]	Brot
fläskspad, -et	[ˇflɛskspɑːd]	Fleischbrühe
julskinka, -n, -or	[ˇjʉːlʃiŋka]	Weihnachtsschinken
kokas, -ades, -ats	[ˇkuːkas]	gekocht werden
ont om	[unt ɔm]	Mangel an
dela ut, -ade, -at	[ˇdeːla ˈʉːt]	verteilen
julafton, -en, -ar	[ˇjʉːlaftɔn]	Weihnachtsabend
utrusta, -ade, -at	[ˇʉːtrɵsta]	ausrüsten
skämtsam	[ˇʃɛmtsam]	scherzhaft
gåtfull	[ˇgoːtfəl]	rätselhaft
rim, -met, -	[rim]	Reim
mottagare, -n, -	[ˇmuːtɑːgarə]	Empfänger
ungdom, -en, -ar	[ˇɵŋdum]	Jugend
roa sig, -ade, -at	[ˇruːa sɛj]	sich amüsieren
klappa på, -ade, -at	[ˇklapa pɔ]	klopfen an
stugdörr, -en, -ar	[ˇstʉːgdœr]	Hüttentür
slänga, -de, -t	[ˇslɛŋa]	werfen
träklamp, -en, -ar	[ˇtrɛːklamp]	Holzklotz
skämtvers, -en, -er	[ˇʃɛmtvæʂ]	Scherzvers
juldagsmorgon	[ˇjʉːldasˈmɔrɔn]	Morgen des ersten Weihnachtstages
besöka, -te, -t	[bəˈsøːka]	besuchen
julotta, -n, -or	[ˇjʉːluta]	Weihnachtsgottesdienst
föreställning, -en, -ar	[ˈfœːrəˈstɛlniŋ]	Vorstellung
äkta	[ˇɛkta]	echt
enbart	[ˇeːnbɑːt]	nur
kyrka, -n, -or	[ˇcyrka]	Kirche
morgonfärd, -en, -er	[ˇmɔrɔnfæːd]	Fahrt am Morgen
släde, -n, -ar	[ˇslɛːdə]	Schlitten
fackla, -n, -or	[ˇfakla]	Fackel
alltmer	[ˇaltmeːr]	immer mehr
sällsynt	[ˇsɛlsynt]	selten
julgransplundring, -en, -ar	[ˇjʉːlgrɑːnsˈplɵndriŋ]	Plünderung des Weihnachtsbaumes
kring	[kriŋ]	um - herum

Årets högtider – Feiertage

nyår Neujahr – Gott nytt år! Ein gutes neues Jahr!

nyårsafton	*Silvester*	nyårsdagen	*Neujahrstag*

påsk Ostern – Glad påsk! Frohe Ostern!

skärtorsdagen	*Gründonnerstag*	påskdagen	*Ostersonntag*
långfredagen	*Karfreitag*	annandag påsk	*Ostermontag*
påskafton	*Ostersonnabend*		

pingst *Pfingsten* – Glad pingst! Fröhliche Pfingsten!

pingstafton pingstdagen	*Pfingstsonnabend* *Pfingstsonntag*	annandag pingst *Pfingstmontag*

Valborgsmässoafton *Walpurgisnacht, 30. April*
första maj *1. Mai*
midsommar *Johannis, Mittsommer*

midsommarafton *Johannisnacht*	midsommardagen *Johannistag*

Alla helgons dag *Allerheiligen*
jul *Weihnachten* – God jul! Frohe Weihnachten!

julafton juldagen	*Weihnachtsabend* *1. Weihnachtsfeier-* *tag*	annandag jul *2. Weihnachts-* *feiertag*

Måltider – Mahlzeiten

frukost, -en, -ar	(kl 6.00 – 9.00)
förmiddagskaffe, -t	(kl 9.00 – 11.00)
lunch, -en, -er	(kl 11.30 – 14.00)
eftermiddagskaffe, -t	(kl 14.00 – 16.00)
middag, -en, -ar	(kl 16.00 – 19.00)
supé, -n, -er kvällsmat, -en	(kl 19.00–22.00)

Grammatik

Modala hjälpverb – Modalverben   A

Infinitiv		*Präsens*		*Imperfekt*	*Perfekt*
böra	*sollen*	bör		borde	har bort
få	*dürfen, müssen*	får		fick	har fått
kunna	*können*	kan		kunde	har kunnat
låta	*lassen*	låter		lät	har låtit
—		lär	*soll*	—	—
—		må	*mag, kann*	måtte	—
—		måste	*muß*	måste	—
skola	*sollen*	ska(ll)		skulle	har skolat
vilja	*wollen*	vill		ville	har velat

Anmerkungen: **B**

1. Die Modalverben mit Ausnahme von **få** und **låta** bilden das Präsens ohne die Endung -(e)r: **bör, kan, må** usw.

2. Sie werden wie im Deutschen mit dem reinen Infinitiv (ohne "att") verbunden:

Han **kan spela** piano.	Jag **vill stanna** här.	Nu **måste** du **komma.**
Er **kann** Klavier **spielen.**	Ich **will** hier **bleiben.**	Jetzt **mußt** du **kommen.**

Die einzelnen Modalverben: **C**

1. **böra** bezeichnet eine Verpflichtung (Du **bör läsa** Gösta Berlings saga. Du **solltest** Gösta Berling **lesen.** – Du **borde ha gjort** det. Du **hättest** es eigentlich **tun sollen.**) oder eine Voraussetzung (Han **borde vara** här nu. Eigentlich **sollte** er jetzt hier **sein.**).

2. **få** bedeutet **müssen, dürfen, es wäre wohl am besten:**
   Du **får göra** som du vill. **Tue,** wie du willst! – **Får** jag följa med er? **Darf** ich mit Ihnen gehen? – Jag **får** väl gå. Vermutlich **werde** ich gehen **müssen.** – Han **fick** vänta länge. Er **mußte** lange warten. – Jag **fick** se/höra honom. Ich **bekam** ihn zu sehen/hören. — Jag **har fått veta** att … Ich **habe erfahren,** daß … — Nu **får** det vara nog. Das **dürfte** genügen. **Få** ist auch Hauptverb und bedeutet dann **bekommen.**

3. **kunna** entspricht dem deutschen **können:**
   Jag **kan** tala svenska. Han **kunde** inte komma. — **Kan** ni säga mig, var Larssons bor? **Könnten** Sie mir sagen, wo die Familie Larsson wohnt? – Det **kan** hända. Es **mag** sein.

4. **låta** bedeutet **lassen = erlauben:** Mamman **lät** honom gå ut. Die Mutter **ließ** ihn hinausgehen.
   oder **lassen = veranlassen, befehlen:** Han **låter** rekommendera några brev. Er **läßt** einige Briefe einschreiben.

5. **lär** kommt nur im Präsens vor und bedeutet **soll, man sagt, dürfte:**
   De större båtarna **lär** inte komma igen förrän tisdag kväll **(dürften** wohl …). – Han **lär** vara rik. Er **soll** reich sein.

6. **må** kommt im Präsens und Imperfekt vor und bezeichnet einen Wunsch. Die Imperfektform **måtte** verleiht dem Wunsch mehr Nachdruck:
   Ja **må** han leva i hundra år. Ja, **möge** er hundert Jahre leben. — **Måtte** kriget snart vara slut. **Wenn** der Krieg doch bald zu Ende **wäre. Må** kann auch ein Zugeständnis ausdrücken (Det **må** vara. Das **mag** sein.) und **måtte** eine Vermutung (Det **måtte** vara ett misstag. Das **muß wohl** ein Irrtum sein.).

7. **måste** kommt im Präsens und Imperfekt vor und ist in beiden Formen gleich. Die übrigen Formen werden durch **vara tvungen** (gezwungen sein), **har/hade varit tvungen, skall vara tvungen** ersetzt. **Måste** entspricht dem deutschen **müssen:**
   Jag **måste** ställa mig i kön. Ich **muß** mich anstellen.

8. **skola:**

a) **skall** dient zur Bildung des Futurs (s. Lekt. 7D, 2.) und bedeutet als Modalverb **sollen, müssen:**
Du **skall** hjälpa honom. Du **sollst** ihm helfen. – Vad **skall** det här betyda? Was **soll** das heißen? – Han **skall** vara mycket omtyckt. Er **soll** sehr beliebt sein.

b) **skulle** kann auch **möchte** bedeuten:
Han bad mig att jag **skulle** beställa ett rum. Er bat mich, für ihn ein Zimmer zu bestellen (*wörtl.* daß ich ihm ein Zimmer bestellen **möchte**).
Jag **skulle** vilja ha ... Ich **möchte** haben.
Skulle ni kunna säga mig ... **Könnten** Sie mir wohl sagen, ...

9. **vilja** drückt immer einen klaren Willensakt aus. **Wollen** in der Bedeutung **beabsichtigen, vorhaben** heißt auf Schwedisch **skola, ämna:** Jag **vill** ha igen pengarna! Ich **will** das Geld wieder haben.

Modala hjälpverb utan infinitiv – Modalverben ohne Infinitiv   D

Wenn ein mit einem Modalverb verbundener Infinitiv als bekannt vorausgesetzt wird, läßt man ihn häufig weg!
Reser du i morgon? Ja, jag måste.
Du kan om du vill. Vad vill du här?
Besonders zu beachten ist die Auslassung der Bewegungsverben nach **måste, skola** und **vilja,** wenn die Richtung oder das Ziel der Bewegung durch ein Adverb oder eine Ergänzung zum Ausdruck kommt:
Nu **måste** jag hem! Vi **skall** ut. Jag **vill** till mamma. Han **ville** tillbaka *(zurück)*.

Perfekt och pluskvamperfekt av modala hjälpverb
Perfekt und Plusquamperfekt der Modalverben   E

Im Schwedischen steht in den zusammengesetzten Zeiten der Vergangenheit immer das **Partizip:**
Du **hade kunnat** ordna det. Du **hättest** es schaffen **können.**
Han **har inte velat** komma. Er **hat** nicht kommen **wollen.**
Diese Fügung kommt nicht besonders oft vor; statt dessen benutzt man:
1. das **Imperfekt:** Du **kunde** ordna det. Han **ville** inte komma. Bussen **skulle** vara här nu.
2. das **Imperfekt** des Modalverbs + Infinitiv Perfekt des Hauptverbs:
Du **kunde ha ordnat** det. Du **hättest** es **regeln können.** – Du **borde ha sagt** det. Du **hättest** es **sagen sollen.** – Bussen **skulle ha varit** här nu. Der Bus müßte jetzt da sein.
In solchen Ausdrücken kann **ha** wegfallen (s. Lekt. 7C): Du **kunde ordnat** det. Du **borde sagt** det. Bussen **skulle varit** här nu.

Modala hjälpverb uttrycker förmodan, rykte o dyl
Modalverben als Ausdruck einer Vermutung, eines Gerüchts u. dgl. **F**

Wie im Deutschen werden die Modalverben gebraucht, um eine vorsichtige
Aussage, Vermutung oder Folgerung auszudrücken oder die Meinung eines
anderen wiederzugeben: Han **skall** vara känd för det. Er **soll** dafür bekannt sein. – Hon **kan** vara
sjuk, **kan** ha varit sjuk. Sie **mag** krank (gewesen) sein. – Du **måste** förväxla
mig med någon annan. Du **mußt** mich mit jemand anderem verwechseln!
vilja kommt nicht zur Verwendung: „Er **will** es selbst gesehen haben", heißt
"Han påstår att han sett det." (= Er behauptet...).

Övningar

a) Fyll i rätt släktskapsord (Verwandtschaftswort):
Min pappas syster är min —. Hennes mammas systerson är hennes —.
Din pappas mamma är din —. Min mammas syster är min —. Hans
pappas far är hans —. Din mammas mor är din —. Min mammas bror
är min —. Din pappas brorsdotter är din —.

b) Fyll i rätt verbform!
skola   Jag — vilja ha ett äpple. Han — vara trevlig, sägs det.
kunna   Varför — du inte komma igår? — du komma i morgon? Jag
         skulle — göra det, om ... Jag hade — göra det.
böra   Bussen — ha varit här nu! Man — alltid lyda sina föräldrar.
vilja   — du ha ett äpple? Nej, tack, men jag skulle — ha något att
         dricka. Hon har inte—komma. Han sade, att han inte — komma.
få   — du gå ut? Han har inte — gå ut på en vecka. Hon — inte gå
         dit igår. Skulle jag kunna — en smörgås?
låta   Han berättade, att han — henne komma in. Han — alltid sina
         elever vänta. Men den här gången har han inte — dem göra det.
         — bli det där! *(Laß das!)* Vi ska — honom göra det.

berätta, -ade, -at	[be'rɛta]	erzählen
elev, -en, -er	[e'leːv]	Schüler
vänta, -ade, -at	['vɛnta]	warten

c) Fyll i rätt preposition!
Han kommer — Tyskland. Vi är här — tredje gången. Det är ett par tim-
mar kvar — midnatt. Solen finns nog där uppe — molnen. Vi såg inte en
skymt — solen. Vad skall man säga – sina vänner? Solen bryter — dim-
man. Titta — tidningen! Vi visar fynd — svenska folkets gömmor. Hon
bjuder — svensk mat. Vi dansar — julgranen.

**d) Vilket ord passar inte? Ett ord i varje grupp passar inte ihop med de övriga
orden. Exempel: brun, grön, svart, vit, ny, röd.**
1. samma, sådan, denna, detta, som.

2. femton, tredje, sjätte, åttonde, tolfte.
3. jul, pingst, påsk, kul, nyår.
4. dag, stol, månad, år, vecka.

e) **Översätt:**

Am Weihnachtsabend ißt man Stockfisch in Schweden. Lucia kommt am 13. Dezember. Sie trägt *(hat)* ein weißes Gewand und bietet Kaffee und Pfefferkuchen an. Wir bekommen alle Weihnachtsgeschenke! Frohe Weihnachten und ein gutes neues Jahr! Ich sah sie plötzlich *(bekam sie zu sehen)* auf der Straße. Wie hast du es erfahren? Der Zug müßte jetzt da sein.

tåg, -et, - [to:g] Zug

15. Lektion

Övriga högtider

Under vårmånaderna brukar de fjäderprydda fastlags-eller påskrisen lysa i glada färger på torgen och i hemmen. Vi äter bruna bönor och fläsk och fettisdagsbullar trots att den religiösa seden att därefter fasta ej längre är levande. Att frossa på ägg vid påsken hör till våra traditionella seder och man lägger ofta ned stor möda på att dekorera eller färglägga äggen.

Häxan eller påskgumman spelar en ganska framträdande roll i påsksederna. Hon förekommer på färggranna påskkort, i miniatyr bland påskpyntet och barn klär ut sig till häxor och rider på kvastar längs gator och vägar.

Valborgsmässoafton den 30 april räknas som vårens inledning. Då tänder man eldar, som lyser i vårnatten. För hundratals år sedan räknade man elden som ett gott skydd mot häxor och farliga väsen. Numera uppfattas vårelden väl närmast som ett traditionellt tecken på att den ljusa årstiden är i annalkande.

Eftersom första maj varit något av en symbolisk dag för ljusare tider, valdes denna dag till arbetarrörelsens speciella festdag. På 1930-talet blev första maj helgdag och är nu den enda arbetsfria dagen utan kyrklig bakgrund.

Sommarens stora högtid är midsommaren, en helg som flyttar i almanackan och alltid infaller på en lördag. Midsommarens symbol är majstången – som fått sitt namn av att „maja", vilket betyder att klä med blommor – och runt den dansar gammal och ung.

För några år sedan förklarades Alla helgons dag för helgdag och fastlades till den första lördagen i november. En helt ny folksed har börjat sprida sig, nämligen den att placera levande ljus på gravarna denna dag.

Nach Mats Rehnberg

Vokabeln

Svenska		Deutsch
övrig	['ø:vri]	übrig
vårmånad, -en, -er	['vo:r- mo:nad]	Frühlings-monat
bruka, -ade, -at	['bru:ka]	pflegen
fjäderprydd	['fjɛ:dər-pry:d]	mit Federn geschmückt
fastlagsris, -et, -	['fastlɑ:ks-ri:s]	Fastenzweig
påskris, -et, -	['pɔskri:s]	Osterzweig
böna, -n, -or	['bø:na]	Bohne
bruna bönor	['bru:na 'bø:nər]	braune Bohnen
fläsk, -et, -	[flɛsk]	Schweine-fleisch
fettisdags-bulle, -n, -ar	['fe:tisdas-bələ]	Fastenwecken
trots	[trɔts]	trotz
religiös	[reli'ʃø:s]	religiös
fasta,-ade,-at	['fasta]	fasten
frossa, -ade, -at	['frɔsa]	schwelgen
ägg, -et, -	[ɛg]	Ei
möda,-n,-or	['mø:da]	Mühe
dekorera, -ade, -at	[dekɔ're:ra]	dekorieren
färglägga, -lade, -lagt	['færjlɛga]	färben
häxa, -n, -or	['hɛksa]	Hexe
påskgumma, -n, -or	['pɔskgəma]	Osterfrau
framträdande	['fram-trɛ:dandə]	hervortretend
roll, -en, -er	[rɔl]	Rolle
påsksed, -en, -er	['pɔskse:d]	Ostersitte
färggrann	['færjgran]	bunt
påskkort,-et,-	['pɔskuʈ]	Osterkarte
miniatyr, -en, -er	[minia'ty:r]	Miniatur
påskpynt, -et	['pɔskpynt]	Osterputz
klä ut sig, -dde, -tt	[klɛ: 'ɯ:t sɛj]	sich verkleiden
rida, red, ridit	['ri:da]	reiten
kvast,-en,-ar	[kvast]	Besen
längs	[lɛŋs]	entlang
valborgsmäs-soafton, -en, -ar	['vɑ:lbɔrjs-mɛsu`aftɔn]	Walpurgis-nacht, 30. April
inledning, -en, -ar	['inle:dniŋ]	Einleitung
tända, -de, -t	['tɛnda]	zünden
eld, -en, -ar	[ɛld]	Feuer
vårnatt, -en, ...er	['vo:rɳat]	Frühlings-nacht

Svenska		Deutsch
för ... sedan	[fœ:r ... 'se:dan]	vor
räkna, -ade, -at	['rɛ:kna]	zählen, rechnen
skydd, -et, -	[ʃyd]	Schutz
farlig	['fɑ:[li]	gefährlich
väsen, -et, -	['vɛ:sən]	Wesen
numera	['nɯ:me:ra]	heutzutage
uppfattas, -ades, -ats	['ɵpfatas]	aufgefaßt werden
våreld, -en, -ar	['vo:rɛld]	Frühlings-feuer
tecken, -et, -	['tɛkən]	Zeichen
annalkande	['analkandə]	bevorstehend
symbolisk	[sym'bo:lisk]	symbolisch
valdes (von välja)	['vɑ:ldəs]	wurde gewählt
arbetarrörel-se, -n, -r	['arbe:ta`rœ:-rəlsə]	Arbeiterbe-wegung
festdag, -en, -ar	['fɛstɑ:g]	Feiertag
enda	['ɛnda]	einzig
arbetsfri	['arbe:tsfri:]	arbeitsfrei
kyrklig	['cyrkli]	kirchlich
bakgrund, -en, -er	['bɑ:krənd]	Hintergrund
midsommar, -n, -ar	['misɔmar]	Johannis, um den 23. Juni herum
flytta, -ade, -at	['flyta]	hier: verlegen
almanacka, -n, -or	['almanaka]	Kalender
infalla, -föll, -fallit	['infala]	einfallen
majstång,-en, -stänger	['majstɔŋ]	Maibaum
maja	['maja]	mit Blumen schmücken
förklarades (von förklara)	[fœr'klɑ:radəs]	wurde erklärt
Alla helgons dag	['ala `hɛlgɔns dɑ:]	Allerheiligen
fastlades (von fastlägga)	['fastlɑ:dəs]	wurde festge-legt
folksed, -en, -er	['folkse:d]	Volkssitte
sprida, spred, spridit od. spritt	['spri:da]	verbreiten
nämligen	['nɛmliən]	nämlich
placera, -ade, -at	[pla'se:ra]	unterbringen
levande ljus	['le:vandə jɯ:s]	Kerzen

Kläder – Kleider, Kleidung

Ytterkläder – Überkleider, Garderobe

rock, -en, -ar	Herrenmantel	**hatt,** -en, -ar	Hut
kappa, -n, -or	Damenmantel	**mössa,** -n, -or	Mütze
regnrock, regnkappa	Regenmantel	**handske,** -n, -ar	Handschuh
päls, -en, -ar	Pelzmantel	**vante,** -n, -ar	(gestrickter) Handschuh

Gångkläder – Kleidungsstücke, Oberbekleidung

kostym, -en, -er	Herrenanzug	**blus,** -en, -ar	Bluse
kavaj, -en, -er	Jacke	**skjorta,** -n, -or	Hemd
byxa, -n, -or;		**strumpa,** -n, -or;	
ett par byxor	Hose	ett par strumpor	Strumpf
dräkt, -en, -er	Kostüm	**socka,** -n, -or;	
byxdräkt	Damenanzug	ett par sockor	Socke
jacka, -n, -or	Jacke	**sko,** -n, -r;	
kjol, -en, -ar	Rock	ett par skor	Schuh
klänning, -en, -ar	Kleid		

Underkläder – Unterkleidung

undertröja, -n, -or	Unterhemd	**trosa,** -n, or;	
ett par kalsonger	Unterhose	ett par trosor	Schlüpfer
BH, -n, -	Büstenhalter	**underklänning, underkjol**	Unterkleid

Grammatik

Prepositioner – Die Präpositionen   **A**

Die Präpositionen regieren im Schwedischen:

1. **die Grundform der Substantive:** Han kommer **med tåget.** Er kommt **mit dem Zug.** (vgl. jedoch til, för … skull, på … vägnar);
2. **die Abhängigkeitsform der Pronomen:** Han får den **av mig.** Er bekommt es **von mir.** (vgl. jedoch för … skull und på … vägnar);
3. **den att-Infinitiv der Verben:** Jag är trött **på att vänta.** Ich bin des **Wartens** müde.
4. **einen ganzen Satz:** Han tänkte **på att han snart skulle resa.** Er dachte daran, **daß er bald reisen würde.**

Präpositionen, die einen Relativsatz regieren, stehen am Ende des Nebensatzes (s. Lekt. 6E): Flickan, som vi väntar **på,** … Das Mädchen, auf das wir warten, …

B

Pronominaladverbien wie **davon, womit** usw. sind zwar vorhanden (därav, varmed), werden aber nur noch selten gebraucht: „Er hatte einen Stock und schlug **damit**", „...**womit** er schlug", heißt: Han hade en käpp och slog med den, ... som han slog med.

C

Wenn das von einer Präposition regierte Wort besonders hervorgehoben werden soll, steht dieses am Satzanfang, die Präposition am Satzende: **Det** hade han rätt **i. Darin** hatte er recht. – Ebenso in Fragesätzen mit Fragepronomen oder Frageadverbien (vad, var, vem): **Var** kommer du **ifrån? Wo** kommst du **her? – Vad** reser du **med? Womit** fährst du?

D

Die folgende alphabetische Aufstellung enthält die gebräuchlichsten Präpositionen, deren Hauptbedeutung(en) man aus den angeführten Beispielen kennenlernen wird, obwohl ihre genaue Verwendung sich nur aus der Praxis erlernen läßt. Auf die laufende Numerierung beziehen sich die Hinweise in der Aufstellung 16 A. Ein **(t)** (für **tid** = Zeit) neben der Präpositionsnummer zeigt, daß die betreffende Präposition (auch) für zeitliche Verhältnisse gebraucht und in 16 A näher behandelt wird.

Enkla prepositioner – Einfache Präpositionen   **E**

1. **angående** ['ango:endə] betreffs
2. **av** [a:v] aus, von
   a) Grundbedeutung: **aus einem Material:** Huset är av trä.
   b) **Ursprung, Ursache:** Jag talar av erfarenhet *(... aus Erfahrung)*.
   c) **Passivkonstruktion:** Dramat är (skrivet) av Strindberg. *Das Drama ist von S. (geschrieben)*.
   d) **Teil von:** en del av beloppet *ein Teil des Betrages*.
   e) **Genitiv:** öppnandet av utställningen *die Eröffnung der Ausstellung*. Vgl. 4 B.
3. **bakom** ['bɑ:kɔm] hinter
   Han har gjort det bakom min rygg. *Er hat es hinter meinem Rücken gemacht.*
4. **beträffande** [bə'trɛfandə] betreffs
5. **bland** [bland], **ibland** [i'bland] unter, zwischen
   Han satt bland åskådarna; bl. a. = bland annat, bland andra *(u. a.)*
6. **bredvid** ['bre:vi:d] neben
   Far och mor stod bredvid varandra.
7. **(t) efter** ['ɛftər] nach
   Han kom efter mig. *Er kam nach mir, später als ich. –* Aber: ... bakom mig *hinter mir*; stänga dörren efter sig *die Tür hinter sich schlie-*

ßen; följa efter någon *(nach)* einem *folgen*; aber: följa någon *jemanden begleiten*; efter att ha väntat *nachdem er (ich, du usw.) gewartet hatte.*

8. **enligt** [ˈeːnlit] laut, nach
   Enligt sägnen var Gustav Vasa den förste Vasaloppslöparen.

9. **framför** [ˈframfœːr] vor (eigentl. Sinn, örtlich)
   Han går två meter framför mig. – Aber: Han gick två minuter före mig. (Vgl. **före**). Jag föredrar vin framför öl. *Ich ziehe Wein dem Bier vor.*

10. **(t) från** [froːn] von, aus
    a) **Bewegung, Richtung:** Jag kommer från skolan, från Uppsala. – Boken är från mig, *d. h. ich habe das Buch geschickt od. geschenkt*; nicht zu verwechseln mit **av:** Boken är (skriven) av mig, *d. h. ich habe das Buch geschrieben.*
    b) **Dativ:** Han tog, stal, rövade det från mig. *Er nahm, stahl, raubte es mir.*

11. **för** [fœːr]
    a) **vor (an der Vorderseite,** meist übertragen): Han höll handen för ögonen. Vi sover för öppet fönster. *Wir schlafen bei offenem Fenster.* – Han är rädd för mig. *Er hat Angst vor mir.*
    b) **für, anstatt; zugunsten:** Jag betalar för dig. Det är viktigt för mig.
    c) **Dativ:** Det är till nytta (= till gagn), till skada för mig. *Es nutzt, schadet mir.* – Det blir dyrt för honom. *Das kommt ihm teuer.*
    d) **Genitiv:** Man anklagar, beskyller honom för stöld. *Man beschuldigt ihn des Diebstahls.*
    e) um zu sehen – för att se.

12. **förbi** [fœrˈbiː] an ... vorbei
    Vi körde förbi huset *(... am Haus vorbei).*

13. **(t) före** [ˈfœːrə] vor (zeitlich)
    Det var före min tid.
    Vgl. zeitlich: han kommer **före** mig — **efter** mig.
    örtlich: han kommer **framför** mig — **bakom** mig.

14. **förutom** [fœrˈʉːtɔm] außer
    Förutom mig var det tre gäster där.

15. **genom** [ˈjeːnɔm], **igenom** [iˈjeːnɔm] durch
    Min resa genom Tyskland. – Genom en tillfällighet fick jag veta det. *Durch Zufall erfuhr ich es.*

16. **hos** [huːs] bei (einer Person)
    Han har pengarna hos sig *(... bei sich zu Hause)*; aber: Han har pengarna **på** sig *(bei sich, in der Tasche).* – Skulden ligger hos honom. *Die Schuld liegt bei ihm.*

17. **(t) i** [iː]
    a) **in (von allen Seiten umgeben):** Hon reste till sin morbror i Lund. Han talar i sömnen *(... im Schlaf).*

b) **in Verbindung mit Körperteilen:** Hon drog honom i håret och han slog henne i ryggen. Jag tog dem i hand. Han har ont i halsen *(... hat Halsschmerzen).*

c) **an:** delta i något *an etwas teilnehmen.* – Han är ännu i livet *(...noch am Leben)*; gå i land *an Land gehen*; i och för sig *an (und für) sich.*

d) **Genitiv:** väggarna i rummet *die Wände des Zimmers.*

18. **inför** [ˈinfœːr] vor
    Han stod inför rätta. *Er stand vor Gericht.*

19. **innanför** [ˈinanfœːr] innerhalb
    Innanför detta område *innerhalb dieses Gebietes.*

20. **(t) inom** [ˈinɔm] innerhalb (örtlich und zeitlich)
    a) Inom fyra väggar; inom lås och bom *hinter Schloß und Riegel.*
    b) **binnen:** inom kort, inom åtta dagar.

21. **(t) kring** [kriŋ], **omkring** [ɔmˈkriŋ] um ... herum
    Barnen dansade omkring julgranen.

22. **längs** [lɛŋs] entlang
    Vägen går längs havet. *Der Weg geht am Meer entlang.*

23. **med** [meː] mit
    resa med tåg; med lite hjälp går det bra *mit ein wenig Hilfe geht es gut*; med en gång *auf einmal*; m. m. = med mera *usw.*

24. **(t) mellan** [ˈmɛlan], **emellan** [eˈmɛlan] zwischen
    a) Flickan satt mellan sina föräldrar: gränsen mellan Norge och Sverige.
    b) **unter:** mellan fyra ögon *unter vier Augen*
    Emellan wird auch nachgestellt: oss emellan *unter uns*, förhållandet de nordiska länderna emellan *das Verhältnis zwischen den nordischen Ländern.*

25. **mittemot** [ˈmitəmuːt] gegenüber
    Han bor mittemot kyrkan.

26. **mot** [muːt], **emot** [əˈmuːt] gegen, nach, zu
    Han ställde sig mot väggen. Han kom springande mot mig *(... mir entgegengelaufen).* – Vad har du emot mig? *Was hast du gegen mich?* –
    Han protesterade mot beslutet. *Er protestierte gegen den Entschluß.*
    Dativ: vara trofast, snäll mot någon *e-m treu, lieb sein*

27. **nedanför** [ˈneːdanfœːr] unterhalb
    Nedanför berget ligger ett hus.

28. **nära** [ˈnæːra] nahe, bei
    De bodde mycket nära stationen *(... ganz nahe am Bahnhof.)* – Hon satt nära den öppna spisen *(... am offenen Kamin).*

29. **(t) om** [ɔm] um
    a) Hon föll honom om halsen. *Sie umarmte ihn.* – Bry sig om någon, något *sich um j-n, etwas kümmern.* – Höger om! Vänster om!
    b) **von** (oft nach Verben mit der Bedeutung "sprechen, meinen, wissen" usw.): Han berättade om sin far *(Er erzählte ...).* Han skrev en

artikel om trafikförhållandena *(... von den Verkehrsverhältnissen)*.
Tror du det om honom? Han bad dem om hjälp. Att fråga om, handla
om, höra om, läsa om, tala om, veta om usw.

c) **örtlich auch runt om** (vgl. kring, omkring, runt): Runt om huset fanns
blommor.

d) **in (zeitlich)**: om en vecka *in einer Woche*.

30. **ovanför** [ˇoːvanfœːr] oberhalb, über
Ovanför dörren hängde en skylt *(Schild)*.

31. **per** [pæːr] pro, je
300:– per vecka (= 300:– i veckan); 75 öre per styck.

32. **(t) på** [poː] auf, an
a) Boken ligger på bordet. Han sitter på en stol. Tavlan hänger på
väggen.

b) **In Verbindung mit Inselnamen**: på Gotland, på Öland; aber: **i** Austra-
lien.

c) **in**: vara på, gå på teatern, bio, konsert, på en bjudning *(Gesellschaft)*,
på ett konditori, på en restaurant; vara på kontoret, på ett sjukhus;
bo på hotell; sitta på tåget.

d) **bei**: Jag har ingen klocka på mig; vgl. hos.

e) **Genitiv**: taket på huset; namnet på staden *der Name der Stadt*;
priset på boken, (vgl. 4 B); vara säker *(gewiß)* på något.

f) **Dativ**: lita på *(vertrauen)*; tro på *(glauben)*; vara arg/ond på någon
j-m böse sein u. a. m.

33. **runt** [rɵnt] (= omkring) um ... herum
Dansa runt majstången.

34. **(t) sedan** [ˇseːdan] seit
Han bor i Sverige sedan ett par år.

35. **(t) till** [til] zu, bis, an, nach (örtlich)
a) Han reste till Dalarna. Han skrev ett brev till sin kamrat.

b) **Zweck**: Den är inte till att äta *(... nicht zum Essen)*. – Vad använ-
der du den till? *Wozu/Wofür gebrauchst du den?*

c) **Dativ**: ge, lämna, skicka, sända något till någon *j-m etw. geben,
bringen, schicken*; vgl. **från**.

d) **Genitiv**: en vän till min far (vgl. 4 B)
till regierte früher den Genitiv, und dieses Verhältnis ist in vielen Re-
dewendungen noch erhalten, z. B.: till bords *zu, bei Tisch*; till fjälls
in die/ den Berge(n); till fots *zu Fuß*; till hands *zur Hand*; till lands
zulande; till sjöss *zur See*; till skogs *in den Wald*; till sängs *ins Bett*.

e) **bis**: Till i morgon bitti *bis morgen früh*.

36. **trots** [trɔts] trotz
Trots att den religiösa seden inte längre är levande.

37. **(t) under** [ˈɵndər] unter, unterhalb
Hunden låg under bordet. – Under bar himmel *unter freiem Himmel*.

38. **uppför** [ˈəpfœr] auf, hinauf
    Han gick uppför trappan. *Er ging die Treppe hinauf.*

39. **ur** [ʉːr] aus, heraus
    Han drack ur en kopp *(... aus einer Tasse).*

40. **utan** [ˈʉːtan] ohne
    Han kom utan hatt och rock. Utan tvivel *ohne Zweifel*; utan vidare
    ohne weiteres.

41. **utanför** [ˈʉːtanfœːr] außerhalb, vor
    Utanför dörren *draußen vor der Tür.*

42. **utom** [ˈʉːtɔm] außer
    Alla utom den siste.

43. **(t) vid** [viː] an, bei, neben, unweit
    Stolen står vid fönstret. De sitter vid bordet (= till bords). – Han
    värmde sig vid spisen. *Er wärmte sich am Kamin.* – Han omkom vid en
    olycka. *Er wurde bei einem Unfall getötet.*

44. **åt** [oːt] (= till) nach, zu, in Richtung auf, gegen
    Ge den åt (till) honom! – Fåglarna flög åt (mot) norr. *Die Vögel flogen
    gegen Norden.* – Glädja sig åt något.

45. **(t) över** [ˈøːvər] über
    Bilen kör över bron *(... über die Brücke).* Stockholm – Hälsingborg –
    Köpenhamn = Från Stockholm över Hälsingborg till Köpenhamn. –
    Förarga sig över något *sich über etw. ärgern.*

Övningar

a) Fyll i rätt preposition:
Hon gick en halvtimme — mig. Jag har ont — huvudet. Vi deltar — en
kurs i svenska. Hotellet ligger — stationen. De kostar en krona — styck.
Jag har tyvärr ingen klocka — mig. Han har något — mig. Bor du — ho-
tell? I Sverige dansar man — majstången. Han dricker — ett glas. Det går
en bro — älven. Kniven är — silver.

**b) Byt ut de understrukna orden mot ord med liknande betydelse i styckena 14
och 15. – Ersetzen Sie die hervorgehobenen Wörter durch Synonyme aus
Lektion 14 und 15:**
Luciafirandet bildar **inledningen** till julfirandet.
Det finns **många** julseder.
Förberedelserna börjar **veckor** i förväg.
Fortfarande bakar vi julkakor.
Lutfisken är **ett minne från** fastetider.
Det **fanns lite** mat.
Jag **äter många** ägg.

Han **målade** äggen.
Det spelar en **mycket stor** roll.
En dag **då jag inte arbetar** är en — dag.

c) Ja eller **Jo**? Tänk på verbformen i svaret!– Ja oder **Doch**? Beachten Sie
die Verbform der Antwort!
Exempel: Bor hon här? **Ja,** det gör hon.
Bodde hon inte i Österrike förut? **Jo,** det gjorde hon.
Ska du gå på bio? **Ja,** det ska jag.
Har han inte kommit än? **Jo,** det har han.
Skiner solen? Är det kallt? Regnar det inte ute? Vill han följa med?
Kan hon inte dansa? Talar du inte svenska? Skulle hon inte resa till
Malmö? Var det kul igår? Har du varit där? Gick bussen nyss *(eben,
gerade)*? Måste ni alltid gräla *(schimpfen)*?

d) Översätt:
In Südschweden zündet man die Frühlingsfeuer zu Ostern an. Johannis ist
das größte Fest im Sommer. Alle tanzen um den Maibaum. Er zieht
Unterhose, Hemd, Hose, Jacke, Schlips, Socken und Schuhe an. Sie
zieht Büstenhalter, Schlüpfer, Bluse, Rock, Strümpfe, Schuhe, Mantel
und Hut an. Er ging zu Fuß. Sie will in einem Restaurant essen. Ich habe
Angst vor ihm.

16. Lektion

Sverige på 1800-talet

De största förändringarna i 1800-talets Sverige var emellertid sådana
som inte kan fixeras till bestämda årtal. Sedan 1700-talets mitt hade
befolkningen ökat snabbt, och landets resurser räckte ännu inte till.
Visserligen hade jordbruket kunnat moderniseras genom de redan an-
tydda reformerna i början av 1800-talet (1803–27): de urgamla byala-
gen, vilkas kollektiva arbetsreformer inte svarat mot tidens krav,
upplöstes genom "enskiftet" i individualistiskt arbetande gårdsjord-
bruk. Stora nyodlingar skedde, och metoderna moderniserades. Men
dessa landvinningar svarade ändå inte mot den ständigt ökade befolk-
ningstillväxten och det uppstod ett landsbygdsproletariat, vars allvar-
liga problem man knappast kunde bemästra.
Detta är bakgrunden till den märkliga folkförflyttning, som satte in
vid 1800-talets mitt och nådde sin kulmen på 1880-talet: den stora
emigrationen, framför allt till Amerika. Där fann man större rörelse-

frihet och större utvecklingsmöjligheter. Under 1880-talet, då en svår-
artad jordbrukskris rådde i Sverige, emigrerade inte mindre än 347 000
svenskar, med 1887 som rekordår (46 900). Så uppstod under 1800-ta-
lets senare del de svenskbygder i Amerika, som delvis ännu finns kvar i
ursprunglig form. Den nordliga delen av svenskbygderna har en natur,
som på många sätt påminner om den svenska, och det har observerats
att emigranterna ofta sökte sig till platser, som erbjöd liknande natur-
förhållanden och arbetsmöjligheter som deras hemprovins i Sverige.
Främst slog de sig ner i de områden, som sträcker sig väster om Michi-
gansjön bort till Klippiga bergen, från Kansas' sydgräns i söder till
gränsen mot Kanada i norr, men även på många andra håll finns det
sedan denna tid svenskar i Förenta Staterna.
Emigrationen gick så småningom tillbaka, och detta hängde bl. a.
samman med en annan stor förändring i det svenska samhället under
1800-talets senare hälft. Början till en modern industri uppstod redan
omkring århundradets mitt, då timret från de stora skogarna började
bli eftersökt ute i världen, då man fick modernare sågar och ångmaski-
nen slog igenom även på detta område. De stora järnvägsbyggena från
1850-talet bröt bygdernas isolering. I snabbare tempo fortskred in-
dustrialiseringen från omkring 1870 och fick sitt definitiva genombrott
från omkring 1890. Delar av det gamla bondelandet blev då ett mo-
dernt industriland.

Ingvar Andersson, Sveriges historia

Vokabeln

förändring, -en, -ar	[fœr'ɛndriŋ]	Veränderung	byalag, -et, -	['byːalɑːg]	Dorfgemein-schaft
fixeras	[fik'seːras]	festgesetzt werden	kollektiv	['kɔlektiːv]	kollektiv
bestämd	[bə'stɛmd]	bestimmt	arbetsreform, -en, -er	['arbeːtsrə-'fɔrm]	Arbeitsreform
årtal, -et, -	['oːʈɑːl]	Jahreszahl	svara, -ade, -at	['svɑːra]	antworten
mitt, -en	[mit]	Mitte	krav, -et, -	[krɑːv]	Forderung
befolkning, -en, -ar	[bə'fɔlkniŋ]	Bevölkerung	upplöstes	['øpløːstəs]	wurde aufgelöst
snabb	[snab]	schnell	*(von upplösa)*		
resurs, -en, -er	[rə'søʂ]	Mittel	enskifte, -t	['eːnʃiftə]	Landwirt-schaftsre-form
räcka, -te, -t	['rɛka]	genügen			
visserligen	['visəliɡən]	zwar	individua-listisk	['individea-'listisk]	individuali-stisch
jordbruk, -et, -	['juːɖbrɯːk]	Landwirt-schaft	gårdsjord-bruk, -et	['goːtsjuːɖ-'brɯːk]	Hofland-wirtschaft
moderniseras	[mɔdæːɳi-'seːras]	modernisiert werden	nyodling, -en, -ar	['nyːuːdliŋ]	Urbarma-chung
antydd	['antyd]	angedeutet	ske, -dde, -tt	[ʃeː]	geschehen
(von antyda)			metod, -en, -er	[mə'tuːd]	Methode
reform, -en, -er	[rə'fɔrm]	Reform	ständig	['stɛndi]	ständig
början	['bœrjan]	Anfang	befolknings-tillväxt, -en, -er	[bə'fɔlkniŋs-til'vɛkst]	Bevölke-rungszu-wachs
(Utrum)					
urgammal	['ɯːrgamal]	uralt			

uppstå, -stod, -stått	[ˇɵpstoː]	entstehen		hemprovins, -en, -er	[ˇhɛmprɔvins]	Heimatland
landsbygds- proletariat, -et, -	[ˇlansbygds- prulətariˈɑːt]	Landprole- tariat		slå sig ner, slog, slagit	[sloː sɛj ˈneːr]	sich nieder- schlagen
allvarlig	[ˇalvɑːli]	ernst		område, -t, -n	[ˇɔmroːdə]	Gebiet
problem, -et, -	[pruˈbleːm]	Problem		sträcka sig	[ˇstrɛka sɛj]	sich erstrek- ken
bemästra, -ade, -at	[bəˈmɛstra]	bewältigen		Michigansjön	[ˇmitʃigan- ˈʃœn]	Michigansee
märklig	[ˇmærkli]	bemerkens- wert		Klippiga bergen	[ˇklipiga ˈbærjən]	Klippiga Gebirge
folkförflytt- ning, -en, -ar	[ˇfɔlkfœr- flytniŋ]	Völkerwan- derung		Kansas	[ˈkansas]	Kansas
sätta in, satte, satt	[ˇsɛta ˈin]	anfangen		sydgräns, -en, -er	[ˇsyːdgrɛns]	Südgrenze
nå, -dde, -tt	[noː]	erreichen		gräns, -en,-er	[grɛns]	Grenze
kulmen (Utrum)	[ˈkulmən]	Höhepunkt		Kanada	[ˈkanada]	Kanada
emigration, -en, -er	[emigraˈfuːn]	Auswande- rung		hänga samman, -de, -t	[ˇhɛŋa ˇsaman]	zusammen- hängen
rörelsefrihet, -en	[ˇrœːrəlsə- ˈfriːheːt]	Bewegungs- freiheit		bl. a. = bland annat	[bland ˇanat]	unter anderem
utvecklings- möjlighet, -en, -er	[ˇʉːtvɛkliŋs- mœjliˈheːt]	Entwick- lungsmög- lichkeit		samhälle, -t, -n	[ˇsamhɛlə]	Staat, Gesellschaft
svårartad	[ˇsvoːrɑːtad]	bösartig; hier: schwer		hälft, -en, -er	[hɛlft]	Hälfte
jordbruks- kris, -en, -er	[ˇjuːdbrʉːks- ˈkriːs]	Landwirt- schaftskrise		industri, -en, -er	[indəˈstriː]	Industrie
råda, -de, -tt	[ˇroːda]	herrschen		omkring	[ɔmˈkriŋ]	etwa
emigrera, -ade, -at	[emigˈreːra]	auswandern		timmer, -et, -	[ˈtimər]	Nutzholz
rekordår, -et, -	[rəˇkoːɖoːr]	Rekordjahr		eftersökt (von eftersöka)	[ˇɛftəsøːkt]	gefragt, begehrt
svenskbygd, -en, -er	[ˇsvɛnskbygd]	Schweden- gegend		såg, -en, -ar	[soːg]	Säge
delvis	[ˇdeːlviːs]	teilweise		ångmaskin, -en, -er	[ˇɔŋmaʃiːn]	Dampf- maschine
finnas kvar, fanns, funnits	[ˇfinas ˈkvɑːr]	noch vor- handen sein		slå igenom, slog, slagit	[sloː iˈjeːnɔm]	durch- schlagen
ursprunglig	[ˇʉːsprɵŋli]	ursprünglich		järnvägs- bygge, -t, -n	[ˇjæːɳvɛːks- ˈbygə]	Bahnbau
påminna, -de, -t	[ˇpoːmina]	erinnern		bryta, bröt, brutit	[ˇbryːta]	brechen
observera, -ade, -at	[ɔbsærˈveːra]	beobachten		bygd, -en, -er	[bygd]	Gegend
emigrant, -en, -er	[emiˈgrant]	Auswanderer		isolering, -en, -ar	[isɔˈleːriŋ]	Isolierung
erbjuda, -bjöd, -bjudit	[ˇeːrbjʉːda]	bieten		tempo, -t	[ˈtɛmpɔ]	Tempo
liknande	[ˇliːknandə]	ähnlich		fortskrida, -skred, -skridit	[ˇfuʈskriːda]	fortschreiten
naturför- hållande, -t, -n	[naˇtʉːrfœr- ˈhɔlandə]	Naturverhält- nis		industrialise- ring, -en, -ar	[indɔstriali- ˈseːriŋ]	Industriali- sierung
arbetsmöjlig- het, -en, -er	[ˇarbeːtsmœj- liˈheːt]	Arbeitsmög- lichkeit		definitiv	[definiˈtiːv]	definitiv
				genombrott, -et, -	[ˇjeːnɔmbrɔt]	Durchbruch
				bondeland, -et, ⸗er	[ˇbundəland]	Land von Bauern
				industriland, -et, ⸗er	[indəˇstriː- land]	Industriestaat

Tilltal – Anrede

Das Duzen verbreitet sich immer mehr in Schweden und kommt viel häufiger vor als in Deutschland. Freunde, Bekannte, Verwandte, Kollegen sagen meistens "du". Jüngere Leute sagen immer "du", ältere aber sagen "ni", wenn sie die Betreffenden nicht kennen. Auf der Post und in den Geschäften sagt man immer noch "ni".

Beim Kommen sagt man "hej" und beim Gehen "hej då", wenn man sich duzt. Beim Siezen "goddag" und "adjö" (auf Wiedersehen). Morgens kann man "god morgon" sagen; "god afton, god kväll" sagt man abends, aber selten.
"Hur står det till? Hur mår du/ni?" bedeutet „Wie geht es?" Die Antwort heißt: "Tack, bra!" "Tack, inte något vidare" (nicht besonders gut).
"Ha det så bra!" bedeutet: „Mach's gut!" und die Antwort ist: "Tack, detsamma!"
"Herr, fru" und "fröken" werden ungefähr wie die deutschen „Herr, Frau" und „Fräulein" gebraucht. "Fru" verbreitet sich auf Kosten von „Fräulein".
Zu einem Lehrer (lärare) sagt man "magistern", zu einem Arzt (läkare) oder Zahnarzt (tandläkare) sagt man "doktorn", zu einer Krankenschwester (sjuksköterska) "systern" und im Restaurant zum Kellner (servitör) "hovmästarn" (eig. Oberkellner) oder "vaktmästarn" und zur Kellnerin (servitris) "fröken".
Der Händedruck ist viel seltener als in Deutschland.

Grammatik

Sammansatta prepositioner
Zusammengesetzte Präpositionen (Fortsetzung v. Lekt. 15E)   A

46. **av hänsyn till** mit Rücksicht auf
    av hänsyn till grannarna *(... die Nachbarn)*.

47. **(t) från och med** ab
    Från och med i morgon kommer jag varje dag.

48. **(t) för ... sedan** vor
    Han reste för ett par dagar sedan.

49. **för ... skull** um ... willen, wegen (mit dem Genitiv)
    för pojkens skull, för min skull, för hans skull.

50. **i händelse av** im Falle
    I händelse av dåligt väder stannar vi hemma.

51. **i kraft av** kraft
    I kraft av min ställning kan jag göra det.
    Kraft meiner Stellung kann ich es tun.

52. **i stället för** anstatt
    Vill du gå i stället för mig?

53. **(t) inom loppet av** im Verlaufe von, während
    Inom loppet av 24 timmar.

54. **med anledning av** anläßlich
    med anledning av 10års-jubileet *(zehnjähriges Jubiläum)*.

55. **med hjälp av** mit Hilfe von
    Han gör sig förstådd med hjälp av teckenspråk *(... Zeichensprache)*.

56. **med hänsyn till** hinsichtlich, was betrifft
    Med hänsyn till folkmängden är Sverige ett litet land.

57. **på grund av** wegen
    Han stannade hemma på grund av influensa *(Grippe)*.

58. **tack vare** dank, infolge
    Tack vare hans goda humör *(Laune)* ...

59. **(t) under loppet av** im Verlaufe von, während
    Under loppet av en sommar händer det mycket.

60. **vid sidan av** nebst, mit
    Vid sidan av sin praktiska erfarenhet har han också en god teoretisk
    utbildning. *Außer seiner praktischen Erfahrung hat er auch eine gute
    theoretische Ausbildung.*

61. **å ... vägnar** im Namen, im Auftrag (mit dem Genitiv)
    å stadens vägnar, å hans vägnar.

62. **(t) ända till** bis
    Ända till idag *bis zum heutigen Tag*.

Rumsadverb + preposition

Ortsadverbien + Präposition **B**

Da das Schwedische zwischen dem Akkusativ und dem Dativ nicht unter-
scheidet, können die einfachen Präpositionen nicht zeigen, ob eine Bewegung
oder eine Ruhelage gemeint ist (Er fährt **in die** Stadt; ... **in der** Stadt). Dieses
Verhältnis kommt erst durch verschiedene Ortsadverbien zum Ausdruck, die
normalerweise unmittelbar vor den Präpositionen stehen und mit diesen oft
verschmelzen.
Besonders häufig kommen die folgenden Ortsadverbien für die **Richtung** vor:

bort weg, hin, her **fram** vorwärts, hervor	**in** hin-, herein, in **ned** unter	**upp** auf **ut** aus

und entsprechend für die **Ruhelage**:

borta hinten, dahin **framme** vorn	**inne** innen **nere** unten	**uppe** oben **ute** außen

Diese und z. T. auch andere Adverbien verbinden sich mit den folgenden
Präpositionen: **efter** (-wärts), **för** (-halb), **i, med** (an, in der Nähe von),
(e)mot, om (als Umweg durch, über), **på, under, vid** (an, in der Nähe von),
över (auf, über). Die Zahl der Kombinationen ist daher sehr groß, wie z. B.
die Verbindungen mit **i** zeigen können:

Präp. der Bewegung	Entspricht deutsch:	Beispiele:
in i		Han går **in** i huset.
		ins Haus, hin-, herein.
ut i		Hon kom **ut** i trädgården.
		in den Garten.
ned i	in, an, auf	Jag tittade ned i brunnen.
	(mit Akkusativ)	Ich guckte **in** den Brunnen.
upp i		Han klättrade upp i trädet.
		Er kletterte **auf** den Baum.
fram i		Hon kom fram i ljuset.
		ans Licht (hervor).

·Präp. der Ruhelage		
inne i		Han är **inne** i huset.
		im Hause, drinnen.
ute i		Hon är **ute** i trädgården.
		draußen im Garten.
nere i	in, an, auf	Han är **nere** i källaren.
	(mit Dativ)	**unten im** Keller.
uppe i		Han sitter **uppe** i trädet.
		Er sitzt **oben auf** dem Baum.
borta i		Han är **borta** i garaget.
		drüben in der Garage.
framme i		Han är **framme** i fören.
		vorn am Bug (im Boot)

Prepositioner vid tidsuttryck
Präpositionen bei Zeitausdrücken   **C**

*(Die Zahlen verweisen auf die entsprechenden Präpositionen in Lekt.
15 E und 16 A.)*

7. **efter** nach
    strax efter påsk *kurz nach·Ostern*, dag efter dag *Tag für Tag*, två
    gånger efter varandra. Han kom tillbaka efter tre timmar *(nach drei
    Stunden)*.
10. **från** von
    från 1. 5., från dag till dag.
13. **före** vor
    före soluppgången *vor Sonnenaufgang*. Gör det före fredag!

17. **i** in, im Verlaufe von
Bezieht sich auf die ganze Dauer eines Geschehens (vgl. **om** und **på**).
Meist ohne Artikel: *Det var i augusti*; *igår, idag, i morgon*; *i somras*
letzten Sommer, *i sommar kommenden Sommer*; *i år dieses Jahr*.
Vi satt där i två timmar. – Jag har bott här i tre år. *Ich wohne hier
seit drei Jahren*. – I begynnelsen, i början *am Anfang*; två gånger i
timmen/veckan/månaden. Fem (minuter) i två *(vor)*.

20. **inom** binnen
Betala inom åtta dagar! Inom kort.

21. **kring, omkring** um ... herum
Han kommer omkring påsk = vid påsktiden.

24. **mellan** zwischen
mellan jul och nyår

29. **om**
a) **im Verlaufe einer Tageszeit oder Jahreszeit im allgemeinen:** om som-
maren *im Sommer*, *jeden Sommer*, om dagen, om dagarna *am Tage*,
tagsüber; aber: i sommar, idag *diesen Sommer, heute*.
b) **in einer gewissen Zeit (auf die Zukunft bezogen):** om tio minuter *in
zehn Minuten*; om en vecka; om tio år.
Auf die Vergangenheit bezogen: efter.
c) Två gånger om dagen/natten/året. Vgl. efter, i, på.

32. **på**
a) **an, um (zu einem Zeitpunkt):** på lördag, på lördagarna, på dagen, på
dagarna *am Tage, tagsüber*, mitt på ljusa dagen.
b) **in (zu einem beliebigen** Zeitpunkt innerhalb einer Zeitdauer; vgl. **i** und
sedan): Jag har inte varit där på tre år.
c) **in (im Verlaufe von):** Det kan du göra på en timme.

34. **sedan** seit (verbindet sich nur mit dem Wort, das den Anfangspunkt
angibt *von – bis jetzt)*:
Jag har inte sett honom sedan förra året. (Auf die Dauer bezieht sich **i**;
vgl. auch **på**).

35. **till** zu, bis
från morgon till kväll (vgl. auch från).
tills bis
tills i morgon *bis morgen*, tills vidare *bis auf weiteres*.

37. **under** während (einer besonderen Begebenheit)
Klockaren somnade under predikan. *Der Küster schlief während der
Predigt ein*. – Under kriget *während des Krieges*; under tiden *während-
dessen*. Vgl. inom/under loppet av.

43. **vid** um ... herum
vid sju-tiden. Vgl. omkring.

45. **över** nach, später als
    Klockan är tio (minuter) över nio. Han stannar över jul *(über Weih-nachten)*.

47. **från och med** ab
    Från och med nästa år skall jag arbeta.

48. **för ... sedan** vor
    Det hände för länge sedan / för en halvtimme sedan.

53. **inom loppet av** im Verlaufe von, während
    inom loppet av en timme

59. **under loppet av** im Verlaufe von, während
    under loppet av de sista åren.

62. **ända till** bis
    Han stannade ända till igår.

Hänvisning till översättning av de vanligaste tyska prepositionerna
Übersetzung der gebräuchlichsten deutschen Präpositionen   **D**

(Die Zahlen verweisen auf die entsprechenden schwedischen Präpositionen in den Lektionen 15 E und 16 A).

ab från och med (47)
an förbi (12), i (17 c), på (32), till (35), vid (43)
anläßlich med anledning av (54)
anstatt för (11 b), i stället för (52)
auf på (32), uppför (38)
aus av (2), från (10), ur (39)
außer förutom (14), utom (42)
außerhalb utanför (41)
bei hos (16), nära (28), på (32 d), vid (43)
betreffs, bezüglich angående (1), beträffande (4)
binnen inom (20 b)
bis till (35), ända till (62)
dank tack vare (58)
diesseits på denna sida av
durch genom (15)
entgegen (e)mot (26)
entlang längs (22)
für för (11 b)
gegen (e)mot (26), åt (44)
gegenüber mittemot (25)
gemäß i överensstämmelse med

auf Grund på grund av (57)
hinter bakom (3)
in i (17), om (29 d), på (32 c), inom loppet av (53), under loppet av (59), å ... vägnar (61)
infolge tack vare (58)
innerhalb innanför (19), inom (20)
jenseits på andra sidan av
kraft i kraft av
längs längs (22)
laut enligt (8)
mit med (23), av hänsyn till (46), med hjälp av (55)
mittels med (23)
nach efter (7), enligt (8), (e)mot (26), till (35,) åt (44)
nächst näst efter
neben bredvid (6), vid (43)
nebst vi sidan av (60)
oberhalb ovanför (30)
ohne utan (40)
samt tillika med, jämte
seit sedan (34)
statt för (11 b), i stället för (52)

trotz trots (36)
über ovanför (30), över (45)
um för (11e), (om)kring (21), om
(29), runt (33)
um – willen för ... skull (49)
unter (i)bland (5), (e)mellan (24b),
under (37)
unterhalb nedanför (27), under (37)
unweit i närheten av, vid (43)
von av (2), från (10)

vor framför (9), för (11a), före (13),
inför (18), utanför (41), för ...
sedan (48)
während inom loppet av (53), under
loppet av (59)
wegen för ... skull (49), på grund av
(57)
zu (e)mot (26), till (35), åt (44)
zunächst närmast intill
zwischen (i)bland (5), (e)mellan (24)

Genitiv im Deutschen: schwed. Präp.: 2, 11, 17, 32, 35.
Dativ im Deutschen: schwed. Präp.: 10, 11, 26, 32, 35.

Övningar

a) **Fyll i de ord som fattas.** – Ergänzen Sie die fehlenden Wörter:
Exempel: 3/månad/år Hon bor i Italien **tre månader om året.**

2/gång/dag	Jag borstar tänderna —.
1/gång/timme	Han ringer minst —.
3/gång/år	Reser du till västkusten —.
4/gång/månad	Går du på bio —.
1/gång/dag	Hon duschar —.
2/gång/vecka	Han spelar tennis —.
1/gång/natt	Han går upp —.
5/natt/månad	Hon arbetar —.
40/timme/vecka	Vi arbetar —.
8/timme/natt	Jag sover —.

b) I Sverige säger man oftast du, när man pratar med andra människor.
Men ibland är det inte så lämpligt. **Vad kan du säga till ...?** – In Schweden
sagt man meistens "du", wenn man mit anderen Leuten spricht. Aber
manchmal ist es nicht angebracht.
Was können Sie zu ... sagen?

1. en servitris	3. en servitör	5. en läkare
2. en sjuksköterska	4. en lärare	

c) **Sätt följande meningar i 1) presens och 2) perfekt:**
Befolkningen ökade snabbt. Jordbruket kunde moderniseras. Landets
resurser räckte inte till. Stora nyodlingar skedde. Man fann större
utvecklingsmöjligheter i Amerika. En industri uppstod. Emigrationen
gick tillbaka.

d) **Här är tolv korta svar. Vilka passar till fråga A? Vilka svar passar till
fråga B?**
A. När kom Anna?
B. När ska Anna resa?

1. I morse.	7. Om åtta dagar
2. I kväll.	8. Förra veckan
3. Snart	9. I förrgår
4. Nyss	10. I övermorgon
5. För en månad sedan.	11. I måndags
6. På fredag	12. Nästa vecka

snart [sna:t] bald
nyss [nys] soeben

e) Översätt:

Die Methode ist modernisiert worden. Die Schweden emigrierten vor
allem nach Amerika. Der Höhepunkt wurde in den achtziger Jahren er-
reicht. Die Natur erinnert an die schwedische. Du kannst doch (wohl)
statt meiner hingehen. Ihretwegen kann er es sicher tun. Ab morgen
werde ich nicht rauchen. Bis auf weiteres bleibst du doch hier?

17. Lektion

Karl Oskar hade tagit plats på framsätet bredvid skjutskarlen med
Johan i knäet. Kristina satt på baksätet med de båda minsta barnen,
som trots den tidiga timmen var fullvakna och klarögda, och på
hästarnas hösäck längst där bak hade Robert satt sig.
Ute på vägen vände sig Karl Oskar om en sista gång och tittade
åt stugan: På farstubron stod hans far och mor kvar och såg efter
de bortfarande, fadern framåtlutad och krokryggig, stödd på sina
kryckor, modern tätt invid hans sida, högväxt och rak i ryggen.
Här satt de unga som drog bort, där stod de gamla som lämnades
kvar.
Sonen kunde inte se att någon av föräldrarna gjorde den minsta
rörelse. Där de nu stod på farstubron, seende efter skjutsen, tedde de
sig lika stilla och orörliga som döda, jordfasta ting, som ett par
höga stenar på åkern eller som ett par av skogens trädstammar,
som stod djupt rotade i marken. Det var som om de en gång för alla
hade intagit den ställningen, som om de för alltid ämnade stanna kvar
i den. Och så som Karl Oskar såg dem i halvdunklet denna tidiga
morgon skulle de sedan alltid träda för hans minne: Far och mor,
stående stilla bredvid varandra på farstubron, betraktande en skjuts
som kör genom grinden ut på vägen och efter en minut försvinner
bakom enbuskarna i kröken. På den platsen och i den ställningen

skulle han i minnet alltid föreställa sig sina föräldrar. Efter årens mängd skulle det föresväva honom att de ännu stod kvar där invid varandra, seende utåt vägen, uppställda som döda, orörliga ting, som ett par människobilder av sten. Kristina nämnde inte för Karl Oskar, att hon hade råkat höra några ord, som Nils hade fällt när skjutsen var i ordning. Jag ska väl gå ut på bron och beskåda mina söners likfärd.

Aus Vilhelm Moberg, Utvandrarna

Vokabeln

sist	[sist]	letzt
stuga, -n, -or	[ˇstɯːga]	Hütte
farstubro, -n, -ar	[ˇfaʂtɐbruː]	Vortreppe
bortfarande *(von fara bort)*	[ˇbɔʈfarandə]	wegfahrend
framåtlutad *(von luta framåt)*	[ˇframɔt- lɯːtad]	vornüberge- beugt
krokryggig	[ˇkruːkrygi]	gebückt
stödd *(von stödja)*	[stœd]	gestützt
krycka,-n,-or	[ˇkryka]	Krücke
tätt	[tɛt]	dicht
invid	[inˈviːd]	neben
högväxt	[ˇhøːgvɛkst]	hochgewach- sen
rak	[rɑːk]	gerade
rygg, -en, -ar	[ryg]	Rücken
dra bort, drog, dragit	[drɑː ˈbɔt]	wegziehen
lämna kvar, -ade, -at	[ˈlɛmna ˈkvɑːr]	zurücklassen
rörelse,-n,-r	[ˇrœːrəlsə]	Bewegung
skjuts,-en,-ar	[ʃɵs]	Fuhrwerk
te sig, -dde, -tt	[teː sɛj]	aussehen, erscheinen
stilla	[ˇstila]	still
orörlig	[ˇuːrœː[i]	unbeweglich
död	[døːd]	tot
jordfast	[ˇjuːɖfast]	erdgebunden
ting, -et, -	[tiŋ]	Ding
sten, -en, -ar	[steːn]	Stein
åker, -n, -ar	[ˈoːkər]	Acker
trädstam, -men, -mar	[ˇtrɛːstam]	Baumstamm
rotad *(von rota)*	[ˇrɯːtad]	verwurzelt
mark, -en, -er	[mark]	Erde
en gång för alla	[en gɔŋ fœr ˇala]	ein für allemal
intaga, -tog, -tagit	[ˇintɑːga]	einnehmen
ställning, -en, -ar	[ˇstɛlniŋ]	Stellung

ämna, -ade, -at	[ˇɛmna]	beabsichtigen
stanna kvar, -ade, -at	[ˇstana ˈkvɑːr]	bleiben
i halvdunklet	[i ˇhalvdɵŋk- lət]	im Halbdunkel
träda, -de, -tt	[ˇtrɛːda]	treten
bredvid	[ˈbreːviː]	neben
varandra	[varˈandra]	einander
betrakta, -ade, -at	[bəˈtrakta]	betrachten
köra, -de, -t	[ˇcœːra]	fahren
grind, -en,-ar	[grin]	Zauntür, Gartentür
försvinna, -svann, -svunnit	[fœˈʂvina]	verschwinden
enbuske, -n, -ar	[ˇeːnbɵskə]	Wacholder
krök, -en,-ar	[krøːk]	Biegung
föreställa sig, -de, -t	[ˇfœːrəstɛla sɛj]	sich vorstellen
föresväva, -ade, -at	[ˇfœːrəsvɛːva]	vorschweben
utåt	[ˈɯːtɔt]	nach, zu ... hin
uppställd *(von ställa upp)*	[ˇɵpstɛld]	aufgestellt
människo- bild, -en, -er	[ˇmɛnʃubild]	Bild von Menschen, *hier:* Figur
nämna,-de,-t	[ˇnɛmna]	erwähnen
råka, -ade, -at	[ˇroːka]	geraten
ord, -et, -	[uːd]	Wort
fälla ett ord, -de, -t	[ˇfɛla et uːɖ]	ein Wort fallen lassen
vara i ordning	[ˇvɑːra i ˇoːɖniŋ]	in Ordnung sein
bro, -n, -ar	[bruː]	Vortreppe
beskåda, -ade, -at	[bəˈskoːda]	beschauen
likfärd, -en, -er	[ˈliːkfæːɖ]	Bestattung

Husdjur – Haustiere

Sammelbegriff	männlich	weiblich	Junges
får, -et, - *Schaf*	bagge, -n, -ar	tacka, -n, -or	lamm, -et, -
get, -en, -ter *Ziege*	getabock, -en, -ar	get	killing, -en, -ar
gris, -en, -ar *Schwein*	galt, -en, -ar	sugga, -n, -or	griskulting, -en, -ar
hund, -en, -ar *Hund*	hanhund	hynda, -n, -or	valp, -en, -ar
häst, -en, -ar *Pferd*	hingst, -en, -ar	sto, -et, -n	föl, -et, -
höns, -et, - *Huhn*	tupp, -en, -ar	höna, -n, -or	kyckling, -en, -ar
katt, -en, -er *Katze*	hankatt	katta, -n, -or	kattunge, -n, -ar
nötkreatur *Rind*	tjur, -en, -ar oxe, -n, -ar	ko, -n, -r	kalv, -en, -ar

Hästen står i stallet, korna i ladugården, grisarna finns i svinstian och hönorna i hönsgården.

Grammatik

Interrogativa pronomen – Die Interrogativpronomen   **A**

	vem vad	*wer, wen* *was*	vems *wessen*
Utrum	vilken	*welcher, -e, -es*	vilkens *wessen, von welchem*
Neutrum	vilket	*was*	
Plural	vilka	*welche (Pl.)*	vilkas *(Pl.)*
Utrum	vad för en	*was für ein(e)*	
Neutrum	vad för ett	*was für ein*	
Plural	vad för ena	*was für welche*	
Utrum	vilkendera	*welcher von beiden*	
Neutrum	vilketdera	*welches von beiden*	
Utrum	hur(u)dan		
Neutrum	hur(u)dant	} *wie beschaffen*	
Plural	hur(u)dana		

Anmerkungen: B

1. **Vem** ist immer Singular und hat die Genitivform **vems**.
2. **Vad** ist undeklinierbar.
3. In den Fällen, wo auch auf Deutsch nur „was für" verwendet wird, fallen **en, ett** und **ena** weg. Es heißt also **vad för**? Plural auch **vad för några** oder **vad för slags**.
4. Die emphatische Umschreibung kommt im Schwedischen sehr häufig vor:

Vem söker ni?	**Wen** wünschen Sie zu sprechen?
Vem är det ni söker?	
Vad för ett hus har han köpt?	**Was für ein** Haus hat er gekauft?
Vad har han köpt **för ett** hus?	
Vad är det **för ett** hus (som) han köpt?	
Vad vill du ha **för** äpplen?	**Was für** Äpfel möchtest du haben?
Vad för slags äpplen vill du ha?	
Hurdan är den nya båten?	**Wie** ist das neue Boot?

5. Wenn **vem** oder **vad** als Subjekt in einem Nebensatz steht, wird **som** hinzugefügt:
Vet du **vem som** har stulit min cykel? Weißt du, **wer** mein Fahrrad gestohlen hat?
Har du en aning om **vad som** ska hända? Hast du eine Ahnung, **was** geschehen soll?

C

Werden die Fragewörter von einer Präposition regiert, steht das Fragewort am Satzanfang und die Präposition – wie im Relativsatz, vgl. 6E – am Satzende:

Vem har du fått den **av**?	**Von wem** hast du ihn bekommen?
Vad rör det sig **om**?	**Worum** geht es?
Vilket land vill du helst resa **till**?	**In welches** Land möchtest du am liebsten reisen?

Interrogativa adverb – Interrogativadverbien D

var	*wo?*	när	*wann?*
vart	*wohin?*	varför	*warum?*
varifrån	*woher?*	hur	*wie?*

Var arbetar du? **Vart** åker du? **Varifrån** kommer du? **När** kommer du hem? **Varför** ska du göra det? **Hur** mår du? **Hur** gammal är du?

Övningar

a) Sätt hela stycke 17 i presens!
Setzen Sie das Lesestück dieser Lektion ins Präsens!

b) Konstruera frågor till följande svar:
1. Tack, bra.   2. I en affär.   3. Mellan nio och tio.
4. Jag har så mycket att göra. 5. 170 cm   6. Till Schweiz.
7. Den är utmärkt.   8. Ett kedjehus. 9. Herr Pettersson.
                                                         10. En kopp kaffe.

utmärkt   [ˇʉːtmærkt]   ausgezeichnet
kedjehus, -et, - [ˇceːdjəhʉːs] Reihenhaus

c) Fyll i rätt verb! Använd följande: lägger, dricker, har, läser, ser, säger, sätter, kommer, ställer. Ett verb används två gånger.
Gunnar — in i rummet. Han — en kaffekopp i handen och en tidning under armen. Han — kaffekoppen på bordet och — tidningen bredvid. Plötsligt — han hunden i soffan. "Gå ner", — han och — sig själv i soffan. Hunden — sig på golvet. Gunnar — sitt kaffe och — sin tidning.

d) Vilket ord passar inte? Ett ord i varje grupp passar inte ihop med de andra orden. Exempel: brun, grön, ny, svart, vit, röd.
1. biljetter, cigaretter, minuter, ringer, månader, parker.
2. dag, kväll, eftermiddag, morgon, natt, nytt.
3. hand, blus, kjol, klänning, kappa, dräkt.
4. affär, butik, stormarknad, varuhus, snabbköp, restaurant.

e) Översätt:
Hast du dich noch einmal umgedreht? Die jungen Leute zogen weg, und die alten blieben zurück. Die Eltern standen nebeneinander auf der Vortreppe und betrachteten das Fuhrwerk. Was möchtest du haben? Wie ist das neue Auto? Was für Leute sind das? Mit wem hast du gesprochen (sprachst du)? Hier sind die Bilder. Welches willst du haben?

18. Lektion

Sverige – en välfärdsstat

Efter andra världskriget påbörjades genomförandet av ett socialpolitiskt program i Sverige, vars grundtankar är omvårdnaden om människan och trygghet för alla medborgare.
Socialförsäkringarna, som omfattar hela folket betalas av alla genom skatter och arbetsgivaravgifter.
Vilka sociala förmåner finns då i Sverige?

Bostaden

På de flesta orter finns **bostadsförmedlingar,** som gratis förmedlar bostäder. Man kan få statligt och kommunalt **bostadstillägg.**
Man kan inte utan vidare bli vräkt från sin bostad, som man även får byta.

Barnen

Mödra- och barnavårdscentraler sköter om blivande mödrar och spädbarn.
Moderskapspenning utgår till alla mödrar.
Alla barn som bor i Sverige och är under 16 år får allmänt **barnbidrag.**
För barntillsyn finns **barndaghem, familjedaghem, lekskolor och fritidshem.**

Arbete

Alla arbetssökande får gratis anlita **arbetsförmedlingen,** där yrkesvägledare lämnar råd och upplysningar.
Över 2 miljoner löntagare är organiserade i **fackföreningar,** som i sin tur är sammanslutna i **fackförbund.** Fackförbunden förhandlar om löner med arbetsgivarföreningen.
De fackliga organisationerna har **arbetslöshetskassor.** Om man inte är berättigad till ersättning därifrån, kan man får kommunalt **arbetslöshetsunderstöd.**

Utbildning

Alla barn bosatta i Sverige är skyldiga att gå i skola 9 år. Skolgången är kostnadsfri i obligatoriska skolor, gymnasieskolan och folkhögskolor.
Undervisningen är även gratis vid universitet och högskolor.
Alla barn som önskar får fria skolmåltider i grundskolan och gymnasieskolan.
Elever får även fria läroböcker och skolmaterial.

De flesta skolbarn får gratis tandvård genom folktandvården.
Skolläkare, skolsköterskor, skolkuratorer och skolpsykologer finns
vid många skolor.
För barn som fyllt 16 år utgår studiebidrag. Efter ansökan kan man
få förhöjt studiebidrag och resetillägg.
För studier vid universitet, högskolor och liknande utgår studiemedel.

Sjukdom

Alla som vistas i Sverige får sjukvård, på sjukhus eller vid läkarstationer. Ett besök hos sjukhusläkare eller provinsialläkare kostar 12 kronor. Sjukhusvården är gratis.
Arvoden till privatpraktiserande läkare och tandläkare är reglerade
och försäkringskassan betalar minst hälften av kostnaden.
Alla som fyllt 16 år blir inskrivna i försäkringskassan och får ett
sjukförsäkringsbesked.
Sjukpenning utgår i förhållande till den lön man mister.

Ålderdom

Till alla svenska medborgare bosatta i Sverige utgår ålderspension vid
67 års ålder.
När man inte längre orkar klara de tyngre dagliga sysslorna, kan man
få hjälp av hemsamariter i hemmet.
Det finns också pensionärslägenheter, pensionärshotell och ålderdomshem.

Nach Gullers, Sverige, ditt nya land

Vokabeln

välfärdsstat, -en, -er	[ˇvɛːlfæːɖ- ˋstɑːt]	Wohlfahrts- staat
världskrig, -et, -	[ˇvæːʆdskriːg]	Weltkrieg
påbörjas, -ades, -ats	[ˇpoːbœrjas]	in Angriff genommen werden
genomföran- de, -t, -n	[ˇjeːnɔm- ˋfœːrandə]	Durchfüh- rung
socialpolitisk	[sɔsiˇɑːl- puliːtisk]	sozialpoli- tisch
grundtanke, -n, -ar	[ˇgrɛntaŋkə]	Grundge- danke
omvårdnad, -en	[ˇɔmvoːɖnad]	Fürsorge
trygghet, -en	[ˇtrygheːt]	Sicherheit
medborgare, -n, -	[ˇmeːdbɔr- jarə]	Staatsange- hörige(r), Bürger
socialförsäk- ring, -en, -ar	[sɔsiˇɑːlfœ- ˋʂɛːkriŋ]	Sozialver- sicherung
omfatta, -ade, -at	[ˇɔmfata]	umfassen
skatt, -en, -er	[skat]	Steuer
arbets- givaravgift, -en, -er	[ˇarbeːts- jiːvarˋɑːvjift]	Arbeitgeber- anteil
social	[sɔsiˇɑːl]	sozial
bostadsför- medling, -en, -ar	[ˇbuːstɑːds- fœrˋmeːdliŋ]	Wohnungs- amt
bostadstil- lägg, -et, -	[ˇbuːstɑːdsti- ˋlɛg]	Mietzuschuß
gratis	[ˈgrɑːtis]	umsonst
förmedla, -ade, -at	[fœrˈmeːdla]	vermitteln
statlig	[ˇstɑːtli]	staatlich
kommunal	[kɔməˈnɑːl]	kommunal

utan vidare	[ˈʉːtan ˌviːdarə]	ohne weiteres
vräka, -te, -t	[ˈvrɛːka]	die Wohnung räumen müssen
byta, -te, -t	[ˈbyːta]	tauschen
mödravårds-central, -en, -er	[ˈmøːdra- voːɖsɛnˈtrɑːl]	Mütterfürsorgezentrale
barnavårds-central, -en, -er	[ˈbɑːɳavoːɖ- sɛnˈtrɑːl]	Kinderfürsorgezentrale
sköta, -te, -t	[ˈʃøːta]	pflegen
blivande (von bli)	[ˈbliːvandə]	werdend
spädbarn, -et, -	[ˈspɛːbɑːɳ]	Säugling
moderskaps-penning, -en, -ar	[ˈmuːdəʂ- kɑːpspɛniŋ]	Mutterschaftsgeld
utgå, -gick, -gått	[ˈʉːtgoː]	ausgezahlt werden
barnbidrag, -et, -	[ˈbɑːɳbi- ˈdrɑːg]	Kindergeld
barntillsyn, -en	[ˈbɑːɳtilsyːn]	Kinderaufsicht
barndaghem, -met, -	[ˈbɑːɳdɑːg- hɛm]	Kindertagesheim
familjedag-hem, -met, -	[faˈmiljə- ˈdɑːghɛm]	Familientagesheim
lekskola, -n, -or	[ˈleːkskuːla]	Kindergarten
fritidshem, -met, -	[ˈfriːtiːtshɛm]	Freizeitheim
arbets-sökande, -n, -	[ˈarbeːt- ˈsøːkandə]	Arbeitssuchende(r)
anlita, -ade, -at	[ˈanliːta]	in Anspruch nehmen
arbetsför-medling, -en, -ar	[ˈarbeːtsfœr- ˈmeːdliŋ]	Arbeitsvermittlung
yrkesvägle-dare, -n, -	[ˈyrkəsvɛːg- ˈleːdarə]	Berufsberater
råd, -et, -	[roːd]	Rat
upplysning, -en, -ar	[ˈøplysniŋ]	Auskunft
löntagare, -n, -	[ˈløːntɑːgarə]	Lohn-, Gehaltsempfänger
organiserad (von organisera)	[ɔrganiˈseːrad]	organisiert
fackförening, -en, -ar	[ˈfakfœr- ˈeːniŋ]	Gewerkschaft
de i sin tur	[deː i sin tʉːr]	sie ihrerseits
samman-sluten (von sluta samman)	[ˈsaman- slʉːtən]	zusammengeschlossen
fackförbund, -et, -	[ˈfakfœr- bønd]	Gewerkschaftsbund
förhandla, -ade, -at	[fœrˈhandla]	verhandeln
lön, -en, -er	[løːn]	Lohn, Gehalt
arbetsgivar-förening, -en, -ar	[ˈarbeːtsgiː- varfœrˈeːniŋ]	Arbeitgebervereinigung
facklig	[ˈfakli]	gewerkschaftlich
organisation, -en, -er	[ɔrgani- saˈʃuːn]	Organisation
arbetslös-hetskassa, -n, -or	[ˈarbeːtsløːs- heːtsˈkasa]	Arbeitslosenkasse
berättigad (von berättiga)	[bəˈrɛtigad]	berechtigt
ersättning, -en, -ar	[ˈæːʂɛtniŋ]	Entgelt
arbetslöshets-understöd, -et, -	[ˈarbeːtsløːs- heːtsˈɘn- dəʂtøːd]	Arbeitslosenbeitrag
utbildning, -en, -ar	[ˈʉːtbildniŋ]	Ausbildung
bosatt (von bosätta)	[ˈbusat]	wohnhaft
skyldig	[ˈʃyldi]	verpflichtet
skolgång, -en	[ˈskuːlgɔŋ]	Schulbesuch
kostnadsfri	[ˈkɔstnads- ˈfriː]	unentgeltlich
obligatorisk	[ɔbligaˈtuːrisk]	obligatorisch
gymnasiesko-la, -n, -or	[jymˈnɑːsiə- ˈskuːla]	10.–13. Schuljahr; Zusammenfassung für ehemalige Gymnasien, Fach- und Berufsschulen
folkhögskola, -n, -or	[ˈfɔlkhœːk- ˈskuːla]	Volkshochschule
undervisning, -en	[ˈɘndəviːsniŋ]	Unterricht
universitet, -et, -	[ønivæʂiˈteːt]	Universität
högskola, -n, -or	[ˈhœːgskuːla]	Hochschule
önska, -ade, -at	[ˈœnska]	wünschen
fri	[friː]	frei, kostenlos
skolmåltid, -en, -er	[ˈskuːlmoːl- tiːd]	Schulmahlzeit
elev, -en, -er	[eˈleːv]	Schüler
lärobok, -en, -böcker	[ˈlæːrubuːk]	Lehrbuch
skolmaterial, -et	[ˈskuːlmatə- riɑːl]	Schulmaterial, Lehrmittel
tandvård, -en	[ˈtanvoːɖ]	Zahnpflege
folktandvård	[ˈfɔlktanvoːɖ]	staatliches Zahnpflegeamt
skolläkare, -n, -	[ˈskuːlɛːkarə]	Schularzt
skolskö-terska, -n, -or	[ˈskuːl- ʃøːtəʂka]	Schulkrankenschwester
skolkurator, -n, -er	[ˈskuːlkɘ- ˈrɑːtɔr]	Schulfürsorger
skolpsykolog, -en, -er	[ˈskuːlpsy- kuˈloːg]	Schulpsychologe
studiemedel, -et	[ˈstʉːdiə- meːdəl]	Studienbeitrag

sjukdom, -en, -ar	['ʃʉːkdum]	Krankheit
vistas, -ades, -ats	['vistas]	wohnen, leben
studiebidrag, -et, -	['stʉːdiəbiˌdrɑːg]	Studienbeitrag
förhöjt	[fœr'hœjt]	erhöht
resetillägg, -et, -	['reːsətilɛg]	Reisezuschuß
sjukvård, -en	['ʃʉːkvoːd]	Krankenpflege
sjukhus, -et, -	['ʃʉːkhʉːs]	Krankenhaus
läkarstation, -en, -er	['lɛːkaʂtaˌʃuːn]	Arztzentrale
sjukhusläkare, -n, -	['ʃʉːkhʉːsˌlɛːkarə]	Krankenhausarzt
provinsialläkare, -n, -	[prɔvin siˈɑːlɛːkarə]	Amtsarzt, Kreisarzt
sjukhusvård, -en	['ʃʉːkhʉːsˌvoːd]	Krankenhauspflege
arvode, -t, -n	['arvuːdə]	Honorar
privatpraktiserande	[priˈvɑːtprakˌtiˈseːrandə]	mit eigener Praxis
läkare, -n, -	['lɛːkarə]	Arzt
tandläkare, -n, -	['tanlɛːkarə]	Zahnarzt
reglerad (von reglera)	[reg'leːrad]	regeln
försäkringskassa, -n, -or	[fœˈʂɛːkriŋsˌkasa]	Krankenkasse
kostnad, -en, -er	['kɔstnad]	Kosten
inskriven (von skriva in)	['inskriːvən]	eingetragen
sjukförsäkringsbesked, -et	['ʃʉːkfœʂɛːkˌriŋsbəˈʃeːd]	Krankenversicherungsschein
sjukpenning, -en, -ar	['ʃʉːkpɛniŋ]	Krankengeld
i förhållande till	[i fœr'hɔlandə tilˈ]	im Verhältnis zu
mista, miste, mist	['mista]	verlieren
ålderdom, -en	['ɔldədɔm]	Alter
ålderspension, -en, -er	['ɔldəʂpaŋˌʃuːn]	Rente
orka, -ade, -at	['ɔrka]	schaffen, können
klara, -ade, -at	['klɑːra]	schaffen, bewältigen
daglig	['dɑːgli]	täglich
syssla, -n, -or	['sysla]	Arbeit
hjälp, -en	[jɛlp]	Hilfe
hemsamarit, -en, -er	['hɛmsamaˌriːt]	Haushaltspflegerin
pensionärslägenhet, -en, -er	[paŋʃuˈnæːʂˌlɛːgənˈheːt]	Rentnerwohnung
pensionärshotell, -et, -	[paŋʃuˈnæːʂˌhuˈtɛl]	Rentnerwohngemeinschaft
ålderdomshem, -met, -	['ɔldədumsˌhɛm]	Altersheim

Parteien und Organisationen

1. Schwedens neuer Einkammer-Reichstag hat 350 Mitglieder, von denen im Jahre 1973 51 Frauen waren. Die Abgeordneten (riksdagsmän) werden jeweils für einen Zeitraum von drei Jahren gewählt:

	Antal ledamöter	Därav kvinnor
Socialdemokratiska riksdagsgruppen	163	29
Centerpartiet	71	9
Folkpartiet	58	6
Moderata samlingspartiet	41	4
Vänsterpartiet kommunisterna	17	3
Summa	350	51

2. Bei vier verschiedenen „Ombudsmännern" kann jeder Bürger eine Klage einbringen:

JO	justitieombudsman	*Justizbevollmächtigter*
KO	konsumentombudsman	*Verbraucherombudsmann*
NO	näringsfrihetsombudsman	*Antitrustombudsmann*
PO	pressombudsman	*Bevollmächtigter für Pressefragen*

3. Arbeitgeber und Arbeitnehmer sind weitgehend organisiert.

SAF	Svenska arbetsgivareföreningen	*Zentralverband Schwedischer Arbeitgeber*
LO	Landsorganisationen	*Schwedischer Gewerkschaftsbund*
TCO	Tjänstemännens centralorganisation	*Zentralorganisation der Angestellten und Beamten*
SACO	Sveriges akademikers central-organisation	*Zentralorganisation schwedischer Akademiker*
SR	Statstjänstemännens riksförbund	*Reichsverband schwedischer Staatsbeamter*

Statens avtalsverk – die zentrale Tarifverhandlungsbehörde – vertritt die Regierung bei den Verhandlungen.

Grammatik

Indefinita pronomen – Indefinitpronomen   **A**

Utrum		*Neutrum*		*Plural*	
man, ens, en	*man*				en del *einige*
någon	*jemand, ein(e)*	något, någonting	*etwas*	några *einige*
liten, föga	*wenig*	litet, föga	*wenig, etwas*	få *wenige*
ingen	*niemand, kein(e)*	inget, intet, ingenting	*nichts, kein*	inga *keine*
mången, mycken	*manche(r)*	månget, mycket	*manches*	många *viele*
annan	*andere(r)*	annat	*anderes*	andra *andere*
		somligt	*irgend ein(e)s*	somliga *einige*
all	*all, jede(r)*	allt, allting	*alles*	
var och en, varenda en	*jede(r)*	vart och ett, varenda ett	*jedes*	alla *alle*
varje, var	*jede(r)*	varje, vart	*jedes*	
vem som helst	*jedermann; jede(r) be-liebige*	vadsom helst	*alles mögliche*	vilka som helst
vilken som helst	*jede(r) beliebige*	vilket som helst	*jedes beliebige*	irgend-welche

Anmerkungen: **B**

1. **Man** [man] kann wie im Deutschen als Subjekt stehen; in den übrigen Kasus wird es durch **en** ergänzt: Vad skall **man** göra? – Det förargar **en** att höra något sådant. *Das ärgert einen, so etwas zu hören.* – Det är trevligt, när **ens** barn kommer.

2. **någon** [nɔn] *(irgend)einer, jemand*: Finns det **någon** läkare här? *Gibt es hier (irgend)einen Arzt?* – Vgl. Finns det en läkare här? *Ist hier ein Arzt?* – Fick du **någon** plats? *Hast du einen Platz bekommen?*
   Die Pluralform **några** wird als eine Art unbestimmter Mehrzahlartikel gebraucht: en vän till mig — **några** vänner till mig. / Finns det en läkare här? — Finns det **några** läkare här?
   någon / **något** wird auch substantivisch gebraucht: Har det varit **någon** här? Har du sett **något**?

3. *Etwas* in der Bedeutung „ein wenig", „ein bißchen" heißt **lite(t)** auch vor Utrum und Pluralformen: **lite** mjölk. – Finns det **lite** soppa kvar? Han ska ha **lite** pengar. Han är **lite** äldre än jag.

4. **ingen** [ˈiŋən] *kein(e), niemand* wird meistens, **inget** [ˈiŋət] *kein, nichts* fast immer sowohl bei substantivischem als auch bei adjektivischem Gebrauch durch **inte någon, inte något** umschrieben: Det är **inte något** att göra åt det. *Dabei ist nichts zu machen.* – Jag har **inte någon** (ingen) kniv, **inte några** (inga) pengar. Jag har **inte sett någon** (inget) av dem.
   Als Subjekt ist **ingen** oft dem **inte någon** vorzuziehen: **Ingen** vet det. (**Inte någon** auch möglich.)
   Bei substantivischem Gebrauch kann „nichts" auch **ingenting** [ˈiŋəntiŋ] heißen: Jag hör **ingenting**/inte någonting. Det kostar **ingenting**/inte något.
   Beim zusammengesetzten Prädikat werden **inte** und **någon** / **något** getrennt; **inte** folgt normalerweise unmittelbar nach dem finiten Verb (dem Hilfsverb im Präsens oder Imperfekt), **någon** / **något** meist nach dem Hauptverb: Jag har **inte** hört **något**. Det hade **inte** kostat **något**. *Ingenting* ist in diesem Fall ungebräuchlich. **Inte något** wird oft zu **inte någonting** erweitert: Jag har **inte** hört **någonting**. Det hade **inte** kostat **någonting**.
   Ähnlich wird das **ingen** eines Nebensatzes durch **inte någon** ersetzt und getrennt: Jag tror **inte, att någon** har varit här. Ich glaube, hier ist **keiner** gewesen. — "Ich glaube **nicht**, daß **jemand** hier gewesen ist." heißt: Jag tror **inte, att** det har varit **någon** här.

5. **mången** [ˈmɔŋən] (substantivisch und adjektivisch) kommt im Singular selten vor; die Pluralform **många** [ˈmɔŋa] bezieht sich auf die Anzahl, nicht auf die Menge (mycket): Det var **många** människor där (viele Menschen). Det var mycket människor (= mycket folk) där (eine Menschenmenge, ein großes Publikum).
   Ebenso werden die gesteigerten Formen gebraucht (vgl. 12 F): Det är **fler** äpplen än päron i påsen *(z. B. 7 Äpfel, aber nur 5 Birnen in der Tüte)*. Det är **mer** äpplen än päron i år *(der Ertrag, die Ernte dieses Jahres)*.

Die Einzahlformen finden sich in vielen Redewendungen: mången gång *manchmal*, mångt och mycket *mancher-*, *vielerlei*, i mångt och mycket *in mancher Beziehung*.

6. **annan** [ˈanan] (substantivisch und adjektivisch) hat im Singular die unbestimmten Formen: **en annan** [enˈanan], **ett annat** [etˈanat]; in der bestimmten Form heißt es **den / det andra**. Der Plural **andra** wird als unbestimmte und bestimmte Form gebraucht. **en annan** gång *ein andermal*; **ett annat** hus; **den andra** vägen. **Några tycker om mamman, andra tycker om dottern**. *Einigen gefällt die Mutter, anderen die Tochter.* **Andra länder, andra seder** *(Sitten)*.

7. **all** wird nur adjektivisch, **allt** und **alla** auch substantivisch gebraucht: **Jag har ätit all gröt.** *Ich habe den ganzen Brei gegessen, d. h. alles, was vorhanden war.* – **Allt** är som förr. **Alla** pengarna. **Alla** var upprörda. *Alles war erregt.*
allas (Genitiv Plural) wird substantivisch gebraucht: **allas** vår vän *unser aller Freund*.
Das substantivische **allt** ersetzt man oft durch **allting**, ebenso **alla** durch **allesamman: Allting** är som förr. **Allesammen** är hemma.

8. **var, varje, var och en, varenda**
Diese Pronomen sind Singularformen und bedeuten „jeder". Adjektivisch stehen **var, vart** und **varje** (unflektierbar): var (varje) dag, vart/varje år; var tredje dag. Substantivisch benutzt man **var och en** (mit dem Genitiv **vars och ens**), **vart och ett, envar: Var och en** är sig själv närmast. *Jeder ist sich selbst der nächste.* – Det beror på **vars och ens** läggning. *Das hängt von der Veranlagung eines jeden ab.* – alla **och envar** *alle und jeder, ohne Ausnahme*.
Varenda, vartenda werden adjektivisch gebraucht. Stehen sie substantivisch, werden **en, ett** hinzugefügt: **Vartenda** år. **Varenda en** gav något.
In der Verbindung **var** + Possessivpronomen wird **var** wie das Possessivpronomen flektiert: Barnen fick **var** sin glass. *Die Kinder bekamen je ein Eis.* De sitter vid **var** sitt bord. *Sie sitzen jeder an seinem Tisch.*

Indefinita adverb – Adverbien   C

Ortsadverbien:
Die Adverbien auf -**städes** gehören mehr der Schriftsprache an: annorstädes *anderswo*, ingenstädes, någonstädes. In der Umgangssprache sagt man: någon annanstans, ingenstans, någonstans, varstans, överallt.

Zeitadverbien:
Någonsin ist stärker als die üblichen **någon gång** und **aldrig:** Har du varit i Sigtuna någon gång? Har du någonsin hört på maken? *(...so einen Unsinn).*
En annan gång *ein andermal*, mången gång *manchmal*, varje gång *jedesmal*, alltid und ständigt. Det var alltid varmt *(... immer warm).*
Vor einem Komparativ heißt „immer" **allt:** Det blev **allt** varmare (= varmare och varmare).

Adverbien der Art und Weise, des Grades und der Menge fallen oft zusammen: Det går någorlunda, någorlunda bra. *Es geht einigermaßen, leidlich gut.*
– på något sätt *irgendwie*, inte på något sätt *keineswegs*, annorledes *anders*, på många sätt *mancherlei*, mycket *viel, sehr*; på alla sätt *auf jede Weise*, alldeles (= helt) *gänzlich, durchaus.*

Övningar

a) Fyll i annanstans, ingenstans, någonstans, varstans eller överallt:
— måste det väl finnas ett apotek. Det finns affärer — i centrala Stockholm. Finns det ingen — dit vi kan gå? Hon ville arbeta, men — fanns det arbete åt henne. Jag träffade tyskar lite — i somras. Boken ligger — på skrivbordet. Jag har letat —, men inte hittat den —. Här var det inte särskilt trevligt. Gå någon — då!

leta, -ade, -at   ['leːta]   suchen
hitta, -ade, -at   ['hita]   finden

b) Var arbetar?

1. en servitris	2. en läkare	3. en lärare
4. en skådespelare	5. en präst	6. en expedit.
a) in en affär	b) på ett sjukhus	c) in en kyrka
d) i en skola	e) på en restaurang	f) på en teater.

skådespelare, -n, -   ['skoːdə'speːlarə]   Schauspieler
präst, -en, -er   [prɛst]   Geistlicher

c) Konstruera frågor till följande svar:
1. Ja, det gör jag.   4. Jo, det är jag.
2. Jo, det kan jag.   5. Ja, det ska jag.
3. Ja, det vill jag.

d) Vad heter ungarna till följande djur:
a) ko   b) katt   c) höna   d) häst   e) gris   f) får

e) Översätt:
Der Wohlfahrtsstaat möchte allen Staatsangehörigen Sicherheit geben. Wenn man keine Arbeit hat, geht man zur Arbeitsvermittlung. Die Schüler bekommen freie Bücher und freies Essen in der Schule. Alle sind zu Hause. Alles ist wie früher. Es hat nichts gekostet. Ich habe kein Geld. Es wird immer wärmer.

19. Lektion

Ärligt talat

Nere på fiket kan det mesta debatteras, men vissa ämnen står över all kritik. Dit hör Den Svenska Ärligheten. Det märktes i går, när Olle helt oväntat hävdade att han börjat tvivla på den. Han hade glömt en portmonnä med sjuttio kronor i en telefonkiosk och förgäves sökt den på polisstationer och hittegodsmagasin.

– Jag vet att en äldre dam har hittat den, berättade han. Utom stålarna innehöll den nämligen nåra lappar med telefonnummer till polare. Dit har hon ringt och frågat om dom tappat nånting. Då dom svarat nej har hon lagt på luren utan att tala om sitt eget namn eller telefonnummer.

Janne tände direkt.

– Det är väl inte oärligt. Hon har ju försökt kontakta dej.

Berra instämde.

– Troligen lever hon ett ganska händelselöst pensionärsliv. Nu tycker hon det är spännande att göra egna efterforskningar och samtidigt gardera sej mot att bli lurad. Går du tillbaks till hittegodset om nån vecka, har hon säkert lämnat in den.

– Men nog måste ni hålla med om, sa Olle, att svenska folket blivit allt oärligare.

Låt oss göra ett tankeexperiment. Vad ska vi hitta på? Jo, du behöver frimärken en kväll när posten har stängt. Du går till en frimärksautomat, stoppar i två riksdaler och drar ut ett häfte.

Men så råkar du dra i spaken ännu en gång och får ytterligare ett häfte. Och ett till, och ett till. Automaten är trasig, och varje gång du drar i spaken förlorar posten frimärken för två krisch. Vad gör du då?

Frågan var intressant och fick oss alla att tänka efter.

– Du menar förstås, sa Berra, att man står kvar där och drar så länge det går.

Olle nickade.

– Just det.

Janne slog näven i bordet så porslinet klirrade. – Och vad händer sen? Det kan jag tala om för dej. Du får ett förfärligt dåligt samvete och känner dej uslare än en lus. Nästa morron går du till posten, lämnar in frimärkena och ber dom laga automaten.

Och törs du inte det, så lägger du alla häftena i ett kuvert och skickar dom anonymt. Har jag inte rätt?

Olle ryckte på axlarna.

– Det kanske du har.

Han vände sig mot köket.

– Kerstin, får jag betala? ropade han.

Servitrisen kom fram till bordet. – Visst, det blir fyra och nittio.

Olle grävde i fickorna . – Du, sa han, gör det nåt om jag betalar med frimärken?

Aus Dagens Nyheter   CRONA

Vokabeln

ärlig	[ˇæː[i]	ehrlich		oärlig	[ˇuːæː[i]	unehrlich
fik, -et, -	[fiːk] *sl.*	Café		kontakta	[kɔnˈtakta	mit j–m
debatteras,	[debaˈteːras]	debattiert		någon, -ade,	nɔn]	Kontakt
-ades, -ats		werden		-at		aufnehmen
ämne, -t, -n	[ˇɛmnə]	Thema		Berra	[ˇbæra]	*Kosename für*
stå över all	[stoː ˈøːvər	über alle				Bertil
kritik	al kriˈtiːk]	Kritik erha-		instämma,	[ˇinstɛma]	einstimmen
		ben		-de, -t		
kritik, -en	[kriˈtiːk]	Kritik		troligen	[ˇtruːliən]	wahrschein-
ärlighet, -en	[ˇæː[iheːt]	Ehrlichkeit				lich
märkas, -tes,	[ˇmærkas]	bemerkt		händelselös	[ˇhɛndəlsə-	ereignislos
-ts		werden			løːs]	
oväntad	[ˇuːvɛntad]	unerwartet		pensionärs-	[panʃuˇnæːʂ-	Rentnerleben
hävda, -ade,	[ˇhɛvda]	behaupten		liv, -et	liːv]	
-at				tycka, -te, -t	[ˇtyka]	finden
tvivla, -ade,	[ˇtviːvla]	zweifeln		spännande	[ˇspɛnandə]	spannend
-at				efter-	[ˇɛftə-	Nachfor-
portmonnä,	[pɔtmɔˈnɛː]	Portemonnaie		forskning,	fɔʂkniŋ]	schung
-n, -er				-en, -ar		
telefonkiosk,	[teleˇfoːn-	Telefonzelle		gardera sig,	[gaˈdeːra sɛj]	sich decken,
-en, -er	kiɔsk]			-ade, -at		schützen
förgäves	[fœrˈjɛːvəs]	vergebens		sej = sig	[sɛj]	sich
polisstation,	[puˇliːsta-	Polizeiwache		lurad	[ˇlʉːrad]	betrogen
-en, -er	ʃuːn]			tillbaks	[tiˈbɑːks]	zurück
hittegodsma-	[ˇhitəguts-	Fundbüro		hittegods, -et	[ˇhitəguts]	Fundsache;
gasin, -et, -	magaˈsiːn]					*hier:*
hitta, -ade,	[ˇhita]	finden				Fundbüro
-at				nån = någon	[nɔn]	jemand
berätta,	[bəˈrɛta]	erzählen		lämna in,	[ˇlɛmna ˈin]	abgeben
-ade, -at				-ade, -at		
stålar	[ˇstoːlar] *sl.*	Geld		nog	[nuːg]	sicher, wohl
innehålla,	[ˇinəhɔla]	enthalten		hålla med	[ˇhɔla meː	j–m recht
-höll, -hållit				om	ɔm]	geben
nåra = några	[ˇnoːra]	einige		allt	[alt]	immer
lapp, -en, -ar	[lap]	Zettel		*vor Komparativ*		
telefonnum-	[teleˇfoːnə-	Telefon-		tankeexperi-	[ˇtaŋkəeks-	Gedanken-
mer, -et. -	mər]	nummer		ment, -et, -	priˈmɛnt]	experiment
polare, -n, -	[ˇpuːlarə] *sl.*	Kamerad		hitta på,	[ˇhita ˈpoː]	erfinden
dom = de	[dɔm]	sie		-ade, -at		
tappa, -ade,	[ˇtapa]	verlieren		behöva, -de,-t	[bəˈhøːva]	brauchen
-at				stänga, -de,-t	[ˇstɛŋa]	schließen
nånting =	[ˇnɔntiŋ]	etwas		frimärksauto-	[ˇfrimærks-	Briefmarken-
någonting				mat, -en,	atɔˈmɑːt]	automat
lägga på,	[ˇlɛga ˈpɔ]	aufhängen,		-er		
lade, lagt		auflegen		stoppa i,	[ˇstɔpa ˈiː]	hineinstecken
lur, -en, -ar	[lʉːr]	Hörer		-ade, -at		
tända, -de,	[ˇtɛnda] *sl.*	aufgeregt		riksdaler	[riksˈdɑːlər]	*hier:* Kronen
-t		werden		dra ut, drog,	[drɑː ˈʉːt]	herausziehen
direkt	[diˈrɛkt]	sofort		dragit		

häfte, -t, -n	[ˇhɛftə]	Heft, Karte	
spak, -en, -ar	[spɑːk]	Hebel	
ytterligare	[ˇytəliːarə]	noch	
automat, -en, -er	[atɔˈmɑːt]	Automat	
trasig	[ˇtrɑːsi]	kaputt	
krisch	[kriʃ] sl.	Krone	
då	[doː]	dann	
få att, fick, fått	[foː at]	machen	
tänka efter, -te, -t	[ˇtɛŋka ˇɛftər]	nachdenken	
förstås	[fœˈʂtɔs]	selbstverständlich	
just	[jøst]	eben	
Janne	[ˇjanə]	Kosename für Jan	
näve, -n, -ar	[ˇnɛːvə]	Faust	
porslin, -et	[pɔˈʂliːn]	Porzellan	
klirra, -ade, -at	[ˇklira]	klirren	
samvete, -t, -n	[ˇsamveːtə]	Gewissen	

usel	[ˈʉːsəl]	schlecht	
lus, -en, löss	[lʉːs]	Laus	
morron = morgon	[ˇmɔrɔn]	Morgen	
laga, -ade, -at	[ˇlɑːga]	reparieren	
törs, tordes, torts (von töras)	[tœʂ]	wagen	
kuvert, -et, -	[kəˈvæːr]	Umschlag	
anonym	[anɔˈnyːm]	anonym	
rycka på	[ˇryka pɔ]	die Achseln zucken
axlarna	ˇakslaɳa		
rycka, -te, -t	[ˇryka]	zerren, reißen	
axel, -n, -ar	[ˈaksəl]	Achsel	
vända sig, vände, vänt	[ˇvɛnda sɛj]	sich umdrehen	
ropa, -ade,-at	[ˇruːpa]	rufen	
komma fram till bordet	[ˇkɔma ˈfram ti ˈbuːɖə]	an den Tisch herankommen	
gräva, -de, -t	[ˇgrɛːva]	graben	
ficka, -n, -or	[ˇfika]	Tasche	

Några vanliga slanguttryck

Die jüngeren Schweden verwenden oft und viel Slang.

baggis	[ˈbagis]	Bagatelle	grabb	[grab]	Junge	
bagis	[ˈbɑːgis]	Krone	grej	[grɛj]	Sache	
ball	[bal]	herrlich	gänga sig	[ˇjɛŋa sɛj]	heiraten	
barr	[bar]	Haar; nichts	hoj	[hɔj]	Rad	
bira	[ˇbiːra]	Bier	jobb	[jɔb]	Arbeit	
brallis	[ˈbralis]	Mädchen	jobba	[ˇjɔba]	arbeiten	
brallor	[ˇbralər]	Hose	jycke	[ˇjykə]	Hund	
brorsa	[ˇbruʂa]	Bruder	kille [ˇkilə], kis [kiːs]		Junge	
brud	[brʉːd]	Mädchen	knall	[knal]	„blau": betrunken	
bubbla	[ˇbøbla]	sprechen	knas	[knɑːs]	Dummkopf	
bulle	[ˇbølə]	Taxi	knasig	[ˇknɑːsi]	verrückt	
burken	[ˈbørkən]	Fernseher	knega	[ˇkneːga]	arbeiten	
båge	[ˇboːgə]	Motorrad	knegare	[ˇkneːgarə]	Arbeiter	
bärsa	[ˇbæːʂa]	Bier	knoppa	[ˇknɔpa]	schlafen	
digga	[ˇdiga]	gern haben	knutte	[ˇknøtə]	Motorradfahrer	
doja	[ˇdɔja]	Schuh				
dora	[ˇduːra]	Fensterscheibe	knycka	[ˇknyka]	stehlen	
			kola	[ˇkuːla]	sterben	
farsan	[ˇfaʂan]	Vater	kolla	[ˇkɔla]	vergleichen	
fik	[fiːk]	Café	kompis	[ˈkɔmpis]	Kamerad	
fika	[ˇfiːka]	Kaffee trinken	krubb	[krøb]	Essen	
			kröka	[ˇkrøːka]	saufen	
flummig	[ˇflømi]	schön	kul	[kʉːl]	lustig	
fralla	[ˇfrala]	Brötchen	kuse	[ˇkʉːsə]	Pferd	
garva	[ˇgarva]	lachen	kuta	[ˇkʉːta]	laufen	

kåk	[koːk]	Haus; Ge-	punga ut	[ˇpəŋa ˈɦːt]	bezahlen
		fängnis	sabba	[ˇsaba]	zerstören
käk	[cɛːk]	Essen	skippa	[ˇskipa]	lassen
käka	[ˇcɛːka]	essen	skraj	[skraj]	bange
kärra	[ˇcæra]	Auto	slagga	[ˇslaga]	schlafen
lira	[ˇliːra]	spielen	slappa	[ˇslapa]	dösen
lirare	[ˇliːrarə]	Kamerad	snacka	[ˇsnaka]	plaudern
lubba	[ˇləba]	laufen	sne	[sneː]	böse
macka	[ˇmaka]	Butterbrot	snut	[snɦːt]	Polizist
moppe	[ˇmɔpə]	Moped	soppa	[ˇsɔpa]	Benzin
morsan	[ˇmuʂan]	Mutter	sponken	[ˈspɔŋkən]	Alkohol
muck	[mək]	Entlassung	spänn	[spɛn]	Krone
mysig	[ˇmyːsi]	schön	spöa	[ˇspøːa]	schlagen
pall	[pal]	Apfel;	sticka	[ˇstika]	weggehen;
		Dumm-			fahren
		kopf; Kopf	stålar	[ˇstoːlar]	Geld
palla	[ˇpala]	Obst steh-	syrra	[ˇsyra]	Schwester
pjuck	[pjək]	Schuh [len	tagg	[tag]	Zigarette
platta	[ˇplata]	Schallplatte	tjacka	[ˇcaka]	kaufen
plugg	[pləg]	Schule	tjej	[cɛj]	Mädchen
plugga	[ˇpləga]	studieren	tricken	[ˈtrikən]	U-Bahn
plurret	[ˈplərət]	Wasser	tända	[ˇtɛnda]	aufgeregt
polare	[ˇpuːlarə]	Kamerad			werden
pryl	[pryːl]	Sache	vara på	[ˇvɑːra pɔ	schwanger
pröjsa	[ˇprœjsa]	bezahlen	smällen	ˈsmɛlən]	sein
pundig	[ˇpəndi]	dumm	vurre	[ˇvərə]	Wurst

Grammatik

Vanliga adverb – Häufig vorkommende Adverbien   A

Der Bedeutung nach kann man verschiedene Gruppen von Adverbien unter-
scheiden:

1. Adverbien der Art und Weise:

annars	sonst	framlänges	vorwärts	precis	genau
annorlunda	anders	förgäves	vergebens	rent av	geradezu
baklänges	rückwärts	förresten	übrigens	sakta	langsam
bra	gut, wohl	gärna	gern	så	so
delvis	teilweise	illa	schlecht	särdeles	besonders
dåligt	schlecht	noga	genau	särskilt	besonders
eljest	sonst	närapå	beinahe	åtminstone	wenigstens
enkom	eigens	nästan	beinahe		

Gesteigerte Formen: bra – bättre – bäst; gärna – hellre – helst; illa – värre –
värst. *Vgl. 12 I, 18 C.*

2. Adverbien des Grades und der Menge: B

alldeles	*ganz*	mest	*meist*
alltför	*zu*	minst	*mindestens*
bara	*nur*	mycket	*viel, sehr*
blott	*nur*	nog	*genug, wohl, schon*
endast	*nur*	någorlunda	*ziemlich*
föga	*wenig*	också	*auch*
för	*zu*	precis	*gerade*
ganska	*ziemlich*	rätt	*ziemlich*
helt och hållet	*ganz und gar*	till och med	*sogar*
just	*gerade*	tillräckligt	*genug*
knappast	*kaum*	tämligen	*ziemlich*
knappt	*kaum*	ungefär	*ungefähr*
lagom	*gerade richtig*	ytterst	*äußerst*
lite grand	*ein bißchen*	även	*auch*
litet	*wenig*		

Vgl. 18 C.

3. Adverbien des Ortes: C

bak	*hinten*	inomhus	*im Hause*
bakifrån	*von hinten*	långt	*weit*
bakåt	*nach hinten*	ned	*hin-, herab*
bort	*weg*	nedanför	*unten*
borta	*weg*	nere	*unten*
dit	*dorthin*	nära	*nahe*
där	*dort*	ovanpå	*oben*
därifrån	*von dort*	tillbaka	*zurück*
fjärran	*fern*	upp	*hin-, herauf*
fram	*vorwärts*	uppe	*oben*
framifrån	*von vorn*	uppåt	*nach oben*
framme	*am Ziel*	ut	*hin-, heraus*
framåt	*vorwärts*	ute	*draußen*
hem	*nach Hause*	utomlands	*im Ausland*
hemma	*zu Hause*	utrikes	*im Ausland*
hit	*hierher*	var	*wo*
här	*hier*	varifrån	*woher*
härifrån	*von hier*	vart	*wohin*
in	*hin-, herein*	överallt	*überall*
inne	*drinnen*		

Gesteigerte Formen: långt – längre – längst
Vgl. 12 I, K; 16 B; 17 D; 18 C.

4. Adverbien der Zeit: D

aldrig	*nie*	nyligen	*neulich*
alltid	*immer*	nyss	*eben*
alltjämt	*immer noch*	någonsin,	
då	*damals*	nånsin	*je*
då och då	*dann und wann*	när	*wann*
efteråt	*nachher*	ofta	*oft*
fordom	*früher*	redan	*schon*
fortfarande	*immer noch*	sedan	*dann*
framledes	*späterhin*	sent	*spät*
förr	*früher*	slutligen	*endlich*
först	*zuerst*	strax	*sofort*
förut	*vorher*	så småningom	*allmählich*
genast	*sogleich*	sällan	*selten*
hittills	*bisher*	tidigt	*früh*
ibland	*manchmal*	till sist	*endlich*
igen	*wieder*	åter	*wieder*
innan	*vorher*	återigen	*wiederum*
länge	*lange*	ännu	*noch*
nu	*jetzt*	äntligen	*endlich*

Gesteigerte Formen: länge – längre – längst, ofta – oftare – oftast.
Vgl. 12I, 17D, 18C.

E

5. Die wichtigsten Adverbien der Verneinung, der Bejahung, des Zweifels:

alls icke	*gar nicht*	jaså	*ach so*
antagligen	*wahrscheinlich*	jo	*doch*
ej	*nicht*	ju	*ja*
för all del	*ja, bitte*	kanhända,	
gärna	*gern*	kanske	*vielleicht*
i alla fall	*auf jeden Fall*	minsann	*wahrhaftig*
icke	*nicht*	måhända	*vielleicht*
inte en gång,		nej	*nein*
inte ens,		säkert	*sicher*
inte heller	*auch nicht*	tvärtom	*im Gegenteil*
ja, jaha	*ja*		

Användning av adverb – Der Gebrauch der Adverbien   F

Die Adverbien stehen als nähere Bestimmung zu:

1. **Adjektiven:** En mycket kraftig man. *(nur Adverbien des Grades).*
2. **anderen Adverbien:** Han har varit här ganska länge. *(nur Adverbien des Grades).*

3. **Präpositionen:** Han är ute i trädgården. *(nur Ortsadverbien; vgl. 16 B)*.
4. **Verben:** Han reser ofta. Hon bor här. Vi går fort.
5. **dem ganzen Satz:** Antagligen kommer hon. Det är nog bäst att sluta nu.

Adverbens ställning i satsen
Die Stellung der Adverbien im Satz   **G**

a) Die Adverbien stehen im Haupt- und Nebensatz nach dem Prädikat und nach dem Objekt:
Jag äter där dagligen. Jag har ätit där dagligen. Han frågade, om jag åt där dagligen. Jag sa, att jag hade ätit där dagligen. Jag ser huset tydligt. Jag har gjort det alldeles ensam.

b) Wie im Deutschen kann das Adverb an der Spitze des Satzes stehen. Es wird dann besonders hervorgehoben:
Aldrig har jag upplevt något liknande. Först måste jag hem. Där hade hon aldrig varit förr.
In diesem Fall tritt Inversion ein (Umstellung Subjekt – Prädikat).

De nekande och modifierande adverbens ställning
Die Stellung der verneinenden und modifizierenden Adverbien   **H**

a) Die verneinenden Adverbien aldrig, ej, icke, ingalunda, inte, knappt, sowie Adverbien, die einen Vorbehalt, Zweifel oder eine vorsichtige Aussage des Sprechenden ausdrücken wie förmodligen (wahrscheinlich), kanske, möjligen (möglicherweise), nog (schon), säkerligen (sicher), väl u. ä. stehen im erzählenden und fragenden **Hauptsatz** unmittelbar **nach** dem flektierten Verb:
Han har **kanske** tagit den. Äter **inte** Olle fisk?

b) In einem **Nebensatz** werden sie **vor** das flektierte Verb gestellt: Hon sa, att han **kanske** hade tagit den. Han frågade, om Olle **inte** åt fisk.

c) Wenn das Objekt des erzählenden Hauptsatzes ein Personalpronomen ist, steht dieses zwischen dem Prädikat im Präsens oder Imperfekt und dem verneinenden oder modifizierenden Adverb:
Han tog **den** kanske. Jag äter **den** inte.

d) Ist das Subjekt des fragenden Hauptsatzes ein Personalpronomen, steht dieses vor dem verneinenden Adverb:
Äter **han** inte fisk? Bor **de** inte här? Har **du** inte sett honom? Kan **du** inte vänta ett ögonblick? *Kannst du einen Augenblick warten?*

Tidsadverbens placering
Die Stellung der Zeitadverbien   **I**

Viele Zeitadverbien wie alltid, genast, ofta, redan, snart, slutligen, sällan, äntligen können sowohl die normale Stelle des Adverbs (am Satzende) als auch die Stelle der unter 19 H erwähnten Adverbien haben:

Han har redan rest. = Han har rest redan.
Han sa, att han genast skulle komma. = Han sa, att han skulle komma
genast. Vi ska snart äta = Vi ska äta snart.

Ordföljden i bisatser
Die Wortstellung im Nebensatz   J

Von der Stellung der unter 19H, I erwähnten Adverbien abgesehen, unterscheidet sich die Wortfolge der Nebensätze nicht von der geraden Wortfolge der Hauptsätze:

Hauptsatz	*Nebensatz*
Jag har bott här i fyra år.	Jag säger, att jag har bott här i fyra år.
Jag äter, för jag är hungrig.	Jag äter, därför att jag är hungrig.

Omvänd ordföljd – Umstellung der Satzglieder (Inversion)   K

Das finite Verb steht vor dem Subjekt des Satzes in denselben Fällen wie im Deutschen:

a) im fragenden Hauptsatz: Läste du tidningen igår? Har du aldrig varit här förut?

b) im Nachsatz (Hauptsatz, dem ein Nebensatz vorangeht): När jag var i Sigtuna, tappade jag mitt paraply *(verlor ich meinen Regenschirm)*. Om han hade varit hemma, hade ljuset varit tänt.

c) im konjunktionslosen Bedingungssatz: Hade han varit hemma, hade ljuset varit tänt.

d) wenn ein anderes Satzglied als das Subjekt den Satz einleitet: Snart kommer tåget. Henne känner jag inte. I det där huset bor Anna.

Indirekt tal – Indirekte Rede   L

Ein Konjunktiv. kommt in der indirekten Rede nicht vor. Wird etwas Gleichzeitiges berichtet, achte man auf die Übereinstimmung der Zeiten:

Direkte Rede	*Indirekte Rede*
Han säger: "Jag är trött."	Han säger, att han är trött.
Han sa: "Jag är trött."	Han sa, att han var trött.
Han säger: "Jag var trött."	Han säger, att han var trött (har varit trött).
Han sa: "Jag var trött."	Han sa, att han hade varit trött.
De frågar: "Har ni sett filmen?"	De frågar, om vi har sett filmen.
De frågade: "Har ni sett filmen?"	De frågade, om vi hade sett filmen.

Vgl. 6J.

Övningar

a) Sätt in passande slangord i stället för de understrukna orden:
Kan du inte **tala** med henne. De **drack kaffe**. Vi **arbetar** mycket. Han går i
skolan. Har du **pengar**? Jag har en **krona**. **Pappa** är hemma. Där går min
syster. Vill du ha en **smörgås**? Skall vi **äta** snart? Min **pojke** är 17 år. Var
finns mina **skor**? Min **flicka** är söt. Hur gammal är din **hund**? Jag förstår
ingenting. Hans **kamrat** är trevlig. Är den här **saken** bra? Hur många
grammofonskivor har du? Han är ganska **dum**. Kan du **betala**? Erik har
en **cykel** och en **moped**.

b) Fyll i rätt preposition:
Reformerna svarade inte — tidens krav. — 1800-talets mitt emigrerade
många svenskar till Amerika. De nordliga svenskbygdernas natur
påminner — Sveriges. Fadern såg — de bortfarande. Han stödde sig — si-
na kryckor. Trygghet — alla är grundtanken i svensk socialpolitik. Un-
dervisningen — universitet och högskolor är gratis. Ett besök — en pro-
vinsialläkare kostar 12:-. Pensionärer kan få hjälp — hemsamariter, när
de är sjuka. Det står — all kritik. Jag tvivlar — den svenska ärligheten.
Portmonnän innehöll också några lappar — telefonnummer. Han la —
luren. Servitrisen kom fram — bordet. Jag betalar — check.

check, -en, -ar [cɛk] Scheck

c) Fyll i rätt ord (fortfarande, förresten, hellre, kanske, knappast, lagom,
tyvärr, utomlands, åtminstone):
1. Svensson har flyttat till Tyskland. Han bor alltså — nu.
2. Sover hon äntligen? Nej, hon är — vaken.
3. Vattnet är inte för kallt och inte för varmt. Det är —.
4. Jag orkar inte göra det, och — har jag ingen lust heller.
5. Jag stannar — hemma än går dit.
6. Han tror — att det går och jag tvivlar också på det.
7. Har du väldigt bråttom? Stanna — en stund.
8. Jag — inte hinner komma idag.
9. — kan jag inte komma.

vaken [ˈvɑːkən] wach
lust, -en, -ar [lɵst] Lust
ha bråttom [hɑː ˈbrɔtɔm] es eilig haben

d) Fyll i rätt tidsuttryck (Exempel: på onsdag, på onsdagarna, en onsdag,
varje onsdag, i onsdags):
lördag — kväll var vi ute och dansade. Vi träffades —. Han spelar fot-
boll —. Filmen hade premiär — den 25 september. Ska vi gå dit nästa —
också?
dag Jag arbetar sex timmar —. Jag är ledig mitt —. På sommaren är
det varmt —. — har jag jobbat mycket. — kommer han säkert tillbaka.

träffas, -ades, -ats [ˈtrɛfas] sich treffen
premiär, -en, -er [premiˈæːr] Premiere

e) Översätt:

Anita hat ihre Tasche in einer Telefonzelle vergessen. Eine ältere Dame hat sie gefunden. Sie hat sie im Fundbüro abgegeben. Ich brauche Briefmarken. Er zuckt die Schultern. Woher kommt er? Er fährt langsam. Sie ist äußerst genau. Nicht einmal sie ist dagewesen. Hast du ihn nicht gesehen? In diesem Haus wohne ich.

20. Lektion

From berättelse

En man som en längre tid varit lomhörd gick en dag till öronkliniken. Där blåste man in luft i hans huvud, och då hörde han strax mycket bättre, ty de som hava luft i huvudet höra bäst. Mannen gick tillbaka ut i livet och fröjdades åt fåglarnas dånande sång.

Om natten kunde mannen emellertid icke sova. Grannens toalett brusade likt en brusande älv och väckarklockans tickningar slogo som hammarslag mot hans renoverade trumhinnor.

Bittida om morgonen steg mannen upp ur sin säng, klampade tassande ut i badrummet, lät tandborsten mala sin entoniga sång över tandraderna, dunsade ned i köket, knastrade i sig ett rungande rostat bröd, svalde sitt kaffe med en plums och gick ut till en arbetsdag bland vrålande spårvagnskonduktörer, drillborrar, telefonsignaler, musik under arbetet, summertoner, lunchsirener och människoröster som skuro genom märg och ben.

Innan dagen var till ända stod mannen åter inför sin öronläkare och viskade: "Hjälp mig, ty jag står icke ut! Livets buller är mig övermäktigt! I min lomhördhet trodde jag mig gå miste om väsentliga ting. Jag ville höra allt vad människorna sade. Men de säga ju intet att hänga i julgranen. Tvärtom bedröva de mig med sitt tal, och emedan de leva i den tron att jag fortfarande hör illa säga de gång efter annan bakom min rygg: 'Bry dig inte om Nilsson, han hör ändå ingenting!' Förfärliga saker viska de sedan till varandra, om mig och mina vänner. Hjälp mig! Förut hörde jag ju det viktigaste, vad saker kostade och hurudant väder det skulle bli. Det är nog för mig. Var barmhärtig, sug åter ut luften ur mitt huvud, på det att jag icke må ryckas ur min slummer var gång min granne gripes av köttets lustar! Skruva ned världens larm under bullergränsen! Sug ut luften igen, jag ber på mina bara knän, sug ut luften!"

Läkaren gjorde mannen till viljes, och mannen gick åter ut i livet
och gladde sig storligen åt att icke höra läkarens ord: "Nästa galning,
syster!"

Tage Danielsson
Ur Tage Danielssons Postilla

Vokabeln

from	[frum]	fromm
berättelse,	[bə'rɛtəlsə]	Erzählung
-n, -r		
lomhörd	['lumhœːɖ]	schwerhörig
öronklinik,	['œːrɔn-	Ohrenklinik
-en, -er	kli`niːk]	
blåsa in, -te,	['bloːsa 'in]	hineinblasen
-t		
strax	[straks]	gleich
hava = ha	['haːva]	haben
liv, -et, -	[liːv]	Leben
fröjdas åt,	['frœjdas	sich über
-ades, -ats	oːt]	etw. freuen
fågel, -n, -ar	['foːɡəl]	Vogel
dånande	['doːnandə]	dröhnend
(von dåna)		
sång,-en,-er	[sɔŋ]	Gesang
emellertid	[e'mɛlətiːd]	aber
icke	['ikə]	nicht
sova, sov,	['soːva]	schlafen
sovit		
granne,-n,-ar	['granə]	Nachbar
toalett, -en,	[tua'lɛt]	Toilette
-er		
brusa, -ade,	['bruːsa]	brausen
-at		
lik	[liːk]	gleich
tickning,	['tikniŋ]	Ticken
-en, -ar		
slogo	['sluːɡu]	schlug
slå, slog,	[sloː]	schlagen
slagit		
hammarslag,	['hamaʂlaːɡ]	Hammer-
-et, -		schlag
renovera,	[rənu'veːra]	renovieren
-ade, -at		
trumhinna,	['trʉmhina]	Trommelfell
-n, -or		
bittida	['bitida]	früh
klampa,	['klampa]	trampeln
-ade, -at		
tassa, -ade,	['tasa]	leise gehen
-at		
tandborste,	['tanbɔʂtə]	Zahnbürste
-n, -ar		
mala, -de, -t	['maːla]	mahlen
entonig	['eːntuːni]	eintönig
tandrad,	['tanraːd]	Zahnreihe
-en, -er		
dunsa, -ade,	['dʉnsa]	plumpsen
-at		
knastra,	['knastra]	knistern
-ade, -at		

knastra i sig	['knastra 'iː	laut essen
	sɛj]	
runga, -ade,	['rʉŋa]	schallen
-at		
rosta,-ade,-at	['rɔsta]	rösten
svalde	['svaːldə]	schluckte
(von svälja)		
plums, -et	[plɵms]	Plumps
arbetsdag,	['arbeːtsdɑː]	Werktag
-en, -ar		
vråla,-ade,-at	['vroːla]	brüllen
spårvagns-	['spoːrvaŋns-	Straßenbahn-
konduktör,	kɔndək-	schaffner
-en, -er	`tœːr]	
drillborr,	['drilbɔr]	Drillbohrer
-en, -ar		
telefonsignal,	[tele'foːn-	Telefonge-
-en, -er	siŋ'nɑːl]	klingel
musik, -en	[mə'siːk]	Musik
musik under	[mə'siːk	Musik wäh-
arbetet	'əndər	rend der
	'arbeːtət]	Arbeit
summerton,	['sɵmətuːn]	Summerton
-en, -er		
lunchsiren,	['lønʃsi`reːn]	Mittagssirene
-en, -er		
människo-	['mɛn-	(Menschen-)
röst, -en,	ʃuːrœst]	Stimme
-er		
skuro	['skʉːru]	schnitt
skära, skar,	['skɛːra]	schneiden
skurit		
märg, -en	[mærj]	Mark
ben, -et, -	[beːn]	Bein
till ända	[til 'ɛnda]	zu Ende
ända, -n	['ɛnda]	Ende
inför	['infœr]	vor
öronläkare,	['œːrɔn-	Ohrenarzt
-n, -	leːkarə]	
viska,-ade,-at	['viska]	flüstern
hjälpa,-te,-t	['jɛlpa]	helfen
ty	[tyː]	denn
stå ut, stod,	[stoː 'ʉːt]	aushalten
stått		
buller, -et	['bɵlər]	Lärm
övermäktig	['øːvərmɛkti]	übermächtig
är mig	[eː mɛj]	überwältigt
övermäktigt	'øːvərmɛkti]	mich
lomhördhet,	['lumhœːɖ-	Schwer-
-en	heːt]	hörigkeit
gå miste om	[ɡoː 'mistə	e–r Sache ver-
något	ɔm nɔt]	lustig gehen
väsentlig	[və'sɛntlit]	wesentlich

de säga = de säger	[de: ˇsɛja]	sie sagen
intet = inget	[ˇintət]	nichts
bedröva, -ade, -at	[bəˈdrøːva]	traurig machen
tal, -et, -	[tɑːl]	Gespräch
emedan	[eˈmeːdan]	weil
de leva = de lever	[de: ˇleːva]	sie leben
tro, -n	[truː]	Glaube
fortfarande	[ˇfuʈfɑːrandə]	immer noch
illa	[ˇila]	schlecht
gång efter annan	[gɔŋ ˇɛftər ˇanan]	ein Mal über das andere
bry sig om, -dde, -tt	[bry sɛj ˈɔm]	sich kümmern
viskade = viskar de till varandra	[ˇviska de: ti varˈandra]	flüstern sie sich zu
förut	[fœˈrʉːt]	früher
viktig	[ˇvikti]	wichtig
hurudan	[hʉːrəˈdɑːn]	was für ein
nog	[nuːg]	genug
var	[vɑːr]	sei
barmhärtig	[barmˈhærti]	barmherzig
suga ut, sög, sugit	[ˇsʉːga ˈʉːt]	aussaugen

på det att	[pɔ deːt at]	damit
må	[moː]	möge
ryckas, -tes, -ts	[ˇrykas]	gezerrt werden
slummer, -n	[ˈslɵmər]	Schlummer
var gång	[vɑːr gɔŋ]	jedesmal
gripas, greps, gripits	[ˇgriːpas]	ergriffen werden
kött, -et	[cœt]	Fleisch
skruva ned, -ade, -at	[ˇskrʉːva ˈne]	abdrehen
larm, -et	[larm]	Lärm
bullergräns, -en, -er	[ˇbɵlərgrɛns]	Schallmauer
be på sina bara knän	[be: pɔ ˇsiːna ˇbɑːra knɛːn]	auf den Knien bitten
bar	[bɑːr]	nackt
knä, -t, -n	[knɛː]	Knie
göra någon till viljes	[ˇjœːra nɔn til ˇviljəs]	j–m den Willen tun
storligen	[ˇstuːljən]	sehr
nästa	[ˇnɛsta]	der nächste
galning, -en, -ar	[ˇgɑːlniŋ]	Verrückter

Anmerkung:

In einer "From berättelse" wird eine altertümliche, biblische Sprache verwendet:

1. Die Verben haben die heute ausgestorbene Pluralform:
   Präsens: de leva, de säga (de lever, säger); Imperfekt: de skuro, de slogo (de skar, slog); Passiv Präsens: han gripes (han grips).
   Der Infinitiv hat die längere Form hava (ha).
2. Wahl der Wörter: jag är lomhörd (jag hör illa), emellertid (men), emedan (därför att), intet (inget), icke (inte), på det att (så att).
3. Wortfolge: Bittida om morgonen steg mannen upp. Tvärtom bedröva de mig med sitt tal.
4. Biblische Wendungen: ...ty de som hava... Mannen gick tillbaka ut i livet. ... emedan de leva i den tron. Hjälp mig, ty jag står icke ut.

Der lustige Effekt wird dadurch erreicht, daß ganz moderne, konkrete Wörter beigemischt werden, z. B. toalett, väckarklocka, hammarslag, rostat bröd, kaffe, plums, spårvagnskonduktör, summerton, bullergräns.

Sjukdomar – Krankheiten

barnförlamning, -en	Kinderlähmung	blodpropp, -en	Blutgerinnsel
blindtarmsinflammation, -en	Blinddarmentzündung	diarré, -n	Durchfall
		difteri, -n	Diphtherie
blodförgiftning, -en	Blutvergiftung	förkylning, -en	Erkältung
		förstoppning, -en	Verstopfung
		gallsten	Gallenstein

gulsot, -en	Gelbsucht	magkatarr, -en	Magen-
halsfluss, -en	Mandel-		katarrh
	entzündung	magsår, -et	Magen-
hjärnhinne-	Hirnhaut-		geschwür
inflammation, -en	entzündung	mässling, -en	Masern
hjärtinfarkt, -en	Herzinfarkt	ont i halsen	Hals-,
hosta, -n	Husten	huvudet	Kopf-,
hösnuva, -n	Heu-	magen	Bauch-,
	schnupfen	öronen	Ohren-
illamående, -t	Übelkeit		schmerzen
influensa, -n	Grippe	påssjuka, -n	Mumps
kikhosta, -n	Keuchhusten	röda hund	Röteln
kräkning, -en	Erbrechen	scharlakansfeber, -n	Scharlach
kärlkramp, -en	Gefäßkrampf	snuva, -n	Schnupfen
luftrörskatarr, -en	Bronchial-	sockersjuka, -n	Zucker-
	katarrh		krankheit
lunginflammation,	Lungen-	åderförkalkning, -en	Arterien-
-en	entzündung		verkalkung

Grammatik

Samordnande konjunktioner – Beiordnende Konjunktionen   A

Die wichtigsten beiordnenden Konjunktionen sind:

och	und	dock	doch, indessen
samt *(Schriftsprache)*	und	dels ... dels	teils ... teils
eller	oder	än ... än	bald ... bald
men *(steht immer am*		såväl ... som	sowohl ... als auch
Anfang des Satzes)	aber	både ... och	sowohl ... als auch
utan	sondern	antingen ... eller	entweder ... oder
ty *(Schriftsprache)*	denn	varken ... eller	weder ... noch
för *(Umgangssprache)*	denn	inte blott ...	nicht nur ...
		utan även	sondern auch

Bisatser – Nebensätze   B

Es folgen die wichtigsten Konjunktionen zur Einleitung von:

a) Aussagesätzen: att (daß) kann weggelassen werden. Trodde du (, **att**) han
skulle komma? Han sa (, **att**) han inte skulle gå.
Abweichend vom Deutschen wird die Wortstellung des Nebensatzes bei
Auslassung der Konjunktion **att** nicht geändert, vgl.: Er sagte, er ginge
nicht.

b) Fragesätzen: om (ob). Han frågade **om** jag kom. – Auch Interrogativ-
pronomen und Adverbien leiten Fragesätze ein, s. 17 A–D.

c) **Relativsätzen:** Relativpronomen som (s. 6 A ...), Relativadverb **där** (wo, s. 6 H): Stugan, **där** vi bodde ... *Die Hütte, in der (wo) wir wohnten ...*
d) **Temporalsätzen:** då (als); efter det att (nachdem); förrän, innan (ehe), medan (während); när (als, wenn); sedan (nachdem, seitdem); så länge (solange); så ofta (sooft); så snart (sobald); tills (bis); under det att (während).
e) **Kausalsätzen:** emedan, därför att (weil), då, eftersom (da, weil).
f) **Konditionalsätzen:** om, ifall, såvida (wenn, falls), såvitt, försåvitt (insofern).
Die Konjunktion wird häufig weggelassen. Das finite Verb steht dann an der Spitze des Satzes: Om jag hade vetat det, ... = Hade jag vetat det, ...
g) **Konzessivsätzen:** ehuru, fast, fastän (obgleich), om också, om än, även om (wenn auch); hur – än (wie – auch), var – än (wo – auch): Hur stor han **än** är. *Wie groß er auch ist.* – **Var** hon **än** är. *Wo sie auch ist.*
h) **Finalsätzen:** att, för att, på det att, så att (damit).
Dem Schwedischen eigentümlich ist folgende Konstruktion: Det är, **så att** man kan bli förtvivlad. *Es ist zum Verzweifeln.*
i) **Folgesätzen:** så – att (so – daß), utan att (ohne daß).
j) **Vergleichssätzen:** allt eftersom (je nachdem); ju–desto, ju – ju (je – desto); liksom (wie), som (als, wie), som om (als ob), såsom (als wie), än (als).

Övningar

a) **Fyll i rätt konjunktion** (då, eftersom, fastän, förrän, medan, om, som, ty, än):
Han frågade, — jag ville följa med honom. — jag var ung, spelade jag ofta handboll. Väck mig tidigt i morgon bitti, — jag måste vara på jobbet punktligt klockan åtta. Jag kan inte komma, — jag är sjuk. Anna var röd — en kräfta. Hon är äldre — jag. Vi drack kaffe, — vi pratade. Det dröjde inte länge, — han kom. — jag hade varnat honom, gick han ut i vattnet.

väcka, -te, -t ['vɛka]	wecken	kräfta, -n, -or ['krɛfta]	Krebs
bitti ['biti]	früh	dröja, -de, -t ['drœja]	dauern
punktlig ['pəŋktli]	pünktlich	varna, -ade, -at ['vɑːɳa]	warnen

b) **Tage Danielsson skriver ett högtidligt, bibliskt språk i sin postilla. Vilka ord använder han i stället för de här understrukna:**
Mannen **var glad** åt fåglarnas sång. **Men på** natten kunde mannen **inte** sova. **Tidigt på** morgonen steg mannen upp. **Innan** dagen var **slut,** gick mannen tillbaka till läkaren. Människorna säger **inget väsentligt.** De **gör mig ledsen,** när de talar. **Därför att** de tror, att jag inte hör, pratar de illa bakom ryggen på mig. De säger **gång på gång.** Sug ut luften, **så att** jag inte **vaknar av** allt oljud. Läkaren gjorde **som mannen ville.**

c) Det finns många ljudhärmande (lautmalend) verb i stycke 20. Skriv meningar med "brusa, dunsa, dåna, klampa, knastra, runga, tassa, vråla" använda i passande sammanhang.

d) I vilken ordning gör Peter följande saker:
  a) han talar med Anna
  b) han går ut från telefonkiosken
  c) han stoppar i 25 öre
  d) han lyfter luren
  e) han lägger på luren
  f) han går in i telefonkiosken
  g) han säger adjö till Anna
  h) han frågar efter Anna
  i) han talar med Anna

  lyfta, -te, -t   ['lyfta]   heben
  fråga, -ade, -at   ['froːga]   fragen

e) Översätt:
Ein Mann ging zum Ohrenarzt. Seitdem hört er alles. Früher hörte er nur das Wichtigste, was Sachen kosteten, und wie das Wetter werden würde. Seine Kameraden flüsterten: „Kümmere dich nicht um ihn, er hört sowieso nichts." Das Haus, wo ich wohne, liegt sehr schön. Hätte ich es gewußt, wäre ich nicht gegangen. Auch wenn sie es weiß, zeigt sie es nicht. Es ist zum Verzweifeln.

21. Lektion

Vi är alla torpare

Det finns ingen bland oss som inte har kommit från en röd liten stuga några generationer tillbaka, en kall dragig liten stuga med torvtak och rykande torrvedssticka i en klyka i väggen i stället för fotogenlampa och råttor i härbret, spindlar i källarn och tomtar på loftet. Det är dit vi längtar tillbaka. Därför är nu alla små röda stugor försedda med oljeeldning, varmt och kallt vatten, elvärme, badrum, WC, frysbox, kylskåp, diskmaskin, tvättmaskin och telefon. Att leva primitivt några veckor på landet är underbart. Skogen runtomkring är förstås lite efterbliven. Det borde vara gatlyktor längs stigarna och spotlights i alla gläntor, men det blir väl det också så småningom. Vårt behov att uppleva torparmiljön är stort och äkta. Det är blodet som ropar under almarna, våra förfäder som vinkar med valkiga nävar ur gravarna. Vi kan inte motstå kraven ur vårt innersta. Det kan komma över en plötsligt. Hustrun kanske vill ha en gardinstång och man går med tunga steg till järnaffären för att köpa denna trista och triviala detalj. Medan man väntar på att bli expedierad tar man kanske en fogsvans i handen. Greppet i en fogsvans är bland det skönaste som finns. Det är säkert och resolut, det sitter som en handske i handen och man gör omedvetna sågande rörelser. Plötsligt ser man sig själv i en ängsbacke med skogen runt omkring och doftande virke och man sågar efter en linje som man nyss har dragit med vinkelhake och snickarpenna, vinden leker bland hundlokorna, humlor surrar och i fjärran gal en tupp. Då är det i allmänhet klippt.

herr Ehrenmark, En smörgås ätares bekännelser

Vokabeln

torpare, -n, -	[ˇtɔrparə]	Kätner	kylskåp,-et,-	[ˇcyːlskoːp]	Kühlschrank
generation,	[jɛnəraˈʃuːn]	Generation	diskmaskin,	[ˇdiskmaˈʃiːn]	Geschirrspül-
-en, -er			-en, -er		maschine
dragig	[ˇdrɑːgi]	zugig	tvättmaskin,	[ˇtvɛtmaˈʃiːn]	Wasch-
torvtak, -et, -	[ˇtɔrvtɑːk]	Rasendach	-en, -er		maschine
ryka, -te, -t	[ˇryːka]	rauchen,	primitiv	[ˈprimitiːv]	primitiv
		qualmen	underbar	[ˇɛndɔrbɑːr]	wunderbar
torrveds-	[ˇtɔrveːd-	Kienspan	runtomkring	[ˇrɛntɔmˈkriŋ]	ringsherum
sticka,-n,-or	stika]		lite	[ˇliːtə]	ein wenig
klyka, -n, -or	[ˇklyːka]	Gabel	efterbliven	[ˇɛftərbliːvən]	rückständig;
fotogen-	[futuˇʃeːn-	Petroleum-			geistig zu-
lampa,-n,-or	lampa]	lampe			rückgeblie-
råtta, -n, -or	[ˇrɔta]	Ratte			ben
härbre, -t, -n	[ˇhærbrə]	Vorratshaus	gatlykta,	[ˇgɑːtlykta]	Straßenla-
spindel, -n,	[ˇspindəl]	Spinne	-n, -or		terne
-ar			stig, -en, -ar	[stiːg]	Pfad
källare, -n, -	[ˇcɛlarə]	Keller	spotlight	[ˈspɔtlait]	Scheinwerfer
tomte, -n, -ar	[ˇtɔmtə]	Heinzel-	glänta, -n, -or	[ˇglɛnta]	Lichtung
		männchen	så småning-	[sɔˇsmoːniŋ-	allmählich
loft, -et, -	[lɔft]	Dachboden	om	ɔm]	
tomtar på	[ˇtɔmtar pɔ	*kann auch be-*	behov, -et, -	[bəˈhuːv]	Bedarf
loftet	ˈlɔftət]	*deuten, daß*	torparmiljö,	[ˇtɔrpar-	Kätner-
		man nicht	-n, -er	miljøː]	milieu
		alle Tassen	blod, -et	[bluːd]	Blut
		im Schrank	alm, -en, -ar	[alm]	Ulme
		hat	förfader, ≐	[ˇfœːrfɑːdər]	Vorfahr
längta, -ade,	[ˇlɛnta]	sich sehnen	vinka, -ade,	[ˇviŋka]	winken
-at			-at		
små	[ˇsmoː]	klein	valkig	[ˇvalki]	schwielig
(pl. von liten)			motstå,	[ˇmuːtstoː]	widerstehen
försedd	[fœˈʂɛd]	versehen	-stod, -stått		
(von förse)			innersta	[ˇinəʂta]	innerst
oljeeldning,	[ˇɔljəeldniŋ]	Ölheizung	komma över	[ˇkɔma	etwas über-
-en			en, kom,	ˈøːvər en]	kommt einen
elvärme, -n	[ˇeːlværmə]	elektrische	kommit		
		Heizung	plötslig	[ˇplœtsli]	plötzlich
wc, -t, -n	[ˇveːseː]	Toilette	hustru, -n, -r	[ˇhɛstrə]	Gattin
frysbox,	[ˇfryːsbɔks]	Tiefkühltruhe	gardinstång,	[gaˇdiːnstɔŋ]	Gardinen-
-en, -ar			-en, -stänger		stange

tung	[teŋ]	schwer
steg, -et, -	[steːg]	Schritt
trist	[trist]	trist, traurig
trivial	[triviˈɑːl]	trivial
detalj, -en, -er	[dəˈtalj]	Einzelheit
expediera,	[ɛkspediˈeːra]	bedienen
-ade, -at		
fogsvans,	[ˈfuːgsvans]	Fuchs-
-en, -ar		schwanz
grepp, -et, -	[grɛp]	Griff
säker	[ˈsɛːkər]	sicher
resolut	[resuˈlʉːt]	entschlossen
omedveten	[ˈuːmeːdveː-	unbewußt
	tən]	
sågande	[ˈsoːgandə]	sägend
(von såga)		
rörelse, -n, -r	[ˈrœːrəlsə]	Bewegung
ängsbacke,	[ˈɛŋsbakə]	Wiesenhang
-n, -ar		

doftande	[ˈdɔftandə]	duftend
(von dofta)		
virke, -t	[ˈvirkə]	Holz
linje, -n, -r	[ˈliːnjə]	Linie
dra, drog,	[drɑː]	ziehen
dragit		
vinkelhake,	[ˈviŋkəl-	Dreieck
-n, -ar	haːkə]	
snickarpenna,	[ˈsnikarpɛna]	Tischlerblei-
-n, -or		stift
leka, -te, -t	[ˈleːka]	spielen
hundloka,	[ˈhɵnluːka]	Wiesenkerbel
-n, -or		
humla, -n, -or	[ˈhɵmla]	Hummel
i fjärran	[i ˈfjæran]	in der Ferne
gala, gol, galit	[ˈgɑːla]	krähen
i allmänhet	[i ˈalmɛnheːt]	im allgemei-
		nen, ge-
		wöhnlich
klippt	[klipt] *sl.*	*hier:* fertig

Verktyg – Werkzeug

borr, -en, -ar	Bohrer	skruvmejsel,	Schrauben-
fil, -en, -ar	Feile	-n, -ar	zieher
hammare, -n, -	Hammer	spik, -en, -ar	Nagel
hovtång, -en, -tänger	Kneifzange	såg, -en, -ar	Säge
skiftnyckel, -n, -ar	Schraubenschlüssel	tång, -en, tänger	Zange
skruv, -en, -ar	Schraube	yxa, -n, -or	Axt

Några ord som är lätta att förväxla
Einige leicht zu verwechselnde Wörter

byrå, -n, -er	Kommode	kontor, -et, -	Büro
förkomma	abhanden kommen	förfalla	verkommen,
			fällig sein
förläst	durch Studien	läsa fel	sich verlesen
	überanstrengt		
glögg, -en	Punsch	punsch, -en	Schweden-
			punsch
hytt, -en, -er	Kabine	hydda, -n, -or	Hütte
		stuga, -n, -or	
kind, -en, -er	Backe	haka, -n, -or	Kinn
rock, -en, -ar	Herrenmantel	kjol, -en, -ar	Rock
skåp, -et, -	Schrank	skrank, -et, -	Schranke
strå, -et, -n	Halm	halm, -en	Stroh
		halmhatt, -en, -ar	Strohhut
stund, -en, -er	Weile	timme, -n, -ar	Stunde
öl, -et	Bier	olja, -n, -or	Öl

Grammatik

Deponens – Deponentia   A

Es gibt Verben, die nur in der s-Form vorkommen, aber aktive Bedeutung haben. Sie werden Deponentia genannt. Die wichtigsten sind:

andas, -ades, -ats	*atmen*	minnas, -des, -ts	*sich erinnern*
avundas, -ades, -ats	*beneiden*	nalkas, -ades, -ats	*sich nähern*
behövas, -des, -ts	*brauchen*	narras, -ades, -ats	*lügen*
bitas, bets, bitits	*beißen*	skämmas, -des, -ts	*sich schämen*
brännas, -des, -ts	*brennen*	svettas, -ades, -ats	*schwitzen*
dagas, -ades, -ats	*dämmern*	synas, -tes, -ts	*scheinen*
fattas, -ades, -ats	*fehlen*	trivas, -des, -ts	*sich wohl-*
finnas, fanns, funnits	*es gibt*		*befinden*
färdas, -ades, -ats	*fahren*	tyckas, -tes, -ts	*scheinen*
hoppas, -ades, -ats	*hoffen*	vistas, -ades, -ats	*sich aufhal-*
hämnas, -ades, -ats	*rächen*		*ten*
lyckas, -ades, -ats	*gelingen*	åldras, -ades, -ats	*altern*

                                                              B

Die reziproken Deponentia haben dieselbe Bedeutung wie die aktiven Formen + das Pronomen **varandra**: De slogs. = De slog varandra.

enas, -ades, -ats	*sich einigen*	samlas, -ades, -ats	*sich versammeln*
kyssas, -tes, -ts	*sich küssen*	skingras, -ades, -ats	*sich zerstreuen*
mötas, -tes, -ts	*sich begegnen*	talas, -ades, -ats vid	*miteinander*
råkas, -ades, -ats	*sich treffen*		*sprechen*
		träffas, -ades, -ats	*sich treffen*

Reflexiva verb – Reflexive Verben   C

Die reflexiven Verben werden im Schwedischen wie im Deutschen mit Hilfe der Personalpronomen und dem Reflexivpronomen **sig** „sich" gebildet.

Jag ångrar mig	*ich bereue*	vi ångrar oss	*wir bereuen*
du ångrar dig	*du bereust*	ni ångrar er	*ihr bereut*
han ⎫		de ångrar sig	*sie bereuen*
hon ⎪			
den ⎬ ångrar sig	*er, sie, es bereut*		
det ⎭			

Merke:

1. Hur kommer det **sig,** ... *Wie kommt es* ... – Vi lär **oss** svenska. *Wir lernen Schwedisch.* – Han satte på **sig** hatten. *Er setzte den Hut auf.* – Tar du på **dig** kappan? *Ziehst du den Mantel an?*
2. De vägrade komma. Sie weigerten **sich** zu kommen. – Romanen är svårläst. Der Roman liest **sich** schwer.

Opersonliga verb – Die unpersönlichen Verben   D

Im Schwedischen gibt es wie im Deutschen einige unpersönliche Verben, die nur in der 3. Person Singular vorkommen. Sie sind im Schwedischen seltener als im Deutschen. Im allgemeinen handelt es sich um Ausdrücke für das Wetter.

det blixtrar	*es blitzt*	det regnar	*es regnet*
det blåser	*es ist windig*	det snöar	*es schneit*
det haglar	*es hagelt*	det stormar	*es stürmt*
det klarnar upp	*es klärt sich auf*	det åskar	*es donnert*
det mulnar	*es wird trübe*		

det behövs	*es braucht*
det finns	*es gibt*

Bei "lyckas" verwendet man meist die persönliche Konstruktion. *Es gelingt mir,* heißt also "jag lyckas" usw.

Inkoativa verb – Inchoative Verben   E

1. Inchoative sind Verben, die eine (langsame) Veränderung ausdrücken, wie blekna *erbleichen,* rodna *erröten,* ruttna *verfaulen* usw. Meistens sind sie aus einem Adjektiv gebildet: blek-na (er-**bleich**-en) und können durch das Hilfsverb bli (werden) + das betreffende Adjektiv ersetzt werden: bli blek, bli röd (bleich, rot werden).
2. Die Inchoativa haben im Schwedischen meistens die Endung -na: ljusna, mörkna, tillfriskna u. a. m. Adjektive auf -en verlieren diese Endung vor der Inchoativendung: rutten – ruttna, vissen – vissna (welken), öppen – öppna u. ä., vgl. Lekt. 13.
3. Andere Inchoativa sind von intransitiven Verben abgeleitet und bedeuten den Übergang zu dem Zustand, den diese Verben ausdrücken: sova (schlafen) – somna (einschlafen); vaka (wachen) – vakna (aufwachen). Auch von einigen Substantiven sind Inchoativa abgeleitet: morgon — morna sig (sich recken); öga – ögna (etw. überfliegen). Diese Verben (ausgenommen **morna** und **ögna**) sind intransitiv und gehören zur 1. Klasse der schwachen Verben: -ade, -at.

Övningar

a) Vilket verktyg skall man använda (verwenden)?
1. Jag slår i en spik med —.   slå i   = einschlagen
2. Jag drar ut en spik med —.   dra ut   = herausziehen
3. Jag skruvar i en skruv med —. skruva i   = einschrauben
4. Jag hugger ved med —.   hugga   = hacken
5. Jag sågar ved med —.   såga   = sägen

b) Två ord i varje grupp uttalas precis lika (werden gleich ausgesprochen). **Vilka?**
1. gul, jul, kul, hjul *(Rad)*.
2. gott, gått, tjöt, kött.
3. kära, köra, skära, tjära *(Teer)*.

c) Fyra frågor
Här är fyra ord: din — heter — bror — vad. Man kan göra en fråga av de fyra orden: "Vad heter din bror?". Här följer fyra grupper med ord. Gör en fråga av varje grupp!
1. hur – klockan – mycket – är.
2. kopp – jag – en – kaffe – få – kan.
3. de – Hamburg – varför – ska – till – åka.
4. dags – ikväll – komma – hur – jag – ska.

d) Frågor till texten:
Vad använde man förr i världen för lampor? Vad skulle hustrun köpa i järnaffären? Vad gör mannen, medan han väntar? Vad tänker han på, när han håller sågen i sin hand? Vilka djur nämns i stycket?

e) Översätt:
Alle Schweden sehnen sich nach einer kleinen roten Hütte. Es ist wunderbar, einige Wochen auf dem Lande zu leben. Unsere Vorfahren hatten Petroleumlampen statt Elektrizität. Jetzt haben die meisten Familien Geschirrspülmaschinen, Waschmaschinen, Kühlschränke und Tiefkühltruhen. Ich hoffe, daß es dir gelingt. Sie trafen sich gestern. Patrik, zieh schnell den Mantel an! Es klärt sich bestimmt auf. Wir sprachen eine Weile miteinander. Es fehlte ein Glas Bier.

längta efter   ['lɛŋta 'ɛftər]   sich nach etwas sehnen
elektricitet, -en [elektrisi'teːt]   Elektrizität

22. Lektion

Det roligaste lilla Lisa vet är att hälsa på sin mormor som bor inne i
staden, alldeles intill några plank och träkåkar. Hennes mormor ba-
kar pepparkakor och luktar Vino Tinto. Då och då kommer Oskarsson
på besök. Det är en glad gammal lax. En pensionerad plåtslagare. En
baddare till att vara lustig. Han luktar vanligt brännvin. Mormors
farstu luktar fukt och skurmedel.
Hela området luktar torrmugg, kattor, råttor och Riddarfjärd.
Ibland luktar det sopor, ibland syrener.
Kokar någon kaffe luktar det kaffe.
Lilla Lisa är inte bortskämd med lukter. Hon bor i Fruängen. Och i
Fruängen luktar det ingenting. Möjligen varmgången radioapparat.
Så därför när lilla Lisa är hos mormor brukar hon gå omkring och
vädra med näsan och känna olika tings lukt. Hon sitter på ett plank
och vädrar.
Någon steker plättar. Någon sågar ved och någon häller en halva rött
genom en limpa.
Lisas mamma har vuxit upp här. Och hon har många gånger sagt
till Lisa att det minsann inte alltid var så roligt. På den tiden luktade
det också starkt utav vägglöss och hårlöss och nästan aldrig luktade
det mat.
Lisas mamma har sagt att nu för tiden är området bara en idyll.
Möjligen en ihålig idyll men en idyll.
För henne får dom gärna riva. Men mormor trivs och då skall man ju
inte önska att dom river.
Lilla Lisa hoppas att kåkarna får stå kvar. Hon älskar området.
Här bor det gamla visa människor som inte är så noga med vad dom
talar om. Som gärna delar med sig av visheten. Har dom ingen vishet
att dela med sig har dom i alla fall en och annan historia att berätta.
Dom har tid.   *Stig Claesson (Slas), Supportern*

Vokabeln

vet, visste, vetat *(von veta)*	[veːt]	weiß		träkåk, -en, -ar	[ˇtrɛːkoːk]	Holzbude
hälsa på, -ade, -at	[ˇhɛlsa ˈpoː]	besuchen		lukta,-ade,-at	[ˇləkta]	riechen
				Vino Tinto	[ˈviːnɔ ˈtintɔ]	*billiger Rotwein*
mormor, -modern, -mödrar	[ˇmurmur]	Großmutter *(mütterlicherseits)*		då och då	[doː ɔ doː]	ab und zu
				en glad lax	[en glɑː laks]	ein fideler Bruder
intill	[inˈtil]	an, bei				
alldeles intill	[ˇaldəles inˈtil]	dicht an		pensionerad	[paɲʃuˈneːrad]	pensioniert
plank, -et, -	[plaŋk]	Bretterzaun				

plåtslagare, -n, -	[ˇploːtslɑːgarə] Klempner
baddare, -n, -	[ˇbadarə] sl. Mordskerl
till att vara	[til at ˇvɑːra] zum ... sein
lustig	[ˇlɔsti] lustig
brännvin, -et, -	[ˇbrɛnviːn] Schnaps
farstu, -n	[ˇfaʂtə] Hausflur
fukt, -en	[fɵkt] Feuchtigkeit
skurmedel, -et, -	[ˇskɵːr- meːdəl] Scheuer- mittel
torrmugg, -en, -ar	[ˇtɔrmɵg] sl. Trocken- klosett
Riddar- fjärden	[ˇridar- fjæːdən] Förde in Stockholm
ibland	[iˈblan] manchmal
sopor	[ˇsuːpər] pl. Müll
koka,-ade,-at	[ˇkuːka] kochen
bortskämd	[ˇbɔtʃɛmd] verwöhnt
lukt, -en, -er	[lɵkt] Geruch
Fruängen	[ˇfrɵːɛŋən] Stadtteil im Süden Stockholms
varmgången	[ˇvarmgɔŋən] heißgelaufen
radioapparat, -en, -er	[ˇrɑːdio- apaˈrɑːt] Rundfunk- gerät
vädra, -ade, -at	[ˇvɛːdra] wittern
näsa, -n, -or	[ˇnɛːsa] Nase
steka, -te, -t	[ˇsteːka] braten
plätt,-en,-ar	[plɛt] kleiner Pfannkuchen
ved, -en	[veːd] Holz

hälla, -de, -t	[ˇhɛla] gießen
halva, -n, -or	[ˇhalva] Hälfte; hier: kleine Flasche
rött	[rœt]
= rött vin	
limpa, -n, -or	[ˇlimpa] Brot
växa upp, växte, vuxit	[ˇvɛksa ɵp] aufwachsen
el. väⁱ	
minsann	[minˈsan] wahrhaftig
stark	[stark] stark
utav	[ɵːtˈɑːv] von
vägglus, -en, -löss	[ˇvɛglɵːs] Wanze
hårlus, -en, -löss	[ˇhoːlɵːs] Laus
nu för tiden	[nɵː fœˈtiːdən] heutzutage
idyll, -en, -er	[iˈdyl] Idyll
ihålig	[ˇihoːli] hohl
dom = de	[dɔm]
trivas, -des, -ts	[ˇtriːvas] sich wohl- fühlen
stå kvar, stod, stått	[stoː ˈkvɑːr] stehenbleiben
noga	[ˇnuːga] genau
dela med sig, -ade, -at	[ˇdeːla ˈmeː sɛj] von etw. abgeben
vishet, -en	[ˇviːsheːt] Weisheit
i alla fall	[i ˈala fal] auf jeden Fall
en och annan	[en ɔ ˈanan] dieser und jener
historia, -en, -er	[hisˈtuːria] Geschichte

Hantverkare – Handwerker

bagare, -n, -	[ˇbɑːgarə] Bäcker
bokbin- dare, -n, -	[ˇbuːkbin- darə] Buch- binder
damfrisör, -en, -er	[ˇdɑːm- friˈsœːr] Damen- frisör
damfrisörs- ka, -n, -or	[ˇdɑːmfri- ˈsœːʂka] Damenfri- seuse
elektriker, -n, -	[eˈlektrikər] Elektriker
fotograf, -en, -er	[futuˈgrɑːf] Fotograf
glasmästa- re, -n, -	[ˇglɑːs- mɛstarə] Glaser
guldsmed, -en, -er	[ˇgɵlsmeːd] Gold- schmied
herrfrisör, -en, -er	[ˇhærfrisœːr] Herren- friseur
konditor, -n, -er	[kɔnˈdiːtɔr] Konditor

målare, -n, -	[ˇmoːlarə] Maler
optiker, -n, -	[ˈɔptikər] Optiker
plåtslagare, -n, -	[ˇploːt- slɑːgarə] Klempner
rörmokare, -n, -	[ˇrœːr- muːkarə] Rohr- leger
silversmed, -en, -er	[ˇsilvə- ʂmeːd] Silber- schmied
skomakare, -n, -	[ˇskuːmɑː- karə] Schuh- macher
skräddare, -n, -	[ˇskrɛdarə] Schneider
slaktare, -n,-	[ˇslaktarə] Fleischer
smed, -en, -er	[smeːd] Schmied
sotare, -n, -	[ˇsuːtarə] Schorn- steinfeger
sättare, -n, -	[ˇsɛtarə] Setzer (Buchdruck)

Grammatik

Indirekt objekt – Wiedergabe des Dativobjekts im Schwedischen   A

Die deutsche Fügung **Dativ** + **Akkusativ** (*jemandem etwas* geben) gibt das
Schwedische wieder durch:
1. die Grundform. Der Dativ steht vor dem Akkusativ: Jag ger **flickan ringen.**
2. eine Präposition: **åt, för, till** oder **från.** Das Präpositionalobjekt folgt
stets dem Objekt: Jag ger ringen **till** flickan.

B

Die deutschen Ausdrücke mit dem Dativ (der Person) und dem Akkusativ
(der Sache) gehören zu einem großen Teil zwei Bedeutungsbereichen an:
1. jemanden irgendwie bereichern oder irgend etwas für jemanden tun;
2. jemandem etwas wegnehmen oder verweigern.

1. Bereicherung, Dienstleistung. Beide Ausdrucksweisen kommen vor.

ge någon något	– ge något **till** (**åt**) någon	*j-m etw. geben*
göra någon en tjänst	– göra något **för** någon	*j-m einen Dienst leisten, – tun*
köpa någon något	– köpa något **till** (**åt**) någon	*j-m etw. kaufen*
lämna någon något	– lämna något **till** (**åt**) någon	*j-m etw. bringen, liefern*
skaffa någon något	– skaffa något **till** (**åt**) någon	*j-m etw. verschaffen*
skicka någon något	– skicka något **till** någon	*j-m etw. schicken*
säga någon något	– säga något **till** (**åt**) någon	*j-m etw. sagen*
visa någon något	– visa något **för** någon	*j-m etw. zeigen*

Bei einigen Verben kommt nur das Präpositionalobjekt vor:

berätta något **för** någon	*j-m etw. erzählen*
hämta något **åt** någon	*j-m etw. holen*
läsa något **för** någon	*bei j-m Unterricht nehmen*
sälja något **till** (**åt**) någon	*j-m etw. verkaufen*
testamentera något **till** någon	*j-m etw. vermachen*

Hierher gehören auch folgende Ausdrücke:
Hon stickade en tröja **åt honom.** Sie strickte **ihm** eine Jacke. – Sjung en sång
för mig! Sing **mir** ein Lied. *usw.*

2. Wegnahme. Das Präpositionalgefüge mit **från** ist das Übliche:

röva något **från** någon	*j-m etw. rauben*
stjäla något **från** någon	*j-m etw. stehlen*
ta något **från** någon	*j-m etw. nehmen*

C

Verben, die im Deutschen ein Präpositionalobjekt verlangen, werden größtenteils auch im Schwedischen so konstruiert. Meistens gebraucht man dabei in beiden Sprachen dieselben Präpositionen; allein für die Präposition *an* fehlt ein eindeutiges schwedisches Wort.
Die Vielfältigkeit der Ausdrücke mit einem Präpositionalobjekt läßt keine auch nur annähernd vollständige Übersicht zu. Die folgende Aufstellung gibt einige der gebräuchlichsten Ausdrücke dieser Art:

an entspricht dem schwedischen

av	z. B. lida **av** leiden **an**; dö **av** sterben **an:** Han lider (dör) **av** en farlig sjukdom.
i	z. B. delta **i** teilnehmen **an**; förlora **i** verlieren **an**; vinna **i** gewinnen **an:** De deltog **i** samtalet. Sie nahmen **am** Gespräch teil. Vad han förlorade **i** tid, har han vunnit **i** anseende. Was er **an** Zeit verloren hat, hat er **an** Ansehen gewonnen.
om	bry sig **om** sich kümmern **um,** sich scheren **um:** Han bryr sig varken **om** Gud eller fan. Er schert sich weder **um** Gott noch **um** den Teufel.
på	z. B. bära, hämnas, tro, tvivla, tänka **på:** Det tvivlar jag inte **på. Daran** zweifle ich nicht. Vad tänker du **på? Woran** denkst du?
till	vända sig **till** någon sich **an** jemanden wenden
vid	hålla fast **vid** något **an** etwas festhalten
åt, över	glädja sig **åt (över)** något sich freuen **an (über)**

auf entspricht im allgemeinen:

efter	följa **efter** folgen **auf**
med	räkna **med** rechnen **auf, mit**
på	z. B. bero **på** beruhen **auf,** abhängen von; se **på auf** etw. sehen; lura **på** spekulieren **auf** *usw.*
till	komma tillbaka **till** något **auf** etw. zurückkommen; belöpa sig **till** sich belaufen **auf;** inskränka sig **till** sich beschränken **auf**
åt	glädja sig **åt** sich freuen **auf**

aus entspricht im allgemeinen:

av	z. B. framgå **av** hervorgehen **aus;** bli **av daraus** werden: Det blev inte något **av** resan. **Aus** der Reise wurde nichts.

bei entspricht:

vid	medverka **vid** mitwirken **bei**

für entspricht:

för	sörja **för** sorgen **für**; tacka **för** danken **für**
på	rösta **på** stimmen **für**

gegen entspricht im allgemeinen:

mot	z. B. rösta **mot** gegen etw. stimmen; stöta **mot** gegen etw. stoßen; försvara sig **mot** sich verteidigen **gegen**; protestera **mot** protestieren **gegen**; värja sig **mot** sich verwahren **gegen**.

in entspricht meistens:

av	bestå **av** bestehen **in**
i	bryta ut **i** in etw. ausbrechen; finna sig **i** sich fügen **in**
på	inlåta sig **på** sich einlassen **in**

mit entspricht:

med	börja **med** anfangen **mit**; sluta **med** Schluß machen **mit**; hålla på **med** sich beschäftigen **mit**

nach entspricht meistens:

efter	leta **efter** suchen **nach**; fråga **efter** fragen **nach**; sträva **efter** streben **nach**

über entspricht im allgemeinen:

om	z. B. berätta **om** erzählen **über**; döma **om** urteilen **über**; rapportera **om** Bericht erstatten **über**; prata **om** plaudern **über**; tala **om** erzählen **über**; uttala sig **om** sich äußern **über**
över	disponera **över** verfügen **über**; filosofera **över** philosophieren **über**; härska **över** herrschen **über**; förarga sig **över** sich ärgern **über**; glädja sig **över** sich freuen **über**
åt	skratta **åt** lachen **über**
för oder **över**	gråta **för** (**över**) weinen **über**: Det är inget att gråta **för** (**över**).
på oder **över**	grubbla **på** (**över**) grübeln **über**; klaga **på** (**över**) klagen **über**

um entspricht im allgemeinen:

om	be **om** bitten **um**; söka **om** nachsuchen **um**, sich bewerben **um**; veta **om** wissen **um**; bekymra sig **om** sich kümmern **um**
över	sörja **över** trauern **um**; gråta **över** weinen **um**

von entspricht:

från	bortse **från** absehen **von**; utgå **från** ausgehen **von** *u. a.*
om	berätta **om** erzählen **von**; drömma **om** träumen **von**; höra **om** hören **von**; prata **om** plaudern **von**; skriva **om** schreiben **von** *u. a.*

zu entspricht im allgemeinen:

till	bidra **till** beitragen **zu**; höra **till** gehören **zu**; tjäna **till** dienen
zu	

Övningar

a) Fyll i rätt preposition:
Han stjäl alltid — de rika. Vi lämnar en blomma — läraren. Hämta vatten
— mig! Han läser dikter — oss. Det blir inte något — festen. Han frågade
henne — vägen. Hon uttalade sig — eleverna. Vi skrattade — historien.

b) Med vilken hantverkare hör följande ord ihop?
lampa, hår, färg, bulle, bok, guldring, kött, skor, glasögon, tårta *(Torte)*.

c) Fyll i annan, annat, andra, annorlunda, annars:
Mormor bor långt från Lisa, — skulle Lisa hälsa på henne ofta. Lisa bor
i en — del av staden. Det luktar — hos mormor. Det finns så många —
lukter där. Mormors gata är ett — ställe, där Lisa trivs. De gamla
människorna är —, ty de har tid. En — dag kommer Lisa tillbaka.
Allting blir så — mot vad Lisa väntat. Det är roligare hos mormor än på
— ställen. Lisas mamma har ett — problem.

d) Frågor till texten: Lisa upplever så många lukter hos sin mormor. Vilka
luktar gott? Vilka luktar illa? Vad säger Lisa mamma om området?

e) Översätt:
Das Schönste, was Lisa kennt, ist, ihre Großmutter zu besuchen. Oskars-
son ist ein alter Klempner, der auch oft zu Besuch kommt. Die alten
Leute haben Zeit, und sie erzählen Lisa oft Geschichten. Es riecht so
schön nach kleinen Pfannkuchen. Sagen Sie es ihm bitte nicht! Der Junge
zeigte seiner Mutter das neue Rad. Er freute sich auf die Reise. Wir ha-
ben es ihr weggenommen.

23. Lektion

Vad är egentligen ett byalag?

"Vi var några mammor här som tyckte att det behövdes en lekplats för dom större barnen. Här fanns ju ingenting annat än sandlådor. Så vi talade med flera mammor och dom tyckte ju också att något behövde göras. Så vi gjorde ett möte om det ... och sedan har vi fortsatt..."

"Vi fick reda på att dom skulle göra genomfartsled av den här vägen. Här bor ju massor av barn och skolan ligger på andra sidan vägen – det skulle bli livsfarligt för alla som bor här. Så vi började undersöka varför den skulle gå just här. Och fick inga bevis på att det var nödvändigt. Så vi började bråka. Göra skrivelser, gå med listor och samla namn och allt möjligt."

Så kan ett byalag börja sin verksamhet. Man börjar alltså ofta med en fråga som känns väldigt viktig. Som man tror att man kan göra något åt om man är många tillsammans. Det blir en stor anslutning, många vill vara med och jobba. Man blir uppmuntrad av att känna att man kan vara med och påverka sin omgivning. Och så ger man sig entusiastiskt i kast med nya uppgifter.

Visst är det ett missnöje som ligger i botten. Men ett missnöje med de egna förhållandena som leder till aktivitet, till en vilja att delta i samhällsarbetet. Och alla som bor i ett område vet faktiskt en hel del om sin miljö. Och har viktiga erfarenheter, som tekniker och politiker behöver få ta del av när de planerar nya områden.

Svårast är det i de stora nya förorterna. Många är för trötta när de kommer hem, kan inte ordna barntillsyn och har för resten ingenstans att träffas. Det är lätt att bli passiv då, försöka klara sig själv så gott det går. Och strunta i andra.

Det är svårt också att samlas och enas när man är så många. De stora byalagen har haft svårt att få många att delta i arbetet. Det blir lätt en liten aktiv grupp som gör det mesta jobbet, och de andra är tacksamma att *någon* gör något. Därför börjar man nu i de stora byalagen att dela upp sig i mindre grupper, antingen efter området man bor i, eller efter arbetsuppgifter som man är intresserad av.

Det är mycket lättare i ett mindre område, där många redan känner eller känner till varandra. Där blir varje fråga något som angår var och en, som man från början känner sig mera delaktig av.

Man försöker så långt det går att arbeta utan fast organisation eller styrelse. Många människor skulle inte heller gå med om det var en förening med avgifter och fasta mötesformer.

Byalaget *är* de människor som just då är på mötet – man representerar
alltså inte varandra. På det stora mötet kan man bestämma sig för att
bilda arbetsgrupper. De som har lust går med i dem och jobbar,
och grupperna är öppna så att vem som helst kan komma med när som
helst. När arbetsgruppen kommit fram till förslag, så tar man upp dem
på nästa möte och diskuterar dem. Så växlar byalaget hela tiden allt
efter de människor som är med och efter vad man vill göra.
Eftersom byalagen och grupperna är så olika och fungerar på så olika
sätt kan man knappast säga något generellt om dem. Att byalag *är* si
eller så. Inte heller har de någon överorganisation som representerar
dem – det aktar man sig noga för. Däremot finns det ett gemensamt
arkiv, där alla gruppernas olika erfarenheter samlas upp. Dit man kan
ringa om man vill få kontakt med någon grupp som har haft samma
problem som man själv. Där samlas också en massa erfarenheter av
kontakter med myndigheter och organisationer. Arkiv Samtal heter det.
Arkiv heter det för att det är ett arkiv och Samtal för att det handlar
om att börja tala med varandra. Att få kontakt med varandra för
att kunna samarbeta.
Man har på så sätt kunnat ena sig om en viss gemensam målsättning.
Man har uttryckt det så här:
**Gemenskap, gemensamma angelägenheter, gemensam handling och
medansvar.**

Allt i Hemmet. nr 6 1971

Vokabeln

byalag, -et, -	[ˇbyːalɑːg]	Ortsgemein-schaft	skrivelse, -n, -r	[ˇskriːvəlsə]	Schreiben
behövas, -des, -ts	[bəˈhøːvas]	brauchen	lista, -n, -or samla, -ade, -at	[ˇlista] [ˇsamla]	Liste sammeln
lekplats, -en, -er	[ˇleːkplats]	Spielplatz	verksamhet, -en, -er	[ˇværk-samˈheːt]	Tätigkeit
sandlåda, -n, -or	[ˇsanloːda]	Sandkasten	fråga, -n, -or	[ˇfroːga]	Frage
göras, gjordes, gjorts	[ˇjœːras]	gemacht werden	kännas, -des, -ts	[ˇcɛnas]	empfunden werden
möte, -t, -n	[ˇmøːtə]	Treffen	väldig	[ˇvɛldi]	ungeheuer
fortsätta, -satte, -satt	[ˇfuːtsɛta]	fortsetzen	göra något åt, gjorde, gjort	[ˇjœːra nɔt oːt]	etwas dazu tun
få reda på, fick, fått	[foː ˇreːda poː]	erfahren	anslutning, -en, -ar	[ˇanslʉːtniŋ]	Anschluß
genomfarts-led, -en, -er	[ˇjeːnɔm-fɑːtsˈleːd]	Stadtauto-bahn	vara med, var, varit	[ˇvɑːra ˈmeː]	dabei sein
massor av	[ˇmasɔr ɑːv]	in Massen	uppmuntrad	[ˇəpmɒntrad]	ermuntert, ermutigt
livsfarlig	[ˇlifsfɑːli]	lebensgefähr-lich	påverka, -ade, -at	[ˇpoːværka]	beeinflussen
undersöka, -te, -t	[ˇɵndəʂøːka]	untersuchen	omgivning, -en, -ar	[ˇɔmjiːvniŋ]	Umgebung
bevis, -et, -	[bəˈviːs]	Beweis	entusiastisk	[aŋtəsiˈastisk]	begeistert
bråka, -ade, -at	[ˇbroːka]	laut werden			

Schwedisch	Lautschrift	Deutsch
ge sig i kast med något	[je: sɛj i 'kast meː nɔt]	sich an etwas machen
uppgift, -en, -er	['ɵpjift]	Aufgabe
visst	[vist]	gewiß
missnöje, -t	['misnœjə]	Unzufriedenheit
ligga i botten	['liga i 'bɔtən]	darin stecken
förhållande, -t, -n	[fœr'hɔlandə]	Verhältnis
leda, -de, -tt	['leːda]	führen
aktivitet, -en, -er	[aktivi'teːt]	Aktivität
vilja, -n, -or	['vilja]	Wille
delta, -tog, -tagit	['deːltaː]	teilnehmen
samhälls-arbete, -t	['samhɛlsar'beːtə]	Gemeinschaftsarbeit
faktiskt	['faktiskt]	tatsächlich
erfarenhet, -en, -er	['eːrfaːrən'heːt]	Erfahrung
tekniker, -n, -	['teknikər]	Techniker
politiker, -n, -	[pu'liːtikər]	Politiker
ta del av något	[taː 'deːl aːv nɔt]	von etwas Kenntnis nehmen
planera, -ade, -at	[pla'neːra]	planen
för	[fœːr]	zu
förresten	[fœ'rɛstən]	übrigens
ingenstans	['iŋənstans]	nirgends
passiv	['pasiːv]	passiv
strunta, -ade, -at	['strɵnta]	auf etwas pfeifen
samlas, -ades, -ats	['samlas]	sich versammeln
enas, -ades, -ats	['eːnas]	sich einigen
aktiv	['aktiːv]	aktiv
grupp, -en, -er	[grɵp]	Gruppe
tacksam	['taksam]	dankbar
dela upp, -ade, -at	['deːla ɵp]	aufteilen
antingen - eller	['antiŋən - 'ɛlər]	entweder - oder
arbetsuppgift, -en, -er	['arbeːtsɵpjift]	Aufgabe
intresserad av	[intre'seːrad]	an etwas interessiert
angå, -gick, -gått	['angoː]	angehen
var och en	[vaːr ɔ en]	jeder
delaktig	['deːlakti]	beteiligt
fast	[fast]	fest, bestimmt
styrelse, -n, -r	['styːrelsə]	Vorstand
gå med = gå in	[goː meː]	eintreten
avgift, -en, -er	['aːvjift]	Gebühr, Beitrag
mötesform, -en, -er	['møːtəsfɔrm]	Tagungsform
bilda, -ade, -at	['bilda]	bilden
arbetsgrupp, -en, -er	['arbeːtsgrɵp]	Arbeitsgruppe
så att	[soː at]	damit
vem som helst	[vɛm sɔm hɛlst]	jeder beliebige
komma med, kom, kommit	['kɔma meː]	mitkommen
när som helst	[næː sɔm hɛlst]	jederzeit
komma fram till	['kɔma 'fram til]	sich einigen auf
förslag, -et, -	['fœˈşlaːg]	Vorschlag
ta upp, tog, tagit	[taː 'ɵp]	aufgreifen
diskutera, -ade, -at	[diskə'teːra]	diskutieren
allt efter	[alt 'ɛftər]	je nach
generell	[cenə'rɛl]	allgemein
si eller så	[siː 'ɛlər soː]	so oder so
överorganisation, -en, -er	['øːvərɔrganisa'ʃuːn]	Organisation
akta, -ade, -at	['akta]	hüten
däremot	['dæːremuːt]	dagegen
arkiv, -et, -	[ar'kiːv]	Archiv
kontakt, -en, -er	[kɔn'takt]	Kontakt
problem, -et, -	[prɔ'bleːm]	Problem
myndighet, -en, -er	['myndiˋheːt]	Behörde
handla om, -ade, -at	['handla ɔm]	von etwas handeln
samarbeta, -ade, -at	['samarbeːta]	zusammenarbeiten
ena sig om, -ade, -at	['eːna sɛj ɔm]	sich über etwas einigen
målsättning, -en, -ar	['moːlsɛtniŋ]	Zielsetzung
uttrycka, -te, -	['ʉːtryka]	ausdrücken
gemenskap, -en, -er	[je'meːnskɑːp]	Gemeinschaft
angelägenhet, -en, -er	['anjelɛːgən'heːt]	Angelegenheit
handling, -en, -ar	['handliŋ]	Tat
medansvar, -et	['meːdansvɑːr]	Mitverantwortung

Förkortningar - Abkürzungen

allm.	allmän	allgemein, öffentlich
ang.	angående	betreffs
anm.	anmärkning	Vermerk

betr.	beträffande	betreffs
bil.	bilaga	Anlage
bl. a.	bland annat, andra	unter anderem, unter anderen
ca	cirka	zirka
eg.	egentligen	eigentlich
e. m.	eftermiddag	nachmittags
enl.	enligt	laut
ev.	eventuell	eventuell
f.	född	geboren
f. d.	före detta	außer Dienst
f. m.	förmiddag	vormittags
f. n.	för närvarande	zur Zeit
forts.	fortsättning	Fortsetzung
fr.	från; fröken	von; Fräulein
f. v. b.	för vidare befordran	zur Weiterbeförderung
f. ö.	för övrigt	übrigens
gm	genom	durch
i sht	i synnerhet	besonders
i st. f.	i stället för	anstatt
jfr	jämför	vergleiche
kl.	klockan	um ... Uhr
m. a. o.	med andra ord	mit anderen Worten
m. m.	med mera	und dergleichen
nuv.	nuvarande	gegenwärtig
o. dyl.	och dylikt	und dergleichen
o. s. a.	om svar anhålles	um Antwort wird gebeten
osv.	och så vidare	und so weiter
p. g. a.	på grund av	wegen
s. k.	så kallad	sogenannt
t. ex.	till exempel	zum Beispiel
tfn, tel.	telefon	Telefon
t. o. m.	till och med	bis einschließlich
t. v.	tills vidare	bis auf weiteres
ung.	ungefär	ungefähr
u. p. a.	utan personligt ansvar	ohne persönliche Haftung

Grammatik

Verb + substantiv + preposition   A

Die mit einem Substantiv verbundenen Verben setzen sich meistens aus einem Verb mit verblichener Bedeutung und einem Substantiv in der unbestimmten Form zusammen: gå miste om (verlustig gehen). Sie werden besonders häufig mit einem Präpositionalobjekt verbunden: göra bruk av

något (von etwas Gebrauch machen), få reda på något (etwas erfahren).
Für das Sprachgefühl steht die Zusammensetzung Verb + Substantiv +
Präposition als ein Verbalbegriff, von dem das (Präpositional-)Objekt ab-
hängt, und so liegt in der Aussprache der Druck auf dem Substantiv der
Zusammensetzung, weil dieses das sinntragende Wort ist. In vielen Fällen
steht dieser Verbindung ein Einzelverb zur Seite: göra bruk av = bruka;
se en skymt av = skymta; ge svar på = besvara usw.
Das Deutsche hat häufig ein transitives Verb, wo im Schwedischen die Ver-
bindung Verb + Substantiv + Präposition steht: lägga märke till något
(etwas bemerken, beachten) usw.
Die Fügung mit **ha** (haben) und **få** (bekommen) ergänzen sich. Få bezeichnet
das Eintreten in den Verbalvorgang oder -zustand: få reda på (erfahren);
ha – diesen Vorgang selbst: ha reda på något ([Bescheid] wissen).
Ebenso ergänzen sich **bli** und **vara**, z. B. bli vän med någon (sich befreun-
den mit j-m); vara vän med någon (befreundet sein mit j-m).

Einige der gebräuchlichsten Verbindungen sind:

Mit der Präposition:

av   få/ha glädje av (Freude haben an), få/ha intryck av (den Ein-
druck haben von)

efter   hålla utkik efter (nach j-m/etw. ausschauen)

från   ta avstånd från (sich von etw. distanzieren)

för   känna avsky för (vor etw. Abscheu haben), ha bruk för (etw.
brauchen)

i   få/ha del i något (beteiligt werden / sich an etw. beteiligen), få tag
i något (etw. beschaffen), lägga näsan i (die Nase in alles stecken)

med   få bukt med (j-n kleinkriegen, etw. bewältigen), vara i färd med
(im Begriff sein, etw. zu tun), ge sig i kast med (etw. angreifen)

mot   hysa ovilja mot (Abneigung haben gegen)

om   råda tvivel om (Zweifel besteht über), ta notis om (von etw. Notiz
nehmen)

på   ge avkall på (auf etw. verzichten), sända bud på (nach j-m schicken),
få/ha inflytande på (beeinflussen), göra intryck på (auf j-n Eindruck
machen), ställa krav på (etw. beanspruchen), ta sikte på (auf etw.
[ab]zielen), göra slut på (etw. beenden), hålla styr på (j-m [etw.]
wehren), ge svar på (etw. beantworten), få/hålla ögonen på (etw. er-
blicken/ etw. [j-n] beobachten), ta fel på (sich irren), sätta värde
på (Wert legen auf)

till   finna/få/ha/vara anledning till (zu etw. Gelegenheit finden/be-
kommen/haben/sein), få lov till (zu etw. Erlaubnis bekommen),
få/ha lust till (mögen), lägga märke till (bemerken), få/ha orsak till
(Grund haben zu), få/ha råd till (sich etw. leisten können), ta ställ-
ning till (zu etw. Stellung nehmen).

## Bli, vara + adjektiv + preposition					B

Der Ausdruck für einen Zustand ist normalerweise ein prädikatives Adjektiv, das durch das Verb **bli** oder **vara** mit dem Subjekt verbunden wird. Auch auf dieses Prädikat kann wie bei den oben erwähnten Einzelverben und Verbverbindungen ein Präpositionalobjekt folgen. Die Abweichungen zwischen dem deutschen und dem schwedischen Sprachgebrauch sind geringer als bei den übrigen Anwendungsgebieten des Präpositionalobjekts; daher sollen nur einige Ausdrücke angegeben werden, bei denen die Wahl der Präposition vom deutschen Sprachgefühl abweicht:

an		sjuk **av**, intresserad **av**; överlägsen (überlegen) **i**; fattig (arm) **på**, rik (reich) **på**; van (gewöhnt) **vid**

auf		**på**, z. B. avundsjuk (neidisch), blind, döv (taub), nyfiken (neugierig), ond (böse), svartsjuk (eifersüchtig); hänvisad (angewiesen) **till**, stolt (stolz) **över**

bei		omtyckt (beliebt) **av**; välkommen (willkommen) **till**

in		bra, duktig (tüchtig) **i**; kär, förälskad (verliebt) **i**

zu		**mot**, z. B.: artig (höflich), god, hövlig (höflich), ohyfsad (unerzogen), snäll (artig), sträng, stygg (böse), vänlig (freundlich), ärlig (ehrlich)

von		elak (böse) **av**, snällt (nett) **av**; förtjust (entzückt) **i**

über		**över**, z. B.: förargad (ärgerlich), förtjust (entzückt), förvånad (erstaunt), glad (froh), ledsen (traurig); enig (einig) **om**

Infinitiv styrd av preposition
### Präposition + Infinitiv					C

Im Deutschen kann ein Infinitiv mit „zu" von den Präpositionen „anstatt", „ohne" und „um" abhängen. Im Schwedischen ist diese Konstruktion mit jeder Präposition möglich:

av		Han blev sjuk **av** att köra bil (Ihm wurde übel vom Autofahren). Han är beroende **av** att åka tåg (Er ist darauf angewiesen, mit dem Zug zu fahren). Hon är intresserad **av** att lära sig svenska. Vi har glädje **av** att laga några julrätter. Man blir uppmuntrad **av** att kunna påverka sin omgivning.

efter		Vi längtar **efter** att få komma hem (Wir sehnen uns nach Hause [zu kommen]).

för		Han är rädd **för** att vara ensam (Er fürchtet sich vor der Einsamkeit). De bestämde sig **för** att resa (Sie entschlossen sich zu reisen). Hon har lätt **för** att lära sig språk (Sie lernt leicht Sprachen).

i		Jag finner mig inte **i** att vänta här längre (Ich finde mich damit nicht ab, hier länger zu warten).

med	Han höll på **med** att putsa skorna (Er war damit beschäftigt, die Schuhe zu putzen). Vi räknar **med** att komma om en vecka (Wir rechnen damit, in einer Woche zu kommen). Vad menar du **med** att kunna ett språk? (Was verstehst du darunter, eine Sprache zu beherrschen?)
mot	Man måste gardera sig **mot** att bli lurad.
om	Han bryr sig inte **om** att dansa (Er tanzt nicht gern). De talar **om** att flytta (Sie sprechen davon umzuziehen).
på	Han väntar **på** att bli expedierad. Man lägger ner stor möda **på** att färglägga äggen.
till	Det kan bidra **till** att klara upp saken (Es kann dazu beitragen, die Sache zu klären). Han var en baddare **till** att vara lustig.
åt	Mannen gladde sig **åt** att inte höra läkarens ord. Vi måste hjälpas **åt** att hålla utkik.
över	Hon blev förargad **över** att bli avbruten gång på gång (Sie ärgerte sich darüber, immerfort gestört zu werden).

Att-sats styrd av preposition

Präposition + daß-Satz **D**

Ebenso kann ein att-Satz von einer Präposition regiert werden, z. B.:

av	Jag har ett intryck **av** att hon är ensam nu (Ich habe den Eindruck, daß sie jetzt allein ist).
från	Jag utgår **från** att han inte kommer att säga det (Ich gehe davon aus, daß er es nicht sagen wird).
för	Hon var alltid rädd **för** att något skulle hända.
i	Jag finner mig inte **i** att de behandlar oss så här (Ich finde mich damit nicht ab, daß sie uns so behandeln).
med	Jag räknade **med** att du skulle vara hemma vid fem-tiden (Ich rechnete damit, daß du gegen fünf zu Hause wärest).
om	Lutfisken är en erinran **om** att vissa helgdagar var fastedagar. Men nog måste ni hålla med **om** att svenska folket blivit allt oärligare.
på	Elden uppfattas som ett tecken **på** att den ljusa årstiden är i annalkande. Där väntar två hundra människor **på** att solen skall komma. Vi fick reda **på** att de skulle göra en genomfartsled av den här vägen. Vi fick inga bevis **på** att det var nödvändigt.
till	Jag la märke **till** att en lampa brann i våningen en trappa upp (Ich habe bemerkt, daß in der Wohnung im ersten Stock Licht war).
över	Jag var förvånad **över** att han inte visste det (Ich war erstaunt darüber, daß er es nicht wußte). Han klagar alltid **över** att vi är så högljudda (Er klagt immer darüber, daß wir so laut sind).

(Hier darf die Konjunktion att niemals fehlen — vgl. 20 B, a).

Övningar

a) Ändra första stycket av lektion 23 till presens: Vi är några mammor ...
Ändra stycket Visst är det ett missnöje ... **till imperfekt:** Visst var ...
Ändra stycket Så kan ett byalag börja ... **till perfekt:** Så har ett byalag
kunnat ...

b) Fyll i rätt preposition:
Hennes röst skär — märg och ben. Jag går miste — många saker. Han
sade något — min rygg. Hon viskar — honom. Det är nog — mig.
Han gladde sig — fåglarnas sång. En lekplats — de större barnen behöv-
des. Vi talade — många mammor. Jag fick reda — att en genomfartsled
skulle byggas. Här bor ju massor — barn. Det blir livsfarligt — barnen.
Det finns inga bevis — att det var nödvändigt. Man börjar — en viktig
fråga. Man blir uppmuntrad — framgång. Man struntar — andra. Vi är
intresserade — alla uppgifter. Många deltar — arbetar. Vi bestämmer oss
— att bilda grupper. Man måste akta sig — överorganisation. Vi kunde
enas — en gemensam målsättning.

c) Vilket ord passar inte? Ett ord i varje grupp passar inte ihop med de andra
orden. Exempel: brun, grön, **ny**, svart, vit, röd.
1. tacka, höna, hynda, sto, galt.
2. hosta, sugga, gulsot, magsår, påssjuka.
3. rörmokare, skräddare, slaktare, åskådare, sotare.
4. svensk, tysk, frisk, finsk, dansk.

d) Besvara följande frågor:
Hur kan ett byalag t. ex. börja sin verksamhet? Kring vilka frågor är
det lättast att samlas? Var är det svårast att bilda ett byalag? Varför?
Hur arbetar ett byalag? Finns det någonting gemensamt för alla svenska
byalag? Vilken är målsättningen?

e) Översätt:
Man muß mit einer Frage anfangen, die als bedeutend empfunden wird.
Das Milieu der neuen großen Vororte muß verbessert werden. Techniker
und Politiker müssen die Erfahrungen berücksichtigen, wenn sie neue
Siedlungen planen. Man versucht, soweit wie möglich ohne feste Organi-
sation zu arbeiten. Er geht davon aus, daß ich nichts sagen werde. Muß
ich jetzt dazu Stellung nehmen? Wir sind stolz auf unsere Tochter.
Er ist immer freundlich zu mir. Ich rechne damit, daß er kommt. Das
war nett von dir.

24. Lektion

Luftburen

När Jan Backman ringde Jenny två dagar efter festen på Vattenslottet, svarade ingen. Under hela förmiddagspasset på Arlanda försökte han nå henne. Hon hade inte meddelat sig till trafikledningen eller växeln. På Naturvårdsverket upplyste man att avdelningsdirektör Jeger hade semester.

Han blev rastlös men visste inte vad han skulle göra. Han hade nyckel till hennes våning, hon hade sagt att han fick vistas där. Kanske kom hennes mor dit och städade. Han for dit, tvekade länge innan han öppnade, men upptäckte inga särskilda spår. Det såg opersonligare ut än tidigare. Han tittade på det blå apoteksglaset med dess guldskrift: vem som helst kunde äga det. På kapprumsgolvet låg dagens tidning men ingen post. Nere på Nybroplan pågick trafiken oberört. Hon måste ha rest dagen före.

Han satte sig på sängkanten och ringde det lokala postkontoret. Nej, man lämnade vanligen inte ut eftersändningsadresser. Det gick ju bra att skriva till den ordinarie.

Han anade att Gertrud och Vattenslottet hade blivit för mycket. Genom att försvinna skulle Jenny göra allting bra: det var den enkla uträkningen. Självplågeriet som tillfredsställde, den passiva skuldkänslan som blev aktiv offervilja.

Han öppnade hennes kylskåp. Där fanns smör, en bit salami, öl. Hon verkade inte ha emigrerat. Men på några dagar hann man numera byta ut det mesta av sig själv.

Man äger aldrig något, tänkte han. Man finns i andra och andra finns i en – och upphör att finnas.

Hon var något extra i hans tillvaro. Dig kan jag både ha och mista, försökte han säga för att skydda sig. Hon kunde inte lämna ett synbart tomrum. Men av att tänka bort hennes röst och ögon kände han tomheten som en bur, och det spratt till i benen som ville de springa bort från honom.

Han tittade på den röda bänken i matrummet. Föremålen var gjorda efter människors mått och för människors behov, men nu stod de ensamma, liksom oanvändbara, utan att minnas allt de varit med om.

Jag älskar dig, sa han till nagelborsten i badrummets tystnad. För den var lite tillplattad av hennes fingertoppar, och tvålen var repad av den.

Per Wästberg, Luftburen

Vokabeln

luftburen	['lɔftbɐːrən]	auf dem Luftwege transportiert
fest, -en, -er	[fɛst]	Fest
Vattenslottet	['vatənslɔtət]	*Name des Sommerhauses*
förmiddags-pass, -et, -	['fœːrmidas-pas]	Vormittagsschicht
Arlanda	['ɑːɭanda]	*Stockholmer Flugplatz*
meddela sig, -ade, -at	['meːdeːla sɛj]	sich verständigen
trafikledning, -en, -ar	[traˇfiːkleːd-niŋ]	Verkehrsleitung .
växel, -n, -ar	['vɛksəl]	*hier:* Zentrale
naturvårdsverket	[naˇtɐːr-voːɖsˇværkət]	Naturschutzamt
upplysa, -te, -t	['ɐplyːsa]	mitteilen
avdelningsdirektör, -en, -er	['ɑːvdeːlniŋs-direkˇtœːr]	Abteilungsleiter
semester, -n, -ar	[seˈmestər]	Urlaub
rastlös	['rastlØːs]	rastlos
veta, visste, vetat	['veːta]	wissen
nyckel, -n, -ar	['nykəl]	Schlüssel
sagt *(von säga)*	[sakt]	gesagt
tveka, -ade, -at	['tveːka]	zögern
öppna, -ade, -at	['œpna]	öffnen
upptäcka, -te, -t	['ɐptɛka]	entdecken
opersonlig	['uːpæʂuːnli]	unpersönlich
apoteksglas, -et, -	[apuˇteːks-glɑːs]	Reagenzglas
guldskrift, -en, -er	['gɐlskrift]	Goldschrift
äga, -de, -t	['ɛːga]	besitzen
kapprumsgolv, -et, -	['kaprɐms-gɔlv]	Fußboden in der Diele
Nybroplan	['nyːbruː-ˇplɑːn]	*Platz in Stockholm*
pågå, -gick, -gått	['poːgoː]	im Gange sein
trafik, -en	[traˈfiːk]	Verkehr
oberörd	['uːbərœːɖ]	unberührt
sängkant, -en, -er	['sɛŋkant]	Bettrand
postkontor, -et, -	['pɔstkɔn-ˇtuːr]	Post
lämna ut, -ade, -at	['lɛmna ˈɐːt]	ausgeben

vanligen	['vɑːnliən]	gewöhnlich
eftersänd-ningsadress, -en, -er	['ɛftəsɛnd-niŋsadˈrɛs]	Nachsendeadresse
ordinarie	[ɔdiˈnɑːriə]	*hier:* fest
ana, -ade, -at	['ɑːna]	ahnen
Gertrud	['jæʈrəd]	Gertrud
enkel	['ɛŋkəl]	einfach
uträkning, -en, -ar	['ɐːtrɛːkniŋ]	Rechnung
självplågeri, -et	['ʃɛlvploːgə-ˇriː]	Selbstquälerei
tillfredställelse, -n	['tilfreːd-stɛlsə]	Befriedigung
skuldkänsla, -n, -or	['skɐldcɛnsla]	Schuldgefühl
offervilja, -n, -or	['ɔfərvilja]	Opferfreudigkeit
bit, -en, -ar	[biːt]	Stück
salami	[saˈlɑːmi]	Salami
öl, -et	[øːl]	Bier
byta, -te, -t	['byːta]	tauschen
upphöra, -de, -t	['ɐphœːra]	aufhören
tillvaro, -n	['tilvɑːru]	Dasein
skydda sig, -ade, -at	['ʃyda sɛj]	sich schützen
lämna, -ade, -at	['lɛmna]	hinterlassen
synbar	['syːnbɑːr]	sichtbar
tomrum, -met, -	['tumrəm]	*hier:* Lücke
tänka bort, -te, -t	['tɛŋka bɔt]	wegdenken
röst, -en, -er	[rœst]	Stimme
öga, -t, ögon	['øːga]	Auge
tomhet, -en	['tɔmheːt]	Leere
bur, -en, -ar	[bɐːr]	Käfig
spritta till, -ade, -at spratt (spruttit)	['sprita ˈtil]	zucken
matrum, -met, -	['mɑːtrəm]	Eßzimmer
föremål, -et, -	['fœːrəmoːl]	Gegenstand
mått, -et, -	[mɔt]	Maß
oanvändbar	['uːanvɛn-bɑːr]	unverwendbar
vara med om, var, varit	['vɑːra ˈmeː ɔm]	erleben
nagelborste, -n, -ar	['nɑːgəl-bɔʂta]	Nagelbürste
tystnad, -en	['tystnad]	Stille
tillplattad	['tilplatad]	abgeplattet
fingertopp, -en, -ar	['fiŋətɔp]	Fingerkuppe
tvål, -en, -ar	[tvoːl]	Seife
repa, -ade, -at	['reːpa]	ritzen

Brev – Briefe

Adresser (Anschriften):
1. Titel *oder* Herr – Fru – Fröken; 2. Name; 3. Straße; 4. Hausnummer;
5. Postleitzahl; 6. Ort.

Avd.dir.	Fr
Gunnar Lindblad	Greta Larsson
Storg. 25	Drottningholmsv. 165
753 31 Uppsala	161 36 Bromma

Avd.dir. = Avdelningsdirektör;   Fr = Fröken;
Storg. = Storgatan   Drottningholmsv. = -vägen

Överskrifter (Anreden):
Privatbrev:
Käre Gunnar! – Kära Greta! – Kära allesamman!
Affärsbrev (Geschäftsbriefe):
1. Titel *oder* Herr, Fru, Fröken; 2. Name.
Sehr geehrter ... wird nicht gebraucht!
Avd.dir. Gunnar Lindblad   Herr Per Svensson

Hälsningar och underskrifter (Grüße und Unterschriften):
Privatbrev:
Hälsa till Din mamma och pappa! Min man ber om sin hälsning. Mamma
hälsar så mycket! Hela familjen sänder de hjärtligaste hälsningar. Hälsa
Anna. Hjärtliga (Många) hälsningar från Karin. Skriv snart! Din Bengt.
Affärsbrev:
Med högaktning *oder* Högaktningsfullt. Oft nur das Datum: Stockholm
den 23 november 1974 *(Kein Komma nach dem Ort!)*
Karl Pettersson
oder Med vänliga hälsning. Per Svensson

Grammatik

Substantivens genus – Das Genus der Substantive   A

Das Geschlecht eines schwedischen Substantivs stimmt in den meisten Fäl-
len mit dem des entsprechenden deutschen Wortes überein, wenn die bei-
den Sprachen dasselbe Wort oder verwandte Wörter haben: der Ring =
ringen; das Stück = stycket. Aber flickan hat z. B. keine sprachliche Ver-
wandtschaft mit „das Mädchen". Es gibt jedoch viele Fälle, in denen die
Sprachen nicht übereinstimmen. Hier folgt ein alphabetisches Verzeichnis
der wichtigsten Wörter, die ein vom Deutschen abweichendes Geschlecht
haben.

Wörter, die im Schwedischen **Neutra** sind, im Deutschen aber Maskulina bzw. Feminina:

aktiebolag, -et	['aktsiəbu'lɑːg]	Aktiengesellschaft
arbete, -t	['arbeːtə]	Arbeit
berg, -et	[bærj]	Berg
besked, -et	[bə'ʃeːd]	Bescheid
besök, -et	[bə'søːk]	Besuch
bibliotek, -et	[bibliu'teːk]	Bibliothek
bläck, -et	[blɛk]	Tinte
bord, -et	[buːɖ]	Tisch
brev, -et	[breːv]	Brief
bud, -et	[bʉːd]	Bote
bär, -et	[bæːr]	Beere
dike, -t	['diːkə]	Graben
fall, -et	[fal]	Fall
fat, -et	[fɑːt]	Schale, Schüssel, Untertasse
fel, -et	[feːl]	Fehler
frimärke, -t	['friːmærkə]	Briefmarke
förråd, -et	[fœ'roːd]	Vorrat
förstånd, -et	[fœ'ʂtɔnd]	Verstand
golv, -et	[gɔlv]	Fußboden
grepp, -et	[grep]	Griff
kaffe, -t	['kafə]	Kaffee
konditori, -et	[kɔnditɔ'riː]	Konditorei
kort, -et	[kuʈ]	Karte; (kleines) Foto
kvitto, -t	['kvitu]	Quittung; Fahrschein (für einfache Fahrt)
lov, -et	[loːv]	Erlaubnis; Ferien
minne, -t	['minə]	Erinnerung
misstag, -et	['mistɑːg]	Irrtum
mod, -et	[muːd]	Mut
modersmål, -et	['muːdəʂmoːl]	Muttersprache; Schulfach: Schwedisch
moln, -et	[moːln]	Wolke
namn, -et	[namn]	Name
pass, -et	[pas]	Paß
pris, -et	[priːs]	Preis
regn, -et	[rɛŋn]	Regen
råd, -et	[roːd]	Rat
skäl, -et	[ʃɛːl]	Grund, Ursache
skär, -et	[ʃæːr]	Schäre
språk, -et	[sproːk]	Sprache
stadsbud, -et	['stasbʉːd]	Träger, Gepäckträger
svar, -et	[svɑːr]	Antwort

sällskap, -et	[ˈsɛlskɑːp]	Gesellschaft, Beglei-
		tung
tack, -et	[tak]	Dank
tag, -et	[tɑːg]	Griff; Weile
tal, -et	[taːl]	Rede; Zahl
te, -et	[teː]	Tee
tillfälle, -t	[ˈtilfɛlə]	Gelegenheit; Fall
träd, -et	[trɛːd]	Baum
tåg, -et	[toːg]	Zug
universitet, -et	[ənivæʂiˈteːt]	Universität
val, -et	[vɑːl]	Wahl
vin, -et	[viːn]	Wein
yrke, -et	[ˈyrkə]	Beruf
åtal, -et	[ˈoːtɑːl]	Klage, Anklage
äktenskap, -et	[ˈɛktənskɑːp]	Ehe
äpple, -t	[ˈɛplə]	Apfel
överflöd, -et	[ˈøːvərfløːd]	Überfluß

Wörter, die im Schwedischen **Utra** sind, im Deutschen aber Neutra:

affär, -en	[aˈfæːr]	Geschäft
bil, -en	[biːl]	Auto
biograf, -en	[biuˈgrɑːf]	Kino
bok, -en	[buːk]	Buch (auch: die Buche)
bädd, -en	[bɛd]	Bett
dal, -en	[dɑːl]	Tal
fest, -en	[fɛst]	Fest
häst, -en	[hɛst]	Pferd
is, -en	[iːs]	Eis
lokal, -en	[luˈkɑːl]	Lokal
olja, -n	[ˈɔlja]	Öl
säng, -en	[sɛŋ]	Bett(stelle)

Övningar

a) Rimord (Wörter, die sich reimen)

Av orden **står, stor, får, går** rimmar **står, får, går** men inte **stor**. I följande grupper av ord finns det alltid ett som inte rimmar med de tre andra orden.

1. från, hon, lån, son.
2. kom, om, som, tom.
3. din, finn, fin, in.
4. just, ljust, kust, lust.

kust, -en, -er   [kɵst]   Küste

b) Fyra frågor

Här är fyra ord: **din – heter – bror – vad.** Man kan göra en fråga av de fyra orden: "Vad heter din bror?". Här följer fyra grupper med ord. Gör en fråga av varje grupp!

1. gammal – dotter – din – hur – är.
2. spår – tåget – från – går – vilket – Göteborg – till.
3. Kungsgatan – kan – förlåt – ni – var – säga – ligger – mig.
4. vara – lov – det – vad – att – får.

spår, -et, -   [spoːr]   Gleis

c) Fyll i passande ord (misstag, konditori, brev, namn, besked, besök, bud, svar, kaffe, sällskap, frimärke, tillfälle):

Han skrev flera — till henne, men han fick aldrig något —. Tänk, om han glömt att sätta på —? — hade han i alla fall stavat riktigt. Det måste nog vara ett — att hon inte svarade. Han ville så gärna gå på — med henne och dricka —. En dag skickade han ett — till henne och bad henne äntligen ge — om han fick hälsa på henne, ty han längtade så efter hennes —. Hon passade på — att säga att hon verkligen inte ville ha något —.

stava, -ade, -at   [ˈstɑːva]   buchstabieren

d) Frågor till texten:

Var arbetar Jenny Jeger? Vilken titel har hon? Var arbetar Jan Backman? Hur kommer Jan in i Jennys lägenhet? Lämnar posten ut eftersändningsadresser? Vad finns det i Jennys kylskåp? Hur yttrar sig Jans kärlek till Jenny?

e) Översätt

Stockholm, den 15. März 1974

Lieber Gunnar!

Vielen Dank für Deinen Brief, den ich vor ein paar Tagen bekam. Hoffentlich ist Eva wieder gesund! Uns allen geht es gut! Ich würde mich sehr freuen, wenn Du Zeit hättest, uns zu besuchen, wenn Du nächste Woche nach Stockholm kommst. Ruf doch an, wenn Du da bist.

Herzliche Grüße an Dich, Eva und die Kinder!

Deine Ingrid

25. Lektion

I många avseenden är Sverige världens mest jämlika och utvecklade land. Dess 8,1 miljoner invånare tjänar mer pengar än de flesta andra människor på denna jord, betalar höga skatter och lever i en social välfärd och ett omhändertagande som sträcker sig till de flesta av livets områden. Från det första skriet till dödens torka följs de av samhällets vakande ögon, när de avskrivs till tystnaden har de bidragit till landets välstånd, gräs gror över dem men i samhället finns fabrikerna, kontorshusen, slotten och herresätena, motorvägarna och sommarstugorna, byggda och skapade i ett samhälle där den enskildes materiella nyttigheter är jämnare fördelade än i de lätt räknade länder där bruttonationalprodukten per invånare är högre. De individuella friheterna är stora, samhällets toleransmarginal mycket vidsträckt. En oerhörd stabilitet präglar Sverige.

Detta är det samhälle som berättaren i denna historia sedan några år tillbaka försöker begripa och beskriva. Han kallar sig J, besökte landet för första gången år 1949, nu är han 40, förändrad, Sverige är förändrat, och han vet verkligen inte om han förmår ge läsaren alla de fakta om landet som kanske borde bilda stommen till denna berättelse. Han läser i Boken (Statistisk årsbok): Nordligaste punkt: Treriksröset, 69° 4' nordlig bredd, sydligaste punkt: Smygehuk, 55° 20' nordlig bredd. På en skylt läser han: Sveriges sydligaste Café-konditori. Areal 449 965 kvadratkilometer, därav landareal 441 406. Gotland 3001 kvadratkilometer, Kebnekaise 2111 meter över havet.

Dessa underbara fakta som han älskar, meningslösa sifferrader som målar över verkligheten, säger ingenting om svensk man och kvinna, död och gråt och kärlekslycka, leda och förbannelse och tröttheten vid ett uppnått resultat.

Jörn Donner, Sverigeboken

Vokabeln

avseende, -t, -n	[ˈɑːvseːendə]	Hinsicht	invånare, -n, -	[ˈinvoːnarə]	Einwohner
jämlik	[ˈjɛmliːk]	gleichgestellt; *hier:* sozial ausgeglichen	tjäna, -ade, -at	[ˈcɛːna]	verdienen
utvecklad	[ˈʉːtvɛklad]	entwickelt	välfärd, -en	[ˈvɛːlfæːɖ]	Wohlfahrt
dess	[dɛs]		omhändertagande, -t	[ɔmˈhɛndə-ˈtɑːgandə]	Betreuung
8,1	[ˈɔta ˈkɔma ɛt]	8,1	sträcka sig till, -te, -t	[ˈstrɛka sɛj til]	sich ausdehnen
miljon, -en, -er	[milˈjuːn]	Million	skri, -et, -n	[skriː]	Schrei
			död, -en	[døːd]	Tod

torka, -n	[ˇtɔrka]	Dürre
följas, -des,	[ˇfœljas]	gefolgt
-ts		werden
vakande	[ˇvɑːkandə]	wachend
(von vaka)		
avskrivas,	[ˇɑːvskriːvas]	abgeschrieben
-skrevs,		werden
-skrivits		
bidraga,	[ˇbiːdrɑːga]	beitragen
-drog, -dragit		
välstånd, -et	[ˇvɛːlstɔnd]	Wohlstand
gräs, -et	[grɛːs]	Gras
gro, -dde, -tt	[gruː]	keimen
fabrik,-en,-er	[faˈbriːk]	Fabrik
kontorshus,	[ˇkɔntuːʂhʉːs]	Bürohaus
-et, -		
herresäte,	[ˇhærəsɛːtə]	Herrensitz
-t, -n		
motorväg,	[ˇmuːtɔrvɛːg]	Autobahn
-en, -ar		
skapa, -ade,	[ˇskɑːpa]	schaffen
-at		
nyttighet,	[ˇnytiheːt]	Nützlichkeit
-en, -er		
fördela,	[fœˈdeːla]	verteilen
-ade, -at		
bruttona-	[ˇbrɵtɔna-	National-
tionalpro-	tʃunɑːlprɔ-	einkommen
dukt, -en,	ˋdɵkt/beːn	
BNP	peː]	
per	[pæːr]	pro
individuell	[individuˈɛl]	individuell
frihet,-en,-er	[ˇfriːheːt]	Freiheit
toleransmar-	[tɔleˇrans-	Toleranz-
ginal,-en,-er	margiˋnɑːl]	spielraum
vidsträckt	[ˇviːdstrɛkt]	weit; *hier:*
		groß
oerhörd	[ˇuːerhœːɖ]	unerhört
stabilitet, -en	[stabiliˈteːt]	Stabilität
prägla,	[ˇprɛːgla]	prägen,
-ade, -at		auszeichnen
berättare,	[bəˈrɛtarə]	Erzähler
-n, -		
begripa,	[bəˈgriːpa]	begreifen
-grep, -gripit		
beskriva	[bəˈskriːva]	beschreiben
kalla,-ade,-at	[ˇkala]	nennen

förändra,	[fœrˈɛndra]	verändern
-ade, -at		
förmå, -dde,	[fœrˈmoː]	können,
-tt		vermögen
läsare, -n, -	[ˇlɛːsarə]	Leser
faktum,-et,-a	[ˇfaktəm]	Tatsache
stomme,	[ˇstumə]	Gerippe
-n, -ar		
statistisk	[staˈtistisk]	statistisch
årsbok, -en,	[ˇoːʂbuːk]	Jahrbuch
-böcker		
punkt,-en,-er	[pɵŋkt]	Punkt
Treriksröset	[ˇtreːriks-	Dreiländer-
	ˋrøːsət]	grenzmal
69°4′	[sɛkstiˇniːə	69°4′
	ˇgrɑːdər ˇfyːra	
	miˈnʉːtər]	
bredd,-en,-er	[brɛd]	Breite
Smygehuk	[smyːgəˈhʉːk]	*Ort*
skylt,-en,-ar	[ʃylt]	Schild
café = kafé,	[kaˈfeː]	Café
-et, -er		
areal, -en, -er	[areˈɑːl]	Areal
kvadratkilo-	[kvaˇdrɑːt-	Quadrat-
meter,-n,-ar	cilɔˈmeːtər]	kilometer
därav	[ˇdæːrɑːv]	davon
landareal,	[ˇlandareɑːl]	Landfläche
-en, -er		
Gotland	[ˇgɔtlan]	*Insel*
Kebnekaise	[kebnəˇkajsə]	*Berg*
hav, -et, -	[hɑːv]	Meer
meningslös	[ˇmeniŋsløːs]	sinnlos
sifferrad,	[ˇsifərɑːd]	Zahlenreihe
-en, -er		
måla över,	[ˇmoːla	übermalen
-ade, -at	ˇøːvər]	
verklighet,	[ˇværkliheːt]	Wirklichkeit
-en		
gråt, -en	[groːt]	Weinen
kärlekslycka,	[ˇcæːleːks-	Liebesglück
-n	lyka]	
leda, -n	[ˇleːda]	Überdruß
förbannelse,	[fœrˈbanelsə]	Verfluchung
-n, -r		
trötthet, -en	[ˇtrœtheːt]	Müdigkeit
uppnå, -dde,	[ˇɵpnoː]	erreichen
-tt		

Ursäkter – Entschuldigungen

Ursäkta! (Vor einer Frage oder bei einer Bitte: Entschuldigen Sie! – Darf ich …, – Bitte, …!).

Förlåt! (Wenn man gegen eine Höflichkeitsform verstoßen hat: Verzeihung!).
Antwort: Ingen orsak. – Det gör inte någonting / ingenting.

Ursäkta att jag stör er! – Jag beklagar att jag måste störa er! – Det var synd/
ledsamt/trist/tråkigt att … (Schade, daß …). – Ursäkta ett ögonblick! –
Får jag störa er ett ögonblick?
Antwort: Ja, var så god! (Bitte!)

Upplysningar – Auskünfte

(Ursäkta,) kan ni säga mig var busshållplatsen (die Bushaltestelle) är? – Ni kan väl inte säga mig ... – Jag skulle gärna vilja ha ... (möchte gern). Jag skulle be att få ... – Jag skulle vilja fråga om ... – Kan man köpa frimärken här? – Är det här vägen till ...? – Hur kommer jag till Drottninggatan härifrån? — Var är närmaste brevlåda (Briefkasten), telefonkiosk? – Kan ni växla (wechseln) en krona i tjugofemöringar?

Telefon

Olsson & Söner – Jag skulle vilja tala med direktör Olsson. / Kan jag få tala med fröken Holm. / Är det möjligt att få tala med ... – (Ja,) ett ögonblick. Vem får jag hälsa ifrån? / Nej, tyvärr är han upptagen just nu. Kan jag be honom ringa senare? / Kan jag hälsa honom något? – Kan ni kanske ta emot ett meddelande till honom? / Kan ni be henne ringa 821865 och fråga efter fru Jansson.
O förlåt, då har jag ringt fel / slagit fel.

Grammatik

Användning av bestämd och obestämd artikel
Gebrauch des bestimmten und unbestimmten Artikels   A

Der bestimmte Artikel wird in vielen Fällen weggelassen. Abweichend vom Deutschen fehlt er:

1. bei vielen Namen (von Personen mit vorhergehendem Adjektiv, bei Monatsnamen, öffentlichen Institutionen usw.):
   Här bor gamle Erik. – Det var i maj. – Uppsala universitet grundades 1477.
2. bei geographischen Namen:
   Schweiz, Turkiet, USA, Haag; Donau, Rhen, Göta älv.
   Der Artikel steht jedoch bei einigen Flußnamen: Nilen der Nil; Themsen die Themse
   und vielen schwedischen Flußnamen: Dalälven, Fyrisån usw.
3. nach einem Superlativ, der nur einen sehr hohen Grad ausdrückt, z. B.
   i högsta grad – med största nöje – till nästa år.
4. bei vielen adverbialen Ausdrücken, hauptsächlich bestehend aus Präposition + Substantiv:
   i genomsnitt – på höger/vänster hand – från norr/söder/väster/öster – på skämt/allvar (Scherz/Ernst) – till straff/tack (Strafe/Dank) – kasta i fängelse (ins Gefängnis werfen).
5. bei vielen feststehenden Ausdrücken, bestehend aus Verb + Substantiv:
   lätta (lichten) ankar, byta tåg (umsteigen), byta kläder (umziehen), hålla mun, åka bil/buss/båt/tåg.

6. bei einigen lateinischen Fremdwörtern: centrum, faktum, genus.
7. bei Krankheiten: Han har feber, halsfluss, påssjuka.
8. bei Sprachen: Tyska är svårare än engelska.
9. bei Abkürzungen für Gesellschaften, Organisationen usw.: EFTA – NATO – SAS – USA
10. in Genitivkonstruktionen:
Barnens kläder – livets gång – Eriks valp.

B

Der bestimmte Artikel steht fast immer bei **båda, bägge, hela** und **själva**:
Jag har ätit upp båda/bägge äpplena, hela portionen. Själva kungen var där.
Nach **alla** bezeichnet die bestimmte Form eine begrenzte Anzahl und die
unbestimmte Form eine unbegrenzte Anzahl: Alla äpplena i skålen är slut.
Jag har ätit upp alla äpplen, all mat.

C

Der unbestimmte Artikel fehlt:
1. bei Wörtern für Nationalität, Beruf, Rasse oder Konfession, die als Prä-
dikat stehen:
Han är norrman. Författaren till boken är själv katolik.
2. bei vielen feststehenden Ausdrücken, bestehend aus Verb + Substantiv:
Jag har fått brev från honom. Jag skriver brev till henne. – Ska jag ta
paraply med mig? – Han tog examen i somras. – Har du pass?
Würde man in diesen Fällen den unbestimmten Artikel setzen, dann
hätte er die Bedeutung eines Zahlwortes, z. B. Ska jag te **ett** paraply
(eller kanske två) med mig?

Olika tempus i svenskan och tyskan   **D**

Das Imperfekt
wird im Schwedischen oft da verwendet, wo man im Deutschen das Perfekt
vorzieht, besonders bei adverbialen Zeitbestimmungen der Vergangenheit:

> Jag träffade honom inte i går. Jag såg henne i onsdags. Han köpte rocken,
> då han var i staden. Huset byggdes 1958.

Statt des Präsens wird das Imperfekt gebraucht in Redewendungen und
Ausrufen wie:

> Det var synd, att ... (Es ist traurig, daß ...). Det var sant – jag skulle hälsa
> till dig från Anna. (Da fällt mir ein – ich soll einen Gruß von Anna bestellen).
> Det var snällt av dig. (Das ist nett von dir). Det var roligt ... (Es freut mich
> ...). Det här smakade bra! (Dies schmeckt ja vorzüglich!)

Das Perfekt

steht im Schwedischen auch zur Bezeichnung eines lang andauernden Vorgangs oder Zustandes, der in der Gegenwart noch fortdauert (oft durch eine Zeitbestimmung verdeutlicht):

Har ni väntat länge på mig? (Warten Sie schon lange?) – Hur länge har de varit här? (Wie lange sind sie schon hier?) – Jag har läst svenska i ett halvt år. (Ich lerne schon ...). Sedan jag har börjat läsa svenska, läser jag gärna svenska tidningar. (Seitdem ich Schwedisch lerne, lese ich gerne schwedische Zeitungen).

Övningar

**a) Här följer sex frågor och sex svar. Bara ett svar passar till varje fråga.
Vilka frågor och svar passar ihop?**

1. Kan jag få tala med herr Holm?	a) Be honom ringa 460081
2. Vem får jag hälsa ifrån?	b) Försök efter klockan tre
3. Kan jag hälsa honom något?	c) Ett ögonblick
4. Kan ni bokstavera namnet?	d) Rune Dahl
5. Vilket riktnummer är det?	e) R som i Rudolf, U som i Ur-
6. När kan jag ringa igen?	f) 08 [ban

bokstavera, -ade, -at   [buksta'veːra]   buchstabieren
riktnummer, -et, -   ['riktnəmər]   Kennzahl

b) Vad betyder förkortningarna i följande annonser:
Kungsängen
2-pl. gavelradhus b. -73 5 r.o.k. Fullst. mask. utr. Fril. förr. Gar. i sep. länga. Vid ca 35.000:– kont 950:– /mån.
3:a ins lägenh gavel nb renov lugnt omr, snyggt läge trevl grannar bra komm nära t affär mod 719/m Vallentuna pr kan disk. Tel. 0762/62895.

gavel, -n   ['gaːvəl]   Giebel

c) Sök synonymer till de understrukna orden i lektion 24:
Jag **telefonerade** till henne en vecka efter **bjudningen**. Hennes bror **talade om för** mig att hon rest bort. Jag **kom ihåg** allt roligt vi hade haft och saknade henne. Jag fick **vara** i hennes **lägenhet** och gick dit för att se om hon **lämnat ett meddelande**. Jag kunde dock inte **hitta** något brev. På **golvet i hallen** låg **tidningen för idag.** Hon måste alltså ha rest **igår.**

telefonera, -ade, -at	[telefɔ'neːra]	telefonieren
bjudning, -en, -ar	['bjʉːdniŋ]	Fest
tala om, -ade, -at	['taːla 'ɔm]	erzählen, erklären
komma ihåg, kom, kommit	['kɔma i'hoːg]	sich erinnern
hall, -en, -ar	[hal]	Diele

d) Besvara följande frågor:
Hur många invånare har Sverige? Vilken är Sveriges nordligaste punkt?
Vilken är Sveriges sydligaste punkt? Hur stor landareal har Sverige? Hur
stor landareal har Gotland? Varför menar Jörn Donner att alla dessa
siffror är meningslösa? När kom Jörn Donner för första gången till
Sverige?

e) Översätt:
Schade, daß du nicht kommen kannst. Darf ich Sie einen Augenblick
stören? Wo ist der nächste Briefkasten? Kann man hier Briefmarken kau-
fen? Ich habe alle Bonbons aufgegessen. Er ist Isländer. Wie lange sind
Sie schon hier? Wir lernen schon ein Jahr Norwegisch. Da fällt mir
gerade ein – ich soll dir einen Gruß von deiner Schwester bestellen.

karamell, -en, -er   [kara'mɛl]   Bonbon

26. Lektion

Männen drack öl och samlade krafter till det sista och viktigaste valet,
då något alldeles oerhört inträffade. Sorlet av öldrickande män på
trappan steg till högröstat tumult. Därpå stack Pärsy in sitt av vrede
rodnande ansikte.
– Jag skiter i er jävla flotte, sa han. Ni kan tjära den själva, om så ska
va. Jag tänker sno värvning, för det ska fan gå här och mocka åt
bönder. Eller så går jag till sjöss. Kan ni klara er själva bäst ni kan, gubb-
jävlar.
Borta var han.
Männen hade ryckt till av de hårda orden och liksom krympt in i
finkostymerna som sårade sköldpaddor i sina skal. Pärsys utbrott var
väl på sitt sätt en bekräftelse på Flottens vikt och betydelse, men
etikettsbrottet var oerhört. Huvudrunkande och skakade i själen
blickade gubbarna ner i den avgrund som heter: *Ungdomen nuförtiden.*
Oroligt spejade de i Abrahams ansikte efter ett rätt beteende och en
rimlig utväg. Abraham blundade, klådde sig i skägget och tänkte.
– Jaja, suckade han till slut. Det var väl bäst som skedde? Fast nu
är det inte lätt att veta hur en ska ha sig. Jag sitter här och lurar på om
inte Nikodemus kunde betros med att tjära Flotten? Han bor ju nära
till, menar jag. Ja, inte vet jag...
Bestört tystnad, männen växlar undrande blickar. Månntro om inte
Abraham börjat gå i barndom i alla fall? Nikodemus! Nikodemus Jo-

hansson! Om någon i Hedeby är en ärelös man, obekväm för heders-
uppdrag, då måtte det väl vara Nikodemus om någon?
Elof i Alby blickade grubblande ner i golvet. Rävfarmarn suckade
hjärtslitande. Lille-Lars i Näsby klådde sina ludna öron. Ingen ville
åta sig den tunga plikten att motsäga Abraham Styf.
Ärendet avgjordes på ett oväntat sätt. Det var Handlarn som bröt
tystnaden med ett dundrande knytnävslag i disken.
– Men nu tror jag ni är rent förbannade, skrek han. Ska ni välja Niko-
demus och ta hand om Flotten, en fjolle som inte kan ta hand om sig
själv ens en gång?
Det regelvidriga inlägget fick stämningen att slå om till Nikodemus
förmån. Seder och bruk kan ruckas på, ungdomen nufortiden kan tillå-
ta sig oerhörda ting, men en regel ska stå som berget: vid valstämman
äger Handlarn att upplåta lokal och utskänka olaglig pilsner, men för
övrigt ska han hålla käft. Skulle han lägga näsan i våra affärer, den
skojarn, han som inte ens nyttjar krönta vikter? Så fan heller!
– Jag röstar på Nikodemus, sa Rävfarmarn.
– Instämmer, sa Lille-Lars i Näsby efter en förebrående blick på Hand-
larn, som kalkonröd i ansiktet tuggade på nederlagets bittra rot.

Sven Delblanc, Åminne

Vokabeln

kraft, -en, -er	[kraft]	Kraft
val, -et, -	[vɑːl]	Wahl
inträffa,	[ˈintrɛfa]	geschehen
-ade, -at		
sorl, -et	[soːl]	Gemurmel, Geräusch
öldrickande	[ˈøːldrikandə]	Bier trinkend
trappa, -n, -or	[ˈtrapa]	Treppe
högröstad	[ˈhøːɡrœstad]	laut, mit lauter Stimme
tumult, -et	[təˈmɵlt]	Tumult
därpå	[ˈdæːrpoː]	darauf
sticka in, stack, stuckit	[ˈstika ˈin]	hineinstecken
Pärsy	[ˈpæʂy]	Pärsy
vrede, -n	[ˈvreːdə]	Wut
rodna av, -ade, -at	[ˈroːdna]	vor etwas erröten
ansikte, -t, -n	[ˈansiktə]	Gesicht
skita, sket, skitit	[ˈʃiːta]	scheißen
jävla	[ˈjæːvla]	verdammt
flotte, -n, -ar	[ˈflɔtə]	Floß
tjära, -n	[ˈçæːra]	Teer
va = vara		sein
sno värvning = ta v.	[snuː ˈværvniŋ]	sich anwerben lassen

fan, -en	[fɑːn]	Teufel
mocka, -ade, -at	[ˈmɔka]	ausmisten
bonde,-n,⁼er	[ˈbundə]	Bauer
till sjöss	[til sjœs]	zur See
klara sig, -ade, -at	[ˈklɑːra sɛj]	es schaffen
bäst ni kan	[bɛst niː kan]	so gut wie ihr könnt
gubbjävlar	[ˈɡəbjæːvlar]	verdammter Alter
rycka till, -te, -t	[ˈryka til]	zusammen- zucken
liksom	[ˈliːksɔm]	hier: gewis- sermaßen
krympa,-te,-t	[ˈkrympa]	einschrump- fen
finkostym, -en, -er	[ˈfiːnkɔstyːm]	der feine Anzug
såra, -ade, -at	[ˈsoːra]	verwunden
sköldpadda, -n, -or	[ˈʃœlpada]	Schildkröte
skal, -et, -	[skɑːl]	Schale
utbrott, -et, -	[ˈɵːtbrɔt]	Ausbruch
bekräftelse, -n, -r	[bəˈkrɛftəlsə]	Bestätigung
vikt, -en	[vikt]	Gewicht
betydelse, -n, -r	[bəˈtyːdəlsə]	Bedeutung

Swedish	Transcription	German
etikettsbrott, -et, -	[eti`kɛtsbrɔt]	Verstoß gegen den guten Ton
runka, -ade, -at	[`rɵŋka]	schütteln
huvudrun-kande	[`hʉ:vərɵŋ-kandə]	kopfschüttelnd
skaka, -ade, -at	[`skɑ:ka]	schütteln
blicka, -ade, -at	[`blika]	blicken
gubbe, -n, -ar	[`gɵbə]	alter Mann
avgrund, -en, -er	[`ɑ:vgrɵnd]	Abgrund
orolig	[`u:rʉ:li]	unruhig
Abraham	[`ɑ:braham]	Abraham
speja, -ade,-at	[`speja]	spähen
rätt	[rɛt]	richtig
beteende, -t	[bə`te:endə]	Benehmen
rimlig	[`rimli]	plausibel, angemessen
utväg, -en,-ar	[`ʉ:tvɛ:g]	Ausweg
blunda, -ade, -at	[`blɵndə]	Augen zumachen
klå sig, -dde, -tt	[klo: sɛj] *dial.* = klia	jucken
skägg, -et, -	[ʃɛg]	Bart
sucka, -ade, -at	[`sɵka]	seufzen
ske, -dde, -tt	[ʃe:]	geschehen
fast	[fast]	obwohl
en *(von man)*	[en]	einen
ha sig, hade, haft	[hɑ: sɛj]	sich benehmen
lura på, -ade; -at	[`lʉ:ra pɔ:]	nachdenken
Nikodemus	[niku`de:məs]	Nikodemus
betros, -ddes, -tts	[bə`tru:s]	betraut werden
nära till	[`nɛ:ra til]	in der Nähe
bestört	[bə`stœt]	betroffen
växla, -ade, -at	[`vɛksla]	wechseln
undrande	[`ɵndrandə]	neugierig, erstaunt
blick, -en, -ar	[blik]	Blick
månntro	[mɔn`tru:]	ob - doch, vielleicht
gå i barndom	[go: i `bɑ:ɳdum]	kindisch sein
Johansson	[`ju:hansɔn]	Johansson
Hedeby	[`he:dəby:]	Hedeby
ärelös	[`æ:rəlø:s]	ehrlos
obekväm	[`u:bəkvɛ:m]	unbequem
hedersupp-drag, -et, -	[`he:dəʂəp-`drɑ:g]	ehrenamt-licher Auftrag
måtte det väl vara	[`mɔtə de: vɛl `vɑ:ra]	muß es wohl sein
Elof i Alby	[`e:lɔf i `ɑ:lby]	*Name*
grubbla, -ade, -at	[`grɵbla]	grübeln
rävfarmare, -n, -	[`rɛ:vfar-marə]	Fuchszüchter
hjärtslitande	[`jæţsli:tandə]	herzzerrei-ßend
Lille-Lars	[`lilə lɑ:ʂ]	*Name*
i Näsby	i `nɛ:sby]	
luden	[`lʉ:dən]	behaart
öra, -t, öron	[`œ:ra]	Ohr
åta sig, åtog, åtagit	[`o:ta sɛj]	etwas auf sich nehmen
plikt, -en, -er	[plikt]	Pflicht
motsäga, -sade, -sagt	[`mu:tsɛja]	wider-sprechen
Styf	[sty:v]	Styf
ärende, -t, -n	[`æ:rəndə]	Angelegen-heit
avgöras, -gjordes, -gjorts	[`ɑ:vjœ:ras]	entschieden werden
handlare, -n, -	[`handlarə]	Händler, Kaufmann
bryta, bröt, brutit	[`bry:ta]	brechen
dundra, -ade, -at	[`dɵndra]	donnern
knytnävsslag, -et, -	[`kny:tnɛ:v-slɑ:g]	Faustschlag
disk, -en, -ar	[disk]	Ladentisch
rent	[re:nt]	völlig
förbannad	[fœr`banad]	verdammt; verrückt
skrika, skrek, skrikit	[`skri:ka]	schreien
välja, valde, valt	[`vɛlja]	wählen
ta hand om	[tɑ: `han ɔm]	handhaben
fjolle, -n, -ar	[`fjɔlə]	Narr
inte ens	[`intə ens]	nicht einmal
regelvidrig	[`re:gəlvi:dri]	regelwidrig
inlägg, -et, -	[`inlɛg]	Bemerkung
stämning, -en	[`stɛmniŋ]	Stimmung
slå om, slog, slagit	[slo: `ɔm]	umschlagen
till förmån för någon	[til `fœ:rmo:n fœ:r nɔn]	zu jemandes Gunsten
ruckas på, -ades, -ats	[`rɵkas pɔ]	abgeändert werden
tillåta sig, -lät, -låtit	[`tilo:ta sɛj]	sich erlauben
regel, -n, -er	[!re:gəl]	Regel
valstämma, -n, -or	[`vɑ:lstɛma]	Wahlver-sammlung
äga, -de, -t	[`ɛ:ga]	*hier:* ver-pflichtet sein
upplåta, -lät, -låtit	[`ɵplo:ta]	zur Verfü-gung stellen
lokal, -en,-er -te, -t	[lu`kɑ:l]	Lokal
utskänka,	[`ʉ:tʃɛŋka]	ausschenken
olaglig	[`u:lɑ:gli]	ungesetzlich
pilsner, -n	[!pilsnər]	Bier
för övrigt	[fœ:r `ø:vrit]	übrigens
hålla käft,	[`hɔla cɛft]	den Mund halten
höll, hållit		
lägga näsan i	[`lɛga `nɛ:san i]	die Nase in alles stecken
affär, -en, -er	[a`fæ:r]	Geschäft

skojare, -n, -	[ˈskɔjarə]	Schwindler	kalkonröd	[kalˈkuːnrøː]	putenrot
nyttja, -ade, -at	[ˈnytja]	verwenden	tugga, -ade, -at	[ˈtʊga]	kauen
krönt	[krøːnt]	gekrönt	nederlag, -et, -	[ˈneːdəlɑːg]	Niederlage
vikt, -en, -er	[vikt]	Gewicht			
rösta på, -ade, -at	[ˈrœsta pɔ]	für etwas stimmen	bitter	[ˈbitər]	bitter
förebrå, -dde, -tt	[ˈfœːrəbroː]	vorwerfen	rot, -en, ̱ter	[ruːt]	Wurzel

Kanslispråk – Kanzleisprache

"Vid valstämman äger Handlarn att upplåta lokal och utskänka olaglig pilsner" är ett exempel på kanslispråk, som är ett ämbetsspråk och har vuxit fram under lång tid. Förordningar och bestämmelser bör vara klara och otvetydiga, så att de inte ger upphov till misstolkningar och ger rum för kryphål undan lagens eller förordningens avsikt. Därför blir meningarna både långa och omständliga. Ord och uttryck, som annars sällan används, bevaras också. På normalt talspråk skulle meningen låta: På mötet/sammanträdet skall handlarn ställa lokal till förfogande/hålla med lokal och servera öl.

Bestämmelser kan förekomma i två versioner: en för specialister och en för den stora allmänheten. Här följer ett exempel på en sådan bestämmelse:

Tecken och signaler
50 § 1 mom.

Då så i särskilt fall erfordras till förebyggande av fara för person eller egendom, skall förare av fordon genom ljud-eller ljussignal eller på annat lämpligt sätt väcka andra vägtrafikanters uppmärksamhet.

Tecken och signaler, 50 § VTF

Ljud-eller ljussignaler är avsedda att väcka andra vägtrafikanters uppmärksamhet. Inom tättbebyggt område skall man emellertid inte ge ljudsignaler annat än vid omkörning eller till förebyggande av olyckor.

ämbetsspråk, -et	Amtssprache	omständlig	umständlich
växa fram	heranwachsen	bevaras	bewahrt werden
förordning, -en, -ar	Vorschrift	normal	normal
		talspråk, -et, -	Umgangssprache
bestämmelse,-n,-r	Bestimmungen	sammanträde, -t, -n	Sitzung
otvetydig	unzweideutig		
ge upphov till	Veranlassung zu etw. geben	ställa till förfogande,	zur Verfügung stellen
misstolkning, -en, -ar	Mißdeutung	hålla med	
ge rum för	Platz machen	förekomma	vorkommen
kryphål, -et, -	Schlupfwinkel	version, -en, -er	Version
lag, -en, -ar	Gesetz	allmänhet, -en	die breite Öffentlichkeit
avsikt, -en, -er	Absicht	signal, -en, -er	Signal

erfordras   erforderlich sein   vägtrafikant,   Verkehrsteil-
förebygga   vorbeugen   -en, -er   nehmer
fara, -n, -or   Gefahr   uppmärksamhet,   Aufmerksamkeit
person, -en, -er   Person   -en
egendom, -en, -ar Eigentum   avse   bezwecken
förare, -n, -   Fahrer   tättbebyggd   dichtbesiedelt,
fordon, -et, -   Fahrzeug   dichtbebaut
ljudsignal, -en, -er Schallsignal   omkörning, -en, Überholen
ljussignal, -en, -er Lichtsignal   -ar
lämplig   geeignet

Grammatik

Några ord med olika betydelser
Einige Wörter mit mehrfacher Bedeutung   A

att		zu: Konsten att skriva är gammal.
	Konj.	daß: Vad tycker du, att jag skall göra?
då	*Adv.*	da, dann: Då kom han.
	Adv.	denn: Vad ville han då?
	Adv.	doch: Sluta då någon gång!
	Konj.	als: Då jag kom ...
	Konj.	da, weil: Då han inte har kommit, ...
fram		heraus; hervor: Mannan tog fram några sedlar.
		heran; auf – zu: Hon kom fram till mig.
		vorwärts: Det var svårt att komma fram(åt).
		vor: Han böjde sig fram.
för	*Präp.*	für, vor; vgl. 15E 11.
		um – zu: Han sprang för att hinna till tåget.
	Adv.	(all)zu: för liten
	Konj.	denn: Han vet inte, för han var inte där.
när	*Adv.*	wann: När kommer han?
	Konj.	wenn: När solen skiner, ...
	Konj.	als: När jag var ung, ...
om	*Adv.*	noch einmal: Säg om det!
	Präp.	von, um, an, in; vgl. 15E 29.
	Konj.	ob: Han frågade, om jag ville komma.
	Konj.	wenn: Om jag inte tar fel, ...
	Konj.	auch wenn: Om jag så vore hundra år, ...
sedan	*Adv.*	dann: Först talade jag, sedan han.
	Adv.	nachher: Leka kan du göra sedan.
	Adv.	seitdem: I januari gifte han sig, sedan har jag inte sett honom.
	Präp.	seit; vgl. 15E 34.
	Präp.	vor; vgl. 16C 48.
	Konj.	seitdem: Allt är så trist sedan du reste.
	Konj.	nachdem: Sedan de hade gift sig, reste de bort.

som   *Relativpronomen*, vgl. 6B. Den som lever får se.
       Konj.   **wie:** Röd som en ros.
       Konj.   **als:** Som barn var hon snäll.
       Konj.   **als ob:** Han uppför sig, som vore han herre i huset.
så   *Adv.*   **so:** Han är så sjuk.
       Adv.   **dann:** Först stannade han, så gick han vidare.
       Konj.   **daher, und so:** Han har inte varit här på länge, så han känner
                  säkert inte igen sig.
       Konj.   **damit:** Han gick åt sidan, så de kunde se bättre.
       Konj.   **so daß:** Han slog i bordet, så tallrikarna klirrade.
utan   *Präp.*   **ohne;** vgl. 15 E 40.
       Konj.   **sondern:** Den här boken tillhör inte dig utan mig.
än   *Adv.*   **noch:** inte än
       Konj.   **als:** Jag är äldre än du.

Övningar

a) Bestämmelser för parkeringsplats
Hyresgästen äger att på av hyresvärden anvisad plats, kallad bilplats,
inom den till fastigheten hörande tomtmarken uppställa honom tillhörigt
motorfordon på de villkor, som nedan sägs.
1) Vilka ord motsvarar våra vanliga ord för: 1. bil – 2. parkeringsplats –
3. får lov att/skall – 4. parkera.
2) Försök skriva om bestämmelsen till normalsvenska.

parkeringsplats, -en, -er	[parˈkeːriŋsplats]	Parkplatz
hyresgäst, -en, -er	[ˈhyːrəsjɛst]	Mieter
hyresvärd, -en, -ar	[ˈhyːrəsvæːd̦]	Vermieter
anvisa, -ade, -at	[ˈanviːsa]	anweisen
bilplats, -en, -er	[ˈbiːlplats]	Autoplatz
fastighet, -en, -er	[ˈfastiheːt]	Grundstück; Haus
tomtmark, -en	[ˈtɔmtmɑːrk]	Grundstück
uppställa, -de, -t	[ˈɵpstɛla]	aufstellen
tillhörig	[ˈtilhœːri]	gehörend
motorfordon, -et, -	[ˈmuːtɔfuːˈd̦uːn]	Kraftfahrzeug
villkor, -et, -	[ˈvilkoːr]	Bedingung
nedan	[ˈneːdan]	unten

b) Familjen Pettersson har en tvårummare. De har a) ett kök, b) ett badrum,
c) en sängkammare, d) ett vardagsrum.
Var finns följande saker: 1. en väckarklocka, 2. en diskmaskin, 3. en
dusch, 4. en säng, 5. en fåtölj, 6. ett kylskåp, 7. en TV-apparat, 8. ett
tvättställ.
tvättställ, -et, - = tvättfat, -et, - = handfat, -et, - Waschbecken

c) Rimord

Orden går och står rimmar. Här rimmar på där. Son och lån rimmar
också men stavas olika. Två av tre ord i följande ordgrupper rimmar.
Vilka?
1. blått, gott, bott.
2. ben, ren, den.
3. kosta, hosta, posta *(e-n Brief zur Post bringen)*.
4. komma, tomma, blomma.
5. hann, kan, van *(gewöhnt)*

d) Besvara följande frågor:

Vad är det som skall tjäras? Vad tänker Pärsy göra? Vem är äldst och
bestämmer? Hur reagerar männen då Abraham föreslår Nikodemus?
Vad är det som får männen att rösta på Nikodemus? Hur reagerar hand-
larn då? Vilka svordomar används i texten av Delblanc?

reagera, -ade, -at   [rea'ge:ra]   reagieren
föreslå, -slog, -slagit [ˇfœːrəsloː]   vorschlagen
svordom, -en, -ar   [ˇsvuːd̪uːm]   Fluch

e) Översätt:

Er errötete vor Wut. Ich gehe zur See. Die Jugend heutzutage kann sich
viel erlauben. Ich glaube, Sie sind ganz verrückt. Wir wissen es nicht,
denn wir waren nicht da. Sag es noch einmal! Was hat sie denn eigentlich
getan? Schlafen kannst du nachher.

27. Lektion

Då började det skymma. Skogen var förändrad, där var inte mörkt
ännu men nästan. Vi skyndade på. Nu blev väl mor orolig och väntade
med maten. Hon var alltid rädd för att något skulle hända. Det hade
det ju inte. Det hade varit en utmärkt dag, det hade inte hänt någon-
ting annat än vad som skulle. Vi var nöjda med allt. Det mörknade mer
och mer. Träden var så konstiga. De stod och lyddes efter vart steg
vi tog som om de inte skulle vetat vilka vi var. Ett hade en lysmask
inunder sig. Den låg och stirrade på oss därnere i mörkret. Jag krama-
de fars hand, men han såg inte det underliga skenet, bara gick på. Det
var nermörkt. Nu kom vi till bron över bäcken. Det dånade därnere i
djupet, hemskt som om den ville sluka oss, avgrunden öppnade sig
under oss. Vi klev försiktigt på sliprarna, höll varandra krampaktigt
i hand för att vi inte skulle störta ner. Jag trodde far skulle bära mig

över, men han sade inget, han ville väl jag skulle vara som han och inte tycka det var någonting. Vi fortsatte. Far gick där så lugn i mörkret, med jämna steg, utan att tala, han tänkte på sitt. Jag kunde inte förstå hur han kunde vara så lugn när det var så skumt. Jag såg mig rädd omkring. Det var bara mörker överallt. Jag vågade knappast andas djupt, för då fick man så mycket mörker i sig, och det var farligt, trodde jag, då måste man snart dö. Det minns jag väl att jag trodde på den tiden. Banvallen sluttade brant ner, som i nattsvarta avgrunder. Telefonstolparna reste sig spökaktiga upp mot himlen, det mullrade dovt inne i dem, som om någon talat djupt nere i jorden, de vita porslinshattarna satt förskrämt hopkrupna och lyddes till det. Allt var hemskt. Ingenting var riktigt, ingenting verkligt, allt som ett under. Jag drog mig intill far och viskade:

– Far, varför är det så hemskt när det är mörkt?

– Nej, kära barn, inte är det hemskt, sade han och tog mig i hand.

Pär Lagerkvist, Far och jag

Vokabeln

skymma, -de, -t	[ˈʃyma]	dämmern
skynda på, -ade, -at	[ˈʃynda ˈpoː]	sich beeilen
hända, hände, hänt	[ˈhɛnda]	geschehen
nöjd	[nœjd]	zufrieden
mörkna, -ade, -at	[ˈmœrkna]	dunkel werden
konstig	[ˈkɔnsti]	merkwürdig
lyddes	[ˈlydəs]	lauschte
dial. für lyssnade		
var [vɑːr]	= varje	
lysmask, -en, -ar	[ˈlyːsmask]	Glühwürmchen
inunder	[inˈøndər]	unter
ligga, låg, legat	[ˈliga]	liegen
stirra, -ade, -at	[ˈstira]	starren
därnere	[ˈdæːɳeːrə]	da unten
mörker, -et	[ˈmœrkər]	Dunkelheit
krama, -ade, -at	[ˈkrɑːma]	pressen
se, såg, sett	[seː]	sehen
underlig	[ˈøndəli]	merkwürdig
sken, -et, -	[ʃeːn]	Schein
gå på, gick, gått	[goː ˈpoː]	weitergehen
nermörk	[ˈneːrmœrk]	stockfinster
bro, -n, -ar	[bruː]	Brücke
bäck, -en, -ar	[bɛk]	Bach
djup, -et	[jʉːp]	Tiefe
hemsk	[hɛmsk]	unheimlich

sluka, -ade, -at	[ˈslʉːka]	verschlingen
kliva, klev, klivit	[ˈkliːva]	steigen
försiktig	[fœˈʂikti]	vorsichtig
sliper, -n, -ar	[ˈslipə]	Schwelle
krampaktig	[ˈkrampakti]	krampfhaft
störta ned, -ade, -at	[ˈstœʈa ˈneːd]	hinunterstürzen
fortsätta, -satte, -satt	[ˈfuʈsɛta]	*hier:* weitergehen
lugn	[løŋn]	ruhig
jämn	[jæmn]	eben
förstå, -stod, -stått	[fœˈʂtoː]	verstehen
skum	[skøm]	dunkel, trübe
omkring	[ɔmˈkriŋ]	herum
överallt	[øːvərˈalt]	überall
våga, -ade, -at	[ˈvoːga]	wagen
andas, -ades, -ats	[ˈandas]	atmen
få i sig, fick, fått	[foː ˈi sɛj]	schlucken
dö, dog, dött	[døː]	sterben
minnas, -des, -ts	[ˈminas]	sich erinnern
banvall, -en, -ar	[ˈbɑːnval]	Bahndamm
slutta, -ade, -at	[ˈsløta]	abfallen
nattsvart	[ˈnatsvaʈ]	rabenschwarz
telefonstolpe, -n, -ar	[teleˈfoːnstɔlpə]	Telegrafenmast
resa sig, -te, -t	[ˈreːsa sɛj]	sich erheben

spökaktig	[ˈspøːkakti]	gespenster-haft	hopkrupen	[ˈhuːpkrʉː-pən]	zusammen-gekauert
mullra, -ade, -at	[ˈmølra]	grollen	dra, drog, dragit	[drɑː]	ziehen
dov	[doːv]	dumpf	viska, -ade, -at	[ˈviska]	flüstern
porslinshatt, -en, -ar	[pɔʂˈliːnshat]	Porzellanhut; Sicherung	ta mig i hand [tɑː mɛj i	meine Hand
förskrämd	[fœˈʂkrɛmd]	erschreckt		ˈhan]	nehmen

Interjektioner eller utrop – Interjektionen (Ausrufe)

ack	[ak]	ach	mm	[m]	ja
ah	[ɑː]	ah	nå	[noː]	na
aj	[aj]	au	oh	[oː]	au
fy	[fyː]	pfui	oj	[ɔj]	au
fy skäms	[fyː ʃɛms]	pfui, schäme dich	prat	[prɑːt]	Unsinn
			puh	[pʉː]	puh
hallå	[haˈloː]	hallo	skål	[skoːl]	prosit
hu	[hʉː]	uh	struntprat	[ˈstrɐnt-	Unfug
hur så	[hʉːˈʂoː]	wie so		prɑːt]	
hurra	[həˈrɑː]	hurra	usch	[ɵʃ]	pfui
hör nu	[ˈhœɳʉː]	na, hör mal	åh	[oː]	au
hör du du	[hœɖəˈdʉː] du, hör mal	äh	[ɛː]	ach
jaha	[jaˈhɑː]	jawohl	äsch	[ɛʃ]	ach was

Grammatik

Prefix – Präfixe   A

Die wichtigsten Vorsilben im Schwedischen sind:

1. Die betonten Präfixe

an- angrepp, -et *Angriff*; ansikte, -t *Gesicht*; anse *ansehen*; angripa *angreifen*; angå *angehen*.

bi- bifall, -et *Beifall*; bidra *beitragen*.

er- erbjuda *anbieten*; erinra *erinnern*; erkänna *zugeben*.

för- förstavelse, -n *Vorsilbe*; förarbeta *im voraus bearbeiten*.

före- föreställning, -en *Vorstellung*; företa *vornehmen*; före-dömlig *vorbildlich*.

miss- misshandel, -n *Mißhandlung*; missförstå *mißverstehen*; missbelåten *unzufrieden*.

o- ovän, -nen *Feind*; oväder, -et *Unwetter*; ofarlig *ungefährlich*; okänd *unbekannt*.

sam- samfund, -et *Verein*; samtycka *einwilligen*; samtidig *gleich-zeitig*.

und-, undan- undgå *entgehen*; undvara *entbehren*; undantag, -et *Aus-nahme*.

van- vanmakt, -en *Machtlosigkeit*; vansköta *vernachlässigen*; vanför *gebrechlich*.

2. Die unbetonten Präfixe

be-   besked, -et *Bescheid*; begynna *beginnen*; betala *bezahlen*.

för-   försöka *versuchen*; förklara *erklären*; försiktig *vorsichtig*;
            auch bei Substantiven, wenn diese mit einem Suffix von
            Verben oder Adjektiven abgeleitet sind: förklaring, -en
            Erklärung; försiktighet, -en *Vorsicht*. Vgl. das betonte **för-**.

Sammansatta verb – Zusammengesetzte Verben   **B**

Die Verben mit den Vorsilben **an-, be-, er-, för-** *(ver-)*, **före-** *(vor-)*, **miss-,
und-, van-** können nicht getrennt werden:

Det angår mig inte *es geht mich nichts an*; han betalade för mycket; han
erkände allt; vi förstår ingenting; det förekommer i de bästa familjer
dies kommt in den besten Familien vor; misstänker du honom *verdächtigst du
ihn*; ingen undgår sitt öde *seinem Schicksal kann niemand entgehen*; vant-
rivs du *fühlst du dich nicht wohl* usw.

Untrennbar sind ferner viele Zusammensetzungen, deren erstes Glied ein
Substantiv oder ein Adjektiv ist, z. B.:

---

bokföra *buchen*; delta *teilnehmen*; frige *freigeben*; godta *annehmen*;
grundlägga *gründen*; hemsöka *heimsuchen*; korrekturläsa *Korrektur lesen*;
poängbesegra *nach Punkten siegen*; smalfilma *e-n Schmalfilm drehen*;
ödelägga *zerstören* usw.

Meistens ist der erste Teil der Zusammensetzungen betont, und sie tragen den
Akzent II [ˋ].

Die Zusammensetzungen mit einem Adverb sind teils echte, teils unechte:
att utge oder **att ge ut; framdra** oder **dra fram** usw. Anders als im Deutschen
bleibt ein unecht zusammengesetztes Verb immer im Infinitiv und Perfekt
getrennt, nur die beiden Partizipien sind nie trennbar:

---

att ge ut – ger ut – gav ut – har gett ut – utgivande – utgiven

---

Eine echte Zusammensetzung dagegen wird nie getrennt:

---

att utge – utger – utgav – har utgivit – utgivande – utgiven

Als Hauptregel gilt, daß Verben die getrennte Form haben, wenn sie im
eigentlichen, konkreten Sinn gebraucht werden, und die ungetrennte Form
im übertragenen Sinn. In der Umgangssprache und in der neueren Schrift-
sprache wird die getrennte Form jedoch auch im übertragenen Sinn immer
häufiger verwendet.

Beispiele:

Getrennt, konkret		Ungetrennt, bildlich
bryta av	*abbrechen*	avbryta *unterbrechen*
hålla av	*liebhaben*	avhålla sig från *sich einer Sache ent-*
		halten
dra fram	*hervorziehen*	framdra *anführen*
lägga till	*zulegen; anlegen*	tillägga *hinzufügen*
Hur står det till? *Wie geht es?*		tillstå *gestehen*

Sammansatta substantiv och adjektiv
Zusammengesetzte Substantive und Adjektive   C

Zusammensetzungen werden wie im Deutschen in großer Anzahl und beinahe ohne Grenzen innerhalb der verschiedenen Wortklassen gebildet.

Beispiele:
Ohne Verbindungsglied:
arbetarrörelse, augustikväll, blindtarm, bokhylla, dagmamma, femtiokort, frysbox, gratisunderhållning, halvtimme, höghus, julgran, konståkning, luciafirande, motorväg, morfar, gammaldags, jättelik, kärvänlig, lomhörd, mörkblå, rödhårig, tröstlös usw.

Mit Verbindungs -s:
arbetsförmedling, försäkringskassa, genomfartsled, huvudvärkstablett, parkeringsplats, riksdagsman, stadsbud, tidsuttryck, väderleksrapport, ålderdomshem usw.

Mit Verbindungs -a, -e, -o:
getabock, ordalag *Worte*, husesyn *Hausbesichtigung*, stadsplanekontor *Stadtplanungsamt*, kyrkogård *Friedhof*, lärobok usw.

Zusammengesetzte Substantive haben das Geschlecht des letzten Wortes in der Zusammensetzung: **en** krigs**här** *Kriegsheer*, **ett** skrift**språk** *Schriftsprache*.

Suffix – Suffixe   D

-an	början, längtan *Sehnsucht*
-ande	förfogande, mulnande, ordförande
-are	arbetare *Arbeiter*, läkare, sotare, stockholmare
-dom	fattigdom *Armut*, rikedom *Reichtum*, sjukdom
-e	fiske *Fischfang*, skytte, yrke
-else	berättelse, betydelse, fängelse *Gefängnis*
-ende	beteende, boende *Wohnen*, gående
-er	elektriker *Elektriker*, politiker
-eri	förräderi *Verrat*, maskineri, självplågeri
-het	dumhet *Dummheit*, frihet, godhet *Güte*

-i	fantasi *Fantasie*, melodi *Melodie*
-ik	musik, teknik *Technik*
-ing	segling, släkting
-inna	författarinna *Schriftstellerin*, grevinna *Gräfin*, lejoninna *Löwin*
-ism	germanism *Germanismus*, liberalism *Liberalismus*, socialism *Sozialismus*
-ist	socialist *Sozialist*, turist
-nad	byggnad, kostnad
-ning	blandning, förkylning
-ska	hårfrisörska, sömmerska *Näherin*, svenska *Schwedin*
-tet	nationalitet *Nationalität*, universitet
-tion	organisation, polisstation
-ur	kultur *Kultur*, natur *Natur*

Adjektivsuffixe   E

-ad	intresserad, pensionerad
-aktig	blåaktig, fördelaktig *vorteilhaft*, delaktig
-bar	oanvändbar, tänkbar *denkbar*
-en	frusen, ledsen, välkommen
-ig	blommig, blåsig, solig
-isk	biologisk, komisk, statistisk
-lig	trevlig, vanlig, ärlig
-lös	rastlös, tröstlös, ärelös
-mässig	konkursmässig *kurz vor dem Zusammenbruch stehend*, planmässig *planmäßig*
-sam	hälsosam, tacksam, skämtsam
-sk	dansk, norsk, svensk

Övningar

a) **Motsatsord. Orden under A har sin ungefärliga motsats bland orden under B. Para ihop dem!**

A.		B.	
kväll	öppen	slut	spännande
kärlek	död	sorl	hat *Haß*
vän	våt	ljus	pigg
trött	början	morgon	liv
lugn	gemenskap	söka *suchen*	fred *Friede*
hitta	tystnad	fiende	torr *trocken*
tråkig	nederlag	glömma	stängd
krig	mörker	seger *Sieger*	misslyckas *miß-*
lyckas	minnas	ensamhet	*lingen*
entusiastisk		*Alleinsein*	likgiltig
		orolig	*gleichgültig*

b) Fyll i rätt interjektion!
—, vad det är varmt idag! —, nu snöar det igen! —, vad det gör ont!
— Pelle, inte får du säga så! —, det är väl inget att vara rädd för! —, då
får jag väl be någon annan. —, vilken vacker ros! —, vad jag är rädd!
—, hur tänker du göra? —, det smakar så gott!

c) Konstruera substantiv till följande verb. Exempel: angripa – angrepp;
förklara – förklaring.

arbeta	lära
bygga	misshandla *mißhandeln*
börja	segla
fiska *fischen*	skriva
fånga *fangen*	tvätta
förråda *verraten*	utbilda *ausbilden*
föreställa *vorstellen*	åka
jaga	önska

d) Besvara följande frågor:
Var går pojken och pappan? Varför vågar pojken inte andas djupt? Vad är
det som ligger under ett träd? Naturen får mänskliga drag i Pär Lagerkvists
text. Vad kan bäcken, telefonstolparna, lysmasken göra? I texten finns
flera ord för ordet mörk och flera för märkvärdig. Vilka?

e) Översätt:
Er nahm meine Hand. Ich konnte nicht verstehen, wie er so ruhig sein
konnte. Nichts anderes war geschehen. Es fing an zu dämmern. Niemand
kann seinem Schicksal entgehen. Verdächtigen Sie mich? Er hat zwei
Bücher herausgegeben. Das ist eine Ausnahme.

28. Lektion

Stav sätter sig ner, snyter sig i sin blommiga näsduk och torkar sin
pincené med en flik och började omedelbart diktera för rättskrivningen.
"Det vackra tjället där borta, där tjuren går tjudrad och hunden tjuter
vid grinden, har ett tjusande läge vid den vackra tjärnen. Stället äges av
den tjocka karlen med hötjugan i handen. Han bränner tjära och
förtjänar därav mera än en tjuvskytt som skjuter tjädrar tjogtals."
Barnen börjar skriva. Då och då kastar Martin en förstulen blick om-
kring sig för att med hemlig njutning åse hur de flesta tugga sina penn-
skaft och våndas. Äntligen får han göra sig. Å, det är en salig timme.
Lugn och ro. Slippa att måka och arbeta. Det är ju bara att skriva rätt,
och det är ju ingen konst. Välsignade skola.

Hela timmen spinner hans själ och han hanterar rättskrivningspennan
som en liten spira. Han är konung över tjeljudet och prins av äng-
-ljudet. Ja, skulle ni kunna leta upp ett enda ljud som ... Nejdå.
Han kurar ned med axlarna och gonar sig i sina ljud. Det är som om
skolöverstyrelsen toge en och lade en på en dundyna, stack en bakelse
i handen på en i stället för en nöt och sade: Kan du knäcka denna bakelse.
Nu sitter han där över sina ljud, en Rockefeller i tjeljudet. Ja, såsom en
höna, vilken gladeligen utkläcker tje-ljudets vackra *tj*usande *k*yck-
lingar, så att de *k*ärvänligt *k*äcka kunna *tj*attra sina gula toner på
gången: Jag kan jag! Det här är ju rena tjolitta-ljudet. Men *tj*uvtittarna
*tj*uvtitta. De kasta för tillfälle så *k*ära ögon över den *k*ära Martins
axel. De har redan *tj*ogtals med fel. Nu har de kommit till *tjuvskytt*
men baxnat. Nu lutar de sig fram och tänka *tj*uva det för Martin.
Nej, menar Martin och döljer sin skrift med kroppen, nej, mina kära,
av edra tjusiga tjuvögon tjusas jag icke. Som en vargflock är de om-
kring honom och munnarna vattnas inför de feta präktiga tje han
fäster på papperet. Men han vakar påpassligt över sina ord. Endast
bänkkamraten får se och bjuder oändligt tacksam på en bit choklad.
Så skriver de båda i sämja och välmåga rätt, och hjälpas åt att hålla
utkik på "vargarna", som alltmer jagade av bokstavsångest kvida till
himmelen om bara en liten tje-springa.
Så går timmen och den rast som Martin brukar få stryk på kommer.
Men i dag har han hjälp av bänkkamraten. Denne är stor och kraftig.
Anloppet blir inte så svårt i dag. Vargarna tvekar lite. Men det blir i
alla fall en dust, med krafttag så knapparna spottas ur rockarna i
högan sky och gruset plöjes upp av träskor och näsor.
På trappan i dörrhålet stå tre av flickorna, tre rättskrivningsprinsessor,
och se svala och lugna, med outsägligt förakt ned på den sig i gruset
vältrande tje-ljudspöbeln. *Harry Martinsson, Nässlorna blomma*

Vokabeln

snyta sig,	[ˇsnyːta sɛj]	sich die Nase	tjäll, -et, -	[cɛl]	Hütte
snöt, snutit		putzen	*(altertümlich)*		
blommig	[ˇblumi]	geblümt	tjudra, -ade,	[ˇcʉːdra]	anbinden
näsduk,	[ˇnɛːsdʉːk]	Taschentuch	-at		
-en, -ar			tjuta, tjöt,	[ˇcʉːta]	heulen
torka,-ade,-at	[ˇtɔrka]	trocknen	tjutit		
pincené, -n,	[pɛŋsˈneː]	Kneifer	tjusande	[ˇcʉːsandə]	bezaubernd
-er			tjärn,-en, -ar	[cæːɳ]	kleiner
flik, -en, -ar	[fliːk]	Zipfel			Waldsee
omedelbar	[ˇuːmeːdel-	unmittelbar	ställe, -t, -n	[ˇstɛlə]	Stelle
	baːr]		tjock	[cɔk]	dick
diktera,	[dikˈteːra]	diktieren	karl, -en, -ar	[kɑːl̩]	Mann
-ade, -at			hötjuga,	[ˇhøːcʉːga]	Heugabel
rättskrivning,	[ˇrɛtskriːvniŋ]	Recht-	-n, -or		
-en, -ar		schreibung	bränna,-de,-t	[ˇbrɛna]	brennen

förtjäna, -ade, -at	[fœr'cɛːna]	verdienen
tjuvskytt, -en, -ar	['cʉːvʃyt]	Wilddieb
skjuta, sköt, skjutit	['ʃʉːta]	schießen
tjäder, -n, -ar	['cɛːdər]	Auerhahn
tjogtals	['coːgtɑːls]	Dutzende von
kasta, -ade, -at	['kasta]	werfen
förstulen	[fœ'ʂtʉːlən]	verstohlen
njutning, -en, -ar	['njʉːtniŋ]	Genuß
åse, åsåg, åsett	['oːseː]	betrachten
pennskaft, -et, -	['pɛnskaft]	Federhalter
våndas, -ades, -ats	['vɔndas]	sich ängstigen
göra sig, gjorde, gjort	['jœːra]	sich bemerkbar machen
salig	['sɑːli]	selig
ro, -n	[ruː]	Ruhe
måka, -ade, -at; vgl. mocka	['mɔka]	ausmisten
konst, -en, -er	[kɔnst]	Kunst
välsignad	[vɛl'siŋnad]	gesegnet
spinna, spann, spunnit	['spina]	spinnen
hantera, -ade, -at	[han'teːra]	hantieren
rättskrivningspenna, -n, -or	['rɛtskriːvniŋs`pɛna]	Bleistift
spira, -n, -or	['spiːra]	Zepter
konung, -en, -ar	['koːnøŋ]	König
tje-ljud, -et, -	['ceːjʉːd]	ich-Laut
prins, -en, -ar	[prins]	Prinz
äng-ljud, -et, -	['ɛŋjʉːd]	ɛŋ-Laut
leta upp, -ade, -at	['leːta 'øp]	aufsuchen
nej då	[nɛj doː]	aber nein
kura ned, -ade, -at	['kʉːra neːd]	hocken
gona sig, -ade, -at	['goːna sɛj]	es sich wohl sein lassen
skolöverstyrelsen	['skuːløːvə`styːrəlsən]	Generaldirektion für das Schulwesen
toge (Konjunktiv von ta)	['tuːgə]	nähme
lade (von lägga)	['lɑːdə]	legte
dundyna, -n, -or	['dʉːndyːna]	Daunenkissen
sticka till, stack, stuckit	['stika]	zustecken
bakelse, -n, -r	['bɑːkəlsə]	Gebäck
nöt, -en, -ter	[nøːt]	Nuß
knäcka, -te, -t	['knɛka]	knacken
gladeligen	['glɑːdəligən]	freudig
utkläcka, -te, -t	['ʉːtklɛka]	ausbrüten
kärvänlig	[cæːr'vɛnli]	zärtlich
käck	[cɛk]	keck
tjattra, -ade, -at	['catra]	schnattern
ton, -en, -er	[tuːn]	Ton
ren	[reːn]	rein, pur
tjolitta	['cuːlita]	juchhei
tjuvtittare, -n, -	['cʉːvtitarə]	heimlicher Gucker
tjuvtitta, -ade, -at	['cʉːvtita]	heimlich gucken
baxna, -ade, -at	['baksna]	verdutzt sein
luta sig fram, -ade, -at	['lʉːta sɛj fram]	sich hervorlehnen
dölja, dolde, dolt	['dœlja]	verbergen
skrift, -en, -er	[skrift]	Schrift
kropp, -en, -ar	[krɔp]	Körper
tjusig	['cʉːsi]	reizend
tjuvögon	['cʉːvøːgɔn]	Diebesaugen
tjusa, -ade, -at	['cʉːsa]	bezaubern
vargflock, -en, -ar	['varjflɔk]	Wolfsrudel
mun, -nen, -nar	[mɵn]	Mund
vattnas, -ades, -ats	['vatnas]	das Wasser läuft im Munde zusammen
fet	[feːt]	fett
präktig	['prɛkti]	prächtig
fästa, fäste, fäst	['fɛsta]	befestigen
papper, -et, -	['papər]	Papier
påpasslig	['poːpasli]	aufmerksam
bänkkamrat, -en, -er	['bɛŋkam`rɑːt]	Banknachbar
oändlig	[uː'ɛndli]	unendlich
choklad, -en	[ʃuk'lɑː]	Schokolade
sämja, -n altertümlich	['sɛmja]	Eintracht
välmåga, -n altertümlich	['vɛːlmoːga]	Wohlstand, Gesundheit
hjälpas åt, -tes, -ts	['jɛlpas 'oːt]	einander helfen
utkik, -en	['ʉːtciːk]	Ausschau
jaga, -ade, -at	['jɑːga]	jagen
bokstavsångest, -en	['buːkstɑːfs`ɔŋəst]	Angst vor den Buchstaben
kvida, kved, kvidit	['kviːda]	wimmern
springa, sprang, sprungit	['spriŋa]	laufen
rast, -en, -er	[rast]	Pause
stryk, -et	[stryːk]	Schläge
anlopp, -et, -	['anlɔp]	Anlauf
dust, -en, -er	[dɵst]	Streit
krafttag, -et, -	['kraftɑːg]	Kraftleistung
knapp, -en, -ar	[knap]	Knopf

spottas,	['spɔtas]	gespuckt	rätt-	['rɛtskriːv-·	Rechtschrei-
-ades, -ats		werden	skrivnings-	niŋsprin'sɛ-	beprinzessin
i högan sky	[i 'høːgan	hoch am	prinsessa,	sa]	
	ʃyː]	Himmel	-n, -or		
grus, -et	[gruːs]	Kies	sval	[svɑːl]	kühl
plöjas, -des,	['plœjas]	gepflügt	outsäglig	['uːɵːtsɛːgli]	unsagbar
-ts		werden	förakt, -et	[fœr'akt]	Verachtung
träskor	['trɛːskuːr]	Holzpan-	vältra, -ade,	['vɛltra]	wälzen
		toffeln	-at		
dörrhål, -et, -	['dœrhoːl]	Tür	pöbel, -n	['pøːbəl]	Pöbel

Det svenska skolsystemet – Das schwedische Schulsystem

Grundskolan är nioårig och obligatorisk. Den är uppdelad i lågstadiet, mellanstadiet och högstadiet. Barnen börjar i regel det år de fyller sju år och går tre år i varje stadium. Ungefär 75 % av ungdomarna fortsätter på gymnasieskolan. Den är två- till fyrårig och frivillig. Det finns olika teoretiska linjer och yrkesinriktade linjer. Nästan alla linjer berättigar till vidare studium vid universitet och högskolor. Skolåret omfattar 36 veckor och börjar i slutet av augusti och slutar i mitten av juni. Engelska är första språk och läses från klass 3. I klass 7 kan man välja mellan tyska, franska, teknik, ekonomi och konst. I grundskolan har eleverna praktisk yrkesorientering 2 veckor utanför skolan.

nioårig	neunjährig	teoretisk	theoretisch
uppdela, -ade, -at	aufteilen	yrkesinriktad	berufs-
lågstadium, -et	die ersten		orientierend
	drei Klassen	berättiga, -ade, -at	berechtigen
mellanstadium, -et	Klasse 4–6	skolår, -et	Schuljahr
högstadium, -et	Klasse 7–9	ekonomi, -en	Wirtschaft
fylla, -de, -t	*hier*: werden	yrkesorientering, -en	Berufsorien-
frivillig	freiwillig		tierung

Grammatik

Ordföljd – Die Wortstellung   A

1. Besteht das **Prädikat** aus zwei oder mehreren Verben, dann folgen sämtliche Verben aufeinander, und zwar nicht in derselben Ordnung wie im Deutschen:
   Han **hade blivit sårad** i kriget (Er **war** im Kriege **verletzt worden**). Jag **har** inte **kunnat komma** tidigare (Ich **habe** nicht früher **kommen können**). Han **skall** nog snart **vara** här igen (Er **wird** wohl bald wieder hier **sein**). Vgl. die Stellung der Adverbien 19 G, H, I.
2. **Parenthetische Sätze** können eingeschoben werden: Han måste väl – om jag inte missminner mig – vara omkring 50 år.
3. Der **Infinitiv** tritt vor seine Bestimmungen: Det är lätt **att dela** upp arbetet. Jag blev tvungen **att gå** till tandläkaren.

4. Die Wortfolge im **Nebensatz** siehe 19 J, K, L.
5. Die **Inversion** siehe 19 K.
6. Die Stellung der **Objekte** siehe 22 A.
7. Die Stellung der **adverbialen Bestimmungen**: Meistens stehen die adverbialen Bestimmungen des Ortes vor denen der Art und Weise und denen der Zeit:
   Han flög **till** Frankrike **igår**. Vi har varit **här i en vecka**.
8. Die Stellung der **Attribute** ist meist dieselbe wie im Deutschen. Doch steht **hela** *(ganz)* vor den Possessivpronomen und die Adjektive **gammal** und **liten** vor einem zweiten Adjektiv, wenn sie unbetont sind:
   Hela min familj. På den **gamla** goda tiden. En **liten** söt flicka.
9. Der **Genitiv** steht immer vor seinem Beziehungswort, s. 4 B.

Övningar

a) Fyll i rätt form av dröja, räcka, ta eller vara.
Kriget — i fem år. Resan — två timmar. Det — länge, innan hon kom. Hur lång tid — mötet? Hur länge — det, innan vi kan börja? — två kronor till bussbiljetten? Teaterföreställningen — bara två timmar. Det — tre kvart med buss och tunnelbana men bara tio minuter med bil. — det med en halvtimme, eller — det längre tid?

b) Vad kan jag behöva, när jag vill

skicka ett brev	en hammare
äta soppa	en yxa
dra ut en spik	musik
tvätta mig	en telefon
hugga ved	vatten
dansa	ett frimärke
ringa	en racket
spela tennis	en sked
slå i en spik	pengar
köpa något	en tång

c) Gör en kort sammanfattning av innehållet i stycke 28.

d) Besvara följande frågor:
Vad gör Martin då han inte är i skolan? Vad får Martin av sin bänkkamrat för att denne får hjälp med rättskrivningen? Vad händer på rasten? Nämn några uttryck som beskriver att Martin trivs! Harry Martinsson är en språklig nydanare, nämn några originella ordsammansättningar!

e) Översätt:
Er putzt sich die Nase. Das Taschentuch ist geblümt. In der Pause bekommt er Schläge. Der große und kräftige Nachbar hilft ihm. Sie hat heute nicht arbeiten können. Er war den ganzen Nachmittag zu Hause. Seine ganze Familie ist da. In der guten alten Zeit war alles anders.

Schwedisch-Deutsches Wörterverzeichnis

Die Zahlen verweisen auf die Lektionen. L = Lesestück, G = Grammatik, Ü = Übungen.

1. Die hinter den schwedischen Stichwörtern stehenden Formelemente geben bei Substantiven die bestimmte Singularform und den Plural an: **affär, -en, -er = affären** das Geschäft, **affärer** Geschäfte; bei schwachen Verben die Imperfektform und das Partizip Perfekt: **ana, -ade, -at = anade** ahnte, **anat** geahnt.
2. Substantive ohne Pluralendung sind durch Divis (-) gekennzeichnet: **angrepp, -et, - = angreppet** der Angriff, **angrepp** Angriffe.
3. Das Zeichen ∺ verweist auf den Umlaut im Plural: **bostad, -en, ∺er = bostaden** die Wohnung, **bostäder** Wohnungen.
4. Die Formen der mit *st.* bezeichneten starken Verben finden Sie in Lektion 8 (Grammatik) und die mit *ur.* bezeichneten unregelmäßigen Verben in Lektion 9 (Grammatik).
5. Die Tilde (~) ersetzt entweder das ganze Stichwort oder den vor dem Strich (|) stehenden Teil davon.

A

ack ach 27 L
adjö auf Wiedersehen 16 L
adress, -en, -er Anschrift 24 L
affär, -en, -er Geschäft 4 L, 24 G
affärsbrev, -et, - Geschäftsbrief 24 L
affärsstråk, -et, - Geschäftsstraße 7 L
Afrika Afrika 11 L
afton, -en, aftnar Abend 16 L
ah ah 27 L
aj au 27 L
akademiker, -n, - Akademiker 9 L
akta, -ade, -at hüten 23 L
aktiebolag, -et, - Aktiengesellschaft 24 G
-aktig -lich 13 L
aktiv aktiv 23 L
aktivitet, -en, -er Aktivität 23 L
aktuellt *hier:* Nachrichten 13 L
aldrig nie 5 L, 19 G
all all 5 L, 18 G
alla alle 7 L, 18 G; **i ~ fall** auf jeden Fall 19 G, 22 L
Alla helgons dag Allerheiligen 14 L
alldeles ganz 10 G, 18 G, 19 G

allm. = allmän 23 L
allmän allgemein 11 L
allmänhet, -en die breite Öffentlichkeit 26 L; **i ~** im allgemeinen 21 L
allra aller 3 Ü
alls, inte ~ gar nicht 19 G
allt alles 3 L, 18 G; immer 18 G, 19 L; **~ annat än** alles andere als 11 L; **~ eftersom** je nachdem 20 G
alltefter je nach 23 L
alltför (all)zu 19 G
alltid immer 2 L, 19 G
alltjämt immer noch 14 L, 19 G
alltmer immer mehr 14 L
alltså also 4 L
allvar, -et Ernst 25 G
allvarlig ernst 16 L
alm, -en, -ar Ulme 21 L
almanacka, -n, -or Kalender 15 L
Amerika Amerika 4 G
amerikan, -en, -er Amerikaner 10 L
amerikansk amerikanisch 10 L
an- an- 27 G
ana, -ade, -at ahnen 24 L
andas, -ades, -ats atmen 21 G, 27 L
andra zweite 11 G; (*von* annan) andere 5 L, 18 G

ang. = angående betreffs 23 L
angelägenhet, -en, -er Angelegenheit 23 L
angrepp, -et, - Angriff 27 G
angreps (*von* angripas) wurde angegriffen 8 L
angripa *st.* angreifen 8 L, 27 G
angripas *st.* angegriffen werden 8 L
angå *ur.* angehen 27 G
angående betreffs 15 G
anhålles wird gebeten 23 L
ankare, -t, -n Anker 25 G
anledning, -en, -ar Anlaß, Grund; **med ~ av** anläßlich 16 G; **finna/få/ha/vara ~ till** zu etwas Gelegenheit finden/bekommen/haben/sein 23 G
anlita, -ade, -at in Anspruch nehmen 18 L
anlopp, -et, - Anlauf 28 L
anläggning, -en, -ar Anlage 8 L
anm. = anmärkning 23 L
anmärkning, -en, -ar Vermerk 23 L
annalkande, -t, -n bevorstehend 15 L
annan anderer 18 G; **en och ~** dieser und jener 22 L

annandag jul/pingst/påsk zweiter Feiertag Weihnachten/Pfingsten/Ostern 14 L
annars sonst 3 L, 19 G
annat anderes 18 G; ~ **än** anders als 14 L
annorledes anders 18 G
annorlunda anders 19 G
annorstädes anderswo 18 G
anonym anonym 19 L
anse *ur.* ansehen 27 G
anseende, -t Ansehen 22 G
anses *st.* angesehen werden 10 G
ansikte, -t, -n Gesicht 26 L, 27 G
anslutning, -en, -ar Anschluß 23 L
ansträngning, -en, -ar Anstrengung, Bemühung 9 L
ansvar, -et Verantwortung 23 L
antagligen wahrscheinlich 19 G
antal, -et, - Anzahl 14 L
antingen ... **eller** entweder ... oder 20 G, 23 L
antydd angedeutet 16 L
anvisa, -ade, -at anweisen 26 Ü
använda, -de, -t verwenden 21 Ü
apotek, -et, - Apotheke 8 L
apoteksglas,-et, - Reagenzglas 24 L
april April 7 L
arbeta, -ade, -at arbeiten 1 L
arbetade (*von* arbeta) arbeitete 5 G
arbetar|e, -n, - Arbeiter 27 G; ~**rörelse, -n, -r** Arbeiterbewegung 15 L
arbete, -t, -n Arbeit 1 L, 24 G
arbets|dag, -en, -er Arbeitstag 7 L; ~**fri** arbeitsfrei 15 L; ~**förmedling, -en, -ar** Arbeitsvermittlung 18 L; ~**givaravgift, -en, -er** Arbeitgeberanteil 18 L; ~**givarförening, -en, -ar** Arbeitgeberverband 18 L; ~**grupp, -en, -er** Arbeitsgruppe 23 L; ~**kamrat, -en, -er** Kollege 3 L; ~**löshetskassa, -n, -or** Arbeitslosenkasse 18 L; ~**löshetsunderstöd, -et** Arbeitslosenbeitrag 18 L; ~**möjlighet, -en, -er** Arbeitsmöglichkeit 16 L; ~**re-**

form, -en, -er Arbeitsreform 16 L; ~**sökande, -n, -** Arbeitssuchender 18 L; ~**uppgift, -en, -er** Aufgabe 23 L
areal, -en, -er Areal 25 L
arkiv, -et, - Archiv 23 L
artig höflich 23 G
artikel, -n, -ar Artikel 13 Ü
arton achtzehn 2 L, 11 G; ~**de** achtzehnte 11 G; ~**hundratal, -et** das neunzehnte Jahrhundert 11 G
arvode, -t, -n Honorar 18 L
Asien Asien 11 L
Atlanten der Atlantik 11 L
atmosfär, -en, -er Atmosphäre 8 L
att daß 3 L, 20 G, 26 G; zu 2 L, 26 G
augusti August 7 L; ~**kväll, -en, -ar** Augustabend 13 L
auktion, -en, -er Versteigerung 10 Ü
automat, -en, -er Automat 19 L
av von 1 L, 4 G; aus, von 15 G; an, auf, aus, von 23 G
avbilda, -ade, -at abbilden 7 L
avbruten gestört 23 G
avbryta *st.* unterbrechen 27 G
avdelningsdirektör, -en, -er Abteilungsleiter 24 L
avgift, -en,-er Gebühr 23 L
avgrund, -en, -er Abgrund 26 L
avgöra, -gjorde, -gjort entscheiden 26 L
avgöras, -gjordes, -gjorts entschieden werden 26 L
avhålla *st.* sig från sich e-r Sache enthalten 27 G
avi, -n, -er Formular 4 L
avkall, -et: ge ~ på verzichten auf 23 G
avse *st.* bezwecken 26 L
avsedd bestimmt 26 L
avseende, -t, -n Hinsicht 25 L
avsikt, -en, -er Absicht 26 L
avskrivas *st.* abgeschrieben werden 25 L
avsky, -n: känna ~ för Abscheu haben vor 23 G
avsnitt, -et, - Teil 13 L
avstå, -stod, -stått verzichten 22 G
avstånd, -et: ta ~ från sich von etw. distanzieren 23 G

avta(ga) *st.* abnehmen 11 L
avundas, -ades, -ats beneiden 21 G
avundsjuk neidisch 23 G
axel, -n, -ar Achsel 19 L

B
backhoppning, -en, -ar Sprunglauf 9 L
bad, -et, - Bad 8 Ü
bad (*von* be) bat 9 G
bada, -ade, -at baden 13 L
baddare, -n, - Mordskerl 22 L
badminton Federball 9 L
bad|ort, -en, -er Badeort 11 L; ~**rum, -met, -** Badezimmer 2 L
bagage, -t Gepäck 4 L
bag|are, -n, - Bäcker 22 L; ~**eri, -et, -er** Bäckerei 8 L
bagge, -n, -ar Widder 17 L
baggis Bagatelle 19 L
bagis Krone 19 L
bak hinten 12 G, 19 G
bak|a, -ade, -at backen 14 L; ~**else, -n, -r** Gebäck 28 L
bak|grund, -en, -er Hintergrund 15 L; ~**ifrån** von hinten 19 G; ~**länges** rückwärts 19 G; ~**om** hinter 15 G; ~**åt** nach hinten 12 G, 19 G
bakugn, -en, -ar Backofen 9 L
balans, -en Gleichgewicht 13 L
ball herrlich 19 L
band (*von* binda) band 8 G
bandy, -n Hockey 9 L
banktjänsteman, -nen, -män Bankbeamter 7 L
banvall, -en, -ar Bahndamm 27 L
bar nackt 20 L
bar (*von* bära) trug 8 G
bara nur 1 L, 19 G
barmhärtig barmherzig 20 L
barn, -et, - Kind 1 L; ~**avårdscentral, -en, -er** Kinderfürsorgezentrale 18 L; ~**bidrag, -et, -** Kindergeld 18 L; ~**daghem, -met, -** Kindertagesheim 18 L; ~**dom, -en** Kindheit, gå i ~**dom** kindisch sein 26 L; ~**förlamning, -en** Kinderlähmung 20 L; ~**tillsyn, -en** Kinderaufsicht 18 L
barr, -et Haar; nichts 19 L
basketboll Basketball 9 L

baxna, -ade, -at verdutzt sein 28 L
be(dja), bad, bett bitten 9 G; ~ om um etwas bitten 22 G
be- be- 27 G; ~dröva, -ade, -at traurig machen 20 L; ~folkning, -en, -ar Bevölkerung 16 L; ~folkningstillväxt, -en, -er Bevölkerungszuwachs 16 L; ~fordran Beförderung 23 L; ~gripa *st.* begreifen 25 L; ~gynna, -te, -t beginnen 27 G; ~haglig angenehm 8 L; ~hov, -et, - Bedürfnis 21 L; ~höva, -de, -t brauchen 19 L; ~hövas, -des, -ts brauchen 21 G, 23 L; ~kant, -kantingen, -kanta Bekannter 12 L; ~kräftelse, -n, -r Bestätigung 26 L; ~kväm bequem 3 L
Belgien Belgien 10 L
belgier, -n, - Belgier 10 L
belgisk belgisch 10 L
belöpa, -te, -t sig till sich belaufen auf 22 G
bemästra, -ade, -at meistern, bewältigen 16 L
ben, -et, - Bein 20 L
berg, -et, - Berg 7 L, 24 G
bero, -dde, -tt abhängen 13 Ü, 22 G; ~ende abhängig 9 L
Berra *Kosename für* Bertil 19 L
berätt|a, -ade, -at erzählen 14 Ü, 19 L, j-m etw. von 22 G; ~are, -n, - Erzähler 25 L; ~else, -n, -r Geschichte 20 L
berättiga, -ade, -at berechtigen 28 L; ~d berechtigt 18 L
be|sked, -et, - Bescheid 24 G; ~skriva *st.* beschreiben 25 L, 27 G; ~skåda, -ade, -at beschauen 17 L; ~stå, -stod, -stått bestehen 22 G; ~ställa, -de, -t bestellen 1 L; ~stämd bestimmt 16 L; ~stämma, -de, -t sich entschließen 4 L; ~stämmelse, -n, -r Bestimmung 26 L; ~stört betroffen 26 L; ~svara, -ade, -at beantworten 23 G; ~sök, -et, - Besuch 7 L, 24 G; ~söka, -te, -t besuchen 14 L

bet (*von* bita) biß 8 G
be|tala, -ade, -at bezahlen 4 L, 27 G; ~teende, -t, -n Benehmen 26 L; ~trakta, -ade, -at betrachten 17 L; ~tros, -ddes, -tts betraut werden 26 L; ~träffande (betr.) betreffs 14 L, 15 G, 23 L
bett (*von* be) gebeten 9 G
be|tyda, -de, -tt bedeuten 11 L; ~tydelse, -n, -r Bedeutung 26 L; ~undra, -ade, -at bewundern 1 L; ~varas, -ades, -ats bewahrt werden 26 L; ~vis, -et, - Beweis 23 L
BH, -n, -ar Büstenhalter 15 L
bi- bei- 27 G
bibliotek, -et, - Bibliothek 24 G
bidra(ga) *st.* beitragen 25 L, 27 G, till zu 22 G
bifall, -et, - Beifall 27 G
bil, -en, -ar Auto 4 L, 24 G
bil. = bilaga 23 L
bilaga, -n, -or Anlage 23 L
bilda, -ade, -at bilden 14 L
biljett, -en, -er Fahrkarte, Fahrschein 1 L
billig billig 3 Ü
bil|plats, -en, -er Autoplatz 26 Ü; ~ålder, -n, -ar Autozeitalter 8 L; ~ägare, -n, - Autobesitzer 8 L
binda *st.* binden 8 G
biograf, -en, -er Kino 6 L, 24 G
biologisk biologisch 13 L
bira, -n Bier 19 L
bit, -en, -ar Stück 24 L
bita *st.* beißen 8 G
bitas *st.* beißen 21 G
bitit (*von* bita) gebissen 8 G
bitter bitter 26 L
bitti(da) früh 20 L, Ü
bjud|a *st.* anbieten 4 L; einladen 4 L, 8 G; ~it eingeladen 8 G; ~ning, -en, -ar Fest 25 Ü
bjöd (*von* bjuda) lud ein 8 G
björn, -en, -ar Bär 8 L
bl.a. = bland andra unter anderen 23 L; bland annat unter anderem 23 L
blad, -et, - Blatt 7 L
bland unter 12 L, 15 C; ~ annat unter anderem 6 L, bl.a. 23 L
blandning, -en, -ar Mischung 8 L

blankett, -en, -er Formular 4 L
blekna, -ade, -at erbleichen 21 G
blev wurde 8 G
bli *st.* werden 3 L, 8 G; ~ av etwas daraus werden 22 G; ~ vän med sich mit j-m befreunden
blick, -en, -ar Blick 26 L; ~a, -ade, -at blicken 26 L
blind blind 23 G; ~tarmsinflammation, -en, -er Blinddarmentzündung 20 L
bli(va) *st.* werden *s.* bli
bliv|ande werdend 18 L; ~it geworden 6 L, 8 G
blixtra, -ade, -at blitzen 21 G
blod, -et Blut 21 L; ~förgiftning, -en, -ar Blutvergiftung 20 L; ~propp, -en, -ar Blutgerinnsel 20 L
blomm|a, -n, -or Blume 3 Ü; -ade, -at blühen 5 L; ~ig geblümt 28 L
blomsterhandel, -n, -ar Blumengeschäft 8 L
blott nur 19 G, 20 G
blunda, -ade, -at die Augen zumachen
blus, -en, -ar Bluse 15 L
blå blau 13 L; ~bär, -et, - Blaubeere 11 L
blås|a, -te, -t windig sein 11 L, 21 G; blåsa bort wegwehen 12 L; ~ig windig 11 L
bläck, -et Tinte 24 G
bo, -dde, -tt wohnen 1 L; ~ende, -t Wohnen 27 G
bok, -en, böcker Buch 3 L, 24 G; ~bindare, -n, - Buchbinder 22 L; ~föra, -de, -t buchen 27 G; ~handel, -n, -ar Buchhandel 6 Ü; ~hylla, -n, -or Bücherregal 3 L; ~stav, -en, ...er Buchstabe 11 Ü; ~stavera, -ade, -at buchstabieren 25 Ü; ~stavsängest, -en Angst vor den Buchstaben 28 L
bonde, en, ...er Bauer 26 L; ~hushåll, -et, - Bauernhaushalt 14 L; ~land, -et, - Land von Bauern
bord, -et, - Tisch 5 L, 24 G
borde (*von* böra) sollen 10 G, 14 G
bordtennis, -en Tischtennis 9 L

borr, -en, -ar Bohrer 21 L
borsta, -ade, -at putzen 2 L
bort weg 10 G, 12 G, 14 G,
16 G, 19 G; ~a weg
12 G, 16 G, 19 G; ~fa-
rande, -n, - Wegfahren-
der 17 L; ~se *ur.*
absehen
22 G; ~skämd verwöhnt
22 L; ~åt gegen 10 L
bosatt wohnhaft 18 L
bostad, -en, ~er Wohnung
1 L; ~sförmedling, -en,
-ar Wohnungsamt 18 L;
~stillägg, -et, - Mietzu-
schuß 18 L
botten: ligga i ~ darin
stecken 23 L
bowling, -en Kegeln 9 L
boxning, -en Boxen 9 L
bra gut 2 L, 12 G, 19 G,
23 G
braka, -ade, -at krachen;
~ lös losbrechen 8 L
brallis, -en, -ar Mädchen
19 L
brallor Hosen 19 L
brann (*von* brinna) *st.*
brannte 8 G
brant steil 3 G, 7 L
brant, -en, -er Steilhang
12 L
brasili|anare, -n, - Brasi-
lianer 10 L; ~ansk bra-
silianisch 10 L; ~en Bra-
silien 10 L
brast (*von* brista) *st.* barst
8 G
bred breit 3 Ü
breda, -de, -tt breiten 10 G
bredd, -en, -er Breite 25 L
bredvid neben 17 L, 15 G
brev, -et, - Brief 4 L, 24 G;
~låda, -n, -or Briefka-
sten 25 L
brinna *st.* brennen 8 G
brista *st.* bersten 8 G
bro, -n, -ar Vortreppe 17
L; Brücke 27 L
bror, brodern, bröder Bru-
der 13 L; ~sa, -n, -or
Bruder 19 L
brottning, -en, -ar Ring-
kampf 9 L
brud, -en, -ar Braut; Mäd-
chen 19 L
bruk, -et, - Gebrauch 14 L;
göra bruk av von etw.
Gebrauch machen 23 G;
ha bruk för etw. brau-
chen 23 G; ~a, -ade, -at
pflegen 15 L
brun braun 3 L; bruna
bönor braune Bohnen
15 L

brunn, -en, -ar Brunnen
11 L
brunnit (*von* brinna) *st.*
gebrannt 8 G
brusa, -ade, -at brausen
20 L
brustit (*von* brista) *st.* ge-
borsten 8 G
brutit (*von* bryta) *st.* ge-
brochen 8 G
bruttonationalprodukt, -en,
-er Nationaleinkommen
25 L
bry, -dde, -tt: bry sig om
sich um etw. kümmern
20 L, 22 G
brygga, -n, -or Brücke 14 L
bryta *st.* brechen 8 G;
~ av abbrechen 27 G;
~ igenom durchbrechen
12 L; ~ ut i ausbrechen
22 G
bråka, -ade, -at laut werden
23 L
bråttom: ha bråttom es ei-
lig haben 19 Ü
bränna, -de, -t brennen
9 G, 28 L; bränna sönder
sig sich verbrennen 11
L; ~s, -des, -ts brennen
21 G
bröd, -et, - Brot 14 L
bröt (*von* bryta) *st.* brach 8 G
bubbla, -ade, -at sprechen
19 L
bud, -et, - Bote 24 G;
sända bud på ngn nach
j-m schicken 23 G
buddistisk buddhistisch 13
L
bukt, -en: få bukt med etw.
bewältigen 23 G
bulle, -n, -ar Kuchenbröt-
chen; *hier:* Taxi 19 L
buller, -et Lärm 20 L;
~gräns, -en, -er Schall-
mauer 20 L
bundit (*von* binda) gebun-
den 8 G
bur, -en, -ar Käfig 24 L
burit (*von* bära) *st.* getra-
gen 8 G
burk, -en, -ar Dose 13 L;
Fernseher 19 L
buske, -n, -ar Busch 11 L
buss, -en, -ar Bus 1 L;
~hållplats, -en, -er Bus-
haltestelle 3 L
butik, -en, -er Geschäft 8 L
by, -n, -ar Dorf 13 L;
~alag, -et, - Dorfge-
meinschaft 16 L; Orts-
gemeinschaft 23 L;
~gd, -en, -er Gegend
16 L

bygg|a, -de, -t bauen 7 L;
~d gebaut 7 L; ~nad,
-en, -er Gebäude 7 L;
~t gebaut 8 L
byrå, -n, -er Kommode
21 L
byta, -te, -t tauschen 8 L,
18 L; ~ ut austauschen
24 L
byx|a, -n, -or Hose 15 L;
~dräkt, -en, -er Hosen-
anzug 15 L
båda beide 5 L, 25 G
både ... och sowohl ... als
auch 5 L, 20 G
båge, -n, -ar Bogen; *hier:*
Motorrad 19 L
bågskytte, -t Bogenschie-
ßen 9 L
båt, -en, -ar Boot 10 L
bäck, -en, -ar Bach 27 L
bädd, -en, -ar Bett 24 G
bägge beide 25 G
bänk, -en, -ar Bank; *hier:*
Reihe 2 L; ~kamrat,
-en, -er Banknachbar
28 L
bär, -et, - Beere 24 G
bära *st.* tragen 4 L, 8 G;
~ på (an etw.) tragen
22 G
bärsa, -n Bier 19 L
bäst am besten 1 L
bättre besser 11 L
böja, -de, -t biegen 5 G
böna, -n, -or Bohne 15 L
böra, borde, bort sollen
10 G, 14 G
börja, -ade, -at anfangen
1 L; ~ med mit etw.
anfangen 22 G; ~n An-
fang 16 L

C
ca = cirka zirka 23 L
café, -et, -er Café 25 L
Centerpartiet Zentrums-
partei 18 L
central zentral 7 L
Centralen Hauptbahnhof 4
L
centrum, -et, -a Zentrum
25 G
check, -en, -ar Scheck 19 Ü
choklad, -en Schokolade
28 L
cigarett, -en, -er Zigarette
3 L
cirka zirka 9 L
city Zentrum 1 L
cykel, -n, -ar Fahrrad 6 G;
Radfahren 9 Ü
cykla, -ade, -at radfahren
11 L

D

dag, -en, -ar Tag 1 L;
Dagens Nyheter *Stock-holmer Zeitung* 3 L;
dagens rätt Tagesgericht
5 L; ~as, -ades, -ats
dämmern 21 G; ~lig
täglich 18 L; ~mamma,
-n, -or Kinderbetreuerin
1 L; ~s: så här ~s um
diese Zeit 3 L; ~stem-peratur, -en, -er Tages-temperatur 11 L
dal, -en, -ar Tal 24 G
Dalarna Dalekarlien 9 L
dal|karl, -en, -ar Einwoh-ner von Dalekarlien 9 L;
~kulla, -n, -or Einwoh-nerin von Dalekarlien
10 Ü
Dalälven *Fluß in Schweden*
12 L, 25 G
dam, -en, -er Dame 6 L;
~frisör, -en, -er Damen-friseur 22 L; ~frisörska,
-n, -or Friseuse 22 L
dammsuga *st.* staubsaugen
3 L
Danmark Dänemark 10 L
dansa, -ade, -at tanzen 6 Ü
dansk dänisch 9 L; Däne
10 L
de sie 3 L
debatteras, -ades, -ats de-battiert werden 19 L
december Dezember 7 L
deciliter, -n, -ar Deziliter
4 L
dekorera, -ade, -at dekorie-ren 15 L
del, -en, -ar Teil 4 L; ha
del i ngt Teil haben an
23 G; ta del av von etw.
Kenntnis nehmen 23 A
~a, -ade, -at teilen 11
G; dela med sig von
etw. abgeben 22 L;
dela upp aufteilen 23 L;
dela ut verteilen 14 L;
~aktig beteiligt 23 L;
~s teils 20 G; ~ta *st.*
teilnehmen 22 G, 23 L,
27 G; ~vis teilweise
16 L, 19 G
demonstrera, -ade, -at de-monstrieren 8 L
den er, sie, es 1 L, 13 G;
~ här dieser 3 L, 13 G;
~na dieser 3 G, 13 G;
~samma, -e derselbe
13 G
deras ihr 1 L, 4 G
desamma *pl.* dieselben 13 G
dess sein 4 G
dessa *pl.* dieses 13 G

dessutom außerdem 4 L
desto desto 20 G
det es 1 L; ~ här dieses
4 L, 13 G
detalj, -en, -er Einzelheit
21 L
detsamma dasselbe 13 G
detta dieses 3 G, 13 G
diarré, -n, -er Durchfall
20 L
difteri, -n Diphtherie 20 L
digga, -ade, -at gern haben
19 L
dike, -t, -n Graben 24 G
diktera, -ade, -at diktieren
28 L
dill, -en Dill 4 L; ~stuvad
mit Dill geschmort 4 L
dimma, -n, -or Nebel 11 L
din dein 4 G; ~a *pl.* deine
4 G
direkt direkt 19 L
disk, -en, -ar Ladentisch
26 L; ~maskin, -en, -er
Geschirrspülmaschine
21 L
diskret diskret 3 G
diskus, -en, -ar Diskus 9 L
diskutera, -ade, -at disku-tieren 23 L
disponera, -ade, -at dispo-nieren 22 G
dit wohin 6 G; dorthin
9·Ü, 12 G, 19 G
ditt dein 4 G
dividera, -ade, -at teilen
11 G
djup tief 8 L; ~et, - Tief
27 L; ~fryst tiefgefro-ren 4 L
djur, -et, - Tier 8 L
Djurgården Tiergarten 8 L
djurgårdsfärjan Fähre nach
dem Tiergarten 8 L
djurpark, -en, -er Tierpark
8 L
dock doch 20 G
doftande duftend 21 L
dog *(von dö) ur.* starb 9 G
doja, -n, -or Schuh 19 L
doktor, -n, -er Arzt 16 L
dolde *(von dölja)* verbarg
10 G
dolt *(von dölja)* verborgen
10 G
dom = de sie 8 L
Donau Donau 25 G
dopp, -et, - Bad; ~ i
grytan das in den Topf
Tauchen 14 L; ~a,
-ade, -at tauchen 14 L
dora, -n, -or Fensterschei-be 19 L
dotter, -n, -ar Tochter 13 L
dov dumpf 27 L

dra *st.* ziehen 8 G; ~ bort
wegziehen 17 L; ~ fram
hervorziehen 27 G; ~ ut
herausziehen 19 L
drack *(von dricka) st.*
trank 8 G
draga *s.* dra *st.* ziehen 8 G
drag|ig zugig 21 L; ~it
(von dra) st. gezogen 8 G
dramatiserad dramatisiert
13 L
drev *(von driva) st.* trieb 8 G
dricka *st.* trinken 2 L, 8 G
dricks Trinkgeld 5 L
drillborr, -en, -ar Drillboh-rer 20 L
driv|a *st.* treiben 8 G; ~it
(von driva) getrieben 8 G
drog *(von dra) st.* zog 8 G
Drottningholm *Schloß in
der Nähe von Stockholm*
7 L; ~steatern Theater
am Drottningholm 8 L
druckit *(von dricka) st.*
getrunken 8 G
dräkt, -en, -er Kostüm 15 L
dröja, -de, -t dauern 20 Ü
dröm, -men, -mar Traum
5 L; ~ma, -de, -t träu-men 7 L, 22 G
du du 1 L
dubbelrum, -met, - Dop-pelzimmer 8 Ü
duggregn, -et Sprühregen
11 Ü
duktig tüchtig 10 G, 23 G
dum dumm 3 G; ~het,
-en, -er Dummheit 27 G
dundra, -ade, -at donnern
26 L
dundyna, -n, -or Daunen-kissen 28 L
dunsa, -ade, -at plumpsen
20 L
duscha, -ade, -at duschen
2 L
dussin, -et, - Dutzend 11 G
dust, -en, -er Streit 28 L
dygn, -et, - Tag und Nacht
7 L
dylik derartig 23 L
dyr teuer 3 L
då denn 1 L, 19 L; damals
19 G; als 20 G; da, doch
26 G; ~ och ~ dann
und wann 19 G, 22 L
dålig schlecht 3 Ü, 12 G,
19 G
dåna, -ade, -at dröhnen
20 L; ~ande dröhnend
20 L
dåsa, -ade, -at dösen 11 L
där da 1 L, 12 G, 19 G;
wo 5 L, 20 G; ~av da-von 15 G, 25 L; ~borta

dahinten 7 L; ~efter
danach 2 L; ~emot da-
gegen 23 L; ~för att
weil 20 G; ~ifrån von
dort 8 L, 19 G; ~nere
da unten 27 L; ~på
darauf, dann 26 L
dö *ur.* sterben 9 G, 27 L;
~ av an etw. sterben
22 G; ~d tot 17 L; ~d,
-en Tod 25 L
dölja, dolde, dolt verbergen
10 G, 28 L
döma, -de, -t urteilen 22 G
dörrhål, -et, - Tür 28 L
dött (*von* dö) *ur.* gestorben
9 G
döv taub 23 G

E
eder *s.* er Ihr 6 G
effektiv effektiv 8 L
EFTA European Free Tra-
de Association 25 G
efter nach 5 L, 15 G, 16 G,
23 G; ~ det att nach-
dem 20 G; ~bliven
rückständig, zurückge-
blieben 21 L; ~forsk-
ning, -en, -ar Nachfor-
schungen 19 L; ~mid-
dag, -en, -ar Nachmit-
tag 4 L; ~middagskaffe,
-t Nachmittagskaffee 14
L; ~namn, -et, - Nach-
name 13 Ü; ~rätt, -en,
-er Nachtisch 4 L;
~som da, weil 3 L,
20 G; ~sändnings-
adress, -en, -er Nachsen-
deadresse 24 L; ~söka,
-te, -t nachfragen 16 L;
~sökt nachgefragt 16 L;
~åt nachher 19 G
eg. = egentligen eigentlich
23 L
egen eigen 3 G; ~dom,
-en, -ar Eigentum 26 L
egentlig eigentlich 6 L;
~en eigentlich 5 L
ehuru obwohl 20 G
ej nicht 19 G
ekonomi, -en, -er Ökono-
mie 28 L
elak böse 3 Ü; ~t böse 19
G
eld, -en, -ar Feuer 15 L
elektri|citet,-en Elektrizität
21 Ü; ~ker, -n, - Elek-
triker 22 L, 27 G
elev, -en, -er Schüler 14 Ü
elfte elfte(r) 11 G
eljest sonst 19 G
eller oder 1 L, 20 G
elva elf 2 L

elvärme, -n Elektroheizung
21 L
em. = eftermiddag Nach-
mittag 23 L
emedan weil 20 L, 20 G
emellan dazwischen 15 G
emellertid aber, doch 20 L
emigr|ant, -en, -er Auswan-
derer, Emigrant 16 L;
~ation, -en, -er Aus-
wanderung 16 L; ~era,
-ade,-at auswandern 16L
emot dagegen 15 G
en ein 1 L, eins 11G; un-
gefähr 11 G; einem, ei-
nen 18 G; ~ och annan
dieser und jener 22 L;
~a der eine 11 G
ena, -ade, -at sich einigen
23 L; ~s, -ades, -ats
sich einigen 21 G, 23 L
enbart nur 14 L
enbuske, -n, -ar Wacholder
17 L
enda einzig 15 L
endast nur 6 L, 19 G
enig einig 23 G
engels|k englisch 10 L;
~man, -nen, ∴ Englän-
der 10 L
England England 10 L
enkel einfach 24 L
enkom eigens 19 G
enkrona, -n, -or eine Krone
4 L
enl. = enligt 23 L
enligt gemäß, nach, laut
9 L, 15 G
ens *Gen. von* man 18 G;
inte ens nicht einmal 26 L
ensam allein, einsam 7 G;
~het, -en Einsamkeit
27 Ü
enskifte, -t, -n Landwirt-
schaftsreform 16 L
enskild einzeln 13 L
entonig eintönig 20 L
entusiast, -en, -er Enthu-
siast 9 L; ~isk enthu-
siastisch 23 L
er Ihr, euer 4 G; ~a Ihre,
eure 4 G
er|- er- 27 G; ~bjuda *st.*
anbieten 16 L, 27 G;
~farenhet, -en, -er Er-
fahrung 23 L; ~fordras,
-ades, -ats erforderlich
sein 26 L
Eriksson *Name* 9 L
er|inra, -ade, -at erinnern
27 G; ~inran, -ingar
Erinnerung 14 L; ~kän-
na, -de, -t zugeben 27 G;
~sättning, -en, -ar Ent-
gelt; ~t Ihr, euer 4 G

elvärme Essingeleden *Stadtauto-
bahn in Stockholm* 7 L
etikettsbrott, -et, - Verstoß
gegen den guten Ton
26 L
ett ein 1 L; eins 11 G
etta, -n, -or die Eins 13 L
ev. = eventuell eventuell
23 L
eventuell eventuell 23 L
examen, -, -ina Prüfung,
Examen 25 G
exempel, -et, - Beispiel 9 L;
till ~ (t. ex.) zum Bei-
spiel 23 L
expedi|era, -ade, -at be-
dienen 21 L; ~t, -en,
-er Verkäufer 3 L
extra extra 2 L

F
f. = född geboren 23 L
fabrik, -en, -er Fabrik 25 L
fack|förbund, -et, - Ge-
werkschaftsverband 18
L; ~förening, -en, -ar
Gewerkschaft 18 L;
~lig gewerkschaftlich 18
L; ~la, -n, -or Fackel
14 L
fader, -n, ∴ Vater 13 L
fakt|um, -a, -a Tatsache
25 L, G; ~isk tatsäch-
lich 23 L
fall, -et, - Fall; i så ~
dann 10 L; i varje ~ auf
jeden Fall 10 L, 24 G;
i alla ~ auf alle Fälle
22 L
fall|a *st.* fallen 8 G; ~a in
einfallen 11 L; ~it (*von*
falla) *st.* gefallen 8 G
falukorv, -en, -ar Lyoner-
wurst 5 L
familj, -en, -er Familie 1 L;
~edaghem, -met, - Fa-
milientagesheim 18 L
fan, -en Teufel 22 G, 26 L
fann (*von* finna) *st.* fand 8 G
fantasi, -en, -er Phantasie
27 G
far, fadern, fäder Vater
13 L
fara *st.* fahren 8 G; -n
-or Gefahr 26 L
far|bror, -brodern, -bröder
Onkel 13 L; ~far, -fa-
dern, -fäder Großvater
13 L
farit (*von* fara) *st.* gefahren
8 G
farlig gefährlich 15 L
far|mor, -modern, -mödrar
Großmutter 13 L; ~san,
-, -or Vater 19 L

Farsta *Vorort von Stockholm* 8 L
farstu, -n, -stugor Hausflur 22 L; ∼**bro, -n, -ar** Vortreppe 17 L
fart, -en, -er Fahrt; **sätta** ∼ **på** Dampf dahinter machen 5 L
fascinerande faszinierend 10 L
fast obwohl 5 L, 20 G; fest 23 L
fast|a, -ade, -at fasten 15 L; ∼**edag, -en, -ar** Fastentag 14 L
faster, -n, -ar Tante 13 L
fastighet, -en, -er Grundstück, Haus 26 Ü
fastlades (*von* fastlägga) wurde festgelegt 15 L
fastlagsris, -et, - Fastenzweig 15 L
fastlägga, -lade, -lagt festlegen 15 L
fastna, -ade, -at steckenbleiben; *hier*: sich entscheiden 13 L
fastän obwohl 20 G
fat, -et, - Schüssel, Untertasse 24 G
fattas, -ades, -ats fehlen 5 L, 21 G
fattig arm 23 G; ∼**dom, -en** Armut 27 G
f.d. = **före detta** ehemalig 23 L
feber, -n Fieber 25 G
februari Februar 7 L
fel, -et, - Fehler 12 L, 24 G; **ta** ∼ **på** sich irren 23 G
fem fünf 1 L, 11 G; ∼**dygnsprognos, -en, -er** Fünftagevorhersage 11 L; ∼**ma, -n, -or** Fünf 11 G; ∼**te** fünfte 11 G; ∼**tiofünfzig** 11 G; ∼**tionde** fünfzigste 11 G; ∼**tiosex** sechsundfünfzig 3 L; ∼**ton** fünfzehn 11 G; ∼**tonde** fünfzehnte 11 G
fenomen, -et, - Phänomen 13 L
fest, -en, -er Fest 24 L, G; ∼**dag, -en, -ar** Festtag 15 L; ∼**plats, -en, -er** Festplatz 8 L
fet fett 28 L
fettisdagsbulle, -n, -ar Fastenwecken 15 L
fick (*von* få) *ur.* durfte(n) 3 L, 14 G
ficka, -n, -or Tasche 19 L
fiende, -n, -er Feind 2 G, 9 L

fik, -et, - Café 19 L; ∼**a, -ade, -at** Kaffee trinken 19 L
film, -en, -er Film 6 Ü
filmjölk, -en saure Milch
filosofera, -ade, -at philosophieren 22 G
fin fein 8 L
fingertopp, -en, -ar Fingerkuppe 24 L
finkostym, -en, -er guter Anzug 26 L
Finland Finnland 10 L
finna *st.* finden 8 G; ∼ **anledning till** zu etw. Gelegenheit finden 23 G; ∼ **sig** i sich fügen in 22 G; ∼**s** *st.* es gibt 2 L, 21 G
fin|ne, -n, -ar Finne 10 L; ∼**sk** finnisch 10 L
fisk, -en, -ar Fisch 5 L; ∼**a, -ade, -at** angeln 28 L; ∼**affär, -en, -er** Fischgeschäft 8 L; ∼**e, -t** Fischfang 27 G
fixeras, -ades, -ats fixiert werden 16 L
fjol: i fjol voriges Jahr 7 L
fjolle, -n, -ar Narr 26 L
fjord, -en, -ar Fjord 10 L
fjorton vierzehn 4 L, 11 G; ∼**de** vierzehnte 11 G
fjäderprydd mit Federn geschmückt 15 L
fjärde vierte 11 G
fjärran: i fjärran in der Ferne 21 L, 19 G
flagg|a, -n, -or Flagge 5 L; ∼**stång, -en, -stänger** Fahnenstange 5 L
fler mehr 5 L
flest am meisten 12 G
flicka, -n, -or Mädchen 4 G
flik, -en, -ar Zipfel 28 L
flinga, -n, -or Corn-flakes 2 L
flitig fleißig 3 Ü
flod, -en, -er Fluß 12 L
flotte, -n, -ar Floß 26 L
flugit (*von* flyga) *st.* geflogen 8 G
flummig schön 19 L
flutit (*von* flyta) *st.* geflossen 8 G
fly, -dde, -tt fliehen 9 L
flyga *st.* fliegen 8 G
flyta *st.* fließen 8 G
flytta, -ade, -at umziehen; *hier*: verlegen 15 L
fläsk, -et Schweinefleisch 15 L; ∼**kotlett, -en, -er** Schweinekotelett 5 L; ∼**spad, -et** Fleischbrühe 14 L

flöde, -t, -n Flut 11 L
flög (*von* flyga) *st.* flog 8 G
flöt (*von* flyta) *st.* floß 8 G
f.m. = **förmid** gen Vormittag 7 L
f.n. = **för närvarande** zur Zeit 23 L
fogde, -n, -ar Vogt 9 L
fogsvans, -en, -ar Fuchsschwanz 21 L
folk, -et, - Volk 3 L; ∼**förflyttning, -en, -ar** Völkerwanderung 16 L; ∼**högskola, -n, -or** Volkshochschule 18 L; ∼**lopp, -et, -** Volkslauf 9 L; ∼**park, -en, -er** Volkspark 7 L
Folkpartiet Liberale Partei 18 L
folk|sed, -en, -er Volkssitte 15 L; ∼**tandvård, -en** staatliches Zahnpflegeamt 18 L
fontän, -en, -er Fontäne 8 L
for (*von* fara) *st.* fuhr 8 G
fordom früher 19 G
fordon, -et, - Fahrzeug 26 L
form, -en, -er Form 13 L
fortfarande immer noch 19 G, 20 L
forts. = **fortsättning** Fortsetzung 23 L
fortsatte (*von* fortsätta) fuhr fort 6 L
fortskrida *st.* fortschreiten 16 L
fortsätt|a, -satte, -satt fortfahren, fortsetzen 23 L; ∼**a att le** weiterlächeln 6 L; ∼**ning, -en, -ar** Fortsetzung 8 L
fot, -en, fötter Fuß 7 G; ∼**boll, -en, -ar** Fußball 9 L
fotogenlampa, -n, -or Petroleumlampe 21 L
fotograf, -en, -er Fotograf 22 L
fr. = **från** von 23 L; = **fröken** Fräulein 23 L
fralla, -t, -or Brötchen 15 L
fram hervor, heran 4 L, 16 G, 19 G; ∼**dra** *st.* anführen 23 G; ∼**för** vor 12 L, 15 G; ∼**allt** vor allem 8 L, 26 G; ∼**gå** *ur.* hervorgehen 22 G; ∼**ifrån** von vorn 19 G; ∼**ledes** späterhin 19 G; ∼**länges** vorwärts 19 G; ∼**me** vorn 12 L; ∼**ställa, -de, -t** darstellen 11 L; ∼**trädande** auffallend 15 L; ∼**åt** vor-

wärts 19 G; ~åtlutad vornübergebeugt 17 L
Frankrike Frankreich 10 L
frans|k französisch; ~**man, -nen,** ∷ Franzose 10 L
fred, -en, -er Frieden 27 Ü
fredag, -en, -ar Freitag 7 L
fri frei 12 G, 18 L; ~**ge** st. freigeben 27 G; ~**gid** frigid 8 L; ~**het, -en** Freiheit 25 L; ~**idrott, -en, -er** Leichtathletik 9 L; ~**luftsmuseum, -et, -er** Freilichtmuseum 8 L; ~**luftsscen, -en, -er** Freilichtbühne 7 L; ~**märke, -t, -n** Briefmarke 4 L, 24 G; ~**märksautomat, -en, -er** Briefmarkenautomat 19 L
frisk gesund 3 Ü; ~**sportare, -n, -** Anhänger der Freikörperkultur 9 L
from fromm 20 L
fritidshem, -met, - Freizeitheim 18 A
frivillig freiwillig 28 L
frossa, -ade, -at schwelgen 15 L
frost, -en Frost 11 L
fru, -n, -ar Frau 1 L, 16 L, 24 L
frukost, -en, -ar Frühstück 2 L
fruktaffär, -en, -er Obstgeschäft 8 L
frus|en gefroren 12 L; ~**it** gefroren 8 G
Fruängen *Vorort von Stockholm* 22 L
frys|a st. frieren 8 G, kühlen 9 G; ~**box, -en, -ar** Tiefkühltruhe 21 L
fråga, -ade, -at fragen 20 Ü; ~ efter nach etw. fragen 22 G; ~, -n, -or Frage 23 L
från von 1 L, 15 G, 16 G, 23 G; ~ och med ab 6 L, 16 G
främst vorwiegend 11 L
fröjdas, -ades, -ats sich freuen 20 G
fröken, -, -ar Fräulein 5 L, 16 L, 24 L
frös (*von* frysa) fror 8 G
fukt, -en Feuchtigkeit 22 L; ~**ig** feucht 12 L
ful häßlich 3 Ü
full voll 3 L
fungera, -ade, -at fungieren 7 L
funnit (*von* finna) gefunden 8 G

fuska, -ade, -at pfuschen 10 G
f.v.b. = för vidare befordran zur Weiterbeförderung 23 L
fy pfui 27 L; **fy skäms** pfui, schäme dich 27 L
fyll|a füllen; *hier:* werden 28 L; ~**d** gefüllt 11 L
fynd, -et, - Fund 13 L
fyr, -en, -ar Leuchtturm 10 L
fyra vier 5 Ü, 11 G; ~**rummare, -n, -** Vierzimmerwohnung 1 L
Fyrisån *Fluß in Uppsala* 25 G
fyrtio vierzig 11 G; ~**nde** vierzigste 11 G; ~**tre** dreiundvierzig 3 L; ~**femte** fünfundvierzigste 9 L
få wenig 12 G, 18 G
få *ur.* bekommen 1 L, 9 G, 5 L; dürfen 14 G; **få anledning till** zu etw. Gelegenheit bekommen 23 G; **få att** machen 19 L; **få bukt med** etw. bewältigen 23 G; **få del i** ngt beteiligt werden 23 G; **få glädje av** Freude an etw. haben 23 G; **få höra** erfahren 14 G; **få i sig** schlucken 27 L; **få inflytande på** beeinflussen 23 G; **få lov till** zu etw. Erlaubnis bekommen 23 G; **få lust till** mögen 23 G; **få orsak till** Grund haben 23 G; **få reda på** erfahren 23 G; **få råd till** sich etw. leisten können 23 G; **få se** sehen, erblicken 14 G; **få tag i** ngt etw. beschaffen 23 G; **få veta** erfahren 14 G; **få ögonen på** etw. erblicken 23 G
fågel, -n, -ar Vogel 20 L; ~**sång, -en, -er** Vogelgesang 5 L
fånga, -ade, -at fangen 28 Ü
får, -et, - Schaf 17 L
fått (*von* få) bekommen; gedurft 9 G, 14 G
fåtölj, -en, -er Sessel 3 L
fäktning, -en, -ar Fechten 9 L
fälla, -de, -t fällen 9 G; ~ ett ord ein Wort fallen lassen 17 L
fängelse, -t, -r Gefängnis 25 G, 27 G

färd, -en, -er Fahrt; vara i ~ med im Begriff sein, etw. zu tun 23 G; ~**as, -ades, -ats** fahren 21 G; ~**ig** fertig 5 L
färg, -en, -er Farbe 13 L; ~**bild, -en, -er** Farbbild 12 L; ~**grann** bunt 15 L; ~**handel, -n, -ar** Drogerie 8 L; ~**lägga, -lade,** -**lagt** färben 15 L
färja, -n, -or Fähre 8 L
färre weniger 12 G
fästa, fäste, fäst befestigen 28 L
f.ö. = för övrigt übrigens 23 L
född geboren 11 Ü
födelsedagsbarn, -et, - Geburtstagskind 6 G
föga wenig 12 G, 18 G, 19 G
föl, -et, - Fohlen 17 L
följ|a, -de, -t folgen, begleiten 7 L; ~**a med** mit j—m gehen 14 G; ~**a efter** auf etw. folgen 22 G; ~**as, -des, -ts** verfolgt werden 10 L, 25 L
föll (*von* falla) fiel 8 G
fönster, -et, - Fenster 3 Ü
för für, vor 3 L, 15 G, 23 G, 26 G; um (... zu + *Inf.*) 2 L, 20 G; zu 19 G, 23 L, 26 G; denn 20 G, 26 G; *Dativ* 15 G; ~ all del gern geschehen 4 L, 19 G; **för ... sedan** vor 9 Ü, 16 G; **för ... skull** wegen 13 L, 16 G; ~ övrigt übrigens 26 L
föra, -de, -t führen 9 G
förakt, -et Verachtung 28 L
förarbeta, -ade, -at im voraus bearbeiten 27 G
förare, -n, - Fahrer 26 L
förarga, -ade, -at verärgern 18 G; ~ sig över sich über etw. ärgern 22 G; ~**d** ärgerlich 23 G
förbann|ad verdammt 26 L; ~**else, -en, -r** Verfluchung 25 G
förbereda, -de, -tt vorbereiten 6 L
förbi vorbei 15 G
fördel|a, -ade, -at verteilen 25 L; ~**aktig** vorteilhaft 27 G
före vor 6 L, 15 G, 16 G; ~**brå, -dde, -tt** vorwerfen 26 L; ~**bygga, -de, -t** vorbeugen 26 L; ~**dömlig** vorbildlich 27 G; ~**komma** st. vor-

kommen 26 L; ~mål, -et, - Gegenstand 24 L; ~ning, -en, -ar Verein 14 L
Förenta staterna die Vereinigten Staaten 10 L
före|slå *st.* vorschlagen 26 Ü; ~ställa, -de, -t vorstellen 17 L, 28 Ü; ~ställning, -en, -ar Vorstellung 14 L, 27 G; ~sväva, -ade, -at vorschweben 17 L; ~ta *st.* vornehmen 27 G
förfalla *st.* verfallen 21 L
författar|e, -n, - Schriftsteller 25 G; ~inna, -n, -or Schriftstellerin 27 G
förfogande, -t Verfügung; **ställa till** ~ zur Verfügung stellen 26 L
förfäder *pl.* Vorfahren 7 G
förfärlig entsetzlich, schrecklich 11 L
förgäves vergebens 19 L, G
förhandla, -ade, -at verhandeln 18 L
förhållande, -t, -n Verhältnis 23 L; **i** ~ **till** im Verhältnis zu 18 L
förklar|a, -ade, -at erklären 12 L, 27 G; ~as, -ades, -ats erklärt werden 15 L; ~ing, -en, -ar Erklärung 27 G
förkomma *st.* abhanden kommen 21 L
förkylning, -en, -ar Erkältung 20 L
förköpshäfte, -t, -n Sammelkarte 3 L
förlora, -ade, -at verlieren 22 G
förlåt Entscheidung 25 L
förläst durch Studien überanstrengt 21 L
förmedla, -ade, -at vermitteln 18 L
förmiddag, -en, -ar Vormittag 7 L; ~skaffe, -t Vormittagskaffee 14 L; ~spass, -et, - Frühschicht 24 L
förmodligen vermutlich 19 G
förmå, -dde, -tt können, vermögen 25 L
förmån, -en Vorteil; **till** ~ **för** zu j–s Gunsten 13 L
förnamn, -et, - Vorname 13 Ü
för närvarande zur Zeit 23 L
förordning, -en, -ar Verordnung 26 L

förort, -en, -er Vorort 1 L; ~scentrum, -et, -a Vorortzentrum 8 L
förpackning, -en, -ar Verpackung 4 L
förr früher 8 L, 14 L, 19 G; ~a vorig 3 G
förresten übrigens 19G, 23L
förrgår vorgestern 7 L
förråd, -et, - Vorrat 24 G; ~a, -de, -tt verraten 28 Ü
förrän bevor 20 G; **knappt ... förrän kaum ... als** 8 L
försedd vorgesehen 21 L
försiktig vorsichtig 27 L, G
förskjutas *st.* sich verlagern 11 L
förskrämd erschreckt, scheu 27 L
förslag, -et, - Vorschlag 23 L
först erst 2 L, 11 G, 19 G
förstavelse, -n, -r Vorsilbe 27 G
förstoppning, -en, -ar Verstopfung 20 L
förstå *ur.* verstehen 13 Ü; ~ende verständnisvoll 13 Ü; ~nd, -et Verstand 24 G; ~s selbstverständlich 19 L
förstör|a, -de, -t zerstören 10 G; ~d zerstört 10 G
förstulen verstohlen 28 L
försvann (*von* försvinna) verschwand 8 G
försvara, -ade, -at verteidigen; ~ **sig mot** sich verteidigen gegen 22 G
försvinna *st.* verschwinden 8 G
försvunnit (*von* försvinna) verschwunden 8 G
försåvitt insofern 20 G
försäkringskassa, -n, -or Krankenkasse 18 L
försöka, -te, -t versuchen 5 L, 27 G
förtjust entzückt 23 G
förtjäna, -ade, -at verdienen 28 L
förut früher 19 G, 20 L
förutom außerdem 28 L
förvandl|a, -ade, -at verwandeln 12 L; ~ing, -en, -ar Verwandlung 12 L
för vidare befordran (f.v. b.) zur Weiterbeförderung 23 L
förvånad erstaunt 23 G
förväg: i förväg im voraus 14 L

föräderi, -et Verrat 27 G
föräldrar *pl.* Eltern 7 G
förälskad verliebt 23 G
förändr|a, -ade, -at verändern 25 L; ~ing, -en, -ar Veränderung 16 L
för övrigt (f.ö.) übrigens 23 L

G

gal|a *st.* krähen 8 G; ~it (*von* gala) gekräht 8 G
gallsten, -en, -ar Gallenstein 20 L
galning, -en, -ar Verrückter 20 L
galt, -en, -ar Eber 17 L
gammal alt 1 Ü, 12 G, 28 G; ~dags altmodisch 14 L
Gamla stan Altstadt *von* Stockholm 4 L
ganska ziemlich 4 L, 19 G
gardera, -ade, -at decken, schützen 19 L
garderob, -en, -er Garderobe 3 L
gardinstång, -en, -stänger Gardinenstange 21 L
garva, -ade, -at lachen 19 L
gat|a, -n, -or Straße 7 L; ~lykta, -n, -or Straßenlaterne 21 L
gav (*von* ge) gab 6 Ü, 8 G
gavel, -n, -ar Giebel 25 Ü
ge *st.* geben 4 L, 8 G, 22 G; **ge avkall på** auf etw. verzichten 23 G; **ge rum för Platz machen** 26 L; **ge sig i kast med** etw. angreifen 23 G; **ge sig iväg** sich auf den Weg machen 10 L; **ge svar på** Antwort auf etw. geben 23 G; **ge upphov till** die Veranlassung zu etw. geben 26 L; **ge ut** ausgeben; herausgeben 27 G
gemen|sam gemeinsam 4 L; ~skap, -en Gemeinschaft 23 L
genast sofort 19 G
gener|ation, -en, -er Generation 21 L; ~ell allgemein, generell 23 L
genom durch 9 L, 15 G; ~brott, -et, - Durchbruch 16 L; ~fartsled, -en, -er Stadtautobahn 23 L; ~förande, -t, -n Durchführung 18 L; ~snitt, -et, - Durchschnitt 25 G; ~trängande durchdringend 12 L

genuin echt, unverfälscht 7 L
genus, -et, - Genus 25 G
geografi, -n Erdkunde 12 L
germanism, -en, -er Germanismus 27 G
get, -en, -ter Ziege 17 L; ~**abock**, -en, -ar Ziegenbock 17 L
gick (*von* gå) *ur.* ging 5 L, 9 G
gifta, **gifte**, **gift** heiraten 10 G
givit (*von* ge) *st.* gegeben 8 G
gjor|de (*von* göra) *ur.* machte, tat 5 L; ~t (*von* göra) gemacht, getan 10 G
gjut|a *st.* gießen 8 G; ~it (*von* gjuta) gegossen 8 G
gjöt (*von* gjuta) *st.* goß 8 G
glad froh 3 Ü, 23 G; ~**de** (*von* glädja) freute 10 G; ~**eligen** freudig 28 L
glas, -et, - Glas 2 Ü; ~**bord**, -et, - Tisch mit Glasscheibe 3 L; ~**mästare**, -n, - Glaser 22 L; ~ **och porslinsaffär**, -en, -er Glas- und Porzellangeschäft 8 L; ~**ögon** *pl.* Brille 7 G
glass, -en, -ar Eis 5 Ü
glatt (*von* glad) froh 10 G
gled (*von* glida) *st.* glitt 8 G
glid|a *st.* gleiten 8 G; ~it (*von* glida) geglitten 8 G
glimma, -ade, -at glänzen 6 G
glädj|a, **gladde**, **glatt** erfreuen 10 G; ~**a sig åt** sich auf/über etw.
freuen 22 G; ~**e**, -n Freude 14 L; **få/ha** ~**e av** an etw. Freude bekommen/haben 23 G
glänta, -n, -or Lichtung 21 L   [21 L]
glögg, -en Glühwein 14 L,
glömma, -de, -t vergessen 3 L, 5 L
gm = **genom** durch 23 L
gned (*von* gnida) *st.* rieb 8 G
gnid|a *st.* reiben 8 G; ~it (*von* gnida) gerieben 8 G
god gut 3 Ü, 23 G; ~ **afton** Guten Abend 16 L; ~ **kväll** Guten Abend 16 L; ~ **morgon** Guten Morgen 16 L; ~**dag** Guten Tag 2 L, 16 L; ~**het**, -en Güte 27 G; ~**ta** *st.* annehmen 27 G

gol (*von* gala) *st.* krähte 8 G
golf Golf 9 L
golv, -et, - Fußboden 3 L, 24 G
gona, -ade, -at **sig** es sich wohl sein lassen 28 L
Gotland Gotland 12 L
gott (*von* god) gut 2 L
grabb, -en, -ar Junge 19 L
grad, -en, -er Grad 11 L, 25 G
grammofon, -en, -er Plattenspieler 3 L
gran, -en, -ar Tannenbaum 14 L
grann bunt 12 L
granne, -n, -ar Nachbar 20 L
gratis gratis 18 L; ~**underhållning**, -en, -ar kostenlose Unterhaltung
grav, -en, -ar Grab 13 L
grej, -en, -er Sache 19 L
grek, -en, -er Grieche 10 L; ~**isk** griechisch 10 L
Grekland Griechenland 10 L
grep (*von* gripa) griff 8 G; ~**p**, -et, - Griff 21 L, 24 G
grevinna, -n, -or Gräfin 27 G
grind, -en, -ar Gartentür 17 L
grip|a *st.* greifen 8 G; ~**as** *st.* ergriffen werden 20 L; ~it (*von* gripa) *st.* gegriffen 8 G
gris, -en, -ar Schwein 17 L; ~**kulting**, -en, -ar Ferkel 17 L
gro, -dde, -tt keimen 25 L
grov grob 12 G
grubbla, -ade, -at nachdenken 26 L; ~ **på/över** über etw. grübeln 22 G
grund flach 8 Ü; ~, -en, -er Grund; **på** ~ **av** wegen 16 G; ~**lägga**, -lade, -lagt gründen 27 G; ~**skola**, -n, -or Grundschule 1 L, 28 L; ~**tanke**, -n, -ar Grundgedanke 18 L; ~**vatten**nivå, -n, -er Grundwasserspiegel
grupp, -en, -er Gruppe 23 L
grus, -et Kies 28 L
gryta, -n, -or Topf 14 L
grå grau 11 L; ~**na**, -ade, -at grau werden 13 L
gråt, -en Weinen 25 L; ~**a** *st.* weinen 8 G; ~it (*von* gråta) geweint 8 G

gräla, -ade, -at schimpfen 15 Ü
gränd, -en, -er Gasse 7 L
gräns, -en, -er Grenze 16 L
gräs, -et Gras 25 L; ~**matta**, -n, -or Rasen 10 G
grät (*von* gråta) *st.* weinte 8 G
gräva, -de, -t graben 19 L
grön grün 3 L; ~**saker** *pl.* Gemüse 7 G; ~**ska**, -ade, -at grün werden 13 L
gröv|re (*von* grov) gröber 12 G; ~**st** (*von* grov) am gröbsten 12 G
gubb|e, -n, -ar Alter 26 L; ~**jävlar** *pl.* verdammte alte Männer 26 L
gud, -en, -ar Gott 6 G
gul gelb 13 L; ~**na**, -ade, -at gelb werden 13 B
guld, -et Gold 6 G; ~**skrift**, -en, -er Goldschrift 24. L; ~**smed**, -en, -er Goldschmied 22 L
gulsot, -en Gelbsucht 20 L
gymnasieskola, -n, -or *u. 10.*
bis *13. Schuljahr*; Zusammenfassung für ehemalige Gymnasien, Oberrealschulen und Berufsschulen 18 L
gymnastik, -en Turnen 9 L
gå *ur.* gehen 1 L, 9 G; **gå med** = gå in eintreten 23 L; **gå miste om** einer Sache verlustig gehen 20 L, 23 G; **gå på** weitergehen 27 L; **gå till** zugehen 8 L; ~**ende**, -n, - Fußgänger 13 Ü; ~**gata**, -n, -or Fußgängerstraße 7 L
gång, -en, -er Mal 7 L; Gehen 9 L; -en, -ar Gartenweg, Pfad 28 L; ~ **efter annan** ein Mal über das andere 20 L; **en** ~ **för alla** ein für allemal 17 L; **för en gångs skull** ausnahmsweise einmal 13 L; **livets** ~ der Lauf des Lebens 25 G; ~**er** mal 11 G; ~**kläder** *pl.* Oberbekleidung 15 L
går: **igår** gestern 3 L
gård, -en, -ar Hof 5 L; ~**sjordbruk**, -et, - Hoflandwirtschaft 16 L
gåtfull rätselhaft 14 L
gått (*von* gå) gegangen 4 L, 9 G

gänga, -ade, -at sig heiraten 19 L
gärna gern 2 L, 12 G, 19 G
gäst, -en, -er Gast 13 L
göm|des (von gömma) wurde versteckt 9 L; ~ma, -de, -t verstecken 9 L; ~ma, -n, -or Aufbewahrungsort 13 L
göra, gjorde, gjort machen, tun 2 L, 10 G, 22 G; ~ bruk av ngt von etw. Gebrauch machen 23 G; ~ intryck på Eindruck auf j–n machen 23 G; ~ ngn en tjänst j–m einen Dienst tun 23 G; ~ ngt för ngn für j–n etw. tun 22 G; ~ ngt åt etw. dazu tun 23 L; ~ sig sich bemerkbar machen 28 L; ~ slut på etw. beenden 23 G; ~s, gjordes, gjorts gemacht werden 23 L
Gösta Berlings saga Gösta Berlings Geschichte, Roman von Selma Lagerlöf (1858–1940)
Götaland südlicher Teil von Schweden 12 L
Götaälv, -en Fluß in Schweden 12 L, 25 G
Göteborg Göteborg 12 L

H
ha, -de, -ft haben 1 L; ha anledning till zu etw. Gelegenheit haben 23 G; ha bruk för etw. brauchen 23 G; ha del i ngt sich an etw. beteiligen 23 G; ha glädje av an etw. Freude haben 23 G; ha inflytande på beeinflussen 23 G; ha lust till mögen 23 G; ha orsak till Grund haben 23 G; ha reda på Bescheid wissen 23 G; ha råd till sich etw. leisten können 23 G; ha sig sich benehmen 26 L
Haag Den Haag 25 G
hade (von ha) hatte 3 L
hagla, -ade, -at graupeln 21 G
haka, -n, -or Kinn 21 L
hall, -en, -ar Diele 25 Ü
hallå hallo 27 L
halm, -en Stroh 21 L; ~hatt, -en, -ar Strohhut 21 L
hals, -en, -ar Hals; ont i halsen Halsschmerzen 20

L; ~fluss, -en Mandelentzündung 20 L
halv halb 4 L; ~a, -n, -or Hälfte; kleine Flasche 22 L; ~dunkel, -et: i halvdunklet im Halbdunkel 17 L; ~timme, -n, -ar halbe Stunde 8 L
hammar|e, -n, - Hammer 21 L; ~slag, -et, - Hammerschlag 20 L
Hamngatan Straße in Stockholm 7 L
han er 1 L
hand, -en, ⁝er Hand 6 L; ta ~ om handhaben 26 L; ta mig i ~ meine Hand nehmen 27 L; ~boll, -en, -ar Handball 9 L
handl|a, -ade, -at kaufen 4 L; handla om von etw. handeln 23 L; ~are, -n, - Kaufmann, Händler 26 L; ~ing, -en, -ar Tat 23 L
handske, -n, -ar Handschuh 15 L
han|hund, -en, -ar Rüde 17 L; ~katt, -en, -er Kater 17 L
hann (von hinna) st. hatte Zeit 8 G
hans sein 1 L, 4 G
hantera, -ade, -at hantieren 28 L
hantverkare, -n, - Handwerker 8 L
hat, -et Haß 27 Ü
hatt, -en, -ar Hut 15 L
hav, -et, - Meer 25 L; till havs zur See 10 L
hava = ha haben 20 L
havs s. hav; ~kappsegling, -en, -ar Segelregatta 10 L; ~kryssare, -n, - Meereskreuzer 10 L
Hedeby Hedeby 25 L
hedersuppdrag, -et, - ehrenamtlicher Auftrag 26 L
hej Tag!, Servus! 3 L, 16 L
hel ganz 5 L; ~a ganz 25 G; helt och hållet ganz und gar 19 G
helg, -en, -er Feiertage 14 L; ~dag, -en, -ar Feiertag 7 L
hellre (von gärna) lieber 12 G
helst (von gärna) am liebsten 12 G
heltäckande matta Bodenteppich 3 L
hem, -met, - Heim 14 L; ~ nach Hause 2 L, 12 G,

19 G; ~lig heimlich 9 L; ~ma zu Hause 2 L, 12 G, 19 G; ~provins, -en, -er Heimatland 16 L; ~samarit, -en, -er Haushaltspflegerin 18 L; ~sk unheimlich 27 L; ~söka, -te, -t heimsuchen 27 G
hennes ihr 3 Ü, 4 G
herr, -en, -ar Herr 16 L, 24 L; ~esäte, -t, -n Herrensitz 25 L; ~frisör, -en, -er Herrenfriseur 22 L
heta, -te, -at heißen 6 L, 9 G
hette (von heta) hieß 6 L, 9 G
himmel, -n, -ar Himmel 4 G
hingst, -en, -ar Hengst 17 L
hinna st. Zeit haben, schaffen 6 L, 8 G
hissa, -ade, -at aufziehen, hissen 5 L
historia, -en, -er Geschichte 22 L
hit hierher 8 L, 12 G, 19 G
hitta, -ade, -at finden 18 Ü, 19 L; ~ på erfinden 19 L
hittegods, -et, - Fundsache, hier: Fundbüro 19 L; ~magasin, -et, - Fundbüro 19 L
hittills bisher 19 G
hjortron, -et, - Multbeere 4 L
hjul, -et, - Rad 21 Ü
Hjälmaren Binnensee 12 L
hjälp, -en Hilfe 4 L, 18 L; med ~ av mit Hilfe von 16 G; ~a, -te, -t helfen 14 G; ~as, -tes, -ts åt einander helfen 28 L
hjärnhinneinflammation, -en, -er Hirnhautentzündung 20 L
hjärt|infarkt, -en, -er Herzinfarkt 20 L; ~lig herzlich 4 L; ~slitande herzzerreißend 26 L
hoj, -en, -ar Fahrrad 19 L
Holland Holland 10 L
holländ|are, -n, - Holländer 10 L; ~sk holländisch 10 L
holme, -n, -ar Insel 7 L
hon sie 1 L
honom ihn, ihm 5 L
hopkrupen zusammengekauert 27 L
hopp, -et, - Sprung; höga ~ Turmspringen 9 L
hoppas, -ades, -ats hoffen 6 G, 11 L, 21 G

horisont, -en, -er Horizont 10 L
hos bei 1 L, 15 G
hosta, -n Husten 20 L
hotell, -et, - Hotel 4 L
hovmästare, -n, - Ober 16 L
hovtång, -en, -tänger Kneif-
zange 21 L
hu uh 27 L
hugg|a *st.* hauen 8 G;
hugga ved Holz hacken
21 Ü; ~it (*von* hugga)
st. gehauen 8 G
humla, -n, -or Hummel
21 L
hund, -en, -ar Hund 1 L,
17 L; ~loka, -n, -or
Wiesenkerbel 21 L
hundra hundert 3 L, 11 G;
~de hundertste 11 G;
~tal Hunderter 10 L;
~tals Hunderte 11 G
hunnit (*von* hinna) *st.* Zeit
gehabt 8 G
hur wie 1 L, 17 G; ~ så
wie so 27 L; ~ ... än
wie... auch 20 G; ~dan,
-t, -a wie beschaffen 17 G
hurra hurra 12 L, 27 L
hus, -et, - Haus 3 Ü;
~esyn, -en Hausbesich-
tigung 27 G
hustru, -n, -r Gattin 2 G
huttrande fröstelnd 12 L
huvud, -et, - Kopf 14 L;
ont i huvudet Kopf-
schmerzen 20 L; ~run-
kande kopfschüttelnd 26
L; ~stad, -en, ...er
Hauptstadt 7 L;~värks-
tablett, -en, -er Kopf-
schmerztablette 8 Ü
hydda, -n, -or Hütte 21 L
hynda, -n, -or Hündin 17 L
hyres|gäst, -en, -er Mieter
26 Ü; ~värd -en, -ar
Vermieter 26 Ü
hysa, -te, -t hegen; ~
ovilja mot Abneigung
haben gegen 23 G
hytt, -en, -er Kabine 21 L
håll, -et, - Richtung 5 L
hålla *st.* halten 5 L, 8 G;
~ av gern haben, lieben
27 G; ~ fast festhalten
13 Ü; ~ fast vid an etw.
festhalten 22 G; ~ käft
den Mund halten 26 L;
~ med zur Verfügung
stellen 26 L; ~ med om
j–m recht geben 19 L;
~ på med sich mit etw.
beschäftigen 22 G; ~
styr på j–m etw. ver-
wehren 23 G; ~ utkik

efter nach j–m/etw. aus-
schauen 23 G; ~ ögo-
nen på etw./j–n beob-
achten 23 G
hållit (*von* hålla) *st.* gehal-
ten 8 G
hår, -et Haar 13 Ü
hård hart 3 G
hårlus, -en, -löss Laus 22 L
häcklöpning, -en, -ar Hür-
denlauf 9 L
häfte, -t, -n Heft 19 L
hälft, -en, -er Hälfte 16 L
hälla, -de, -t gießen 22 L
hälsa, -ade, -at grüßen
24 L; ~ på besuchen 22
L
hälsning, -en, -ar Gruß 24 L
hälsosam gesund 11 L
hämnas, -ades, -ats sich
rächen 21 G; ~ på ngn
sich an j–m rächen 22 G
hämta, -ade, -at holen 2 L,
22 G; ~s, -ades, -ats
geholt werden 2 L
hända, hände, hänt ge-
schehen 27 L
händelse, -n, -r Ereignis;
i ~ av im Falle 16 G
händelselös ereignislos 19 L
hänga, -de, -t hängen 12 L;
~ samman zusammen-
hängen 16 L
hänsyn, -en Rücksicht;
av/med ~ till hinsicht-
lich, was ... betrifft 16 G
hänvisad till angewiesen
auf 23 G
här hier 3 L, 12 G, 19 G
härbre, -t, -n Vorratshaus
21 L
härifrån von hier 8 L, 19 G
härjning, -en, -ar Verhee-
rung 11 L
härlig herrlich 2 L
härska, -ade, -at herrschen
22 G
häst, -en, -ar Pferd 17 L,
24 G
hävda, -ade, -at behaupten
19 L
häxa, -n, -or Hexe 15 L
hög hoch, laut 3 Ü; i högan
sky hoch am Himmel
28 L; ~aktning, -en
Hochachtung; med hög-
aktning mit Hochach-
tung 24 G; ~aktnings-
full hochachtungsvoll 24
L
höger rechts 8 L
högfjällsdal, -en, -ar Hoch-
gebirgstal 13 L
högg (*von* hugga) *st.* haute
8 G

hög|hus, -et, - Hochhaus
7 L; ~ljudd laut 23 G;
~re (*von* hög) höher 11
L; ~röstad laut, mit
lauter Stimme 26 L;
~skola, -n, -or Hoch-
schule 18 L; ~stadium,
-et, -er *Klasse 7–9* 28 L;
~tid, -en, -er Feier 14 L;
~tryck, -et, - Hoch 11
L; ~växt groß 17 L
höjdhopp, -et, - Hoch-
sprung 9 L
höll (*von* hålla) *st.* hielt 8 G
hön|a, -n, -or Henne 17 L;
~s, -et, - Huhn 17 L;
~gård, -en, -ar Hüh-
nerhof 17 L
hör du du, hör mal 27 L;
hör nu na, hör mal 27 L
höra, -de, -t hören 2 Ü;
~ om von etw. hören
22 G; ~ till gehören
8 L, 22 G
hörn, -et, - Ecke 8 L
hö|skulle, -n, -ar Heuboden
9 L; ~snuva, -n Heu-
schnupfen 20 L
höst, -en, -ar Herbst 7 L
hötjuga, -n, -or Heugabel
28 L
hövlig höflich 23 G

I

i in 1 L, 15 G, 16 G, 23 G;
vor 6 L; i stället för
anstatt 16 G; i synnerhet
besonders 23 L
ibland manchmal 19 G,
22 L; unter 15 G
icke nicht 19 G, 20 L
idag heute 1 L
idrott, -en, -er Sport 9 L
idyll, -en, -er Idylle 22 L
ifall falls, wenn 20 G
igen wieder 10 L, 19 G
igenom durch 15 G
igår gestern 3 L
ihålig hohl 22 L
ikväll heute abend 2 L
illa schlecht 12 L, G, 19 G;
~mående, -t, -n Übel-
keit 20 L
in herein, hinein 3 L, 12 G,
16 G, 19 G
indelas, -ades, -ats einge-
teilt werden 12 Ü
Indien Indien 10 L
indi|er, -n, - Indier 10 L;
~sk indisch 10 L
individ, -en, -er Indivi-
duum 13 L; ~ualistisk
individualistisch 16 L;
~uell individuell 13 L

industri, -n, -er Industrie 16 L; ~**alisering, -en, -ar** Industrialisierung 16 L; ~**land, -et,** ∷ er Industriestaat 16 L
influensa, -n, -or Grippe 20 L
inflytande, -t, -n Einfluß; **få/ha** ~ **på** beeinflussen 23 G
inför vor 15 G
ing|a keine 18 G; ~**en** kein 4 L, 18 G
ingenjör, -en, -er Ingenieur 1 L
ingen|stans nirgends 18 G, 23 L; ~**städes** nirgends 18 G; ~**ting** nichts 4 L, 18 G
inget kein, nichts 5 L, 18 G
ingå *st.* einbegriffen sein 5 L
inkokt in Aspik 5 L
inlagd eingelegt, mariniert 5 L
inledningsvis einleitend 10 L
inlåta sig på *st.* sich in etw. einlassen 22 G
inlägg, -et, - Bemerkung 26 L
innan zuvor 6 L, 19 G; ehe 9 L, 20 G; ~**för** innerhalb 15 G
inne drinnen 12 L, G, 16 G, 19 G; ~**hålla** *st.* enthalten 19 L; ~**sittare, -n, -** Stubenhocker 9 L; ~**rsta** innerst 21 L
inom in, innerhalb 13 L, 15 G, 16 G; ~ **loppet av** im Laufe 16 G; ~**hus** drinnen, im Hause 19 G
insida, -n, -or Innenseite 7 L
inskriven eingetragen 18 L
inskränka, -te, -t sig till sich beschränken auf 22 G
inslag, -et, - Einschlag 14 L
instämma, -de, -t einstimmen 19 L
inta *st.* einnehmen 10 Ü
inte nicht 1 L, 19 G; ~ **ens** (en gång) nicht einmal 19 G; ~**t** nichts 18 G, 20 L
intill an, bei 22 L
intress|ant interessant 6 Ü; ~**e, -t, -n** Interesse 6 Ü; ~**erad** interessiert 23 L, G
intryck, -et, - Eindruck; **göra** ~ **på** auf j-n Eindruck machen 23 G

inträffa, -ade, -at eintreffen 26 L
inunder unter 27 L
invid an 17 L
invig|a, -de, -t einweihen 8 L; ~**d** eingeweiht 8 L; ~**ning, -en, -ar** Einweihung 8 L
invånare, -n, - Einwohner 12 Ü
inälvor *pl.* Eingeweide 7 G
is, -en, -ar Eis 24 G; ~**ande** eisig 12 L; ~**hockey, -n** Eishockey 9 L
Ishavet Eismeer 12 L
i sht. = **i synnerhet** besonders 23 L
Island Island 10 L
islän|dsk isländisch 10 L; ~**ning, -en, -ar** Isländer 10 L
isolering, -en, -ar Isolierung 16 L
i st. f. = **i stället för** anstatt 23 L
istället statt dessen 11 L
Italien Italien 10 L
italien|are, -n, - Italiener 10 L; ~**sk** italienisch 10 L

J
ja ja 1 L, 19 G
jacka, -n, -or Jacke 15 L
jag ich 1 L
jaga, -ade, -at jagen 28 L
jaha ja 19 G, 27 L
Janne *Kosename für* Jan 19 L
januari Januar 7 L
Japan Japan 10 L
japan Japaner 10 L; ~**sk** japanisch 10 L
jaså ach so 19 G
jmf = **jämför** vergleiche 23 L
JO = **justitieombudsman** Justizbevollmächtiger 18 L
jo doch 5 L, 19 G
jobb, -et, - Arbeit 19 L; ~**a, -ade, -at** arbeiten 19 L
joddla, -ade, -at jodeln 12 L
Johansson *schwedischer Nachname* 26 L
jord, -en, -ar Erde 8 L; ~**bruk, -et, -** Landwirtschaft 16 L; ~**bruks, -en, -ar** Landwirtschaftskrise 16 L; ~**fast** erdgebunden 17 L
ju ja 3 L, 19 G; **ju ... desto/ju** ... je 20 G
judo, -n Judo 9 L

jul, -en, -ar Weihnachten 14 L; ~**afton, -en, -ar** Weihnachtsabend 14 L; ~**dag, -en, -ar** erster Weihnachtstag 14 L; ~**dagsmorgon, -en, -ar** Morgen des ersten Weihnachtstages 14 L; ~**fest, -en, -er** Weihnachtsfest 14 L; ~**firande, -t, -n** Weihnachtsfeier 14 L; ~**förberedelse, -n, -r** Weihnachtsvorbereitung 14 L; ~**gran, -en, -ar** Christbaum 14 L; ~**gransplundring, -en, -ar** Plünderung des Weihnachtsbaumes 14 L
juli Juli 7 L
jul|kaka, -n, -or Weihnachtskuchen 14 L; ~**klapp, -en, -ar** Weihnachtsgeschenk 14 L; ~**kort, -et, -** Weihnachtskarte 14 L; ~**korv, -en, -ar** Weihnachtswurst 14 L; ~**mat, -en** Weihnachtsessen 14 L; ~**prydnad, -en, -er** Weihnachtsschmuck 14 L; ~**rätt, -en, -er** Weihnachtsgericht 14 L; ~**skinka, -n, -or** Weihnachtsschinken 14 L; ~**tomte, -n, -ar** Weihnachtsmann 14 L
juni Juni 2 L, 7 L
just eben 19 L, G
justitieombudsman, -nen Justizbevollmächtiger 18 L
jycke, -n, -ar Hund 19 L
jämför vergleiche 23 L
jämlik gleichberechtigt 25 L
jämn eben 4 L; **jämna pengar** abgezähltes Geld 4 L; ~**årig** gleichaltrig 1 L
jämte nebst 7 L
järnaffär, -en, -er Eisenwarenhandlung 8 L
järnvägsbygge, -t, -n Bahnbau 16 L
jättefin großartig 12 L
jättelik riesenhaft 5 L
jävla verdammt 26 L

K
kaffe, -t Kaffee 2 L, 24 G
Kaknästornet *Fernsehturm in Stockholm* 7 L
kalas, -et, - Fest 5 L
kalkonröd putenrot 26 L

kall kalt 3 Ü
kalla, -ade, -at nennen 8 L; ~d genannt 23 L
kallfront, -en, -er Kaltfront 11 L
kalsong, -en, -er Unterhose 15 L
kalvrullad, -en, -er Kalbsroulade 5 L
kamera, -n, -or Kamera 12 L
kamrat, -en, -er Kamerad 14 L
kan (*von* kunna) kann 1 L, 14 G
Kanada Kanada 16 L
kanhända vielleicht 19 G
kanske vielleicht 5 L, 19 G
kanslispråk, -et, - Kanzleisprache 26 L
kappa, -n, -or Mantel 15 L
kapprumsgolv, -et, - Fußboden in der Diele 24 L
karamell, -en, -er Bonbon 25 Ü
karl, -en, -ar Kerl, Mann 28 L
kassa, -n, -or Kasse 4 L
kast, -et, - Wurf; **ge sig i** ~ **med** sich an etw. machen 23 L, G
kasta, -ade, -at werfen 25 G, 28 L
katastrof, -en, -er Katastrophe 11 L
katolik, -en, -er Katholik 25 G
katt, -en, -er Katze 17 L; ~a, -n, -or Katze 17 L; ~unge, -n, -ar Kätzchen 17 L
kavaj, -en, -er Jacke 15 L
Kebnekaise *Berg in Schweden* 12 L
kedjehus, -et, - Reihenhaus 17 G
kikhosta, -n Keuchhusten 20 L
kille, -n, -ar Junge 19 L
killing, -en, -ar Zicklein 8 L, 17 L .
kilo, -t, -n Kilo 4 L
Kina China 10 L
kines, -en, -er Chinese 10 L; ~isk chinesisch 10 L
kind, -en, -er Backe 21 L
kiosk, -en, -er Kiosk 3 L
kirurg, -en, -er Chirurg 13 L
kis, -en, -ar Bengel 19 L
kjol, -en, -ar Rock 15 L, 21 L
kl. = **klockan** Uhr 23 L
klaga, -ade, -at klagen 11

L; ~ **på/över** über etw. klagen 22 G
klampa, -ade, -at trampeln 20 L
klang, -en, -er Klang 9 L
klappa, -ade, -at klopfen 14 L
klar fertig 26 L
klara, -ade, -at schaffen 18 L, 26 L
klarna, -ade, -at upp sich klären 11 L, 21 G
Klarälven *Fluß in Schweden* 12 L
klass, -en, -er Klasse 10 L
klev (*von* kliva) *st.* stieg 8 G
klippa, -n, -or Felsen 12 L
Klippiga bergen Rocky Mountains 16 L
klippt *hier*: fertig 21 L
klirra, -ade, -at klirren 19 L
kliv|a *st.* steigen 3 L, 8 G; ~it (*von* kliva) *st.* gestiegen 8 G
klocka, -n, -or Uhr 2 L
klubba, -n, -or Hammer; **gå under klubban** unter den Hammer kommen 13 L
kluvit (*von* klyva) *st.* gespalten 8 G
klyka, -n, -or Gabel 21 L
klyva *st.* spalten 8 G
klå, -dde, -tt kratzen 26 L
klä, -dde, -tt på sig sich anziehen 2 L; **klä ut sig** sich verkleiden 15 L
kläder *pl.* Kleider 15 L
klänga, -de, -t klettern 7 L; ~nde kletternd 7 L
klänning, -en, -ar Kleid 15 L
klöv (*von* klyva) *st.* spaltete 8 G
klöverblad, -et, - Kleeblatt 7 L
knall besoffen 19 L
knapp, -en, -ar Knopf 28 L
knappast kaum 3 L, 19 G
knappt ... förrän kaum ... als 8 L, 19 G
knas, -en Dummkopf 19 L; ~ig verrückt 19 L
knega, -ade, -at arbeiten 19 L; ~re, -n, - Arbeiter 19 L
knep (*von* knipa) *st.* kniff 8 G
knip|a *st.* kneifen 8 G; ~it (*von* knipa) gekniffen 8 G
knoge, -n, -ar Knöchel 13 Ü
knoppa, -ade, -at schlafen 19 L

knussel, -et Knauserei 5 L
knutit (*von* knyta) geknüpft 8 G
knutte, -n, -ar Motorradfahrer 19 L
knycka, -te, -t stehlen 19 L
knyta *st.* knüpfen 8 G
knytnävsslag, -et, - Faustschlag 26 L
knä, -et, -n Knie 20 L; **på sina bara knän auf den Knien** 20 L
knäcka, -te, -t knacken 28 L
knäppa, -te, -t knipsen 12 L
knöt (*von* knyta) *st.* knüpfte 8 G
KO = **konsumentombudsman** Verbraucherombudsmann 18 L
ko, -n, -r Kuh 17 L
koka, -ade, -at kochen 22 L; ~s, -ades, -ats gekocht werden 14 L
kokain, -et Kokain 13 L
kola, -ade, -at sterben 19 L
kolla, -ade, -at vergleichen 19 L
kollektiv kollektiv 16 L
kom (*von* komma) *st.* kam 8 G
komisk komisch 12 G
komma *st.* kommen 1 L, 8 G; ~ **at werden** 7 G; ~ **fram** hervorkommen 19 L; ~ **fram till** sich einigen auf 23 L; ~ **ihåg** sich erinnern 25 Ü; ~ **med** mitkommen 23 L; ~ **sig, hur kommer det sig** wie kommt es 23 G; ~ **tillbaka till** auf etw. zurückkommen 22 G; ~ **över** en etwas überkommt einen 21 L
komm|er att wird 7 G; ~it (*von* komma) gekommen 8 G
kommunal kommunal 18 L
kompis, -en, -ar Kamerad 19 L
komplicerat kompliziert 13 L
kondition, -en Verfassung 11 L
konditor, -n, -er Konditor 22 L; ~i, -et, -er Konditorei 8 L, 24 G
konkursmässig kurz vor dem Zusammenbruch 27 G
konst, -en, -er Kunst 28 L; ~ig merkwürdig, eigentümlich 27 L; ~åkning, -en, -ar Eiskunstlauf 9 L

konsumentombudsman, -nen Verbraucherombudsmann 18 L
kontakt, -en, -er Kontakt 23 L; ~a, -ade, -at mit j–m Kontakt aufnehmen 19 L
kontor, -et, - Büro 21 L; ~shus, -et, - Bürohaus 25 L
kontrollnummer, -et, - Kontrollnummer 2 L
konung, -en, -ar König 28 L
kopp, -en, -ar Tasse 2 L
korg, -en, -ar Korb 3 L
korrekturläsa, -te, -t Korrektur lesen 27 G
kosta, -ade, -at kosten 2 L
kostnad, -en, -er Kosten 18 L; ~sfri kostenlos 18 L
kostym, -en, -er Anzug 15 L
kort kurz 3 Ü
kort, -et, - Ansichtskarte 24 G
kraft, -en, -er Kraft 26 L; i ~ av kraft 16 G; ~ig kräftig 11 L; ~tag, -et, - Kraftleistung 28 L; ~vattensdamm, -en, -ar Staudamm 11 L
krama, -ade, -at pressen, drücken 27 L
krampaktig krampfhaft 27 L
krav, -et, - Forderung 16 L; ställa ~ på Ansprüche an j–n stellen 23 G
krig, -et, - Krieg 14 G; ~shär, -en, -ar Kriegsheer 27 G
kring um 14 L, 15 G, 16 G
krisch, -en Krone 19 L
kritik, -en Kritik 19 L; ~erstorm, -en, -ar Kritikersturm 8 L
krokryggig gebückt, krumm 17 L
krona, -n, -or Krone 2 L
kropp, -en, -ar Körper 28 L
krubb, -et Essen 19 L
krupit (von krypa) st. gekrochen 8 G
krycka, -n, -or Krücke 17 L
krympa, -te, -t einschrumpfen 26 L
kryp|a st. kriechen 8 G; ~hål, -et, - Schlupfwinkel 26 L
kryss, -en Kreuzen 10 L
kräfta, -n, -or Krebs 20 Ü

kräkning, -en, -ar Erbrechen 20 L
krök, -en, -ar Biegung 17 L
kröka, -te, -t saufen 19 L
krönt gekrönt 26 L
kröp (von krypa) st. kroch 8 G
kul lustig 13 L
kula, -n, -or Kugel 9 L
kulle, -n, -ar Hügel 5 L
kulmen Höhepunkt 16 L
kultur, -en, -er Kultur 27 G
kunde (von kunna) konnte 5 L, 14 G
kundvagn, -en, -ar Einkaufswagen 4 L
kung, -en, -ar König 4 G
Kungsan = Kungsträdgården Park in Stockholm 7 L
kunna können 1 L, 14 G; ~t (von kunna) gekonnt 14 G
kunnig fähig, geschickt 8 L
kura, -ade, -at hocken 28 L
kuriös kurios 14 L
kuse, -n, -ar Pferd 19 L
kusin, -en, -er Vetter, Kusine 13 L
kust, -en, -er Küste 24 Ü
kuta, -ade, -at laufen 19 L
kuvert, -et, - Umschlag 19 L
'kyrka, -n, -or Kirche 14 L
kvadratkilometer, -n, -ar Quadratkilometer 25 L
kvar noch 6 L .·.
kvart, -en, -er Viertelstunde 6 L
kvast, -en, -ar Besen 15 L
kvida st. wimmern 26 L
kvinna, -n, -or Frau 1 Ü
kvitto, -t, -n Quittung 7 L, 24 G
kväll, -en, -ar Abend 1 L; ~smat, -en Abendbrot 14 L
kyckling, -en, -ar Küken 8 L, 17 L
kylig kühl 8 L
kylskåp, -et, - Kühlschrank 21 L
kyrk|a, -n, -or Kirche 7 L; ~lig kirchlich 15 L; ~ogård, -en, -ar Friedhof 27 G
kyssas, -tes, -ts sich küssen 21 L
käck keck 28 L
käft, -en, -ar Maul, Schnauze 26 L
käk, -en, -ar Essen 19 L; ~a, -ade, -at essen 19 L
kåk, -en, -ar Haus; Gefängnis 19 L

källare, -n, - Keller 21 L
känd bekannt 14 G; ~e (von känna) fühlte 6 L
känna, -de, -t fühlen 6 L; kennen 6 Ü; ~ till wissen 6 Ü; ~ avsky för Abscheu vor etw. haben 23 G; ~s, -des, -ts empfunden werden 23 L
kännetecken, -et, - Erkennungszeichen 7 L
käpp, -en, -ar Stock 15 G
kär lieb, verliebt 6 L, 23 G; ~a lieb 3 G; ~lek, -en Liebe 6 L; ~lekslycka, -n Liebesglück 25 L
kärlkramp, -en, -er Gefäßkrampf 20 L
kärra, -n, -or Auto 19 L
kärvänlig zärtlich 28 L
kö, -n, -er Schlange 4 L
kök, -et, - Küche 2 L
köpa, -te, -t kaufen 5 G, 22 G
köp|enskap, -en Handel, Geschäft 8 L; ~maskin, -en Kaufmaschine 8 L; ~t (von köpa) gekauft 3 L; ~te (von köpa) kaufte 5 G
kör, -en, -er Chor 12 L
köra, -de, -t fahren 4 L
kött, -et Fleisch 20 L; ~affär, -en, -er Fleischerei 8 L; ~bulle, -n, -ar Fleischklößchen L

L

la(de) (von lägga) legte 10 L
ladugård, -en, -ar Kuhstall 17 L
lag, -en, -ar Gesetz 26 L
laga, -ade, -at reparieren 19 L; ~ mat kochen 5 L
lagom genau richtig 5 L, 19 G
lagt (von lägga) gelegt 10 G
lake, -n, -ar Quappe 5 L
lamm, -et, - Lamm 17 L
lampa, -n, -or Lampe 3 L
land, -et, - Land 11 L; ~areal, -en Landfläche 25 L; ~sbygdsproletariat, -et, - Landproletariat 16 L; ~skap, -et, - Landschaft 7 L; Provinz, Land 12 L; ~sorganisationen (LO) Schwedischer Gewerkschaftsbund 18 L; ~vinning, -en, -ar Errungenschaft 16 L
lapp, -en, -ar Zettel 19 L
lappkniv, -en, -ar Lappenmesser 12 L

larm, -et Lärm 20 L
Lars *Name* 4 G
Larsson *schwedischer Nachname* 1 L
lat faul 3 G
lax, -en, -ar Lachs 4 L; **en glad** ~ ein fideler Bruder 22 L
le *ur.* lächeln 6 L, 9 G
led (*von* lida) *st.* litt 8 G
leda, -de, -tt leiten 10 G, 23 L; ~**n** Überdruß 25 L
ledbruten kreuzlahm 9 L
ledig frei 7 L
ledsen traurig 3 Ü, 23 G
leende, -t, -n Lächeln 6 L
legat (*von* ligga) *ur.* liegen 9 G
legitimationskort, -et, - Ausweis 4 L
lejoninna, -n, -or Löwin 27 G
lek|a, -te, -t spielen 4 G; ~**plats, -en, -er** Spielplatz 23 L; ~**skola, -n, -or** Kindergarten 18 L
leta, -ade, -at suchen 18 Ü; ~ **efter ngt** nach etw. suchen 22 G; ~ **upp** aufsuchen 28 L
lett (*von* le) *ur.* lächelte 9 G
leva, -de, -t leben 6 G, 9 G
leve es lebe 6 G
liberalism, -en Liberalismus 27 G
lida *st.* leiden 8 G; ~ **av** an etw. leiden 22 G
ligga *ur.* liegen 1 L, 9 G; ~ **kvar** liegenbleiben 11 L
lika gleich 12 L; ~ **som** genau ... wie 12 G; **är** ~ **med** ist, macht 11 G
likgiltig gleichgültig 27 Ü
likfärd, -en, -er Bestattung 17 L
liknande ähnlich 16 L
liksom wie 14 L, 20 L; gewissermaßen 26 L
likt wie 20 L
lila lila 13 L
lilla (*von* liten) klein 3 G
limpa, -n, -or Brot 22 L
linje, -n, -r Linie 21 L
lira, -ade, -at spielen 19 L
lirare, -n, - Kamerad 19 L
lista, -n, -or Liste 23 L
lite wenig 4 L, 18 G, 19 G; ein wenig 19 G, 21 L
liten klein 3 L, G, 18 G, 28 G
liv, -et, - Leben 20 L; ~**sfarlig** lebensgefährlich 23 L

ljud, -et, - Laut 28 L; ~**a** *st.* lauten 8 G; ~**it** (*von* ljuda) *st.* gelautet 8 G; ~**signal, -en, -er** Signal 26 L
ljug|a *st.* lügen 8 G; ~**it** (*von* ljuga) gelogen 8 G
ljus hell 3L, 13L; -et, - Kerze 14 L; ~**na, -ade, -at** dämmern, hell werden 21 G; ~**signal, -en, -er** Lichtsignal 26 L
ljöd (*von* ljuda) *st.* lautete 8 G
ljög (*von* ljuga) *st.* log 8 G
LO = Landsorganisationen *schwedischer Gewerkschaftsbund* 18 L
loft, -et, - Dachboden 21 L
log (*von* le) *ur.* lächelte 6 L, 9 G
lokal örtlich 11 L; -en, -er Lokal 24 G, 26 L
lomhörd schwerhörig 20 L; ~**het, -en** Schwerhörigkeit 20 L
lopp, -et, - Lauf 9 L; **inom/under loppet av** im Verlaufe von, während 16 G
lov, -et Erlaubnis 24 G; **få** ~ **till** zu etw. Erlaubnis bekommen 23 G
Lovön *Insel in der Nähe von Stockholm* 8 L
lubba, -ade, -at laufen 19 L
lucia, -n, -or Lucia 14 L; ~**firande, -t** Luciafeier 14 L
lucka, -n, -or Schalter 4 L
luden behaart 26 L
luft, -en Luft 5 L; ~**buren** auf dem Luftwege transportiert 24 L; ~**rörskatarr, -en, -er** Bronchialkatarrh 20 L; ~**ström, -men, -mar** Luftströmung 11 L
lugn ruhig 27 L
lukt, -en, -er Geruch 22 L; ~**a, -ade, -at** riechen 22 L
Luleälv *Strom in Nordschweden* 12 L
lunch, -en, -er Lunch, Mittag 5 L; ~**siren, -en, -er** Mittagssirene
lunginflammation, -en, -er Lungenentzündung 20 L
lur, -en, -ar Hörer 19 L
lura, -ade, -at beschwindeln 12 L; ~ **på** spekulieren auf, nachdenken 22 G, 26 L; ~**d** betrogen 19 L

lus, -en, löss Laus 19 L
lust, -en, -ar Lust 19 Ü; **få/ha** ~ **till** mögen 23 G; ~**ig** lustig 22 L
luta, -ade, -at lehnen; ~ **sig fram** sich hervorlehnen 28 L
lutfisk, -en, -ar Stockfisch 14 L
lyckas, -ades, -ats gelingen 21 G
lycklig glücklich 12 L
lyda, -de, -tt gehorchen 5 G, 10 G
lyddes *mundart.* = **lyssnade** lauschte 27 L
lyfta, -te, -t heben 20 Ü
lys|a, -te, -t leuchten 12 L; ~**mask, -en, -ar** Glühwürmchen 27 L
lyssna, -ade, -at lauschen, zuhören 8 L
låg (*von* ligga) *ur.* 3 L, 9 G
lågstadium, -et *Klasse 1–3* 28 L
lågtryck, -et, - Tief 11 L
lån, -et, - Leihen, Darlehen 4 L
lång lang 3 Ü, 12 G; weit 1 L, 12 G, 19 G
långfredag, -en, -ar Karfreitag 14 L
låt|a *st.* lassen 8 L, G, 14 G; **låta bli** lassen 14 G; **klingen** 11 L; ~**it** (*von* låta) *st.* gelassen 8 G, 14 G
läge, -t, -n Lage 7 L
lägenhet, -en, -er Wohnung 2 L
lägga, la(de), lagt legen 10 G, 28 L; ~ **märke till** bemerken 23 G; ~ **näsan i** die Nase in alles stecken 23 G, 26 L; ~ **på** aufhängen 19 L; ~ **till** dazulegen 27 G
läg|re (*von* låg) niedriger 12 G; ~**st** am niedrigsten 12 G
läkar|e, -n, - Arzt 16 L, 18 L; ~**station, -en, -er** Arztzentrale 18 L
lämna, -ade, -at abgeben 4 L, 22 G; ~ **av** abgeben 19 L; ~ **kvar** zurücklassen 17 L; hinterlassen 24 L; ~ **ut** ausgeben 24 L
lämplig geeignet 26 L
längd|hopp, -et, - Weitsprung 9 L; ~**löpning, -en, -ar** Langlauf 9 L
länge lange 1 L, 12 G, 19 G
längre (*von* lång) länger, weiter 12 L, G, 19 G

längs entlang 15 L, G
längst (von lång) am läng-
sten 12 G, 19 G
längta, -ade, -at sich seh-
nen 21 L; ~ efter sich
nach etw. sehnen 21 Ü;
~n Sehnsucht 27 G
lära, -de, -t lernen 9 L,
10 L, 14 G, 21 G; sollen
10 L, 14 G
lärare, -n, - Lehrer 1 Ü,
16 L
lärobok, -en, -böcker Lehr-
buch 18 L
läs|a, -te, -t lesen 2 L, 22 G;
~a fel sich verlesen 21
L; ~are, -n, - Leser 25
L; ~er (von läsa) liest
2 L
lät (von låta) st. ließ 8 G,
14 G
lätt leicht 3 L
lätta, -ade, -at lichten 25 G
lättöl, -et Dünnbier 5 L
lön, -en, -er Lohn, Gehalt
18 L
löna, -ade, -at lohnen 3 L
löntagare, -n, - Lohn-,
Gehaltsempfänger 18 L
löp|a, -te, -t laufen 7 L;
~are, -n, - Läufer 9 L;
~ning, -en, -ar Lauf 9 L
lördag, -en, -ar Sonnabend
7 L
lösa, -te, -t in einlösen 7 L

M
macka, -n, -or Butterbrot
19 L
mage, -n, -ar Bauch; ont
i magen Bauchschmer-
zen 20 L
mager mager 12 G
magister, -n, -ar Lehrer 16
L
mag|katarr, -en, -er Ma-
genkatarrh 20 L; ~sår,
-et, - Magengeschwür
20 L
maj Mai 7 L, 25 G
maj|a, -ade, -at mit Blu-
men schmücken 15 L;
~stång, -en, -stänger
Maibaum 15 L
make, -n, -ar Gegenstück
8 L
mala, -de, -t mahlen 20 L
Malmö Malmö 4 L, 12 L
mamma, -n, -or Mutter 4 G
man man 5 L, 18 G; ~nen,
män Mann 1 Ü
m.a.o. = med andra ord
mit anderen Worten 23 L
mark, -en, -er Erde 17 L

mars März 7 L; ~söndag
Märzsonntag 9 L
Marstrand Stadt an der
Westküste Schwedens 10
L
maskineri, -et, -er Getriebe
8 L
massa, -n, -or Menge 10 L;
massor av in Massen 23 L
mat, -en Essen 4 L
materiell materiell 14 L
mat|rum, -met, - Eßzimmer
24 L; ~sedel, -n, -ar
Speisekarte 5 L
matta, -n, -or Teppich 3 L
matvaror pl. Eßwaren 7 G
matväg: i ~ was man essen
will 14 L
med mit 2 Ü, 15 G, 23 G;
auch 5 L; ~ andra ord
mit anderen Worten 23
L; ~ flera und andere
mehr 13 L; ~ mera und
dergleichen 23 L
medan während 9 L, 20 G
medansvar, -et Mitverant-
wortung 23 L
medborgare, -n, - Bürger
18 L
meddel|a, -ade, -at mittei-
len 13 Ü, 24 L; ~ande,
-t, -n Meldung 13 L
medverka, -ade, -at vid mit-
wirken bei 22 G
melankoli, -n Schwermut
12 L
mellan zwischen 7 L, 15 G,
16 G; ~stadium, -et
Klasse 4-6 28 L; ~öl,
-et Bier 5 L
mellerst Mittel- 11 L
melodi, -n, -er Melodie
27 G
men aber 3 L, 20 G
mena, -ade, -at meinen 6 G
mening, -en, -ar Meinung
4 Ü; ~slös sinnlos 25 L
mer mehr 9 L; ~a mehr
12 G; med mera und
dergleichen 23 L
mest am meisten 7 L, 19 G
meteorolog, -en, -er Me-
teorologe 11 L
meter, -n, -ar Meter 10 L
metod, -en, -er Methode
16 L
m.fl. = med flera und
andere (mehr) 13 L
middag, -en, -ar Mittag 2 L
midnatt, -en, -̈er Mitter-
nacht 7 L; ~ssol, -en,
-ar Mitternachtssonne
12 L
midsommar, -en, -ar Jo-
hannis 14 L; ~afton,

-en, -ar Johannisabend
14 L; ~dag, -en, -ar
Johannistag 14 L
mig (von jag) mich, mir 2 L
mil, -en, - Meile 9 L
miljard, -en, -er Milliarde
11 L
miljon, -en, -er Million
11 G, 25 L
miljö, -n, -er Milieu 8 L
Millesgården Museum auf
Lidingö in der Nähe von
Stockholm; Carl Milles,
schwedischer Bildhauer
7 L
millionstad, -en, -̈er Mil-
lionenstadt 7 L
min mein 1 Ü, 4 G
mina pl. meine 3 G, 4 G
mindes (von minnas) erin-
nerte 6 L
mindre (von liten) kleiner
5 L
miniatyr, -en, -er Minia-
tur 15 L; ~ren, -en, -ar
Miniaturrentier 12 L
minnas, -des, -ts sich erin-
nern 6 L, 21 G
minne, -t Andenken, Ge-
dächtnis 14 L, 24 G
minsann wahrhaftig 19 G,
22 L
minst (von liten) am klein-
sten 11 L, 19 G
minus weniger 11 G
minut, -en, -er Minute 1 L
miss|- miß- 27 G; ~förstå
ur. mißverstehen 27 G;
~handel, -n Mißhand-
lung 27 G; ~handla,
-ade, -at mißhandeln 28
Ü; ~lyckas, -ades, -ats
mißlingen 27 Ü; ~min-
na, -de, -t sich irren 28
G; ~modig mißmutig
12 L; ~nöje, -t Unzu-
friedenheit 23 L; ~tag,
-et, - Irrtum 14 G, 24 G;
~tolkning, -en, -ar Miß-
deutung 26 L; ~tänka
-te, -t verdächtigen 27
G; ~uppfatta, -ade, -at
mißverstehen 6 L
mista, miste, mist verlieren
18 L
miste: gå ~ om ngt e-r
Sache verlustig gehen
20 L, 23 L
mitt (von min) mein 2 L,
4 G
mitt, -en mitten in 7 Ü
mittemot gegenüber 15 G
mjölk, -en Milch 5 L
m. m. = med mera und
dergleichen 23 L

mocka, -ade, -at ausmisten 26 L

moder, -n, ∷ar Mutter 13 L

Moderata samlingspartiet Konservative Partei 18 L

modern modern 3 L

moderniseras, -ades, -ats modernisiert werden 16 L

moder|skapspenning, -en, -ar Mutterschaftsgeld 18 L; ∼smål, -et, - Muttersprache 24 G

mogen reif 3 G

moln, -et, - Wolke 4 G, 24 G; ∼ig wolkig 8 Ü

moppe, -n, -ar Moped 19 L

mor, modern, mödrar Mutter 13 L; ∼bror, -brodern, -bröder Onkel 13 L; ∼far, -fadern, -fäder Großvater 13 L; ∼mor, -modern, -mödrar Großmutter 13 L

Mora *Ort in Dalekarlien* 9 L

morgna, -ade, -at sich recken und strecken 21 G

morgon, -en, -ar Morgen 2 L; ∼dag, -en, -ar der morgige Tag 11 L; ∼färd, -en, -er Fahrt am Morgen 14 L

morna, -ade, -at sig *s.* morgna sich recken und strecken 21 G

moron, -en, -ar *s.* morgon Morgen 19 L

morsan Mutter 19 L

morse: i ∼ heute früh 7 L

mot gegen, zu 6 L, 15 G, 23 G; nach 10 L

motor|fordon, -et, - Motorfahrzeug 26 Ü; ∼väg, -en, -ar Autobahn 25 L

mot|stå *ur.* widerstehen 21 L; ∼säga, -sa(de), -sagt widersprechen 26 L; ∼tagare, -n, - Empfänger 14 L

muck Entlassung 19 L

mul|en trüb 11 L; ∼na, -ade, -at trübe werden 21 G; ∼nande, -t Eintrübung 11 L

mullra, -ade, -at donnern 27 L

mun, -nen, -nar Mund 28 L

Muonioälv *Fluß in Nordschweden* 12 L

mus, -en, möss Maus 8 L

musik, -en Musik 20 L; ∼ under arbetet Musik während der Arbeit 20 L

mycken viel 12 G, 18 G

mycket viel 3 L, 12 G, 18 G, 19 G

myndighet, -en, -et Amt, Behörde 23 L

mysig schön, gemütlich 3 L

må, -tte mögen, können 14 G, 20 L; -dde, -tt sich fühlen 16 L

måhända vielleicht 19 G

måka, -ade, -at *s.* mocka ausmisten 28 L

mål, -et, - Ziel 9 L

måla, -ade, -at malen 3 L; ∼ över übermalen 25 L; ∼re, -n, - Maler 22 L

målsättning, -en, -ar Zielsetzung 23 L

måltid, -en, -er Mahlzeit 14 L

månad, -en, -er Monat 3 L; ∼skort, -et, - Monatskarte 3 L; ∼smärke, -t, -n Monatsmarke 3 L

måndag, -en, -ar Montag 7 L

mång|a viele 3 L, 18 G; ∼en manche 18 G

månntro ob, doch, vielleicht 26 L

måste muß, mußte 2 L, 14 G; ett ∼ ein Muß 8 L

mått, -et, - Maß 24 L

måtte möge 14 G

Mälaren Mälarsee 8 L, 12 L

mängd, -en, -er Menge 14 L

människ|a, -n, -or Mensch 13 L; ∼obild, -en, -er Bild von Menschen 17 L; ∼oröst, -en, -er Menschenstimme 20 L

märg, -en Mark 20 L

märkas, -tes, -ts bemerkt werden 19 L

märke, -t, -n Zeichen; lägga ∼ till bemerken 23 G

märklig bemerkenswert 16 L

mässling, -en Masern 20 L

möbelaffär, -en, -er Möbelgeschäft 8 L

möda, -n, -or Mühe 15 L

mödravårdscentral, -en, -er Mutterfürsorgezentrale 18 L

möjligen möglicherweise 8 L, 19 G

mörk dunkel 3 Ü, 13 L; ∼er, -et Dunkelheit 27 L; ∼na, -ade, -at dunkel werden 10 L, 21 G; ∼nande dunkel werdend 10 L

mössa, -n, -or Mütze 15 L

möta, -te, -t begegnen 4 L; ∼s, -tes, -ts sich begegnen 21 G

möte, -t, -n Stelldichein 6 L; Zusammenkunft 23 L; ∼sform, -en, -er Tagungsform 23 L

N

nagelborste, -n, -ar Nagelbürste 24 L

nalkas, -ades, -ats sich nähern 21 G

namn, -et, - Name 2 L, 24 G

narras, -ades, -ats lügen 21 G

nationalitet, -en, -er Nationalität 27 G

nationell national 11 L

NATO North Atlantic Treaty Organization 25 G

natt, -en, ∷er Nacht 7 L; ∼svart rabenschwarz 27 L

nattåg, -et, - Nachtzug 4 L

natur, -en, -er Natur 8 L; ∼förhållande, -t, -n Naturverhältnis 16 L; ∼lig, -ligtvis selbstverständlich 12 G; ∼vårdsverket Naturschutzamt 24 L

ned her, hinunter 12 G, 16 G, 19 G

nedan unten 26 Ü; ∼för unterhalb 15 G, 19 G

neder|bördsområde, -t, -n Niederschlagsgebiet 11 L; ∼lag, -et, -*Niederlage 26 L

neg (*von* niga) knickste 8 G

negativ negativ 11 L

nej nein 5 Ü, 19 G; ∼ då aber nein 28 L

nere unten 12 L, 16 G, 19 G

nermörk stockfinster 27 L

ni ihr, Sie 1 Ü

nicka, -ade, -at nicken 6 L

nig|a *st.* knicksen 8 G; ∼it (*von* niga) *st.* geknickst 8 G

Nilen der Nil 25 G

nio neun 11 G; ∼nde neunte 11 G; ∼årig neunjährig 28 L

nittio neunzig 3 L, 11 G; ∼nde neunzigste 11 G

nitton neunzehn 2 L, 11 G; ∼de neunzehnte 11 G; ∼hundra im 20. Jahrhundert 8 L

njut|a *st.* genießen 8 G; ∼**it** (*von* njuta) *st.* genossen 8 G; ∼**ning, -en, -ar** Genuß 28 L
njöt (*von* njuta) *st.* genoß 8 G
NO = näringsfrihetsombudsman Antitrust Ombudsmann 18 L
nog genug, wohl, sicher, schon 19 L, G
noga genau 19 G, 22 L
noggrann genau 6 L
noll, -an, -or Null 11 G
Nordkap Nordkap 12 L
nordlig nördlich 12 L; ∼**ast** am nördlichsten 12 L
Norge Norwegen 10 L
normal normal 26 L
Norrbro *Brücke in Stockholm* 7 L
Norrköping *Stadt in Schweden* 12 L
Norrland Norrland 12 L
Norrmalmstorg *Platz in Stockholm* 8 L
norrman, -nen, -män Norweger 10 L
Norrström *Wasser in Stockholm* 7 L
norsk norwegisch 10 L
notis, -en, -er Notiz; **ta** ∼ **om** von etw. Notiz nehmen 23 G
november November 7 L
nu jetzt 1 L; **nu för tiden** zur Zeit 22 L; ∼**mera** heutzutage 15 L
nummer, -et, - Nummer 7 L
nupit (*von* nypa) *st.* gekniffen 8 G
nusit (*von* nysa) *st.* geniest 8 G
nutidsmänniska, -n, -or Gegenwartsmensch 14 L
nuvarande, nuv. gegenwärtig 23 L
ny neu 3 L
Nybroplan *Platz in Stockholm* 24 L
nyckel, -n, -ar Schlüssel 24 L
nyfiken neuartig 23 G
nyheterna Nachrichten 13 L
nykrattad eben geharkt 5 L
nyligen neulich 19 G
nyodling, -en, -ar Urbarmachung 16 L
nypa *st.* kneifen 8 G
nysa *st.* niesen 8 G
nyss eben 15 Ü, 19 G
nytt *s.* ny neu 3 L
nyttighet, -en, -er Nützlichkeit 25 L
nyttja, -ade, -at verwenden 26 L

nyår, -et, - Neujahr 14 L; ∼**safton, -en, -ar** Silvesterabend 14 L; ∼**sdag, -en, -ar** Neujahrstag 14 L
nå na 27 L
nå, -dde, -tt erreichen 5 G
någon jemand, kein 18 G; ∼ **annanstans** anderswo 18 G; ∼**sin** je 18 G, 19 G; ∼**stans** irgendwo 12 L, 18 G; ∼**städes** irgendwo 18 G; ∼**ting** etwas 6 G, 18 G
någorlunda einigermaßen 18 G, 19 G
något (*von* någon) etwas 4 L, 18 G
några (*von* någon) einige 3 L, 18 G
nån = någon jemand, kein 19 L; ∼**sin** = någonsin je 19 G; ∼**ting** = någonting etwas 19 G
nåra = några einige 19 L
nämligen nämlich 15 L
nämna, -de, -t erwähnen 17 L
när wann 1 L, 17 G, 19 G, 20 G, 26 G; als 5 L, 20 G, 26 G; wenn 8 L, 20 G, 26 G; ∼ **som helst** jederzeit 23 L
nära nahe 12 G, 15 G, 19 G; ∼ **på** beinahe 19 G
närhet, -en, -er Nähe 8 L
näringsfrihetsombudsman, -nen (NO) Antitrust Ombudsmann 18 L
närm|are (*von* nära) näher 12 G; ∼**ast** am nächsten 11 L, 12 G
närvarande: för ∼ **zur** Zeit 23 L
näsa, -n, -or Nase 22 L; **lägga näsan i** die Nase in alles stecken 23 G, 26 L; ∼**duk, -en, -ar** Taschentuch 28 L
nästa nächste 20 L
nästan beinahe, fast 3 L, 19 G
näve, -n, -ar Faust 19 G
nödvändig notwendig 11 L
nöjd zufrieden 27 L
nöje, -t, -n Vergnügen 25 G
nöp (*von* nypa) *st.* kniff 8 G
nös (*von* nysa) *st.* nieste 8 G
nöt, -en, -ter Nuß 28 L
nötkreatur, -et, - Rind 17 L

O
o- un- 27 G
oansenlig unansehnlich 8 L
oanvändbar unverwendbar 24 L

oas, -en, -er Oase 7 L
obekväm unbequem 26 L
oberörd unberührt 24 L
obligatorisk obligatorisch 18 L
observera, -ade, -at beobachten 16 L
och und 1 L, 20 G; ∼ **dylikt** und dergleichen 23 L; ∼ **så vidare** und so weiter 23 L; **till** ∼ **med** bis einschließlich 23 L
också auch 1 L, 19 G
odemokratisk undemokratisch 8 L
o. dyl. = **och dylikt** und dergleichen 23 L
oerhörd unerhört 25 L
ofta oft 8 L, 19 G; ∼**st** meist, in der Regel 25 L
oh au 27 L
ohyfsad unerzogen 23 G
oj ach 27 L
oktober Oktober 7 L
okänd unbekannt 10 L, 27 G
olaglig ungesetzlich 26 L
olik unähnlich, verschieden 8 L
olj|a, -n, -or Öl 21 L, 24 G; ∼**eeldning, -en** Ölheizung 21 L
om wenn 1 L, 6 G, 20 G, 26 G; ob 20 G, 26 G; obgleich 20 G; auch wenn 26 G; in 1 L, 15 G, 19 G, 26 G; um, von 15 G, 23 G, 26 G; noch einmal 26 G; **om också/ om än** auch wenn 20 G; **om svar anhålles** um Antwort wird gebeten 23 L
olycka, -n, -or Unglück, Pech 11 L
omfatta, -ade, -at umfassen 8 L, 18 L
omgivning, -en, -ar Umgebung 23 L
omhändertagande, -t Betreuung 25 L
omkring um … herum 2 L, 15 G, 16 G
omodern unmodern 3 Ü
område, -t, -n Gebiet 16 L
omslagsbild, -en, -er Umschlagbild 7 L
omständlig umständlich 26 L
omtyckt beliebt 14 G
omvårdnad, -en Fürsorge 18 L
ond böse 12 G, 23 G
onsdag, -en, -ar Mittwoch 1 L

ont om Mangel an 14 L
ont Schmerzen 20 L
opersonlig unpersönlich 24
L
optiker, -n, - Optiker 22 L
orange orange 13 L
ord, -et, - Wort 3 L; med
andra ~ mit anderen
Worten 23 L; ~alag, -et
Worte 27 G
ordförande, -n, - Vorsit-
zender 10 G
ordinarie *hier*: fest 24 L
ordna, -ade, -at veranstal-
ten 14 L
ordning, -en, -ar Ordnung;
göra sig i ~ sich zu-
rechtmachen 2 L
organisation, -en, -er Or-
ganisation 18 L
organiserad organisiert 18
L
orientering, -en, -ar Ge-
ländelauf 9 L
orka, -ade, -at schaffen,
können 18 L
orolig unruhig 26 L
orsak, -en, -er Grund 4 L;
få/ha ~ **till** Grund ha-
ben 23 G
orörlig unbeweglich 17 L
o.s.a. = om svar anhålles
um Antwort wird gebe-
ten 23 L
ost, -en, -ar Käse 2 L
ostadig unbeständig 11 L
ost|kaka, -n, -or Käseku-
chen 5 L; ~**smörgås,
-en, -ar** Käsebrot 2 L
o.s.v. = och så vidare und
so weiter 23 L
otvetydig unzweideutig 26
L
outsäglig unsagbar 28 L
ovanför oberhalb 15 G
ovanlig ungewöhnlich 3 L
ovanpå oben 19 G
ovilja, -n Unwille; **hysa** ~
mot Abneigung haben
23 G
oväder, -et Unwetter 27
G
ovän, -nen, -ner Feind 27 G
oväntad unerwartet 19 L
oxe, -n, -ar Ochse 17 L
oändlig unendlich 28 L
oärlig unehrlich 19 L

P
paket, -et, - Paket 3 L
pall, -et Apfel, Kopf,
Dummkopf 19 L
palla, -ade, -at Obst steh-
len 19 L
pappa, -n, -or Vater 4 G

papper, -et, - Papier 28 L
par, -et, - Paar; **ett** ~
einige, ein paar 2 Ü
parallell parallel 7 L
paraply, -et, -n Regen-
schirm 25 G
parfymeri, -et, -er Parfü-
merie 8 L
park, -en, -er Park 7 L
parker|a, -ade, -at parken
4 G; ~**ingshus, -et, -**
Parkhaus 8 L; ~**ings-
plats, -en, -er** Parkplatz
26 Ü
parkett, -en, -er Parkett 3 L
pass, -et, - Paß 7 L, 24 G
passa, -ade, -at passen 1 L
passera, -ade, -at passieren
11 L
passiv passiv 23 L
peka, -ade, -at ut zeigen
9 L
pengar *pl.* Geld 2 L
pennskaft, -et, - Federhal-
ter 28 L
pensionerad pensioniert 22
L
pensionärs|hotell, -et, -
Rentnerwohnungsge-
meinschaft 18 L; ~**liv,
-et, -** Rentnerleben 19 L;
~**lägenhet, -en, -er**
Rentnerwohnung 18 L
pep (*von* pipa) *st.* pfiff 8 G
pepparkaka, -n, -or Pfef-
ferkuchen 14 L
per pro 15 G, 25 L
period, -en, -er Periode 11
L
Persgrunden *Grundpricke
an der Westküste Schwe-
dens* 10 L
person, -en, -er Person 26
L; ~**lig** persönlich 12
G; **utan personlig ans-
var** ohne persönliche
Haftung 23 L; ~**ligen**
persönlich 12 G
p.g.a. = på grund av
wegen 23 L
P-hus, -et, - Parkhaus 8 L
piano, -t, -n Klavier 2 G
pigg munter 5 Ü
pilsner, -n Bier 26 L
pincené, -n, -er Kneifer
28 L
pingst, -en, -er Pfingsten
14 L; ~**afton, -en, -ar**
Pfingstsonnabend 14 L;
~**dag, -en, -ar** Pfingst-
sonntag 14 L
pip|a *st.* pfeifen 8 G; ~**it**
(*von* pipa) *st.* gepfiffen
8 G
pjuck Schuh 19 L

placera, -ade, -at unter-
bringen 15 L
planera, -ade, -at planen
23 L
plank, -et, - Bretterzaun
22 L
planmässig planmäßig 27 G
plats, -en, -er Platz 10 Ü
platta, -n, -or Schallplatte
19 L
plikt, -en, -er Pflicht 26 L
plocka, -ade, -at ned hin-
einlegen 4 L
plugg, -et, - Schule 19 L;
~**a, -ade, -at** büffeln
19 L
plums plumps 20 L
plurret Wasser 19 L
plus plus, und 11 G
plåtslagare, -n, - Klempner
werden 28 L
plätt, -en, -ar kleiner
Pfannkuchen 22 L
plöjas, -des, -ts gepflügt
werden 28 L
plötsligt plötzlich 21 L
**PO = pressombudsman,
-nen** Bevollmächtigter
für Pressefragen 18 L
pojke, -n, -ar Junge 3 G
polack, -en, -er Pole 10 L
polare, -n, - Kamerad 19 L
polcirkel, -n Polarkreis 12 L
Polen Polen 10 L
polis|mästare, -n, - Polizei-
chef 4 G; ~**station, -en,
-er** Polizeirevier 19 L
politiker, -n, - Politiker
23 L
polsk polnisch 10 L
porslin, -et Porzellan 19 L;
~**shatt, -en, -ar** Porzel-
lankörper 27 L
portmonnä, -n, -er Porte-
monnaie 19 L
portion, -en, -er Portion
25 G
positiv positiv 11 L
post, -en, -er Post 2 L; ~**a,
-ade, -at** e–n Brief zur
Post bringen 26 Ü;
~**expeditör, -en, -er**
Postbeamter 4 L; ~-
förskott, -et, - per Nach-
nahme 4 L; ~**kontor,
-et, -** Postamt 24 L
potatis, -en, -ar Kartoffel
4 L
poängbesegra, -ade, -at
nach Punkten siegen
27 G
praktisk praktisch 12 G
prat, -et Unsinn 27 L; ~**a,
-ade, -at om** plaudern
22 G

precis genau 5 L, 19 G
premiär, -en, -er Premiere 19 Ü
pressombudsman, -nen Bevollmächtigter für Pressefragen 18 L
primitiv primitiv 21 L
prins, -en, -ar Prinz 28 L
pris, -et, - Preis 5 L, 24 G
privat|brev, -et, - Privatbrief 24 L; ~**praktiserande** mit eigener Praxis 18 L
problem, -et, - Problem 23 L
professionell professionell 9 L
prognos, -en, -er Vorhersage 11 L
program, -met, ~**ledare,** -n, - Programm 13 L; ~**ledare,** -n, - Programmleiter 13 L; ~**makare,** -n, - Programmgestalter 13 L
promenera, -ade, -at spazierengehen 11 L
protestera, -ade, -at mot gegen etw. protestieren 22 G
provinsialläkare, -n, - Amtsarzt, Kreisarzt 18 L
pryl, -en, -ar Sache 19 L
prägel, -n Gepräge 14 L
prägla, -ade, -at prägen, auszeichnen 25 L
präktig prächtig 28 L
präst, -en, -er Geistlicher 18 Ü
Prästgatan Straße in Stockholm 7 L
pröjsa, -ade, -at bezahlen 19 L
pröva, -ade, -at prüfen
psalm, -en, -er Kirchenlied 12 L
pudding, -en, -ar Pudding 5 L
puh puh 27 L
pundig dumm 19 L
punga, -ade, -at ut bezahlen 19 L
punkt, -en, -er Punkt 25 L; ~**lig** pünktlich 20 Ü
punsch, -en Schwedenpunsch 21 L
putsa, -ade, -at putzen 23 G
på an, auf, in, seit, um 1 L, 4 G, 15 G, 16 G, 23 G; Genitiv 4 G; Verbkonstruktion 23 G; **på morgonen** am Morgen 2 L; **på det att** damit 20 L, G; **på grund av** wegen 16 G, 23 L

påbörjas, -ades, -ats in Angriff genommen werden 18 L
pågå ur. im Gange sein 24 L
påminna, -de, -t erinnern 16 L
påpasslig aufmerksam 28 L
påsk|afton, -en, -ar Osterabend 14 L; ~**dag, -en,** -ar Ostertag 14 L; ~**gumma,** -n, -or Osterfrau 15 L; ~**kort,** -et, - Osterkarte 15 L; ~**pynt,** -et Osterputz 15 L; ~**ris,** -et, - Osterzweig 15 L; ~**sed, -en,** -er Ostersitte 15 L
påssjuka, -n Mumps 20 L
påstås ur. wird behauptet 10 G
påverka, -ade, -at beeinflussen 23 L
päls, -en, -ar Pelz 15 L
Pärsy männlicher Name 26 L
pöbel, -n Pöbel 28 L

R
rabattbiljett, -en, -er Sammelkarte 3 L
rad, -en, -er Reihe; **i** ~ hintereinander 12 L
radio, -n, -apparater Radio 11 L; ~**apparater,** -en, -er Radiogerät 22 L; ~**hjälpen** Rundfunkhilfe 13 L
rak gerade 17 L; **rakt fram** geradeaus 8 L
raka, -ade, -at sig sich rasieren 2 L
rann (von rinna) st. rann 8 G
rapport, -en, -er Bericht 10 L; Nachrichten im Fernsehen 13 L; ~**era,** -ade, -at Bericht erstatten 22 G
rassla, -ade, -at starten 12 L
rast, -en, -er Pause 28 L; ~**lös** rastlos 24 L
reagera, -ade, -at reagieren 26 Ü
rebell, -en, -er Aufrührer 13 L
red (von rida) st. ritt 8 G
reda, -n Ordnung; **få/ha** ~ **på** erfahren 23 L, G
redan schon 9 Ü, 19 G
reform, -en, -er Reform 16 L
regel, -n, -er Regel 26 L; ~**vidrig** regelwidrig 26 L
reglera, -ade, -at regeln 18 L

regn, -et Regen 11 L, 24 G; ~**a,** -ade, -at regnen 11 L, 21 G; ~**droppe, -n,** -ar Regentropfen 11 L; ~**ig** regnerisch 11 L; ~**kappa, -n,** -or Regenmantel 15 L; ~**rock,** -en, -ar Regenmantel 15 L; ~**ställ,** -et, - Regenkleider (Jacke und Hose) 11 L; ~**säck,** -en, -ar Regensack 11 L; ~**väder,** -et Regenwetter 11 L
rejäl kräftig 11 L
rekommendera, -ade, -at einschreiben 4 L
rekordår, -et, - Rekordjahr 16 L
religiös religiös 15 L
ren sauber 3 Ü; rein, pur 28 L
renkött, -et Rentierfleisch 4 L
renovera, -ade, -at renovieren 20 L
rent völlig 26 L; ~ **av** geradezu 19 G
repa, -ade, -at ritzen 24 L
representera, -ade, -at repräsentieren 8 L
res|a, -te, -t reisen 12 L; ~**a sig** sich erheben 27 L; ~**a, -n,** -or Fahrt 3 G; ~**ande,** -n, - Reisender 13 Ü; ~**ebyrå,** -n, -er Reisebüro 12 L; ~**echeck,** -en, -ar Reisescheck 7 Ü; ~**eledare,** -n, - Reiseleiter 12 L
resolut entschlossen 21 L
respektive beziehungsweise 2 L
restaurang, -en, -er Restaurant 5 L
resultat, -et, - Ergebnis 13 Ü
resurs, -en, -er Mittel 16 L
rev (von riva) st. riß 8 G
revbensspjäll, -et, - Rippenspeer 5 L
Rhen der Rhein 25 G
rid|a st. reiten 8 G; ~**it** (von rida) st. geritten 8 G
Riddarfjärden Förde in Stockholm 22 L
Riddarholmen Insel mitten in Stockholm 7 L
rik reich 23 G
rike, -t, -n Reich 2 G
rikedom, -en, -ar Reichtum 27 G
riklig reichlich 4 L

riksdagsman, -nen, -män Abgeordneter 18 L

riksdaler *pl.*, *hier*: Kronen 19 L

riksolycka, -n, -or Staatsunglück 11 L

riktig richtig 4 L

riktnummer, -et, - Kennzahl 25 Ü

rim, -met, - Reim 14 L

rimlig plausibel, angemessen 26 L

rimmad schwach gepökelt 4 L

ring, -en, -ar Ring 22 L

ringa, -de, -t klingeln 2 L; anrufen 25 L

rinna *st.* rinnen 8 G

ritkontor, -et, - Zeichenbüro 1 L

riv|a *st.* abreißen 8 L, G; ~it (*von* riva) *st.* abgerissen 8 G

ro, -n Ruhe 28 L

roa, -ade, -at sig sich amüsieren 14 L

rock, -en, -ar Mantel 15 L, 21 L

rodd, -en Rudern 9 L

rodel, -n Rodeln 9 L

rodna, -ade, -at erröten 13 L, 21 G

rolig lustig 6 G; ~are lustiger 8 L

roll, -en, -er Rolle 15 L

roman, -en, -er Roman 21 G

ropa, -ade, -at rufen 19 L

rosta, -ade, -at rösten 20 L

rot, -en, -꞉ ter Wurzel 26 L

rotad verwurzelt 17 L

ruckas, -ades, -ats på abgeändert werden 26 L

rum, -met, - Zimmer 2 L; ge ~ för Platz machen 26 L

Rumänien Rumänien 10 L

rumän|ier, -n, - Rumäne 10 L; ~sk rumänisch 10 L

rund rund 5 L

runga, -ade, -at dröhnen 20 L

runka, -ade, -at schütteln 26 L

runnit (*von* rinna) *st.* geronnen 8 G

runt um, herum 10 L, 15 G; ~omkring ringsherum 21 L

rutit (*von* ryta) *st.* gebrüllt 8 G

ruttna, -ade, -at verfaulen 21 G

rycka, -te, -t zerren, reißen 19 L; ~ på axlarna die Achseln zucken 19 L; ~ till zusammenzucken 26 L; ~s, -tes, -ts gezerrt werden 20 L

rygg, -en, -ar Rücken 17 L

ryk|a, -te, -t rauchen, qualmen 21 L; ~ande qualmend 21 L

rykte, -t, -n Ruf 8 L, Gerücht 14 G

rymlig geräumig 3 L

rysk russisch 19 L

ryss, -en, -ar Russe 10 L

Ryssland Rußland 10 L

ryta *st.* brüllen 8 G

råd Rat 18 L, 24 G; få/ha ~ till sich etw. leisten können 23 G

råda, -de, -tt herrschen 11 L; ~ tivel om Zweifel besteht 23 G

rådjur, -et, - Reh 8 L

råka, -ade, -at geraten 17 L; ~s, -ades, -ats sich treffen 21 G

råtta, -n, -or Ratte 21 L

räcka, -te, -t geben 2 L; genügen 16 L

rädd ängstlich 3 G

räkna, -ade, -at rechnen 15 L; ~ med auf/mit rechnen 22 G; ~s, -ades, -ats gerechnet werden 7 L

ränna, -de, -t laufen 5 L

rätt, -en, -er Gericht; dagens ~ Tagesgericht 5 L; till sin ~ komma zu seinem Recht kommen 8 L

rätt ziemlich 19 G

rättskrivning, -en, -ar Rechtschreibung 28 L; ~spenna, -n, -or Bleistift 28 L; ~sprinsessa, -n, -or Rechtschreibeprinzessin 28 L

räv, -en, -ar Fuchs 8 L; ~farmare, -n, - Fuchszüchter 26 L

röd rot 3 L; röda hund Röteln 20 L; ~hårig rothaarig 6 L; ~målad rot gemalt 9 L

rökt geräuchert 4 L

röra, -de, -t sig sich bewegen 12 L

rörelse, -n, -r Bewegung 17 L, 21 L; ~frihet, -en, -er Bewegungsfreiheit 16 L

rörmokare, -n, - Rohrleger 22 L

röst, -en, -er Stimme 24 L

rösta, -ade, -at på für etw. stimmen 22 G, 26 L; ~ mot gegen etw. stimmen 22 G

röt (*von* ryta) *st.* brüllte 8 G

rött (*von* röd) rot 22 L

röva, -ade, -at ngt från ngn rauben 22 G

S

sabba, -ade, -at zerstören 19 L

SACO = Sveriges akademikers centralorganisation Zentralorganisation schwedischer Akademiker 18 L

sa(de) (*von* säga) sagte 4 L

SAF = Svenska arbetsgivareföreningen Zentralverband schwedischer Arbeitgeber 18 L

saga, -n, -or Geschichte 1 L; Märchen 13 L

Sagoburken Märchendose 13 L

sagt (*von* säga) gesagt 6 L, 24 L

sak, -en, -er Sache 5 L

sakta langsam 19 G

salami, -n Salami 24 L

salig selig 28 L

sam|- zusammen- 27 G; ~arbeta, -ade, -at zusammenarbeiten 23 L; ~band, -et, - Zusammenhang 10 L; ~fund, -et, - Verein 27 G; ~hälle, -t, -n Gesellschaft 16 L; ~hällsarbete, -t, -n Gemeinschaftsarbeit, gesellschaftliches Leben 23 L; ~la, -ade, -at sammeln 23 L; ~las, -ades, -ats sich versammeln 21 G, 23 L; ~ling, -en, -ar Versammlung 13 L; ~ma der-, die-, dasselbe 8 L, 13 G; ~manhang, -et, - Zusammenhang 9 L; ~mansluten zusammengeschlossen 18 L; ~manträde, -t, -n Sitzung 26 L; ~t und 20 G; ~tal, -et, - Gespräch 1 L; ~tidig gleichzeitig 7 L; 27 G; ~tycka, -te, -t zustimmen 27 G; ~vete, -t, -n Gewissen 19 L

sandlåda, -n, -or Sandkasten 23 L

sanning, -en, -ar Wahrheit
9 Ü
SAS = Scandinavian Air-
lines System 25 G
satsning, -en, -ar Aufwand
an, Einsatz 8 L
satt (von sitta) st. saß 8 G
satte (von sätta) setzte 5 L,
10 G
scenmaskineri, -et Büh-
nentechnik 8 L
scharlakansfeber, -n Schar-
lach 20 L
Schweiz Schweiz 10 L, 25 G
schweiz|are, -n, - Schwei-
zer 10 L; ∼isk schwei-
zerisch 10 L
se ur. 2 Ü, 9 G; se på auf
etw. sehen 22 G; se ut
aussehen 8 L, 13 Ü
sed, -en, -er Sitte 14 L
sedan dann 2 L, 19 G, 26
G; seit 15 G, 16G, 26 G;
nachdem, seitdem 20 G,
26 G
seger, -n, -ar Sieg 27 Ü
segl|a, -ade, -at segeln 10L;
∼ing, -en, -ar Segeln 9 L
sej = sig sich 19 L
sekretär, -en, -er Sekretär
3 L
sekund, -en, -er Sekunde
6 L
semester, -n, -ar Urlaub
24 L
sen = sedan spät 3 Ü, 19
G; dann 6 L
senare später 9 L
senast am spätesten 2 L
september September 7 L
Sergelstorg Platz in Stock-
holm 7 L
serie, -n, -r Serie 13 L
servera, -ade, -at servieren
5 L
servi|tris, -en, -er Kellnerin
6 L, 16 L; ∼tör, -en, -er
Kellner 16 L
sett (von se) ur. gesehen
9 G
sevärdhet, -en, -er Sehens-
würdigkeit 7 L
sex sechs 1 L, 11 G; ∼tio
sechzig 11 G; ∼tionde
sechzigste 11 G; ∼tio-
femöre fünfundsechzig
Öre 4 L; ∼tiosex sechs-
undsechzig 8 L; ∼tio-
åtta achtundsechzig 8 L;
∼ton sechzehn 2 L, 11
G; ∼tonde sechzehnte
11 G
si eller så so oder so 23 L
sida, -n, -or Seite 8 L; vid
sidan av nebst 16 G

sifferad, -en, -er Zahlen-
reihe 25 L
sig sich 2 L
sightseeingtur, -en, -er
Stadtrundfahrt 4 L
signal, -en, -er Signal 26
L
sikte, -t Sicht; ta ∼ på
auf etw. abzielen 23 G
Siljan See in Dalekarlien
12 L
sill, -en, -ar Hering 5 L;
∼sallad, -en, -er He-
ringssalat 5 L
silversmed, -en, -er Silber-
schmied 22 L
simning, -en Schwimmen
9 L
sin sein 3 L, 4 G; ∼a pl.
seine 4 G
sist das letzte Mal 4 L;
till ∼ zuletzt 19 G
sitt sein 1 L, 4 G
sitta st. sitzen 3 L
sju sieben 6 L, 11 G; ∼a,
-n, -or Sieben 1 L;
∼föreställning, -en, -ar
7-Uhr-Vorstellung 6 L
sjuk krank 3 Ü, 23 G;
∼dom, -en, -ar Krank-
heit 18 L; ∼försäkrings-
besked, -et, - Kranken-
versicherungsschein 18
L; ∼hus, -et, - Kranken-
haus 18 L; ∼husläkare,
-n, - Krankenhausarzt
18 L; ∼husvård, -en
Krankenhauspflege 18
L; ∼penning, -en, -ar
Krankengeld 18 L; ∼-
sköterska, -n, -or Kran-
kenschwester 16 L;
∼vård, -en Kranken-
pflege 18 L
sjunde siebente 11 G
sjung|a st. singen 8 G, 22
G; ∼it (von sjunga) st.
gesungen 8 G
sjunk|a st. sinken 8 G; ∼it
(von sjunka) st. gesun-
ken 8 G
sjuttio siebzig 11 G; ∼fem-
öre, -t, -n fünfundsiebzig
Öre 4 L; ∼kort, -et,
- Monatskarte 3L; ∼nde
siebzigste 11 G
sjutton siebzehn 11 G; ∼de
siebzehnte 11 G; ∼hun-
dra 18. Jahrhundert 8 L
själ, -en, -ar Seele 26 L
själv selbst 4 L; ∼a selbst
25 L; ∼hushåll, -et, -
der sich selbst versor-
gende Haushalt 14 L;
∼klar selbstverständlich

7 L; ∼plågeri, -et, -er
Selbstquälerei 24 L
sjätte sechste 2 L, 11 G
sjö, -n, -ar See 12 L; ∼mil,
-en, - Seemeile 10 L
sjöng (von sjunga) st. sang
8 G
sjönk (von sjunka) st. sank
8 G
sjörövare, -n, - Seeräuber
13 L
sjöss (von sjö): till sjöss
zur See 26 L
s.k. = så kallad sogenannt
23 L
skal, -et, - Schale 26 L
ska(ll) (von skola) soll,
wird 1 L, 14 G
Skallens fyr Leuchtturm
10 L
skandinav, -en, -er Skan-
dinavier 10 L
Skandinavien Skandina-
vien 8 L
skandinavisk skandina-
visch 10 L
Skansen Freilichtmuseum
in Stockholm 4 L
skapa, -ade, -at schaffen
25 L
skar (von skära) schnitt 8 G
skara, -n, -or Schar 12 L
skatt, -en, -er Steuer 18 L
skavsår, -et, - Hautab-
schürfung 9 L
Skaw Race Skagerrak Re-
gatta 10 L
ske, -dde, -tt geschehen
5 G
sken (von skina) schien 5 L
sken, -et, - Schein 27 L
skepp, -et, - Schiff 7 L
skicka, -ade, -at schicken
4 L, 22 G
skidande Ski laufend 9 L
skidor pl. Skier, Skilaufen
9 L
skiftnyckel, -n, -ar
Schraubenschlüssel 21 L
skildra, -ade, -at schildern
11 L
skina st. scheinen 5 L, 8 G
skingras, -ades, -ats sich
zerstreuen 21 G
skinit (von skina) st. ge-
schienen 8 G
skinka, -n, -or Schinken
14 L
skippa, -ade, -at lassen 19 L
skita st. (i–e–i) scheißen
26 L
skjorta, -n, -or Hemd 15 L
skjut|a st. schießen 8 G,
28 L; ∼it (von skjuta)
st. geschossen 8 G

skjutsa, -ade, -at fahren
17 L
sko, -n, -r Schuh 2 G;
~affär, -en, -er Schuh-
geschäft 8 L
skog, -en, -ar Wald 11 L
skojare, -n, - Schwindler
26 L
skola, skulle, skolat sollen
1 L, 14 G; wollen, wer-
den 14 G
skol|a, -n, -or Schule 1 L;
~barn, -et, - Schulkind
9 L; ~gång, -en Schul-
besuch 18 L; ~kurator,
-n, -er Schulfürsorger 18
L; ~läkare, -n, - Schul-
arzt 18 L; ~material, -et
Schulmaterial 18 L; ~-
måltid, -en, -er Schul-
mahlzeit 18 L; ~psyko-
log, -en, -er Schulpsy-
chologe 18 L; ~skö-
terska, -n, -or Schul-
krankenschwester 18 L;
~system, -et, - Schul-
system 28 L; ~år, -et, -
Schuljahr 28 L; ~över-
styrelse, -n, -er Schuldi-
rektion 28 L
skomakare, -n, - Schuhma-
cher 22 L
skraj bange 19 L
skrank, -et, - Schranke 21 L
skratta, -ade, -at åt über
etw. lachen 22 G
skred (von skrida) st.
schritt 8 G
skrek (von skrika) st.
schrie 8 G
skrev (von skriva) st.
schrieb 8 G
skri, -et, -n Geschrei 25 L
skrid|a st. schreiten 8 G;
~it (von skrida) st. ge-
schritten 8 G
skridskor pl. Schlittschuh-
laufen 9 L
skrift, -en Schrift 28 L;
~språk, -et, - Schrift-
sprache 27 G
skrik|a st. schreien 8 G;
~it (von skrika) st. ge-
schrieen 8 G
skriv|a st. schreiben 4 Ü,
8 G; ~a om von/über
etw. schreiben 22 G;
~a under unterschrei-
ben 7 L; ~bord, -et, -
Schreibtisch 3 L; ~else,
-n, -r Schreiben 23 L;
~it (von skriva) st. ge-
schrieben 8 G
skrud, -en, -ar Gewand 14
L

skrutit (von skryta) st. ge-
prahlt 8 G
skruv, -en, -ar Schraube
21 L; ~a, -ade, -at i
einschrauben 21 Ü; ~a
ned abdrehen 20 L;
~mejsel, -n, -ar Schrau-
benzieher 21 L
skryta st. prahlen 8 G
skräddare, -n, - Schneider
22 L
skröt (von skryta) st.
prahlte 8 G
skuggfigur, -en, -er Schat-
tenfigur 12 L
skuldkänsla, -n, -or Schuld-
gefühl 24 L
skulle (von skola) möchte
2 L, 14 G; würde 5 L, 14 G
skum dunkel, trübe 20 L
skur, -en, -ar Schauer 11
L; ~a, -ade, -at scheu-
ern 5 L
skurit (von skära) st. ge-
schnitten 8 G
skurmedel, -et Scheuer-
mittel 22 L
skuro (von skära) st. schnitt
20 L
sky, -n, -ar Wolke; i högan
~ hoch am Himmel
28 L
skydd, -et, - Schutz 15 L;
~a, -ade, -at sig sich
schützen 24 L
skyldig schuldig 18 L
skylt, -en, -ar Schild 25 L
skymma, -de, -t dämmern
27 L
skymt, -en Schimmer, Spur
12 L, 23 G; ~a, -ade,
-at etw. undeutlich sehen
23 G
skynda, -ade, -at på sich
beeilen 27 L
skytte, -t Schießen 9 L
skådespel, -et, - Schauspiel
10 L; ~are, -n, - Schau-
spieler 18 Ü
skål, -en, -ar Schüssel 25 G
skål prosit 25 L
skåp, -et, - Schrank 3 L,
21 L
skägg, -et, - Bart 26 L
skäl, -et, - Grund 24 G
skälla, -de, -t bellen 2 Ü
skämmas, -des, -ts sich
schämen 21 G
skämt, -et, - Scherz 25 G;
~a, -ade, -at scherzen
12 L; ~sam scherzhaft
14 L; ~vers, -en, -er
Scherzvers 14 L
skänka, -te, -t schenken
13 L

skär rosa 13 L
skär, -et, - Schäre 24 G
skära st. schneiden 8 G,
20 L
skärgårdslandskap, -et, -
Schärenlandschaft 7 L
Skärholmen Vorort von
Stockholm 1 L
skärtorsdag, -en, -ar Grün-
donnerstag 14 L
sköldpadda, -n, -or Schild-
kröte 26 L
skön schön 3 L
sköt (von skjuta) st. schoß
8 G
sköta, -te, -t pflegen, be-
sorgen 10 G, 18 L
sköterska, -n, -or Kran-
kenpflegerin 6 L
slagga, -ade, -at schlafen
19 L
slagit (von slå) st. ge-
schlagen 8 G
slakt|a, -ade, -at schlach-
ten 14 L; ~are, -n, -
Fleischer 22 L
slalom Torlauf 9 L
slapp (von slippa) st.
brauchte nicht 8 G
slappa, -ade, -at dösen 19 L
slet (von slita) st. reißen 8 G
slippa st. nicht brauchen
8 G, 11 L
slipper, -n, -ar Schwelle
27 L
slit|a st. reißen 8 G; ~it
(von slita) st. gerissen
8 G
slog (von slå) st. schlug
8 G; ~o (von slå) st.
schlug 20 L
slott, -et, - Schloß 7 L
sluka, -ade, -at verschlin-
gen 27 L
slummer, -n Schlummer
20 L
sluppit (von slippa) nicht
gebraucht 8 G
Slussen Schleuse 6 L
slut, -et, - Schluß 7 L;
göra ~ på beenden 23
G; ~a, -ade, -at Schluß
machen 7 G; ~a med
mit etw. Schluß machen
23 G; ~ligen schließ-
lich, endlich 19 G
slutta, -ade, -at abfallen
27 L
slå st. schlagen 8 G; ~ fel
falsch wählen 25 L; ~ i
einschlagen 21 Ü; ~
igenom durchschlagen
16 L; ~ om umschlagen
26 L; ~ sig ner sich nie-
derschlagen 16 L

släde, -n, -ar Schlitten 14 L
slägga, -n, -or Hammer 9 L
släkt, -en Verwandtschaft 13 L; ~ing, -en, -ar Verwandter 4 G; ~skapsord, -et, - Verwandtschaftswörter 14 Ü
slänga, -de, -t werfen 14 L
släpa, -ade, -at schleppen 11 L
släppa, -te, -t loslassen 6 L
smaka, -ade, -at schmekken 2 L
smal schlank, schmal 3 Ü; ~filma, -ade, -at e–n Schmalfilm drehen 27 G
smed, -en, -er Schmied 22 L
smet (von smita) st. machte sich davon 8 G
smit|a st. sich davonmachen 8 G; ~it (von smita) st. davongemacht 8 G
smittkoppor Pocken 7 G
smugit (von smyga) st. geschlichen 8 G
smutsig schmutzig 3 Ü
smyga st. schleichen 8 G
Smygehuk Ort in Südschweden 25 L
små pl. (von liten) klein 3 L; ~båt, -en, -ar Kleinboot 10 L
småningom: så ~ allmählich 19 G
smällen: på ~ schwanger sein 19 L
smög (von smyga) st. schlich 8 G
smör, -et Butter 4 L; ~gås, -en, -ar Butterbrot 2 L; ~gåsbord, -et, - Horsd'oevre, Schwedenplatte 5 L
snabb schnell 16 L; ~köp, -et, - Selbstbedienungsladen 4 L
snacka, -ade, -at plaudern 19 L
snart bald 16 Ü, 19 G
sne(d) böse 19 L
snickarpenna, -n, -or Tischlerbleistift 21 L
sno, -dde, -tt hier: nehmen 26 L
snut, -en, -ar Polizist 19 L
snutit (von snyta) st. (hat) die Nase geputzt 8 G
snuva, -n, -or Schnupfen 20 L
snygg schick, schön 3 L
snyta st. die Nase putzen 8 G, 28 L
snäll artig, nett 3 G, 23 G

snö, -n Schnee 11 L; ~a, -ade, -at schneien 11 L, 21 G
snöt (von snyta) st. putzte die Nase 8 G
social sozial 18 L; ~demokratiska riksdagsgruppen sozialdemokratische Reichstagsgruppe 18 L; ~försäkring, -en, -ar Sozialversicherung 18 L; ~ism, -en Sozialismus 27 G; ~ist, -en, -er Sozialist 27 G; ~politisk sozialpolitisch 18 L
socka, -n, -or Socke 15 L
sockersjuka, -n Zuckerkrankheit 20 L
soffa, -n, -or Sofa 3 L
sol, -en, -ar Sonne 5 L; ~dyrkare, -n, - Sonnenanbeter 12 L; ~ig sonnig 8 L; ~semesterliv, -et, - Sonnenferienleben 11 L
som als 1 L, 20 G, 26 G; wie 5 L, 20 G, 26 G; der 3 L, 20 G, 26 G; ~ om als ob 11 L, 20 G
sommar, -en, -ar Sommer 7 L; ~stuga, -n, -or Sommerhaus 25 L; ~tid, -en, -er Sommerzeit 7 L
somna, -ade, -at einschlafen 21 G
son, -en, ::er Sohn 13 L
sopor pl. Müll 22 L
soppa, -n, -or Suppe; Benzin 19 L
sorl, -et Lärm 26 L
sort, -en, -er Sorte 5 L
sotare, -n, - Schornsteinfeger 22 L
souvenir, -en, -er Andenken 12 L
sov (von sova) st. schlief 8 G; ~a st. schlafen 4 L, 8 G, 21 G; ~it (von sova) st. geschlafen 4 L, 8 G
Sovjetunionen Sowjetunion 10 L
sovrum, -met, - Schlafzimmer 3 L
spak, -en, -ar Hebel 19 L
Spanien Spanien 10 L
spanjor, -en, -er Spanier 10 L
spann (von spinna) st. spann 8 G
spansk spanisch 10 L
speceriaffär, -en, -er Lebensmittelgeschäft 8 L

specialist, -en, -er Spezialist 26 L
speciell speziell 14 L
speja, -ade, -at spähen 26 L
spela, -ade, -at spielen 2 Ü
spik, -en, -ar Nagel 21 L
spindel, -n, -ar Spinne 21 L
spinna st. spinnen 8 G, 28 L
spira, -n, -or Zepter 28 L
spjut, -et, - Speer 9 L
sponken Alkohol 19 L
sport, -en, -er Sport 9 L; ~affär, -en, -er Sportgeschäft 8 L·
spotlight Scheinwerfer 21 L
spottas, -ades, -ats spucken 28 L
sprack (von spricka) st. barst 8 G
sprang (von springa) st. lief 8 G
spratt (von spritta) st. zuckte 24 L
spricka st. zerspringen 8 G
sprida st. verbreiten 15 L
springa st. laufen 8 G, 28 L
spruckit (von spricka) st. geborsten 8 G
sprungit (von springa) st. gelaufen 8 G
språk, -et, - Sprache 24 G
spräcka, -te, -t zerreißen 9 G
spunnit (von spinna) st. gesponnen 8 G
spår, -et, - Spur 9 L; Gleis 24 Ü; ~vagnskonduktör, -en, -er Straßenbahnschaffner 20 L
spädbarn, -et, - Säugling 18 L
spänn, -en Krone 19 L
spännande spannend 19 L
spöa, -ade, -at schlagen 19 L
spökaktig gespensterhaft 27 L
SR = Statstjänstemännens riksförbund Reichsverband Schwedischer Staatsbeamter 18 L
stack (von sticka) st. stach 8 G
stad, -en, ::er Stadt 3 L; ~sbud, -et, - Träger 24 G; ~shus, -et - Stadthaus 7 L; ~smur, -en, -ar Stadtmauer 7 L; ~splanekontor, -et, - Stadtplanungsamt 27 G; ~steater, -n, -ar Stadttheater 2 L
stal (von stjäla) stahl 8 G
stall, -et, - Stall 17 L

stanna, -ade, -at bleiben
1 L; halten 6 L; ~ kvar
bleiben 17 L
stappla, -ade, -at stolpern
9 L
stark stark 22 L
start, -en, -er Start 9 L;
~a, -ade, -at starten
9 Ü; ~område, -t, -n
Startgebiet 10 L
statistisk statistisch 25 L
statlig staatlich 18 L
Statstjänstemännens riks-
förbund (SR) Reichsver-
band Schwedischer
Staatsbeamter 18 L
stava, -ade, -at buchsta-
bieren 24 Ü
stavhopp, -et, - Stabhoch-
sprung 9 L
steg (von stiga) st. stieg 8 G
steg, -et, - Schritt 21 L
steka, -te, -t braten 22 L
sten, -en, -ar Stein 17 L;
~miljö, -n, -er Stein-
milieu 8 L
stereoanläggning, -en, -ar
Stereoanlage 3 L
sticka st. stechen, stecken
8 G; wegfahren, weg-
gehen 19 L, 26 L;
stricken 22 G; ~ till
zustecken 28 L
stig, -en, -ar Pfad 21 L
stig|a st. steigen 8 G; ~a
upp aufstehen 2 L; ~a
på einsteigen 6 L; ~it
(von stiga) st. gestiegen
6 L, 8 G
still still 9 Ü; ~a still 17 L
stirra, -ade, -at starren 27 L
stjäla st. stehlen 8 G, 22 G
sto, -t, -n Stute 17 L
Stockholm Stockholm 4 L,
12 L
stockholm|are, -n, - Stock-
holmer 7 L; ~turist,
-en, -er Tourist in Stock-
holm 8 L
stod (von stå) ur. stand 9 G
stol, -en, -ar Stuhl 3 L
stolt stolz 9 L, 23 G
stomme, -n, -ar Gerippe
25 L
stoppa, -ade, -at i ein-
stecken 19 L
stor groß 3 L; ~ligen sehr,
gewaltig 20 L
storm, -en, -ar Sturm 8 L;
~a, -ade, -at stürmen
21 G
stormarknad, -en, -er Su-
permarkt 8 L
Storsjön See in Nord-
schweden 12 L

strand, -en, ∷er Strand 11 L
strax gleich 19 G, 20 L
stred (von strida) st. stritt
8 G
stress, -en Streß 13 L; ~a,
-ade, -at überanstren-
gen, überlasten 7 L;
~faktor, -n, -er Streß-
faktor 13 L
strid|a st. streiten 8 G; ~it
(von strida) st. gestritten
8 G
strukit (von stryka) st. ge-
strichen 8 G
strumpa, -n, -or Strumpf
15 L
strunt|a, -ade, -at auf etw.
pfeifen 23 L; ~prat, -et
Unfug 27 L
stryk, -et Schläge 28 L
stryka st. streichen 8 G
strå, -et, -n Halm 21 L
strålande strahlend 13 G
sträcka -te, -t iväg aus-
spannen 10 L; ~ sig
sich recken 16 L; ~ sig
till sich ausdehnen 25 L
sträcka, -n, -or Strecke 9
L
sträng streng 23 G
sträva, -ade, -at efter nach
etw. streben 22 G
strök (von stryka) st. strich
8 G
strömma, -ade, -at strö-
men 12 L
stuckit (von sticka) st. ge-
stochen 8 G
stud|era, -ade, -at studie-
ren 13 Ü; ~erande, -n,
- Student 13 Ü; ~ieme-
del, -et Studienbeitrag
18 L
stug|a, -n, -or Hütte 17 L;
~dörr, -en, -ar Hütten-
tür 14 L
stulit (von stjäla) st. ge-
stohlen 8 G
stund, -en, -er Weile 6 L,
21 L
stuv|a, -ade, -at schmoren
4 L; ~ning, -en, -ar
Gedünstetes 5 L
stycke, -t, -n Stück 6 L
stygg böse 23 G
styr: hålla ~ på j-m / etw.
wehren 23 G
styrelse, -n, -r Vorstand
23 L
stå ur. stehen 6 L, 9 G;
~ kvar stehenbleiben
22 L; ~ till: Hur ~r det
till? Wie geht es? 16 L,
27 G; ~ ut aussehen
20 L; ~ över all kritik

über alle Kritik erhaben
19 L
stålar pl. Geld 19 L
stått (von stå) ur. gestan-
den 9 G
städa, -ade, -at aufräumen
3 L
ställa, -de, -t stellen 4 L;
~ krav på etw. bean-
spruchen 23 G; ~ till
förfogande zur Verfü-
gung stellen 26 L; ~ upp
teilnehmen 9 L
ställe, -t, -n Stelle 28 L;
i ~t för anstatt 16 G
ställning, -en, -ar Stellung
17 L; ta ~ till zu etw.
Stellung nehmen 23 G
stämma, -de, -t upp an-
stimmen 12 L
stämning, -en, -ar Stim-
mung 26 L
ständig ständig 16 L
stänga, -de, -t zumachen
19 L
stöd|d (von stödja) gestützt
17 L; ~ja, -de, -tt stüt-
zen 17 L
stör|re (von stor) größer 10
L; ~st (von stor) am
größten 8 L
stört|a, -ade, -at stürzen
27 L; ~lopp, -et, - Ab-
fahrtslauf 9 L
stöta, -te, -t mot gegen
etw. stoßen 22 G
sucka, -ade, -at seufzen
26 L
suga st. saugen 8 G
sugga, -n, -or Sau 17 L
sugit (von suga) st. gesaugt
8 G
summerton, -en, -er Sum-
merton 20 L
supa st. saufen 8 G
supé, -n, -er Abendessen
14 L
supit (von supa) st. ge-
soffen 8 G
sur stur 12 L
surra, -ade, -at summen
12 L
suttit (von sitta) gesessen
8 G
sval kühl 11 L, 28 L
svalde (von svälja) schluk-
ken 10 G, 20 L
svalt (von svälta) st. hun-
gerte 8 G; (von svälja)
geschluckt 10 G
svamp, -en, -ar Pilz 11 L
svar, -et, - Antwort 4 L,
24 G; ge ~ på etw. beant-
worten 23 G; ~a, -ade,
-at antworten 16 L

svart schwarz 3 L,
Svarta havet Schwarzes
Meer 3 G
svart|na, -ade, -at schwarz
werden 13 L; ~sjuk
eifersüchtig 23 G
Svealand *Hauptregion
Schwedens* 12 L
sved (*von* svida) *st.*
schmerzte 8 G
svek (*von* svika) *st.* täuschte
8 G
svensk schwedisch 4 L;
-en, -ar Schwede 10 Ü;
~a, -n, -or Schwedin
27 G; ~bygd, -en, -er
Schwedengegend 16 L
Sverige Schweden 1 Ü; ~s
akademikers centralor-
ganisation (SACO) Zen-
tralorganisation schwe-
discher Akademiker 18
L; ~s Versailles =
Drottningholms Schloß
8 L
svettas, -ades, -ats schwit-
zen 21 G
svid|a *st.* schmerzen 8 G;
~it (*von* svida) *st.* ge-
schmerzt 8 G
svik|a *st.* täuschen 8 G;
~it (*von* svika) *st.* ge-
täuscht 8 G
svikthopp, -et, - Kunst-
springen 9 L
svinstia, -n, -or Schweine-
stall 17 L
svor (*von* svära) *st.* fluchte
8 G; ~dom, -en, -ar
Fluch 26 Ü
svultit (*von* svälta) *st.* ge-
hungert 8 G
svurit (*von* svära) *st.* ge-
flucht 8 G
svår schwer 13 L; ~artad
bösartig 16 L; ~läst
liest sich schwer 21 G;
~åtkomlig schwer zu-
gänglich 13 L
svälja, svalde, svalt schluk-
ken 10 G, 20 L
svälta *st.* hungern 8 G
svära *st.* fluchen, schwören
8 G
sy, -dde, -tt nähen 5 G;
~behörsaffär, -en, -er
Kurzwarenhandlung 8 L
Sydeuropa Südeuropa 12 L
syd|gräns, -en, -er Süd-
grenze 16 L; ~västlig
südwestlich 10 L
syl, -en, -ar Pfriem 21 L
sylta, -n, -or Sülze 14 L
symbol, -en, -er Symbol 7 L;
~isk symbolisch 15 L

synas, -tes, -ts erscheinen
21 G
synbar sichtbar 24 L
synnerhet: i ~ (i sht) be-
sonders 23 L
synpunkt, -en, -er Ge-
sichtspunkt 13 L
syren, -en, -er Flieder 5 L
syrra, -n, -or Schwester
19 L
syskon, -en, - Geschwister
7 G
syssla, -n, -or Arbeit 18 L
syster, -n, -ar Schwester
13 L, 16 L
så so 3 L, 19 G, 26 G; så
att damit 20 G, 23 L; så
kallad (s. k.) sogenannt
23 L; så länge so lange 20
G; så ofta so oft 20 G; så
småningom allmählich 4
L, 19 G; så snart so bald
20 G; och så vidare
(o.s.v.) und so weiter
23 L
sådan solch 11 L, 13 G
såg (*von* se) *ur.* sah 9 G
såg, -en, -ar Säge 16 L,
21 L; ~a, -ade, -at sä-
gen 21 Ü; ~ande sägend
21 L
sål|de (*von* sälja) verkaufte
10 G; ~t (*von* sälja)
verkauft 10 G
sång, -en, -er Gesang, Lied
20 L
såra, -ade, -at verwunden
26 L
så|som wie 20 G; ~vida
wenn, falls 20 G; ~vitt
insofern 20 G; ~väl ...
som sowohl ... als auch
20 G
säg|a, sa(de), sagt sagen
4 L, 10 G, 22 G; ~en,
-, -er Sage 9 L; ~es
man sagt 10 G
säker sicher 21 L; ~ligen
sicher 19 G; ~t sicher
8 L, 19 G
Sälen *Ort in Dalekarlien* 9 L
sälja, sålde, sålt verkaufen
10 G, 22 G
sällan selten 19 G
sällskap, -et, - Begleitung
4 L; Gesellschaft 10 Ü,
24 G
sällsynt selten 14 L
sämja, -n Eintracht 28 L
säm|re (*von* dålig) schlech-
ter 12 G; ~st (*von* dålig)
am schlechtesten 12 G
sända, sände, sänt senden
10 G; ~ bud på nach
j-m senden 23 G

säng, -en, -ar Bett 3 L,
24 G; ~kammare, -n, -
Schlafzimmer 3 L; ~-
kant, -en, -er Bettrand
24 L
sänka, -te, -t senken 9 G
särdeles besonders 19 G
särskild besonder 5 L,
19 G
sätt, -et, - Art; på något ~
in einer Art, gewisser-
maßen 12 L
sätta satte, satt setzen
2 Ü, 9 G, 10 G; ~ fart
på Dampf dahinter ma-
chen 5 L; ~ på anfangen
16 L; ~ på sig aufset-
zen, anziehen 21 G; ~
värde på Wert legen 23 G
sättare, -n, - Setzer 22 L
Söder *Stadtteil von Stock-
holm* 7 L
söder südlich 12 L; ~ut
nach Süden 12 L
södra (*von* söder) südlich
1 L
sög (*von* suga) *st.* saugte
8 G
söka, -te, -t suchen 27 Ü
sömmerska, -n, -or Nähe-
rin 27 G
söndag, -en, -ar Sonntag
5 L
söp (*von* supa) *st.* soff 8 G
sörja, -de, -t för für j-n
sorgen 22 G
söva, -de, -t einschläfern
9 G

T
ta *st.* nehmen 1 L, 8 G,
22 G, 28 L; ta avstånd
från sich von etw. di-
stanzieren 23 G; ta del
av von etw. Kenntnis
nehmen 23 L; ta fel på
sich irren 23 G; ta hand
om handhaben 26 L; ta
notis om von etw. Notiz
nehmen 23 G; ta på sig
anziehen 21 G; brau-
chen 9 L; ta sikte på
auf etw. abzielen 23 G;
ta ställning till zu etw.
Stellung nehmen 23 L;
ta upp aufgreifen 23 L;
ta ut pengar Geld abhe-
ben 4 L
tack, -et Dank 2 L, 16 L,
24 G; ~ vare dank 16 G
tacka, -ade, -at danken
4 L, 22 G
tacka, -n, -or Mutterschaf
17 L
tacksam dankbar 23 L

tag, -et, - Griff 24 G; få ~
i ngt etw. beschaffen
23 G
taga s. ta nehmen 1 L, 8 G
tagg, -en, -ar Zigarette 19 L
tagit (von ta) st. genom-
men 8 G
tak, -et, - Dach, Decke 4 G
tal, -et, - Gespräch 20 L,
24 G
tala, -ade, -at sprechen
2 Ü, 6 L; ~ om erzählen
22 G, 25 Ü; ~s, -ades,
-ats vid miteinander
sprechen 21 G
talspråk, -et Umgangs-
sprache 26 L
tam zahm 8 L
tand, -en, ⁚er Zahn 2 L;
~borste, -n, -ar Zahn-
bürste 20 L; ~läkare,
-n, - Zahnarzt 16 Ü,
18 L; ~rad, -en, -er
Zahnreihe 20 L; ~vård,
-en Zahnpflege 18 L
tankeexperiment, -et, - Ge-
dankenexperiment 19 L
tappa, -ade, -at verlieren
19 L
tassa, -ade, -at leise gehen,
schleichen 20 L
tavla, -n, -or Bild 10 L
te, -et Tee 2 Ü, 24 G
te sig aussehen 17 L
teater, -n, -ar Theater 4 L;
~biljett, -en, -er Thea-
terkarte 1 L; ~intres-
serad theaterinteressiert
8 L
tecken, -et, - Zeichen 15 L
teg (von tiga) st. schwieg
8 G
teknik, -en Technik 27 G;
~er, -n, - Techniker
23 L
tel., tfn. = telefon 23 L
telefon, -en, -er Fernspre-
cher, Telefon 2 Ü;
~era, -ade, -at anrufen
25 Ü; ~kiosk, -en, -er
Telefonzelle 19 L;
~nummer, -et, - Tele-
fonnummer 19 L; ~sig-
nal, -en, -er Telefonge-
klingel 20 L; ~stolpe,
-n, -ar Telefonmast 27 L
tempo, -t Tempo 16 L
tennis, -en Tennis 9 L
teoretisk theoretisch 28 L
testamentera, -ade, -at ver-
machen 22 G
t. ex. = till exempel zum
Beispiel 23 L
Themsen die Themse 25 G
tia, -n, -or Zehn 11 G

tickning, -en, -ar Ticken
20 L
tid, -en, -er Zeit 2 L
tidig früh 3 G, 19 G;
~are früher 8 L; ~ast
am frühesten 10 L
tidning, -en, -ar Zeitung 2 L
tidsuttryck, -et, - Zeitaus-
druck 7 L
tig|a st. schweigen 8 G;
~it (von tiga) st. ge-
schwiegen 8 G
till nach, zu 1 L, 4 G, 15 G,
16 G, 23 G; noch 2 L;
~ att vara zum … sein
22 L; ~ exempel zum
Beispiel 9 L, 23 G; ~
och med sogar 19 G; ~
och med bis einschließ-
lich 23 L; ~ sist schließ-
lich 19 G
tillbak|a zurück 3 L, 19 G;
~s zurück 19 L
tillfredställelse, -n, -r Be-
friedigung 24 L
tillfriskna, -ade, -at gene-
sen 21 G
tillfälle, -t, -n Gelegenheit
24 G
tillhör|a, -de, -t gehören
8 L; ~ig gehörend 26 Ü
tillplattad abgeplattet 24 L
tillräcklig genügend 19 G
tills bis 13 Ü, 16 G, 20 G;
~ vidare (t.v.) bis auf
weiteres 23 L
tillsammans zusammen 5 L
tillstå ur. gestehen 27 G
tilltal, -et, - Anrede 16 L
tillvaro, -n Dasein 24 L
tillverka, -ade, -at herstel-
len 14 L
tillåta st. erlauben 26 L
tillägga, -lade, -lagt hinzu-
fügen 27 G
timme, -n, -ar Stunde 6 L,
21 L
timmer, -et, - Nutzholz 16
L
ting, -et, - Sache 17 L
tio zehn 1 L, 11 G;
~kamp, -en, -er Zehn-
kampf 9 L; ~nde zehnte
5 L, 11 G; ~tal, -et, -
ungefähr zehn 11 G
tisdag, -en, -ar Dienstag
7 L
titta, -ade, -at gucken 13 L
tjacka, -ade, -at kaufen
19 L
tjattra, -ade, -at schnat-
tern 28 L
tjeck, -en, -er Tscheche
10 L; ~isk tschechisch
10 L

Tjeckoslovakiet Tschecho-
slowakei 10 L
tjej, -en, -er Mädchen 19 L
tje-ljud, -et, - ich-Laut
28 L
tjock dick 28 L
tjogtals Dutzende von 28 L
tjolitta juchhei 28 L
tjudra, -ade, -at anbinden
28 L
tjugo zwanzig 11 G; ~an-
dra zweiundzwanzigste
11 G; ~en einundzwan-
zig 11 G; ~femöring,
-en, -ar fünfundzwanzig
Öre 25 L; ~första ein-
undzwanzigste 11 G; ~-
nde zwanzigste 11 G;
~nio neunundzwanzig 2
L; ~två zweiundzwan-
zig 11 G; ~åtta acht-
undzwanzig 6 L
tjur, -en, -ar Stier 17 L
tjus|a, -ade, -at bezaubern
28 L; ~ande bezau-
bernd 28 L; ~ig reizend,
entzückend 28 L
tjut|a st. heulen 8 G, 28 L;
~it (von tjuta) st. ge-
heult 8 G
tjuv|a, -ade, -at stehlen
28 L; ~skytt, -en, -ar
Wilddieb 28 L; ~titta,
-ade, -at heimlich gucken
28 L; ~tittare, -n, -
heimlicher Gucker 28 L;
~ögon pl. Diebesaugen
28 L
tjäder, -n, -ar Auerhahn
28 L
tjäll, -et, - Hütte 28 L
tjän|a, -ade, -at verdienen
25 L; ~a till dienen 22
G; ~st, -en, -er Dienst;
göra ngn en tjänst j-m
e-n Dienst leisten 22 G;
~stgöra, -gjorde, -gjort
tätig sein 1 L
tjära, -n Teer 21 Ü, 26 L
tjärn, -en oder -et kleiner
Waldsee 28 L
tjöt (von tjuta) heulte 8
G
toalett, -en, -er Toilette
20 L
tobaksaffär, -en, -er Ta-
bakgeschäft 8 L
tog (von taga) st. nahm 8 G
toleransmarginal, -en, -er
Toleranzspielraum, To-
leranz 25 L
tolfte zwölfte 11 G
tolv zwölf 2 L, 11 G
t.o.m. = till och med bis
einschließlich 23 L

tom leer 3 Ü; ∼**het, -en**
Leere 24 L; ∼**rum,
-met,** - leerer Raum,
Lücke 24 L
tomte, -n, -ar Heinzel-
männchen 21 L
tomtmark, -en, -er Grund-
stück 26 Ü
ton, -en, -er Ton 28 L
topp, -en, -ar Höhe 5 L;
Gipfel 13 Ü
torg, -et, - Markt, Markt-
platz 7 L
torka, -ade, -at putzen 28
L; ∼**n** Dürre 10 G, 25 L
torn, -et, - Turm 7 L
Torneälv *Fluß in Nord-
schweden* 12 L
torpar|e, -n, - Kätner 21 L;
∼**miljö, -n, -er** Kätner-
milieu 21 L
torr trocken 27 Ü; ∼**mugg,
-en, -ar** Trockenklosett
22 L; ∼**vedsticka, -n,
-aor** Kienspan 21 L
torsdag, -en, -ar Donners-
tag 1 L
torvtak, -et, - Rasendach
21 L
total total 10 L
tradition, -en, -er Tradi-
tion 9 L; ∼**ell** traditio-
nell 14 L
trafik, -en Verkehr 24 L;
∼**ledning, -en, -ar** Ver-
kehrsregelung 24 L
trakt, -en, -er Gegend 9 L
trall, -en, -ar Melodie 11 L
trappa, -n, -or Treppe 26 L
trasig kaputt 19 L
tre drei 2 L, 11 G; ∼**a, -n,
-or** Drei 11 G; ∼**dje**
dritte 11 G; ∼**hundra**
dreihundert 10 L
Treriksröset Dreiländer-
grenzmal 25 L
trestegshopp, -et, - Drei-
sprung 9 L
trettio dreißig 11 G; ∼**nde**
dreißigste 11 G; ∼**fyra**
vierunddreißig 1 L; ∼-
sex sechsunddreißig 5 L
trettitalet: på ∼ in den
dreißiger Jahren 11 L
tretton dreizehn 1 L, 11 G;
∼**de** dreizehnte 11 G
trevlig nett 3 L; ∼**ast** am
nettesten 3 L
trick, -en, -ar U-Bahn 19 L
trist trist, traurig 21 L
trivas, -des, -ts sich wohl
fühlen 6 Ü, 21 G
trivial trivial 21 L
tro, -dde, -tt glauben 1 L,
22 G; ∼**n** Glaube 20 L

trogen treu 12 G
trolig wahrscheinlich 12 G;
∼**en** wahrscheinlich 19
L; ∼**tvis** wahrscheinlich
12 G
trosa, -n, -or Schlüpfer 15 L
trots trotz 15 L, G
trumhinna, -n, -or Trom-
melfell 20 L
trygghet, -en Sicherheit 18
L
tråkig langweilig 8 Ü
trång eng 7 L
träd, -et, - Baum 3 Ü, 24 G
träda, -de, -tt treten 17 L
träd|gård, -en, -ar Garten
3 Ü; ∼**stam, -men, -mar**
Baumstamm 17 L
träffa, -ade, -at treffen 3 L;
∼**s, -ades, -ats** sich tref-
fen 19 Ü, 21 G; ∼**t** (*von*
träffa) getroffen 6 L
trä|hus, -et, - Holzhaus
9 L; ∼**klamp, -en, -ar**
Holzklotz 14 L; ∼**kåk,
-en, -ar** Bude 22 L
träng|re (*von* trång) enger
12 G; ∼**st** am engsten
12 G
träskor *pl.* Holzpantoffel
28 L
tröja, -n, -or Pullover 22 G
tröst|a, -ade, -at trösten
12 L; ∼**lös** trostlos 12 L
trött müde 4 L; ∼**het, -en**
Müdigkeit 25 L
tugga, -ade, -at kauen 26 L
tumult, -et Tumult 26 L
tung schwer 3 Ü
tunnbröd, -et, - Fladenbrot
4 L
tunnelban|a, -n, -or U-Bahn
1 L; ∼**etåg, -et,** - U-
Bahnwagen 1 L
tupp, -en, -ar Hahn 17 L
tur, -en Glück 3 L; **de i sin**
∼ sie ihrerseits 18 L
turist, -en, -er Tourist 9 L;
∼**broschyr, -en, -er** Tou-
ristenprospekt 7 L; ∼-
buss, -en, -ar Reisebus
12 L
Turkiet Türkei 25 G
tusen tausend 4 L, 11 G;
∼**de** tausendste 11 G;
∼**tals** Tausende 11 G
TV = television, -en Fern-
sehen 9 Ü; ∼**-apparat,
-en, -er** Fernseher 3 L;
∼**-nytt** Nachrichten im
Fernsehen 13 L
tveka, -ade, -at zögern,
zaudern 24 L
tvivel, -et Zweifel; **råda** ∼
om Zweifel besteht 23 G

tvivla, -ade, -at zweifeln
19 L; ∼ på an etw.
zweifeln 22 G
tvungen gezwungen 14 G
två zwei 1 L, 11 G; ∼**a,
-n, -or** Zwei 11 G
tvål, -en, -ar Seife 24 L
tvärgata, -n, -or Querstra-
ße 8 L
tvärtom im Gegenteil 11 L,
19 G
tvätt|a, -ade, -at sig sich
waschen 2 L; ∼**maskin,
-en, -er** Waschmaschine
21 L; ∼**rum, -mmet,** -
Waschraum 2 L
ty denn 9 L, 20 G
tycka, -te, -t finden, mei-
nen 6 L, 19 L; ∼ om
gern haben 4 G, 5 L;
∼**s, -tes, -ts** scheinen
21 G
tyda, -de, -tt deuten 10 L
tydlig deutlich 6 L
tyngdlyftning, -en Gewicht-
heben 9 L
tyng|re (*von* tung) schwerer
12 G; ∼**st** am schwer-
sten 12 G
typisk typisch 4 L
tysk deutsch 7 L; **-en, -ar**
Deutscher 10 L
Tyskland Deutschland 1 Ü
tyst still 12 L; ∼**nad, -en**
Stille, Schweigen 24 L
tåg, -et, - Zug 14 Ü, 24 G,
25 G
tåla, -de, -t dulden 5 G
tårta, -n, -or Torte 22 Ü
täcka, -te, -t decken 11 Ü
tämligen ziemlich 19 G
tända, tände, tänt zünden
15 L; aufgeregt werden
19 L
tänk|a, -te, -t denken 11 L;
∼**a bort** wegdenken 24
L; ∼**a efter** nachdenken
19 L; ∼**a på** an etw.
denken 22 G; ∼**bar**
denkbar 27 G
tät dicht 5 L
tätt dicht 17 L; ∼**bebyggt**
dichtbesiedelt, dichtbe-
baut 26 L
töras, tordes, torts wagen
19 L

U

udde, -n, -ar Landzunge 12 L
Umeälv *Fluß in Nord-
schweden* 12 L
und- ent- 27 G
undan- aus- 27 G; fort,
weg 9 L; ∼**tag, -et,** -
Ausnahme 27 G

under, -et, - Wunder 12 L;
unter, während 4 L, 11 L,
15 G, 16 G; ~**bar** wun-
derbar 21 L; ~**kjol, -en,**
-ar Unterrock 15 L;
~**kläder** *pl.* Unterwäsche
15 L; ~**klänning, -en,**
-ar Unterkleid 15 L; ~**lig**
merkwürdig 27 L; ~-
skrift, -en, -er Unter-
schrift 24 L; ~**söka,**
-te, -t untersuchen 23 L;
~**tiden** währenddessen
4 L; ~**tröja, -n, -or** Unter-
hemd 15 L; ~**visning,**
-en Unterricht 18 L
undgå *ur.* entgehen 27 G
undra, -ade, -at sich fragen
26 L; ~**nde** neugierig,
erstaunt 26 L
undvara, -ade, -at entbeh-
ren 27 G
ung. = **ungefär** ungefähr
23 L
ung jung 3 Ü; ~**dom, -en,**
-ar Jugend, junge Leute
14 L
unge, -n, -ar Kind 3 G
ungefär ungefähr 23 L
Ungern Ungarn 10 L
ung|ersk ungarisch 10 L;
~**rare, -n,** - Ungar 10 L
unik einzigartig 8 L
universitet, -et, - Univer-
sität 18 L, 24 G
u.p.a. = **utan personligt**
ansvar ohne persönliche
Haftung 23 L
upp auf, her-, hinauf 2 L,
10 L, 12 G, 16 G, 19 G;
~**dela, -ade, -at** auftei-
len 28 L; ~**e** auf, her-,
hinauf 12 L, G, 16 G,
19 G; ~**fattas, -ades,**
-ats aufgefaßt werden
15 L; ~**för** auf, hinauf
15 L; ~**gift, -en, -er**
Aufgabe 23 L; ~**hov,**
-et Ursprung; ge ~**hov**
till die Veranlassung zu
etw. geben 26 L; ~**höra,**
-de, -hört aufhören 24 L;
~**klarnande** aufheiternd
11 L; ~**leva, -de, -t** er-
leben 8 L; ~**lysa, -te, -t**
mitteilen 24 L; ~**lys-**
ning, -en, -ar Auskunft
18 L; ~**låta** *st.* zur Ver-
fügung stellen 26 L;
~**lösas, -tes, -ts** aufge-
löst werden 16 L; ~-
muntrad ermuntert 23 L;
~**märksamhet, -en** Auf-
merksamkeit 26 L; ~**nå,**
-dde, -tt erreichen 25 L

Uppsala Uppsala 12 L
upp|stod (*von* uppstå) *ur.*
entstand 16 L; ~**stå** *ur.*
entstehen 16 L; ~**ställa,**
-de, -t aufstellen 17 L,
26 Ü; ~**ta(ga)** *st.* auf-
nehmen 13 Ü; ~**tagen**
besetzt 13 Ü; ~**takt,**
-en, -er Auftakt 14 L;
~**till** bis zu 9 L; ~**täc-**
ka, -te, -t entdecken
24 L; ~**täckt, -en, -er**
Entdeckung 4 G; ~**åt**
nach oben 9 L, 19 G
ur aus 15 G; ~**gammal**
uralt 16 L; ~**sprunglig**
ursprünglich 16 L; ~-
säkta Entschuldigung 4
L
USA die Vereinigten Staa-
ten von Amerika 10 L,
25 G
usch pfui 27 L
usel schlecht 19 L
ut her-, hinaus 2 L, 12 G,
16 G, 19 G
utan ohne 9 Ü, 15 G, 20 G,
26 G; ~ **att** ohne zu
20 G; ~ **personligt**
ansvar ohne persönliche
Haftung 23 L; ~ **vidare**
ohne weiteres 18 L;
~**för** vor 4 L, 15 G
utav von 22 L
utbildning, -en, -ar Aus-
bildung 18 L
utbrott, -et, - Ausbruch
26 L
ute draußen 12 L, G, 16 G,
19 G
utifrån von 13 L
utge *st.* ausgeben, heraus-
geben 27 G
utgå *ur.* ausgehen; ~ **från** ausgehen
18 L; ~ **från** ausgehen
von 22 G
utigenom draußen zur See
10 L
utkik, -en Ausschau 28 L;
hålla ~ **efter** nach j-m
ausschauen 23 G
utkläcka, -te, -t ausbrüten
28 L
utland, -et Ausland 10 L
utländsk ausländisch 10 L
utlänning, -en, -ar Aus-
länder 10 L
utmärkt ausgezeichnet 4 L
utnyttja, -ade, -at aus-
nutzen 8 L
utom außer 15 G; ~**lands**
im/ins Ausland 19 G
utrikes im/ins Ausland 19 G
utrustas, -ades, -ats ausge-
rüstet werden 14 L

uträkning, -en, -ar Rech-
nung 24 L
utseende, -t, -n Aussehen
13 Ü
utsikt, -en, -er Blick 3 L;
Aussicht 11 L
utskänka, -te, -t aus-
schenken 26 L
utställning, -en, -ar Aus-
stellung 4 G
uttag, -et, - Auszahlung
4 L
uttala, -ade, -at sig om sich
über etw. äußern 22 G
uttryck, -et, - Ausdruck
8 L; ~**a, -te, -t** aus-
drücken 23 L; ~**as, -tes,**
-ts ausgedrückt werden
13 Ü
utvecklad entwickelt 25 L
utvecklingsmöjlighet, -en,
-er Entwicklungsmög-
lichkeit 16 L
utväg, -en, -ar Ausweg 26 L
utåt nach, zu … hin 17 L

V, W
va = **vara** *st.* sein 26 L
vacker schön 3 L
vackrast (*von* vacker) am
schönsten 9 L
vad was 2 L, 17 G; ~ **för**
en, ena was für ein 17 G
vagga, -n, -or Wiege 13 L
vak|a, -ade, -at wachen
21 G, 25 L; ~**ande**
wachend 25 L; ~**en**
wach 19 Ü; ~**na, -ade,**
-at aufwachen 21 G
vaktmästare, -n, - Haus-
meister 15 L
valborgsmässoafton, **-en,**
-ar Walpurgisnacht 15 L
val, -et, - Wahl 24 G, 26 L;
~**de** (*von* välja) wählte
10 G; ~**des** (*von* väljas)
wurde gewählt 15 L
valkig schwielig 21 L
vallfärda, -ade, -at pilgern
8 L
valp, -en, -ar Welpe 17 L
val|språk, -et, - Wahl-
spruch 4 G; ~**stämma,**
-n, -or Wahlversamm-
lung 26 L; ~**t** (*von*
välja) gewählt 10 G
valuta, -n, -or Währung
7 L
van gewöhnt 23 G, 26 Ü
van- ent-, un-, ver- 27 G
vande (*von* vänja) gewöhn-
te 10 G
vandra, -ade, -at wandern
4 L
vanför gebrechlich 27 G

vanlig gewöhnlich 13 L; ~en gewöhnlich, meist 24 L

vanmakt, -en Machtlosigkeit 27 G

vann (*von* vinna) gewann 8 G

vansköta, -te, -t vernachlässigen 27 G

vant (*von* vänja) gewöhnt 10 G

vante, -n, -ar Wollhandschuh 15 L

vantrivas, -des, -ts sich nicht wohl fühlen 27 G

var wo 2 Ü, 17 G, 19 G; var ... än wo ... auch 20G

var = **varje** jeder 18 G, 27 L; var och en jeder 5 L, 18 G; var gång jedes Mal 20 L; var sin, sitt jeder sein 3 L

var (*von* vara) war 3 L; var snäll / vänlig och sei so nett / freundlich und ... 4 L

vara *st.* sein 1 L; ~ i färd med im Begriff sein, etw. zu tun 23 G; ~ med dabei sein 23 L; ~ med om erleben 24 L; ~ på smällen schwanger sein 19 L; ~ tvungen gezwungen sein 14 G; ~ på väg auf dem Weg sein 6 L; ~ vän med jemandes Freund sein 23 G

vara, -n, -or Ware 4 L

varandra einander, sich 2 G, 20 L

vardag, -en, -ar Alltag, Werktag 7 L; ~sproblem, -et, - Alltagsproblem 13 L; ~srum, -met, - Wohnzimmer 3 L

varenda en jeder einzelne 18 G

varför warum 12 L, 17 G

varg, -en, -ar Wolf 8 L; ~flock, -en, -ar Wolfsrudel 28 L

varifrån woher 17 G, 19 G

varit (*von* vara) gewesen 4 L

varje jeder 6 Ü, 18 G

varken ... eller weder ... noch 20 G

varm warm 3 G

varmed womit 15 G

varm|front, -en, -er Warmfront 11 L; ~gången heißgelaufen 22 L

varna, -ade, -at warnen 20 Ü

vars dessen, deren 3 G

varstans fast überall 18 Ü

varsågod bitte 2 L

vart wohin 9 Ü, 17 G, 19 G

Vasa König Gustav I (1560) 9 L

Wasa *Schiff, 1628 gesunken, 1961 geborgen, jetzt im Museum ,,Wasavarvet'', Djurgården* 7 L

vasalopp, -et, - *Skilauf in Dalekarlien* 9 L

vatten, -et Wasser 2 Ü; ~polo, -n Polo 9 L

vattnas, -des, -ats j–m läuft das Wasser im Munde zusammen 28 L

WC Toilette 21 L

vecka, -n, -or Woche 1 L; ~tals wochenlang 14 L

ved, -en Brennholz 22 L

vek (*von* vika) *st.* faltete 8 G

velat (*von* vilja) gewollt 14 G

vem wer 17 G; ~ som helst jedermann, jeder beliebige 18 G, 23 L

ven (*von* vina) *st.* pfiff 8 G

verka, -ade, -at wirken 13 L

verklig wirklich 2 L; ~het, -en, -er Wirklichkeit 25 L

verksamhet, -en, -er Tätigkeit 23 L

verkstad, -en, ::er Werkstatt 8 L

version, -en, -er Version, Fassung 26 L

vet (*von* veta) wußte 8 L, 9 L; ~a, visste, vetat wissen 8 L, 9 G

vetenskaplig wissenschaftlich 13 L

vi wir 1 Ü

vid an, bei, neben, unweit 2 L, 15 G, 16 G; weit 8 Ü

vidare weiter 10 L; för ~ befordran zur Weiterbeförderung 23 L; och så ~ (o. s. v.) und so weiter 23 L; utan ~ ohne weiteres 18 L

vidsträkt weit, groß 25 L

wienerbröd, -et, - Kopenhagener Gebäck 8 Ü

vika *st.* falten 8 G

vikarie, -n, -r Stellvertreter 2 G

vikit (*von* vika) *st.* gefaltet 8 G

vikt, -en, -er Gewicht 26 L; Bedeutung 26 L; ~ig wichtig 20 L

vild wild 8 L

vilja, ville, velat wollen 4 L, 14 G

vilja, -n, -or Wille 23 L; göra till viljes j–m den Willen tun 20 L

vilk|a welche 6 G, 17 G; ~a som helst jede beliebige 18 G; ~as wessen 6 G, 17 G; ~en welcher 1 L, 6 G, 17 G; ~endera welcher von beiden 17 G; ~et welches 6 L, G, 17 G; ~etdera welches von beiden 17 G

vill (*von* vilja) will 4 L, 14 G; ~e (*von* vilja) wollte 5 L, 14 G

villkor, -et, - Bedingung 26 Ü

vin, -et Wein 24 G

vina *st.* pfeifen 8 G

vind, -en, -ar Wind 10 L

vinit (*von* vina) *st.* gepfiffen 8 G

vinka, -ade, -at winken 21 L

vinkelhake, -n, -ar Dreieck 21 L

vinna *st.* gewinnen 8 G, 22 G

vinter, -n, -ar Winter 7 L

virke, -t Holz 21 L

visa, -ade, -at zeigen 12 L, 22 G

vishet, -en Weisheit 22 L

viska, -ade, -at flüstern 20 L

vispgrädde, -n Schlagsahne 4 L

viss gewiß 14 L

visserligen zwar 16 L

vissna, -ade, -at welken 21 G

visst sicher 23 L

visste (*von* veta) *ur.* 9 G, 24 L

vistas, -ades, -ats sich aufhalten, sein 18 L, 21 G

vit weiß 3 L; ~na, -ade, -at weiß werden 13 L

vore (*von* vara) wäre 6 G, 25 L

vred (*von* vrida) *st.* drehte 8 G

vrede, -n Zorn 26 L

vrid|a *st.* drehen 8 G; ~it (*von* vrida) *st.* gedreht 8 G

vrå, -n, -r Ecke, Winkel 5 L

vråla, -ade, -at brüllen 20 L

vräka, -te, -t die Wohnung räumen müssen 18 L

vunnit (*von* vinna) *st.* gewonnen 8 G

vurre, -n, -ar Wurst 19 L
vuxit (*von* växa) upp *st.*
aufgewachsen 22 L
våga, -ade, -at wagen
27 L
våndas, -ades, -ats sich
ängstigen 28 L
våning, -en, -ar Wohnung
3 L
vår unser 4 G; ～a unsere
4 G; ～t unser 4 G
vår, -en, -ar Frühling 7 L;
～eld, -en, -ar Früh-
lingsfeuer 15 L; ～må-
nad, -en, -er Fühlings-
monat 15 L; ～natt, -en,
-er Frühlingsnacht 15 L
våt naß 11 L
väcka, -te, -t wecken 20 Ü;
～rklocka, -n, -or Wek-
ker 2 L
väder, -et Wetter 9 L;
～lekskarta, -n, -or Wet-
terkarte 11 Ü; ～leks-
rapport, -en, -er Wetter-
bericht 11 L
vädra, -ade, -at lüften 22 L
väg, -en, -ar Weg; i ～ los
5 L; vara på ～ auf dem
Weg sein 6 L
vägg, -en, -ar Wand 4 G;
～lus, -en, -löss Wanze
22 L
vägnar: å ngns ～ im
Namen des ... 16 G
vägra, -ade, -at sich weigern
21 G
vägtrafikant, -en, -er Ver-
kehrsteilnehmer 26 L
väl wohl 3 L; gut 7 L, 19
G; ～avlönad gutbezahlt
8 L
väldigt ungeheuer 23 L
välfärd, -en Wohlfahrt 25
L; ～sstat, -en, -er Wohl-
fahrtsstaat 18 L
välja, valde, valt wählen
10 G
välklädd gut gekleidet 3 G
välkommen willkommen 4
L
Vällingby *Vorort von
Stockholm* 8 L
välmåga, -n Wohlstand,
Gesundheit 28 L
välsignad gesegnet 28 L
välstånd, -et Wohlstand
25 L
vältra, -ade, -at wälzen
28 L
vän, -nen, -ner Freund 12
L; bli ～ med sich be-
freunden mit 23 G; vara
～ med befreundet sein
mit 23 G

vända, vände, vänt wenden,
drehen 12 L; ～ sig sich
umdrehen 19 L; ～ sig
till sich an j-n wenden
22 G
Vänern Vänersee 12 L
vänja, vande, vant gewöh-
nen 10 G
vänlig freundlich 23 G
vänster links 8 L
Vänsterpartiet kommuni-
sterna Kommunistische
Partei 18 L
vänt|a, -ade, -at warten 14
Ü; ～as, -ades, -ats er-
wartet werden 11 L;
～hall, -en, -ar Warte-
raum 12 L
värde, -t, -n Wert; sätta ～
på Wert legen 23 G
värja, -de, -t sig mot sich
verwahren 22 G
värld, -en, -ar Welt 12 L;
～skrig, -et, - Weltkrieg
18 L; ～srykte, -t, -n
Weltruf 8 L; ～sstad,
-en, -er Weltstadt 8 L
värre (*von* illa, ond) schlim-
mer 12 G; ～st am
schlimmsten 12 G
värvning, -en, -ar Wer-
bung; ta ～ sich anwer-
ben lassen 26 L
väsen, -et, - Wesen 15 L
väsentlig wesentlich 20 L
väska, -n, -or Tasche,
Koffer 22 G
väster westlich 11 L;
～ifrån vom Westen 11 L
Väster|långgatan *Straße in
der Stockholmer Alt-
stadt* 7 L; ～ås *Stadt in
Mittelschweden* 12 L
västtysk westdeutsch 13 L
Vättern Vättersee 12 L
växa, -te, -t upp aufwach-
sen 22 L
växel, -n, -ar *hier:* Tele-
fonzentrale 24 L
växla, -ade, -at wechseln
7 L; tauschen 26 L

Y
ylle, -t Wolle 28 G
yng|re (*von* ung) jünger
12 G; ～st am jüngsten
12 G
yrke, -t, -n Beruf 24 G;
～sinriktad berufsorien-
tierend 28 L; ～sorien-
tering, -en, -ar Berufs-
orientierung 28 L; ～-
vägledare, -n, - Berufs-
berater 18 L

ytter|kläder *pl.* Überkleider
15 L; ～ligare ferner,
weiter 19 L; ～plats,
-en, -er Seitenplatz 2 L;
～st am äußersten 19 G
yttre äußere; det ～ das
Äußere 8 L
yxa, -n, -or Axt 21 L

Z
zoologisk zoologisch 8 L

Å
åderförkalkning, -en, -ar
Arterienverkalkung 20 L
åh au 27 L
åka, -te, -t fahren 1 L, 5 L
åker, -n, -ar Acker 17 L
ål, -en, -ar Aal 5 L
ålder, -n, -ar Zeitalter 8 L;
Alter 9 L; ～dom, -en
Alter. 18 L; ～domshem,
-met, - Altersheim 18 L;
～spension, -en, -er Al-
tersrente 18 L
åldras, -ades, -ats alt wer-
den 21 G
Ångermanälven *Fluß in
Nordschweden* 12 L
ångmaskin, -en, -er Dampf-
maschine 16 L
ångra, -ade, -at sig be-
reuen 21 G
år, -et, - Jahr 1 L, 25 G;
～hundrade, -t, -n Jahr-
hundert 2 G; ～sbok,
-en, -böcker Jahrbuch
25 L; ～stid, -en, -er
Jahreszeit 7 L; ～tal,
-et, - Jahreszahl 16 L;
～tionde, -t, -n Jahrzehnt
11 G; ～tusende, -t, -n
Jahrtausend 11 G
ås, -en, -ar Bergrücken 7 L
åse *ur.* betrachten 28 L
åska, -n Gewitter 11 L,
21 G
åskådare, -n, - Zuschauer
10 L
åt nach, zu, in Richtung
auf, gegen 8 G, 15 G,
23 G
åta sig *st.* auf sich nehmen
26 L
åtal, -et, - Anklage 24 G
åter zurück, wieder 10 L,
19 G; och ～ und noch-
mals 11 L; ～igen wie-
derum 19 G; ～upp-
väcka, -te, -t wiederer-
wecken 14 L
åtminstone wenigstens 19 G
åtta acht 2 L, 11 G;
～tusen achttausend 9 L

åttio achtzig 5 L, 11 G;
~**nde** achtzigste 11 G
åttonde achte 11 G

Ä

ädel edel 12 G
äga, -de, -t besitzen 24 L;
  dürfen 26 L; ~ **rum**
  stattfinden 8 L
ägg, -et, - Ei 15 L; ~**röra,**
  -n Rührei 5 L
äh ach 27 L
äkta echt 14 L
äktenskap, -et, - Ehe 24 G
äld|re (von gammal) älter
  12 G; ~**st** am ältesten
  12 G
älg, -en, -ar Elch 8 L
älska, -ade, -at lieben 2 Ü
älv, -en, -ar Fluß, Strom
  11 L
ämbetsspråk, -et, - Amts-
  sprache 26 L
ämna, -ade, -at beabsich-
  tigen 17 L
ämne, -t, -n Fach 19 L
än noch 1 L, 26 G; als
  12 G, 20 G; **än ... än**
  bald ... bald 20 G
ända, -n Ende 20 L; **till** ~
  zu Ende 20 L; ~ **till**
  bis 16 G
ändå doch, trotzdem 12 L
äng-ljud, -et, - ŋ-Laut 28 L
ängsbacke, -n, -ar Wiesen-
  hang 21 L
ännu noch 8 L, 19 G
äntligen endlich 11 L, 19 G

äppel|kaka, -n, -or Apfel-
  kuchen 5 L; ~**träd, -et,**
  - Apfelbaum 5 L
äpple, -t, -n Apfel 13 L
är (von vara) ist 1 L
ärelös ehrlos 26 L
ärende, -t, -n Angelegen-
  heit, Sache, Auftrag 26 L
ärlig ehrlich 19 L, 23 G;
  ~**het, -en** Ehrlichkeit
  19 L
äsch ach was 27 L
ät|a st. essen 2 L; ~**it**
  (von äta) st. gegessen
  5 L, 8 G
även auch 19 G; ~ **om**
  auch wenn 20 G
äventyrsserie, -n, -r Aben-
  teuerserie 13 L

Ö

öde öde, einsam 12 G
öde, -t, -n Schicksal 27 G;
  ~**lägga, -lade, -lagt** zer-
  stören 27 G
öga, -t, ögon Auge 2 G;
  få ögonen på etw. er-
  blicken 23 G; **hålla**
  ögonen på etw./j-n be-
  obachten 23 G
ögna, -ade, -at etw. über-
  fliegen 21 G
ögonblick, -et, - Augen-
  blick 19 G
öka, -ade, -at zunehmen
  10 L; ~**nde** zunehmend
  10 L
öl, -et Bier 21 L, 24 L;

~**burk, -en, -ar** Bier-
  büchse 4 L; ~**drickande,**
  -t Biertrinken 26 L
Öland Öland 12 L
önska, -ade, -at wünschen
  18 L
öppen offen 14 L
öppna, -ade, -at öffnen
  21 G, 24 L; ~**nde, -t, -n**
  Eröffnung 4 G
öra, -t, öron Ohr 26 L;
  ont i örat Ohrenschmer-
  zen 20 L
Örebro Stadt in Mittel-
  schweden 12 L
öron|klinik, -en, -er Oh-
  renklinik 20 L; ~**läkare,**
  -n, - Ohrenarzt 20 L
öster östlich 11 L; ~**ri-**
  kare, -n, - Österreicher
  10 L
Österrike Österreich 10 L
österrikisk österreichisch
  10 L
över über 11 L, 15 G, 23
  G; nach; später als 6 L,
  16 G; ~**allt** überall 18
  G, 19 G, 27 L; ~**flöd,**
  -et Überfluß 24 G;
  ~**lägsen** überlegen 23
  G; ~**morgon** übermor-
  gen 7 L; ~**mäktig** über-
  mächtig 20 L; ~**orga-**
  nisation, -en, -er vorge-
  setzte Organisation 23
  L; ~**skrift, -en, -er**
  Überschrift 24 L
övrig übrig 15 L; **för** ~**t**
  übrigens 23 L, 26 L

Sachregister

Die Zahlen verweisen auf die Lektionen, die Großbuchstaben auf die Abschnitte der Grammatik.

Die glänzenden Erfolge der fremdsprachlichen Selbstunterrichtsbriefe veranlaßten den Verlagsgründer, Prof. Gustav Langenscheidt, in der zweiten Hälfte des vorigen Jahrhunderts, die grundlegenden enzyklopädischen Wörterbücher der englischen und französischen Sprache in Angriff zu nehmen. Für Französisch erschien der „Sachs-Villatte", heute als „Langenscheidts Großwörterbuch Französisch" erhältlich. Für Englisch entstand bereits damals der „Muret-Sanders", der nunmehr abgeschlossen in einer vierbändigen völligen Neubearbeitung zur Verfügung steht. Es ist das größte englisch-deutsche Wörterbuch unserer Generation. Sein offizieller Titel lautet „Langenscheidts Enzyklopädisches Wörterbuch der englischen und deutschen Sprache", ein herausragendes Werk, gewiß auch einzig in seiner Art zu nennen.

Bei Langenscheidt erscheinen in erster Linie Wörterbücher; neben diesen aber auch Lehrbücher und Grammatiken, Sprachwerke der verschiedensten Bereiche und natürlich auch eine Reihe fremdsprachiger Lektüren.
Sie selbst haben hier ein Standardlehrwerk vorliegen, das in seinem methodischen Aufbau dem Lernenden ein erfolgreiches Sprachstudium versprechen kann.

Wörterbücher

Lehrbücher

Grammatiken

Sprachlehrgänge und -kurse

Lektüren und Konversationsbücher

Sprachwerke für Handel und Wirtschaft

Sprachführer

Langenscheidt ist der größte Spezialverlag für Wörterbücher und Sprachwerke. Seit Jahrzehnten sorgfältig geförderte internationale Verbindungen gewährleisten, ebenso wie die Mitarbeit führender Wissenschaftler in aller Welt, ein Höchstmaß an redaktioneller Zuverlässigkeit. Hieraus seinen persönlichen Nutzen zu ziehen, ist jeder Interessent eingeladen. Sein Buchhändler wird ihn im einzelnen gern informieren.

Für fremde Sprachen

Langenscheidt